인물 역사서

세계 지성 315인 다이제스트

김순녀 편저

청어^{도서출판}

인물 역사서

김순녀 편저

작가의 말

　현대에는 기계까지 말을 할 줄 아는 시대가 도래하였다. 그런데 기계는 어떻게 말을 할 줄 알게 되었지? 뿐만이 아니다. 아주 오래전에 찍어놓은 영화나 동영상들은 그 사람이 세상에서 영영 볼 수 없게 되었어도 살아있는 것처럼 웃고 울며 그 흔적들은 남겨져 있다. 옛 속담에 이르기를 호랑이는 죽어 가죽을 남기고 사람은 죽어서 이름을 남긴다고 하는 말이 있다. 그러나 근래에는 전자들의 활동으로 동영상들까지 남겨지고 있다. 이런 일들은 어떻게 해서 이루어질 수 있는 것일까? 그게 몹시 궁금하였다.

　세상에는 참으로 많은 사람이 태어나서 짧은 세월을 살다가 곧 사라지고 만다. 그들 중 어떤 사람들은 세세 영원토록 이름을 남겨놓고 가지만, 또 어떤 사람들은 존재 가치도 없이 이슬처럼 사라져 버리기 일쑤다. 저자는 한때 그런 일들을 심사숙고한 끝에 심한 우울증에 시달린 적도 있었다. 마음이 울적해지면, 사람은 왜 살아야 하지? 이렇게 살다가 죽으면 무얼 어쩐다는 것이지? 열심히 사는 사람들은 왜 저래야 하지? 등의 많은 생각이 치솟았었다.

　그런 생각들을 해결 지으려고 각각의 인물들에 대한 조사를 시작하였다. 배워 알게 된 인물들로부터 시작하여 신문 지상에 자주 개재되는 인물들과 또는 특출나게 유명하다는 인물들에 대한 추적이었다. 각종의 백과사전들이나 성서 또는 여러 종류의 전문 서적들까지 탐독하면서 그 궁금증들을 풀어나가느라 십 년의 세월을 훌쩍 넘겨버렸다. 그리고 각자의 사명 의식을 가지고서 집요하도록 파고들어 성공한 315명의 명단이 완성되었다.

처음의 목적은 저자 자신이 소설가인 동시에 문학박사인지라 글을 쓰기 위한 지성의 바탕을 마련하고자 시작한 일이었다. 그러나 모든 정리를 끝내놓고 보니 혼자만 알고 있기에는 너무 아까운 내용의 자료들이 되어버렸다. 태고부터 현대의 문화가 형성되기까지 애쓴 세계적인 인물들의 역사가 총망라되었기 때문이었다. 그리하여 이 책은 후학들의 진로 선택 길과 삶의 여정을 어떤 방식으로 설계를 해야 할 것인가에 많은 도움이 될 수 있으리란 생각이 들었으므로 출간을 결정하였다. 이 책에 대한 독자들의 많은 관심과 애독을 바란다.

목차

2 부

3부

4 부

찾아보기

아담 Adam, BC4000년

~

1부

새 인간

영조 英祖, 1684~1776

아담 Adam, BC4000년대 인간

성경의 창세기에 기록된 최초의 인간인데, 사람의 조상이라고 부른다. 이때에는 글자가 없었으므로, 이야기인 구전으로만 전해져 내려오는 인물이다. 태초의 창조자인 하나님께서 인간을 만드셨는데, 혼자 있는 것이 보기에 좋지 않았단다. 그리하여 남자인 아담의 짝으로 여자 하와를 만드셨는데, 아담의 갈비뼈를 뽑아서 만들었다고 성경에는 기록되어 있다.

노아 Noah, BC3190년대의 사람

하나님의 말씀을 가장 잘 들었고, 지켰던 순종의 사람이다. 그리하여 성경의 창세기 7장 1절에 의인이라고 명시되었다.

BC2690년 500세 때 세 아들인 셈과 함과 야벳을 낳았는데,

* 첫째아들 셈은 '하나님 여호와를 찬송하라'라는 의미를 지닌 이름이다. 셈의 후예들은 갈대아 우르에 정착해서 시날 평지에 바벨탑을 쌓기 시작하였다.

* 둘째 아들 함은 셈의 종이 되어서 가나안 땅에 머물라고 하였

는데, 함의 자손 니므롯은 특이한 사냥꾼으로 세상의 처음 영걸이었다.

* 막내아들 야벳은 창대하게 되어 셈의 장막에 머물면서 바닷가에 살라고 하였다.

BC2590년 600세까지 태평을 누리면서 평온하게 살았다. 그러나 세상에 사람의 숫자가 많아짐에 따라 죄악이 만연해졌으므로, 이에 하나님은 대홍수재앙을 2월 17일에 시작하였다. 사십 주야를 비가 땅에 내렸고, 땅은 사십 일간 물에 잠겨 있었으며, 150일 동안 땅에 물이 있었다. 이 홍수에 대비하여 하나님은 말씀하셨다. "대홍수가 일어날 것이니 방주라는 큰 배를 만들어서 식구들과 가축들을 데리고 재앙에 대비해라." 그러나 사람들은 모두 따르지 않았는데, 노아만 따랐으므로 노아의 가족들은 전원 살아남았다. 이것이 하나님의 홍수심판이다. 세상에 살던 사람들이 다 죽고 난 후에 바람이 불어와 물이 감해졌고, 7월 17일에는 방주가 아라랏산 위에 머물렀다. 아라랏산은 터키에 있는 산인데, 10월 1일에 산봉우리가 세상에 드러났다.

BC2589년 노아 601세 1월 1일에 지면에는 물이 모두 걷혔고, 2월 27일에는 땅에 물이 말랐다.

BC2240년 노아는 950세에 사망하였다.

단군 檀君, 신화적 인물

고조선의 국조다.

이름은 왕건인데, 천제이던 환인의 손자였고 환웅의 아들이다.

BC2333년 아사달에 도읍을 정하면서, 단군조선을 개국하였다. 대한민국 민족의 시조로 추앙을 받았으며, 대종교에서는 신앙의 대상이 되기도 하였다. 이런 사항들은 〈삼국유사〉·〈제왕운기〉·〈세종실록〉·〈동국 통감외기〉에 나와 있다.

아브라함 Abraham, BC2166~1991

청동기시대(BC2100~1550년)의 족장 중에서 가장 대표적인 인물인데, 우상숭배만을 일삼던 당시의 사람들과는 달리 인간 최초로 하나님을 인식하게 되면서 하나님만 믿고 따랐다. 그리하여 아브라함을 가리켜 믿음의 조상이라고 부른다. 하나님의 지시하심을 믿고 혈혈단신으로 고향을 떠나 가나안땅으로 향했던 인물이다.

BC2019년 75세 때 가나안 땅에 거주하면서, 수입의 십 분지 일을 멜기세덱이라는 하나님의 제사장에게 바쳤다. 멜기세덱은 그리스도의 모형인데, 부모가 누구인지도 모르는 하나님의 제사장(히브리서 7장 3절)이었다. 세계 최초로 하나님을 찬송한 사람이었으므로, 의의 왕 또는 살렘의 왕이라고 불렀다.

BC1991년 175세 때 사망하였다.

요셉 Joseph, BC1915~1805

고대 이집트 제12대 왕조 때의 총리다.

아브라함의 손자인데, 야곱의 열한 번째 아들이다. 야곱의 두 번째 부인 라헬의 첫 번째 아들로, 하란에서 태어났다. 요셉의 이름은 '하나님의 뜻에 합한 자'라는 의미를 지니고 있다.

BC1898년 17세 때 꿈을 꾸었다. 여러 볏단이 자기를 향해 절하고 있었으므로, 그 꿈 이야기를 형들에게 말하였다. 장래에는 자기에게 형들이 절을 하게 될 것이라고 하자, 요셉의 꿈 이야기를 들은 형들이 질투해서 요셉을 이집트 상인의 종으로 팔아버렸다.

BC1888년 27세 때까지 여기저기 종으로 팔려 다니다가 이집트의 총리 집 종이 되었다. 용모가 특출나게 잘생겼으므로, 총리 보디발의 처가 요셉을 유혹하였다. 그러나 요셉은 말을 듣지 않았는데, 보디발의 처는 자기의 뜻대로 되지 않자 요셉에게 죄를 뒤집어씌웠다. 자기를 유혹하려 했다는 명목으로, 요셉을 감옥에 처넣었다.

BC1887년 28세 때는 감옥 안에서 바로 왕의 두 관원을 만났다. 이들은 둘 다 꿈을 꾸었으므로, 요셉은 이들에게 꿈을 해석해주면서 당부하였다. "풀려나거든 나를 잊지 말아 주세요."

BC1885년 30세 때 이집트 바로 왕이 꿈을 꾸었다. 그런데 그 꿈의 해석자가 없었으므로 다방면으로 찾아야만 되었다. 그러던 중 꿈풀이를 받았던 관원의 추천으로 요셉은 바로의 꿈을 해석해주었는데, 그 해석의 명석함을 인정받아 이집트의 총리가 되었다. 바로의 꿈은 칠 년의 풍년 뒤에 칠 년 흉년이 올 것이라는 예언적인 꿈이었으므로 요셉은 그 꿈대로 풍년 때에는 많은 곡식들을 창고에 보관해두었다.

BC1876년 39세 때는 가나안에도 기근이 들었다. 요셉의 형들은 이집트에 곡물이 많다는 소문을 듣고 그 곡물들을 구하려고 이집트까지 가야만 되었다. 그 소문을 들은 형들이 요셉을 찾아와서 요셉 앞에 엎드려 절하였다. 요셉의 꿈대로였다. 형들이 곡식 주기를 간구하는 것을 본 요셉이 말하였다. 내가 당신들이 이집트에다 팔아버린 동생 요셉이요. 그 후 요셉은 아버지 야곱의 족속들 70명을 이집트로 데려다가 살도록 해주었다.

BC1859년 56세 때 아버지 야곱이 사망하였고,

BC1805년 요셉은 110세를 일기로 사망하였다.

함무라비 Hammurabi, BC1810~1750

바빌로니아 제1왕조 때 제6대 왕이다.

아버지이던 신 무발리트는 메소포타미아에 흩어져 있던 군주 중의 한 사람이었다.

BC1792년 18세 때 함무라비는 왕위를 계승 받았고, 법전을 만들어 통치하였다. 함무라비 법전은 225cm 높이의 현무암에다 법조항 282개를 새겨 넣은 것인데, 이 법전은 각종 판결 모음집이다. 이 법전에 따라 수십 년간 평온한 상태로 살았다. 그러나 삼시 아다드 1세가 사망하자 북쪽의 왕들은 분열되면서 바빌로니아의 힘이 강해졌다. 함무라비는 이때를 이용하여 방어용 성벽을 높이 쌓았고, 신전을 건축하는 등 공공사업을 단행하였다.

　BC1787년 23세 때는 이신 징벌을 하였고,

　BC1776년 34세 때 라르사와 싸우기 시작하였으며,

　BC1768년 42세 때 라르사를 이겼다.

　BC1763년 47세 때는 남쪽 메소포타미아까지 지배하는 대제국을 건설하다가

　BC1750년 60세 때 아들 삼수 일루에게 왕위를 맡기고 병사하였다.

모세 Moses, BC1527~1407

　이스라엘 민족의 지도자로, 예언자다.

　조상 요셉은 BC1876년에 야곱의 친족 70명을 진두지휘해서 이집트로 이주해 갔었다. 그런데 이스라엘 자손들의 숫자가 많아지자, 이집트의 바로 왕은 이들의 강성함을 염려해서 노예로 부리기 시작하였다. 아울러 이스라엘인들의 숫자를 감하기 위하여 새로 태어난 사내아이들을 모두 죽이라고 명령하던 시기에 모세는 태어났다. 죽임당함을 피하려고 모세의 어머니는 아기 모세를 역청 바른 갈대 상자 바구니에 넣어 나일강 갈대밭에 갖다 놓았다. 마침 목욕하러 나오던 바로의 공주가 이를 발견하고 모세를 데려다가 양아들로 삼았는데, 이 광경을 지켜본 모세의 누나가 달려가서 공주에게 조언하였다. "유모를 구해 드릴까요" 그렇게 해서 모세는 친어머니의 젖을 먹으면서 바로 공주의 양아들로 성장하였

다. 궁궐의 왕자로, 왕의 교육까지 받았다.

BC1487년 40세 때 이집트인들이 모세의 동족 이스라엘인을 학대하는 것을 보고 참지 못해 이집트인을 죽였다. 그리고 미디안 땅으로 도망해서 미디안의 광야 이드로의 밑에서 양치기 일을 하다가 이드로의 딸과 결혼을 하고, 거기에서 40년을 살았다.

BC1447년 80살이 된 모세가 호렙산으로 올라갔는데, 하나님께서 지시하셨다. "이스라엘 민족을 구출해서 가나안 땅으로 데려가라"

BC1446년 81살 때는 아멘 호렙 2세가 통치하던 시기였는데, 모세는 하나님의 명령에 따라 이스라엘 민족들을 이집트로부터 출애굽 시키면서 시내 산에 도착하여 십계명을 받았다.

BC1445년 82살 때 성막을 짓고 제1차 인구조사를 한 다음, 시내 산에서 광야로 출발하였다. 이때 모세의 형 아론이 제사장으로 취임하였다. 모세는 형과 함께 이스라엘인들을 이끌면서 그동안 느낀 것들과 아는 것들을 모두 모세 5경에 기록으로 남겼다. 모세 오경은 이스라엘인들에게 율법과 규례를 제시한 것들인데, 〈창세기〉·〈출애굽기〉·〈레위기〉·〈민수기〉·〈신명기〉로 성경 속에 들어있다.

BC1407년 120세가 된 모세는 여호수아를 후계자로 임명하고, 고별 설교를 한 후에 사망하였다. 미디안을 정복한 다음에는 땅을 이스라엘 열두 족속들에게 공평하도록 분배를 해주라는 유언을 남겼다.

다윗 David, BC1040~970

이스라엘을 통일시킨 왕이다. 하프의 명수였고, 시인이었다.

이새의 아들인데, 어려서부터 양을 지키며 하나님을 찬양해서 하나님의 마음에 합한 자로 인정받았다. 하나님은 항상 준비된 자를 사용하신다.

BC1025년 15세 때 선지자 사무엘로부터 기름 부음을 받았고,

BC1020년 20세 때는 골리앗 장군과 물맷돌로 싸워 승리하였다.

BC1017년 23세 때 선지자 사무엘이 사망하였다.

BC1010년 30세 때는 사울 왕이 죽고, 다윗은 사울 왕의 후계자가 되면서 유대 나라의 왕이 되었다. 헤브론에서 7년을 살면서 이스라엘인들을 통치하였다.

BC1003년 37세 때는 예루살렘을 정복해서 통일 왕국인 이스라엘의 왕이 되었으며,

BC991년 49세 때는 우리아의 아내 밧세바(맹세의 딸)와 간통(삼하11장 4~5절)해서 아들을 낳았으나 이 아들은 사망하고 말았다.

BC989년 51세 때 밧세바와의 사이에서 아들 솔로몬이 출생하였다(삼하 12장 24절).

BC970년 70세 때까지 33년 동안 나라를 다스렸는데, 다윗의 통치 기간은 40년(열왕 상 1:1)이었다. 다윗은 나이 70세에 사망하였다.

솔로몬 Solomon, BC989~946

이스라엘의 두 번째 왕이다.

예루살렘에서 다윗 왕과 밧세바의 사이에서 태어났는데, 다윗 왕에게는 18명의 아들과 딸들이 있었다. 솔로몬은 열 번째 아들이었다.

BC970년 19세 때 다윗왕이 죽고, 솔로몬은 왕위에 올랐다. 왕이 되자 솔로몬은 하나님께 지혜를 구하였는데, 하나님은 이 일을 좋게 보셔서 최대의 축복을 주셨다. 그리하여 하나님의 집인 성전과 왕이 거할 왕궁을 지으라고 허락하셨으므로 그것들을 짓기 위해 재료들을 모으기 시작하였다.

BC966년 23세 때 성전건축을 시작하였고,

BC957년 32세 때는 왕궁까지 건축을 완성 시켰다. 이때 어머니 밧세바가 죽으면서 솔로몬에게 유언을 남겼다.

① 현숙한 아내를 취해라.

② 음란과 술은 사람을 어리석게 만드니, 그것들을 삼가라.

그러나 솔로몬은 어머니의 유언을 무시하고 이방 여자들을 아내로 삼아 우상이 판치도록 만들었다. 백성들에게는 과중한 세금을 부과시키면서 고역까지 치르게 함으로써 스스로 죄를 지었다. 그와 더불어 천 명이나 되는 아내들에게서 태어난 아들들은 서로 왕이 되겠다며 아비규환을 벌여서 나라는 만신창이가 되고 말았다. 세상에는 지혜만 중요한 게 아니라 선택이 더 중요하다는 것을 알게 된 솔로몬은 그때서야 정신을 차리고 책을 저술하였다. 솔로몬이 쓴 책은 〈시편〉·〈잠언〉·〈전도서〉·〈아가〉서가 성경에 기록되어 있다.

BC930년 59세 때 사망하였다.

호메로스 Homeros, BC800~750년경

고대 그리스의 음유시인이다.

그리스의 명주였고 아가멜론이라고도 불렸는데, 철학자 크레노파테스와 사학자 헤로도투스가 쓴 저서에 호메로스는 실재의 인물이라고 밝혀놓았다. 호메로스는 서사 시인들이 거짓말을 기술적으로 가르치는 법을 알고 있다고 하였다.

호메로스가 쓴 두 편의 시 〈일리아스〉와 〈오디세이아〉는 그리스 서사시의 걸작으로 손꼽힌다. 그리하여 그리스문화와 교육의 토대가 된 책들로, 그리스인들은 이 두 편의 서사시를 거의 다 외우면서 도덕적인 가르침과 실전적인 교훈의 오랜 원천으로 존중해 왔다. 이 작품들은 서양 문학의 원천으로도 작용하였다.

* 트로이와 그리스는 10년 동안 전쟁을 하였는데, 〈트로이의 목마〉는 트로이전쟁을 다룬 마지막 50일의 이야기다. 8편의 서사시로 된 영웅시인데, 가장 위대한 전사 아킬레우스의 분노에 관한 이야기가 제1권에서 제16권까지 서로 다른 전투 장면으로 등장한다. 그리고 시의 삼분지 이 정도에 이르면 파틀로 클로스가 죽어 아킬레우스는 싸움터로 되돌아가게 되는 영웅의 전형적인 탐구를 써놓았다. 그 후 아킬레우스를 위해 새 갑옷을 만들었지만, 제22권에서는 판단력을 잃고 헥토르

를 죽이고 만다. 마지막 권에서 아킬레우스는 신들의 강요로 헥토르의 시체를 프리아모스상에게 돌려줌으로써 문화적 가치관과 자신의 관대함을 되찾으려 하였다. 이 이야기들 중, 두 번째 이야기가 〈일리아스〉다.

* 〈일리아스(Ilion의 노래, 일리온은 트로이의 또 다른 이름이다)〉의 내용은, 바다의 여신 테티스의 아들 아킬레우스의 이야기를 다루고 있다. BC 1300~1200년대에 있었던 전쟁의 이야기인데, 세계 제패의 야망을 지닌 서방의 강대국들은 동방의 작은 나라를 침공하는 명분을 세웠다. 그것은 사랑과 명예를 위해서라고 하였지만, 이 전쟁에서 피비린내 나는 잔인한 살육과 시신들에 대한 복수가 이어진다. 15,693행으로 된 24권 안에는 그리스 영웅들의 세계관과 인생관들이 녹아있으면서 오랫동안 계속된 트로이전쟁의 전반이 농축되어있다.

* 〈오디세이아〉는 〈트로이의 목마〉에서 일곱 번째 시다. 〈일리아스〉보다는 훨씬 더 복잡하면서도 조화로운 구조로 되어있는데, 트로이전쟁 후 지혜자인 오디세우스가 귀향하기까지 겪은 십 년에 걸친 방황 생활의 온갖 모험담을 기록해 놓았다. 단일한 행동이 중심으로 구성되었는데, 각각의 부분들이 긴밀하게 연관되어 있어서 인간성을 고양 시키기 위한 고전으로 읽힌다. 이타카에 있는 페넬로페는 젊은 텔레마코스에게 오디세우스의 귀환을 체념하게 하고 페넬로페에게 구혼한다. 그러나 텔레마코스는 아버지의 소식을 알기 위해 펠로폰네소스로 가서 네스토르와 메넬라오스 및 헬레네를 만난다. 이때 오디세우스는 칼립소의 섬에서 페니키아인들의 섬으로 위험한 항

해를 하였고, 거기에서 트로이를 떠난 뒤에 겪은 모험을 이야기한다. 시가 절반쯤일 때 오디세우스는 이타카로 돌아와 교묘하게 변장한 뒤에 충직한 돼지치기 에우마오스와 텔레마코스에게만 자신을 드러내는데, 이들은 구혼자들을 처치하려고 복잡한 계획을 세우면서 실천한다. 마지막으로 충실한 아내 페넬로페가 그를 알아보는 것으로 시는 끝나는데, 〈일리아스〉와 〈오디세이아〉는 성경 다음으로 좋게 평가되는 책들이다.

솔론 Solon, BC640~560

아테네의 시인이면서, 개혁가다.

왕족의 후손이었지만, 아버지 대에서 몰락하여 상인이 된 아들로 태어났다.

BC594년 46세 때 아테네 정부에서는 솔론에게 개혁의 전권을 위임하였는데, 당시 아테네에는 일 년 임기인 아르곤이 통치하고 있었다. 솔론이 살던 시대에는 아르곤의 출마 자격이 혈통주의에서 재산으로 대체되었는데, 솔론은 농민해방을 부르짖으면서 프닉스에서 설교하였다. 척박한 토지에서 나오는 올리브와 포도 재배의 농업 대신에 교역 중심의 개혁에 힘쓴 사람이다.

자라투스트라 Zarathusstra, BC628?~551?

고대 페르시아의 예언가이면서, 종교가다. 조로아스타교의 창시자인데, 조로아스터는 자라투스트라의 영어 이름이다.

현재의 이란은 사산왕조가 창시하였다. 사산은 조로아스타교를 페르시아의 국교로 삼았고, 경전 아베스타를 집대성하고는 다른 종교를 박해하기 시작하였다.

세상은 선인과 악인의 투쟁 장인데, 결국에는 선인이 이기게 된다는 것이다. 조로아스타교는 유일신의 사상과 이분법적 세계관을 가지고 있는데, 우주를 창조하고 유지하는 것은 아흐라마즈다 신인 최고의 신이라고 하였다. '아흐라'는 선과 빛의 신으로, 지혜와 풍요를 가져다주면서 정의를 지켜주는 신의 이름이다. 그리고 '마즈다'는 지혜를 일컫는데, 악은 배척하고 선을 택해야 살아갈 수 있다는 논지다.

BC6세기 때 서아시아지역을 통일한 이케미아 왕조의 다리우스 1세는 자기의 왕권을 강화시키기 위해, 조로아스타교를 이용하였다. 이를테면 아흐라마즈다가 자기를 왕으로 세우면서 이 종교를 만들라며 계시했다고 하였다. 그 후 조로아스타교는 AD386~534년에 실크로드를 따라 중국으로 전파되었는데, 중국에서는 불을 숭배한다고 해서 배화교라고 불렀다. 그러나 7세기경에 아라비아반도에 등장한 이슬람교에 밀려 교세는 꺾였고, 현재는 인도나 이란 등지에서 15만명 가량이 신봉하고 있다. 니체가 쓴 책 중에는 이런 제목이 있는데, 〈자라투스트라는 이렇게 말했다. Also speech Zarathustra〉이다. 이 책에는 니체 철학의 진수가 담겨있다.

탈레스 Thales, BC625?~546년경

  현재까지 알려진 철학자 중에서 가장 오래된 고대의 철학자다. 최초의 수학자인 동시에 최초 그리스의 7대 현인으로, 밀레토스 학파의 창시자다.

  탈레스는 아리스토텔레스의 스승이면서 아낙시만드로스의 스승이기도 하다. 아리스토텔레스는 탈레스를 일컬어 철학의 아버지라고 불렀다.

  그리스인으로, 소아시아 이오니아 지방의 밀레토스 도시의 출신이다. 페니키아 혈통의 상인으로, 재산을 모아 이집트로 가서 수학과 천문학을 공부하였다.

  수학의 기하학적 방법을 빌려 이집트 쿠푸왕의 대피라미드의 높이를 측정함으로써 최초로 추상적인 기하학을 확립시켜 놓았다. 즉 피라미드의 꼭짓점은 두 직선이 만나 이루는 맛 꼭짓점인데, 이들 직선의 길이가 서로 같다는 것을 알아내었고 수학에서 지름의 원주 각은 직각이라는 것도 찾아내었다.

  탈레스는 바빌론에 가서도 공부를 하였는데, 바빌로니아의 천문학 지식으로 BC585년 5월 28일에 있을 일식을 예언해서 맞추었다. 또한 만물의 근원은 〈물이다〉라고 주장하였으며, 힘의 원천은 신(神)이라고 하였다. 만물에는 신이 존재한다고 함으로써 자연철학의 시조로 불렸다.

탈레스의 일화

  친구 : 이 세상은 너무 불공평해. 돈 있는 사람만 잘살고 돈 없는

사람은 못사는 불공평한 세상이야.

　탈레스 : 친구. 돈 버는 방법은 세상에 널려있어. 머리를 써 보라고.

　친구 : 넌 스스로 똑똑하다고 생각하지? 내가 여행을 다녀올 동안에 어디 돈을 많이 벌어봐.

　탈레스는 친구가 여행을 떠나고 나서 곧 돈 버는 연구에 들어갔다. 당시에는 올리브가 아주 귀했고 쓰는 용도도 많았다. 탈레스가 유심히 살펴보니 어떤 해에는 올리브가 많이 생산되었고 또 어떤 해에는 올리브 생산이 적게 나왔다. 이를 유심히 살펴 어떤 해에 가장 많이 나오며, 어떤 해에 적게 나오는지의 규칙을 알아보았다. 그런 다음 올리브의 생산이 적게 날 때 마을을 돌아다니며 기름 압축기를 사들였다. 그러자 사람들은 마당만 차지하고 있던 기름 압축기를 모두 탈레스에게 팔았다. 그 후 올리브가 풍작을 이룰 적에는 마을의 기름 압축기들이 모두 탈레스의 손에 들어와 있었다. 그렇게 되자 탈레스는 사람들에게 기름 압축기를 빌려주는 일로, 큰돈을 벌었다. 이것이 지혜였다.

탈레스의 정의

　세상에서 가장 어려운 일은 자기 자신을 아는 일이고, 가장 쉬운 일은 남을 비판하는 일이다. 가장 즐거운 일은 다른 사람에게 충고할 만큼의 충분한 인격이 달성되었을 때다.

　BC546년 79세 때 운동경기 관람 중, 탈수증으로 사망하였다.

석가모니 釋迦牟尼, BC624?~544?

불교의 교주다.

불교의 주제는 신을 믿지 않아도 누구든지 깨달음이 올 수 있다는 방법을 제시하고 있다.

석가는 네팔 인이다. 산스크리트어로는 샤캬무니라고 부르는데, 한자어로 번역하면 석가모니가 된다. 줄임말로는 샤카 또는 석가라고 부르는데, 석가는 부족의 이름이다. 〈능하고 어질다〉는 뜻이며, 〈무니〉는 성자라는 의미다. 세존·석존·불·여래 등의 존칭도 있는데, 아명은 삿다르타 고타마이다. 서양에서는 〈고타마붓다〉라고도 부른다.

코살라왕국에 예속된 히말리야 산족의 카필라 왕국인 네팔 지방의 카빌라바스투 성에서, 에서의 국왕 슈도다나와 어머니 자야 부인의 장남으로 태어났다. 생후 7일 만에 어머니가 사망하자 이모 마하파자파티의 손에서 자라났는데, 어느 날 점쟁이가 와서 예언해주었다. "집에 있으면 왕이 되겠지만, 출가하면 전 세계의 구세주가 되겠다." 당시에는 브라만교가 유행하였는데, 브라만교는 태양·바람·자연신을 숭배하면서 각종 제사·의식·계급 등을 강조하고 있었다.

인도는 BC2500~1500년까지 인도의 인더스강 주변에서 인더스문명이 발달하고 있었다. 이때 투르키스탄에 머물고 있던 아이란 족들이 쳐들어와서 농업을 기반으로 소도시들을 형성하였다. 그 후 BC7세기경에는 군주 국가로 형성시키면서 토착민들을 하층민으로 종속시켜 카스트 제도를 만들어 놓았다. 이런 환경 속에 살면서 석가는 어느 날 동문 밖으로 나가 농부를 보고 고통을 알게 되었으며, 수고를 해야 삶을 영위할 수 있게 되는 것이로구나 하는 것을 깨달았다.

그다음에는 남문 밖으로 나가 병자를 보고 질병의 고통을 알게 되었고, 서문 밖에서는 죽은 자를 보고 사람도 죽는다는 것을 알게 되었다. 그다음으로는 북문 밖으로 나가 새에게 잡아먹히는 벌레를 보며 충격을 받았다. 아울러 쇠약한 노인을 보고 인생의 무상을 깨달아 생로병사의 운명에 슬픔을 금치 못하게 되었고, 거지를 보면서 평안을 발견하였다.

이런 아들의 우울한 심정을 눈치챈 아버지가 열여섯 살 된 석가를 골라 왕국의 공주 이소다라와 혼인시켜주었고, 아들까지 낳았다. 그러나 석가는 아들이 수행에 반대된다며 아들의 이름을 라훌라라고 지었다. 석가의 집은 세 개의 궁전을 마음대로 사용할 수 있는 화려한 곳이었지만, 그곳을 버리고 29세에 집을 떠나 네란지니 강에서 단식과 불멸의 고행에 들어갔다. 고행 6년 만에 쓰러지자, 동료들은 석가에게 낙오자라며 버렸다. 동료들에게 버려진 석가는 부다가야의 보리수 밑에서 혼자 선정수행을 하며 49일의 금식 끝에 35세 12월 8일에 깨달음을 성취하였다.

그것은 사제 팔정도인데, 사제란 고를 의미한다. 고의 원인은 탄하다. 탄하란, 목마름·바램·욕망의 개인 목적이어서 자기를 위한 욕망은 극복해야만 된다고 하였다. 이 극복의 방법이 팔정도인데, 바른 견해·바른 생각·바른말·바른 행위·바른 생활·바른 노력·바른 사념·바른 정신통일이다. 바른 행위에는 살생 금지·도둑질 금지·거짓말 금지·부정 금지·주류 금지가 있다. 모든 사람이 이런 것들을 깨달으면 부처가 된다는 평등사상을 고취 시키면서 각종의 의례 행위들을 거부하면서 부타가 되었다. 그리하여 사회의 기초 단위는 개인이 아닌 집단이라고 하는 불교의 창시자가 되었다.

석가는 인도(인디아)지역을 45년 동안 다니면서 가르쳤고, 80세가 될 때까지 포교하다 이질이라는 식중독에 걸렸다. 그러자 최후에는 목욕하고 사과나무 숲속에서 입멸하였다.

〈대야반경〉은 부처의 지혜인 반야를 일컫는다. 모든 사람으로서의 중생을 구제하는 큰 경이다.

〈팔만대장경〉은 석가모니가 마음 닦는 순서를 깨닫고 쓴 설법이다.

아낙시만드로스 Anaximandros, BC610~546

고대 그리스의 철학자이면서, 천문학의 창시자다.

아낙시만드로스는 탈레스와 아낙시메네스와 함께 밀레토스학파다. 스승 탈레스가 아무런 저서를 남기지 않자, 아낙시만드로스는 그리스인 중에서 가장 최초로 자연에 관한 논문을 집필하면서 산문에 대한 것을 최초로 언급하였다. 그리고 사람들이 사는 지역의 모습을 서판에 그리는 시도를 제일 처음으로 감행하였다.

아낙시만드로스는 다방면에 걸친 과학적인 지식을 가지고 있었는데, 만물의 근원이 물이라고 주장한 스승 탈레스의 주장을 반박하기 위해 글을 쓰기 시작하면서, 아낙시만드로스는 만물의 성격은 무규정적이라고 하였다. 그 근원이 아페이론인데, 여기서 아페이론이란 영원히 늙지 않으면서 모든 세계를 둘러싸고 있는 것들이다. 이 아페이론으로부터 모든 것이 생겨나고 소멸했다가 다시 이것으로 돌아간다고 보아 이 원초적인 아페이론이 만물을 구성하는 근본적이고 1차 적인 재료라고 하였다. 이때 자연에서 원초적인 대립자는 뜨거운 것·차가운 것·건조한 것·축축한 것들인데, 다시 말하면 이들은 불·공기·물·흙이다. 이 원소들의 결합으로 만물들이 생겨난다고 보았다. 이때 서로 반대되는 힘에서 한 가지의 힘이 커지면, 반대되는 힘은 자신의 불의에 대한 벌을 받아 소멸하게 되어 다시 아페이론인 무한자로 돌아간다고 하였다.

이때의 공기는 지속해서 운동하는 무한한 실체로, 세상에서 가장 가벼운 것이므로 천체를 이루는 만물의 근원이라고 하였다. 그렇다면 어떤 식으로 공기가 실체로 변하느냐 하면, 공기는 팽창하면서 희박해진다. 이 희박함이 온기를 불러들이면 불이 되고, 공기가 수축하면 농후해지면서 바람이 만들어진다. 더 지속되면 물이 되었다가, 땅이 된 다음 마지막 형태로 남는 것이 암석이라고 하였다.

아낙시만드로스는 정원론도 주장하였는데, 정원론은 정선설의 하나다. 생물체의 모든 기관이나 형태는 정자 속에 이미 형성되어 있다는 학설이고, 혼의 전이설도 주장하였다. 그리하여 혼은 불멸의 실체라고 하면서 몸이 소멸하면 혼의 실체들은 다른 동물의 몸 속으로 들어간다고 해서 윤회사상을 설파하였다.

노자 老子, BC604년경에 출생한 것으로 추정

도교의 창시자다.

중국 허난성의 루이현 사람으로, 본명은 이이다. 중국에서 우주 만물에 대해 최초로 생각한 사람인데, 그가 찾아낸 우주의 진리가 〈철학〉이라고 이름 붙였다.

BC550년 46세 때 도교를 창설하였는데, 영원불멸의 최고신 원시의 현존을 정립하였다. 도란 성질이나 모양이 없으면서 변하거나 없어지지도 않는 것인데, 항상 어디에나 존재한다. 그러나 우리가 눈으로는 볼 수 없는 것들로, 그 근본에는 17가지의 원 물질인 진리가 있다고 보았다. 그것들을 일컬어 이 지구상에는 수많은 신과 신선들이 존재한다고 하였다.

이솝 Aesop, BC6세기 초의 사람

그리스의 동화작가다.

그리스의 작은 섬에서 노예로 출생하였는데, 당시의 그리스는 부익부와 빈익빈의 심각한 정치 위기에 처해있었다. 참주 정치의 유행으로 기득권층과의 사이에서 유혈이 낭자하였고, 아테네의 척박한 땅의 농민들은 노예로 전락 되어 정세는 폭발 직전에 있었다.

이솝의 주인은 이솝에게 형편없는 밥벌레 취급만 하면서 눈에 띄지 않는 벌판으로 보내 일하게 하였다. 그러나 이런 일이 이솝에게는 많은 생각을 하는 시간을 갖도록 만들어주었는데, 이런 경우를 일컬어 전화위복이라고 부른다. 이러한 시간 속에서 이솝은 수많은 동화를 지어서 훌륭한 동화작가가 되었다.

〈여우와 두루미(황새)〉·〈개미와 베짱이〉·〈시골 쥐와 서울 쥐〉·〈토끼와 거북이〉·〈곰과 나그네〉·〈고양이 목에 방울을 달려는 쥐〉·〈연못에 도끼를 빠트린 나무꾼의 이야기〉 등 위 이야기들은 초등학교 교과서에 많이 실려 있다.

아낙시메네스 Anaximenes, BC585~525년경

그리스의 철학자다.

밀레토스학파인데, 아낙시만드로스의 친구다. 아낙시만드로스가 유한하고 제한적인 사물들의 다양함에 무한함이 사물의 근원이라고 주장한 것에는 이해되지만, 그것은 너무나도 모호하면서도 임의적이라고 생각하였다. 그리하여 다른 원리를 찾기 위해 애를 쓰다 내린 결론이 바로 '공기'라는 생각을 하였다. 실제로 '공기'는 끊임없이 운동을 지속하면서 어디서든지 찾아볼 수 있다. 거기에다 무한함의 개념까지 들어맞았고, 사람 역시도 공기를 통해 호흡할 수 있으므로 적어도 구체적으로 감각 할 수 있는 것이다. 따라서 공기가 실체로 변하는 원리를 설명하였는데, 그 설명의 도구가 '희박'과 '농후'라는 단어의 사용이었다. 그리하여 이런 운동들이 바람을 만들고, 지속되다 물이 되며, 다음에는 땅이 되고, 마지막 형태가 암석이라고 설명하였다. 아울러 지구는 평평한 모습이라고 생각하면서 태양 따위의 전체들이 지구 주위를 맴돌고 있다고 보았다.

피타고라스 pythagoras, BC572~495

고대 이오니아 출신의 그리스 철학자다. 수학자인 동시에 피타고라스 학파의 교주다.

사모스섬에서 부유한 상인의 아들로 태어났는데, 어려서부터 최고의 교육을 받았다. 밀레토스에서 탈레스와 아낙시만드로스의 수하에서 공부하였는데, 피타고라스는 스스로 지혜를 사랑하는 자 또는 철학자라고 자신을 지칭하였다.

스승 탈레스의 주선으로 이집트에서 23년간 멤피스의 사제들에게 기하학과 천문학을 배웠고, 여러 신전을 돌아다니며 신비 사상도 입문하였다. 그러다 당시 이집트를 침공한 페르시아제국의 바빌론사람들에게 끌려가서 약 12년 동안 바빌론의 점성사들과 서기관들로부터 방대한 지식을 전수받았다.

* 피타고라스는 훌륭한 언어를 창조할 수 있도록 공헌한 사람 중의 한 사람이었고, 리라 연주와 그림과 운동도 잘하였다. 올림픽 경기 판크라티온에 참가해서 우승을 차지하기도 하였다.

* 피타고라스는 만물의 근원이 숫자라고 주장하였는데, 우주의 원리는 1에서 9 따위의 수로 설명이 가능하다고 하였다. 소수점 이하의 숫자를 무리수라고 이름을 붙였다.

* 피타고라스는 대장간에서 음률을 발견하였는데, 망치의 무게로 소리의 옥타브가 달라지는 것을 찾아내었다. 이로 인해 '자장자장 우리 아기 잘도 잔다'에서 도미솔이라는 3음계도 찾아내었고, 음정의 진동수 비율은 이집트와 메소포타미아에서 이미 알고 있던 것들이지만 이것들을 피타고라스가 정리하였다. 아울러 현실의 이해가 가능한 숫자를 찾기 시작하면서 음계를 정립해 놓았다. 피타고라스음계는 보이지는 않지만, 세상을 구성하는 순정 5도를 반복해서 겹친 음률이 존재한다는 것도 알아냈다. 그리하여 피타고라스음계란, 순정 5도를 반복해서 겹친 음 줄을 의미한다. 또한 피타고라스는 음의 협화를 현의 길이로 비례해서 설명하였는데, '나 같은 죄인 살리신'이라는 음악에서 '도미솔미도'라는 5음계를 찾아냄으로써 음향학자가 되면서 결론도 내렸다. '영혼의 정화는 음악에 있다.' 그 후 8음계의 비밀도 찾아내었다.

도(Dominus) = 처음과 끝. 하나님·주님·우주.

레(Resonare fibris) = 하나님의 음성.

미(Mira gestorum)

파(Famuli tuorum)

솔(Solve polluti)

라(Labilresturn)

시(Sancte joannues)

도(Dominus)라는 이름을 붙여놓았다. 여기서 음계란 하나님의 위대하심을 찬양하기 위한 곡을 일컫고, 음정이란 음과 음 사이의 간격을 말한다. 이때는 피아노의 건반에서 #(반올림)

이나 ♭(반내림)를 써서 반음의 음계도 제작하였다.

* 피타고라스의 삼각수는 1, 1+2=3, 1+2+3=6, 1+2+3+4=10
인데, 그러므로 6의 약수는 1, 2, 3, 6이라고 하였다. 아울러
직각삼각형의 각 변의 길이는 3 : 4 : 5의 꼭짓점을 A : B : C
라고 한다면, 그 변의 길이는 $a^2 + b^2 + c^2$가 된다는 것으로 수
학의 직각삼각형의 빗변으로 하는 정사각형의 면적은 다른
두 변을 각각 한 변으로 하는 두 개의 정사각형의 면적의 합과
같다는 것도 찾아내었다.

BC 532년 40세 때 고향 사모스섬으로 돌아왔지만, 참주 폴리
크라테스의 독재로 인해 다시 고향을 떠나 이탈리아의 남부 크로
토네로 갔다. 거기에서 정착하여 피타고라스 학교를 설립하고 많
은 정치가와 철학자들을 길러내었는데, 피타고라스 학파의 졸업
자는 히포크라테스·필로라소스·아르쿠나스·민수르라시오서 등
이 있다.

BC510년 60세 때는 하나의 정치세력이 형성되면서 피타고라
스 학파가 설립되었다.

BC495년 시바리스 군대가 크로토네를 공격하자 분개한 시민들
이 학교를 습격하고 불을 지르면서 제자 38명을 살해하였다. 그
로 인해 피타고라스는 약간 북쪽에 있는 메타포튜로 피신을 하였
지만, 거기서 살해되었다. 반감을 산 이유는, 보수적인 정치 경향
때문이었다. 전해지는 말에 의하면, 피타고라스 사상들을 전수시
키려는 회원들의 지나친 노력 탓이었다고 한다.

공자 孔子, BC551~479

중국 노나라의 작가·시인·정치가·교육가·사상가다. 유교의 창시자로, 유가 학파를 만들었다. 유교란 예를 실천하는 인간의 주체성을 인(仁)이라고 해서 인간의 성(性)은 선하다는 성선설을 주장하였다.

이름은 구, 자는 중니다. 중국의 춘추전국시대 말기 노나라의 추읍 창평향(지금은 산동성 곡부인데, 먼 옛날 삼황오제 때의 수도여서 역사문화로 유명한 곳이다) 남동에서 태어났다. 무사이던 아버지 숙량흘(叔梁紇)이 노년에 얻은 아들로, 어머니는 안씨(顔氏) 집안의 징재(徵在)였다. 이들은 정식 부부가 아니었고, 몰락된 귀족 가문(제 나라와의 싸움에서 군에 공을 세운 부장)에서 태어났다.

BC548년 3살 때 아버지는 사망하였고, 외조부와 어머니의 가르침에 따라 노나라의 예의와 문화 영향을 받으면서 자라났다.

BC536년 15살 때는 곤궁 속에 살면서도 학문에 뜻을 두고 온갖 종류의 책을 많이 읽어 예·악·사·서·수·어에 정통하게 되었다.

공자에게는 특별한 선생은 없었다. 많은 사람으로부터 배웠는데, 노자에게는 예학과 예의를 문의한 일이 있다.

주 왕조를 건국한 주공(周公)을 흠모한 탓에 그 전통적인 문화습득에 노력하면서 수양하였는데, 키가 9척 6촌까지 자라났기 때문에 별명은 꺽다리였다. 창고관리인인 가축을 기르는 승전리(乘田吏)라는 말단 관리로 근무하면서 온고이지신(溫故而知新)이란 좌우명을 마음에 새기면서 살았다. 즉 옛것을 살리면서 새것도 알아가자는 것이다.

BC532년 19세 때는 가정 형편이 비슷한 여자와 결혼하였는데, 어머니는 이때 눈이 멀어 있었다.

BC527년 24세 때 어머니가 사망하였고,

BC521년 30세 때부터 대부분의 시간에는 글을 가르치면서 인재를 양성하는 일에 몰두하였다. 주로 하늘의 법칙성이 인간의 본성이라 하면서 시경·서경·주역에 대해 설법하였다.

BC511년 40세 말에는 중도의 장관이 되었고, 다음에는 노나라의 재판관이 되었다가 최고위직인 대사구까지 올랐다.

BC495년 56세 때는 자기의 이상과 맞지 않았으므로 노나라를 떠나 14년 동안 문하생들을 데리고 여러 나라를 떠돌아다녔다.

BC482년 69세 때 다시 고향으로 돌아와 제자들을 양성하였는데, 관대한 정치적 조치를 실시하는 게 목표인지라 인정을 베풀었다. 이를테면 상대에 맞는 교육을 진행해야 한다는 것인데, 학습은 끝없이 복습해야 하고 자기보다 아랫사람에게 물어보는 것을 부끄럽게 생각하지 말아야 한다고 하였다. 공자의 제자는 모두 3,000명이었는데, 그들 중 문인은 72명이나 배출되었다.

〈사서오경〉은 심오한 우주의 진리와 천지 만물의 생존 원리를 규명해 놓은 책이다.

〈사서〉는 대학이라고도 부르는데, 유가라는 태학의 교육 지침서다.

〈중용〉은 공자의 사상을 집대성해놓은 책이며,

〈논어〉는 인을 근본 사상으로 하는 윤리 도덕에 기초한 사상을 적어놓았다. 누구든지 지켜야 할 교훈과 이상을 논설로 쓴 책인데, 공자의 언행들을 기록해 놓았다.

BC479년 72세 때 사망하였다.

아낙사고라스 Anaxagoras, BC500~428

그리스의 철학자다.

소아시아 출신의 아테네 사람인데, 신경은 뇌로부터 기원한다고 주장하면서 마음과 영혼은 뇌에 있다고 하였다. 사람의 뇌는 다른 동물들과 마찬가지로 수직 배열된 막을 사이에 두고 두 개의 대칭구조인 반구로 나누어져 있는데, 여기에는 뇌로 들어가는 수많은 혈관이 있다. 이들은 매우 가늘면서 긴데, 이들 중에서 두 개의 혈관은 아주 두껍다고 하였다. 두꺼운 혈관 중 하나는 간에서 오는 것이고 또 다른 하나는 비장에서 온다고 하였다.

소포클레스 Sophocles, BC496~406

그리스의 시인으로, 아이스킬로스·에우리피네스와 함께 삼대 비극 시인이다.

소포클레스는 13편의 시를 썼는데, 비극경연대회에서 18회를 우승하였다. 현재 남아있는 시는 7편에 불과하지만, 그중 가장 유명한 시는 고린도의 왕자 오이디푸스에 대한 시다.

〈오이디푸스〉는 이집트로 가서 스핑크스수수께끼를 풀어주고 테베의 왕이 된다. 그러나 왕이 된 후에 이집트에는 가뭄과 역병이 찾아왔다. 가뭄과 역병에 시달리는 백성들을 위해 왕은 눈먼 예언자 테레시아스를 찾아갔는데, 테레시아스는 오이디푸스에게 말을 해준다. "이 위기는 선왕 라이오스를 죽인 살인자 때문에 벌어진 일입니다." 그러면서 그자가 누구인지는 밝혀주지 않는다. 돌아오는 길에 오이디푸스는 자신의 출생에 대해 괴상망측한 소문을 듣게 되는데, 오이디푸스는 전에 아폴로 신의 신탁을 받은 적이 있었다.

신탁의 내용이란 자기 아버지를 죽이고 어머니와 결혼하게 될 것이라는 예언이었는데, 통속적인 신앙에 따르면 라이크다코스 집안의 오이디푸스가에는 신들의 노여움에 따라 오이디푸스를 불가피한 숙명을 맞을 수밖에 없다는 것이었다. 숙명론의 살부신탁을 받았으면서도 오이디푸스는 결혼을 회피하지 않았고, 이런 신탁의 허점을 노려 야만적인 수단으로 아이를 죽이려는 아버지 라이오스 왕이었다. 신탁이 있음에도 불구하고 이오카스테 왕비인 어머니는 죽은 남편 라이오스의 사인조차 규명하려 하지 않으면서 오이디푸스와 재혼한다. 이오카스테 왕비의 소홀한 처사와 자제심을 잃은 정욕 등은 모두가 신을 업신여기는 행위들이게 되었다. 이런 어리석은 행위로 인해 인간은 어쩔 수 없이 비극의 길을 걷게 되며 파멸로 치닫게 되는 것이다.

오이디푸스왕은 실제로 자기의 아버지를 죽이고 어머니를 아내로 삼아 낳은 추악한 불륜의 자식이라는 걸 나중에야 알게 된다. 그리하여 오이디푸스는 아내이자 어머니인 이오카스테의 만류도 듣지 않으면서 테레시아스를 다그쳐 범인을 찾아내었는데, 그 범인이 바로 자기였다. 따라서 자기와 재혼한 아내이자 어머니인 이오카스테 왕비를 죽인 다음에 오이디푸스왕은 어머니의 시신을 부둥켜안고 울다가 자신의 눈을 찔러 장님이 되고 만다. 오이디푸스는 지팡이에 의지해서 테베를 떠나는데, 그가 테베를 떠나자 테베에는 비가 내리기 시작한다는 내용이다.

헤로도토스 Herodotos, BC484~430

고대 그리스의 역사가다. 서구 역사의 아버지이면서 만성적 여행자 또는 망명자였다.

할라카르소나 출신인데, 투이오이로 이주해서 그곳의 시민이 되었다. 아버지는 릭세스이고, 어머니는 도리아인 귀족 가문의 출신이었다. 헤로도토스 또는 헤로도투스는 BC431~425년까지의 일을 기록하는 역사책을 썼다. BC 485년경의 페르시아 전쟁사를 다룬 책인데, 이 책이 인류 최초의 역사서다. 40년간에 걸쳐서 일어났던 동서양의 전쟁을 다루었는데, 처음에는 페르시아의 다리우스 1세가 그리스를 정복하고 오리엔트를 꿈꾸는 것으로부터 시작된다. 이 역사서의 교훈은 평화를 경작하며 노예가 되느니 척박한 땅에 살면서 지배자가 되기를 택하라는 것이다. 스스로 삶을 개척하는 것이야말로 자신을 스스로 주인 삼는 일이다.

제1권 클레이오

1. 크로이소스왕이 할리스강 서쪽을 점령하였다.
   왕이 현자 솔론에게 물었다.

이 세상에서 가장 행복한 사람은 누구냐?

솔론이 대답하였다.

살아있을 때는 말을 할 수 없다. 큰 부자라도 생을 마감할 때까지 즐기지 못한다면 그 사람은 행복한 사람이라고는 할 수 없다.

2. 퀴로스(고레스) 왕에 대한 페르시아인들의 관습과 특징을 기록해 놓았다.

도리에이스 족은 산이라 부르고, 이오네스 족은 시그마라고 불렀다. 여자 이름은 이에 해당이 되지 않았고, 남자 이름은 그리스어로 적을 때 끝에는 S자를 붙였다. 퀴로스 왕은 대륙을 정복하고, 앗시리아를 공격한 다음에 바빌론을 차지함으로써 바빌론을 독립시켰다. 바빌론은 도시들 가운데 가장 크면서 아름다웠는데, 깊은 물들이 사방으로 둘러쳐져 있었기 때문이었다. 물길을 팔 때 나온 흙으로는 벽돌을 만들어서 둑을 쌓았고, 성벽도 만들었다.

3. 바빌론의 관습 : 일 년에 한 번씩 시집갈 처녀들을 소집해서 경매하고는 아프로디테 신전으로 가서 낯선 남자와 교합을 하도록 하였다. 그러면 상대의 남자는 외쳐야 하였다. 월릿타(여신께서 그대에게 축복하기를 빈다)라고.

제2권 에우테르페

이 권에서는 이집트의 국토·풍습·역사를 다루고 있다.

캄뷔세스 왕이 아이큅토스록을 다스렸는데, 여자는 장에 나가 장사를 하고 남자는 집안에서 베를 짰다. 짐은 남자가 머리에 이고 다녔으며, 여자는 어깨에 메고 다녔다. 소변은 여자가 서서 누었고, 남자는 앉아서 누었다. 배변은 집안에서 하였고, 식사는 노상에서 하였다. 부모의 봉양은 딸들이 하여야만 되었다.

제3권 탈레이아

이 권에서는 캄비세스가 이집트를 공략하였다.

아마시스 왕은 도시를 이만 개로 확장 시켜 번영을 누렸다. 이때 수입은 주 관장에서 신고해야 하는데, 수입이 없으면 사형에 처하였다.

제4권 멜포메네

이 권에서는 스키타이원정을 다루고 있으며,

제5권 테릅시코레

크라키아 및 마케도니아를 공략한 사건을 다루었다.

제6권 에라토

히스타이오스의 활약에 대해 기록하였고,

제7권 플림미아

크세르크세스의 원정 준비를 다루고 있는데, BC 480년에 크세르크세스 왕은 3차 원정길에 나섰다. 이 왕은 많은 전쟁을 한 왕이었는데, 마라톤전투·테르모필레전투(스파르타의 왕 레오니오스가 300인의 결사대를 이끌고 끝까지 대항했던 전투)·아르테미시리온(페르시아의 여자 장군)해전·살라미스해전(페르시아군 60만 명과 스파르타군 300명의 전투였는데, 스파르타군 229명이 전사한 해전이다. 아테네와 그리스의 연합해군이 페르시아의 어마어마한 대군을 물리친 전투로, 이때 거짓 정보를 주어서 페르시아군을 유인함으로써 전쟁에 승리) 등이었다.

제8권 우라니아

아르테미시온 해전에 관한 이야기다.

제9권 칼리오제

실제로,

1. BC499년 제1차 원정길에 폭풍우를 만나 함대는 난파되었고,
2. BC490년 제2차 원정은 밀리티아데스 장군이 이끈 20만 명이 아테네에서 중 무장된 보병 일만 명에게 파라톤 대평원에서 대패하였다. 이때 도시국가 아테네의 필리피네스라는 전령이 숨을 헐떡이면서 "아테네 시민들이여 우리가 승리했다. 기뻐하라." 한마디를 던지고는 숨을 거두었다. 이것이 계기가 되어 마라톤 경기는 시작되었는데, 이 사연이 할리카르낫소스 출신의 헤르도토스의 탐사보고서에 기록되어있다.
3. 다레이오스 왕은 군주제를 실시하였다는 내용의 이야기다.

소크라테스 Socrates, BC460~390년

고대 그리스의 철학자다.

세계 4대 성인 중의 한 사람인데, 실존철학의 거장이라고 카롤 야스퍼스가 말하였다.

서민 가정의 출신으로 아테네에서 태어났다. 아버지는 조각가 소프채리스였고, 어머니는 파이나레테로 해산업을 운영하였다. 어려서는 아버지를 따라 조각을 하면서 다른 청년들처럼 철학·기하학·천문학을 배웠다.

그러나 소크라테스는 어려서부터 내심의 소리인 다이몬의 소리를 자주 듣곤 하였다. 처음에는 신의 신탁인 줄 알고 의아심을 품고 여러 현명한 사람들을 찾아다니며 확인하였다. 중장보병으로 세 번씩이나 전투에 참가하면서 온갖 노력을 아끼지 않았지만, 그 누구도 자신의 의문에 대한 것을 확실하게 아는 사람은 없었다. 그리하여 소크라테스는 스스로 잘못된 모순들이 깨우쳐지게 된다는 것을 알게 되면서 누군가를 가르치려 하지 않고 질문을 던져줌으로써 스스로 깨우쳐 알도록 하는 교육 방법을 사용하였다. 이런 방법이 소크라테스 산파법인데, 대화를 통해 상대의 막연하면서도 불확실한 지식을 진정한 개념으로 정리하도록 돕는 교수법이다.

다시 말하면 기계론적인 세계관에 불만을 품고, 제논의 변증법을 활용해서 스스로 논변을 진행 시켜 나가기 시작함으로써 자연철학을 익힌 합리주의자가 되었다. 소크라테스는 글을 쓴 적이 없다. 인생철학의 제 문제들을 토론으로만 일관하였는데, 그의 제자들이 소크라테스에 관한 것들과 당대 사람들의 일을 기록으로 남겨서 소크라테스의 이름이 세상에 알려졌다.

BC420년 40세부터는 교육자가 되어 청년의 교화에 힘썼고,

BC406년 64세 때는 국가에서 500명뿐인 공회의 일원이 되어 일 년간 정치에 참여하였다. 이때 정치의 적이던 밀레토스가 고발장을 써서 아테네 정부에 내었는데, 그 이유는 이러하였다. '괴상한 지혜로 젊은이들을 선동하고 있다.' 그에 대하여 과두정치를 하던 30인의 혁명위원회에서 소크라테스를 체포하여 감옥에 넣었으며,

BC390년 70세 때 사약을 받고 처형되었다.

소크라테스의 공격자들은 아래와 같다.
  1. 작가들을 대신한 밀레토스학파들
  2. 수공인들과 정치가들을 대신한 아뉴토스들
  3. 변론가의 입장에 서있던 류콘 등이다.

구슬서의 내용
  소크라테스는 범죄인이다. 청년들에게 유해하면서 파멸적인 영향을 주면서 국가가 인정한 신(神)은 믿지 않고 다른 새 귀신에게 제사를 지내고 있다.

소크라테스의 입장
  인간은 처음부터 신과 동물 사이에 존재하기 때문에 어쩌면 신이 될 수도 있고 동물이 될 수도 있다. 그리하여 신과 인간과 동물들을 통합시킬 수 있는 자가 왕이다.
  * 소크라테스는 합리주의자였지만, 초 경험인 다이몬의 소리를 들으면서 깊은 명상에 잠기곤 하였다. 다이몬은 귀신의 일종인데, 귀신이란 사람의 눈에는 보이지 않으면서 사람처럼 지각할 수 있는 것들의 이름이다. 이들은 인간의 모든 일에 등장하지만, 매운 것에는 아주 약하면서 귀신이 좋아하는 곳은 어둡고 음침한 곳이다. 습한 것을 좋아하면서 밝음을 꺼리는 성질이 있어서 원기가 왕성한 사람에게서는 살지 못하고, 정신 건강이 나빠지면 꿈에 자주 등장하는 것들이다. 어설프게 영감이 있다고 자처하면서 자기 존재에 너무 집착하게 되면, 귀신이 나타나서 위협을 느끼도록 유도해 나간다.

소크라테스가 유명해진 이유는?

1. 다이몬의 소리가 환청이라는 걸 알았다.
2. 사람들에게 교육해주고 돈을 받았다.

소크라테스의 말

사람들이 죽음을 두려워하는 것은, 죽음이 무엇인지 모르기 때문이다. 결론적으로 죽음이란 여러 가지의 힘든 일로부터 해방되는 일이라는 것을 알아야 한다.

* 형이상학이란, 이성에 대한 이해력이다. 형상이란 원소들이 그냥 쌓여있는 더미일 뿐이고, 일정한 구조의 모습을 갖추면서 전체가 되도록 하는 존재의 제1 원인이 되는 힘일 뿐이다.

히포크라테스 Hippocrate, BC460?~370?

그리스 의학의 아버지다.

코스섬에서 출생하였는데, 할아버지와 아버지가 의사인 덕분으로 히포크라테스는 의과대학을 졸업하였다. 소아시아와 그리스의 각지를 돌아다니며 방대한 의학지식을 습득하고, 고향으로 돌아와서 환자들을 치료하면서 많은 책을 썼다.

당시의 사람들은 병이 생기는 것은, 신의 미움을 받아 악마가 붙었기 때문이라고 생각하였다. 그리하여 병이 들면 신에게 도움을 청하거나 악마를 물리치는 의식을 치렀지만, 히포크라테스는 염소의 두개골을 해부해서 신성한 질병인 간질이라는 뇌전증이 뇌에서 시작된다는 것을 찾아내었다. 신경계통의 구조에 관한 해부학적 연구로 〈신성한 질병에 대하여〉라는 책을 썼고, 모든 병에는 원인이 존재하는데 그 원인을 찾아내는 길이 바로 치료의 시작이라고 하였다. 아울러 건강을 위해서는 자연처럼 조화로운 생활을 해야 한다고 주장하였다.

플라톤 Platon, BC428~347

그리스의 철학자인데, 근대적 의미의 예술철학을 논한 최초의 철학자다.

아테네의 펠로폰 전쟁 중, 귀족 가문에서 태어났다. 어려서는 시·음악·미술·희곡 등 다방면에 걸쳐 교양을 쌓았으며, 아테네에서 열리는 레스링 선수로 출전할 정도의 재능도 있었다.

BC408년 20세 때 소크라테스를 만났는데, 그때부터 소크라테스의 지도 아래에서 지적으로 성장하기 시작하였다. 평생을 문학·음악·미술 등 예술에 매혹을 느끼면서 살았는데, 문체에도 대단히 민감하면서 실제의 진리는 초월적인 것이라고 주장하였다.

BC388년 40세 때부터는 2년 동안 남부 이탈리아와 시칠리아를 여행하고, 타렌툼에서 피타고라스 학파 중의 한 사람을 만났다. 이 사람은 시칠리아의 참주 디오니소스 1세의 처남인 21세 청년 디온이었는데, 디온은 플라톤의 열렬한 추종자가 되었다. 훗날에 플라톤은 자기가 주장하던 철인정치인 귀족정치의 이념을 실행해 줄 것을 기대하면서 다시 시칠리아를 찾았으나 끝내 철인정치의 꿈은 이루지 못하였다.

BC 387년 41세 때 아테네로 돌아가서 철학과 과학을 연구하는 아카데미아를 세웠는데, 아카데미아는 숲이라는 뜻이다. 숲속의 학교였는데, 이 아카데미아에서는 철학·수학·수사학·생물학·법학 등 다양한 학문을 가르치면서 연구하였다.

 * 플라톤의 저서들은 대부분 대화체로 되어있다.

1. 〈소크라테스의 변명〉이란 책에는, 소크라테스의 재판 법정에서 소크라테스가 한 말들을 모아서 엮었다.

2. 〈테아이테토스〉는 밤에 별을 보며 걷다가 우물에 빠졌는데, 이것을 본 영리한 하녀 트라키아가 플라톤을 비웃었다. "하늘의 이치를 알려고 하다가 바로 앞의 우물도 보지 못하시는군요."

3. 〈국가론〉은 이상 국가에 대한 사상들을 피력해놓았다.

4. 〈향연〉에서는 사랑의 문제들을 다루었다.

5. 〈프로타고라스〉에는 소피스트학파들과의 논쟁을 써놓았다.

6. 〈티아니소스〉에는 자연철학에 대한 논의를 적었다.

7. 〈이데아론〉에서는 이렇게 썼다. 초월적인 세계에 대한 극단적인 관념을 이데아라고 부르는데, 이데아란 플라톤이 주창한 형이상학적 이론이다. 즉 현상의 세계는 낡아졌다가 사라지는 것들로 되어있지만, 이데아는 모든 사물의 원인이자 본질이기 때문에 어떤 시간에도 그 모습은 변하지 않는다고 하였다. 따라서 인간의 이성으로만 알 수 있는 것이라고 하였다.

 * 미(美)란 시간과 공간을 초월하는 절대적인 진리다.

* 음악이란 우주 질서를 반영한 초월의 세계인데, 완벽한 이상 세계다.
* 우주에도 인간과 마찬가지로 영혼과 육체가 있는데, 우주의 영혼을 만드는 자가 창조주다. 우주의 육체는 행성들인데, 이들은 수학적인 음악 관계로 배열되어 있다.
* 음악에는 천상의 음악과 지상의 음악이 있다. 지상의 음악은 천상의 음악이 그 원형이다.
* 음악의 구성요소는 가사·리듬·하모니다. 가사는 지혜를 사랑하는 사람이 용기와 절제를 기를 수 있어야 지을 수 있다. 그리고 리듬과 하모니는 영혼 속으로 깊이 파고 들어가는 고상함이 있어야 한다. 따라서 음악은 감각적인 즐거움의 대상만은 아니다. 왜냐하면 우주 질서와 이데아의 상징으로 파악한 관념적인 음악관으로 피력을 해 놓았기 때문이다.
* 영혼이란 몸 안에 들어있는 것들의 조화를 일컫는데, 영혼은 몸에 의하여 결박당하고 있다. 영혼 안에는 덕과 악덕이 존재하는데, 덕은 조화롭게 이루어진 훌륭한 영혼을 일컫고 악덕은 나쁜 힘으로만 조화가 이루어진 것을 뜻한다.
* 살아있는 것에서 생겨나는 것이 죽음이고, 죽음에서 생겨나는 것이 삶이다. 살아있는 모든 것들이 죽음으로부터 생겨나기 때문에, 치유란 문제에 답을 주면 된다. 다시 말하면 진리를 가르쳐서 격려해주면 치유가 일어난다. 따라서 무지는 불행과 악의 근원이다.
* 상기란, 딸을 보면서 그 어미의 모습을 떠올리는 일이다. 그러니까 상기하려면 이전의 어떤 것을 알아야 한다. 어떤 감각적

인 지각을 가질 때만 아는 게 아니라, 전에 있던 어떤 것을 떠올려야 관념은 형성된다.

BC347년 80세에 세상을 떠났다.

플라톤의 영향

1. 제자 티아이테토스는 입체 기하학을 창시하였고,
2. 제자 에우독소스는 비례론에서 곡면체의 면적과 부피를 찾는 방법을 고안해 내었으며,
3. 친구 아르키타스는 역학을 창안하였다.
4. 조카 스페우시스포스와 제자 아리스토텔레스는 생물학에 대한 저서들을 많이 남겼다.

아리스토텔레스 Aristoteles, BC384~322

고대 그리스의 철학자다.

플라톤의 제자였고, 알렉산더대왕의 스승이었으며 민주주의 지지자였다. 엄밀하면서도 분석적인 인물의 소유자로, 다양한 주제의 책들을 많이 써서 남겼다.

도시국가가 서서히 무너져 내리던 때, 그리스의 동북부 헬라지방의 북쪽에 있는 작은 도시국가 마케도니아의 최변방 스타케이라 로스에서 출생하였다. 그런 이유로, 스타케이라트라는 별명이 붙었다. 이곳은 외국인 거류지역인데, 부친 니코마코스가 마케도니아 왕실의 주치의로 살기 위해 이주하였다. 그러나 어려서 부친

을 잃었고, 후견인의 도움으로 최고 수준의 교육까지 받았다.

BC367년 17세 때 아테네로 와서 플라톤의 문하생이 되었고,

BC347년 37세 때는 스승 플라톤이 세상을 떠나자 아테네를 떠나 12년간 떠돌이 생활을 하였다. 맨 처음 찾아간 사람은 소아시아 터키 지방 아도스 군주인 헤르미아스였는데, 여기서 군주의 여동생 피티아스와 결혼을 하였다. 그 후 글을 가르치면서 생물학을 연구하였다.

BC345년 39세 때 헤르미아스가 죽자, 레스보스 섬의 미틸레네로 옮겨갔고,

BC343년 41세 때는 필리포스 왕의 명령으로 당시 13세이던 알렌산더의 스승이 되어 약 3년간 가르쳤다.

BC336년 48세 때 알렉산더가 왕이 되면서 페르시아 원정길에 올랐으므로 스승의 자리를 내려놓았고,

BC335년 49세 때 테베가 함락되었으므로, 아테네로 돌아가서 리케이온을 열었다. 리케이온이란, 학원 또는 숲속의 학교다. 신전의 뜰을 의미하는데, 뜰의 나무 밑으로 왔다 갔다 하면서 대화로 제자들을 가르쳤다. 아리스토텔레스는 리케이온을 열어놓고 늘 의심을 받아 가며 12년간 이방인으로 살았다.

BC323년 61세 때 알렉산더가 죽자 곧 아테네를 떠나 어머니의 고택이 있는 에우보이아섬의 칼키스로 낙향하였다. 여기서 이름 모를 병을 앓기 시작하다가

BC322년 62세 10월에 사망하였다. 아리스토텔레스가 남긴 말은 너무나도 많다.

* 아리스토텔레스는 초창기에 플라톤을 따랐지만, 차츰 비판적

인 입장으로 변하면서 사물에 대한 사고는 정확한 논리에 따라 실제 경험을 근거로 조직적이면서 귀납적인 것으로 행해져야 한다고 주장하기에 이르렀다. 다시 말하면 사물을 다룸에 있어 형식과 재료로서의 물질 관계를 자세하게 분석하는 것이 가장 중요하다는 것이었다.

* 아리스토텔레스는 일반 독자들을 위해 대화체로 된 〈시인론〉을 썼다. 그러나 이 기록들은 소수의 파편들만 남아있었는데, 두 권으로 된 〈시인론〉은 절반가량이 소실되었다. 지금의 6장 일부를 아부비쉬르라는 이슬람 학자가 10세기 초에 아랍어로 번역해서 전해지게 되었으므로 현재의 〈시학〉은 불완전한 현존의 텍스트들 중에서 가장 완전한 축에 끼도록 해 놓았다. 이 필사본이 15세기 초엽까지 콘스탄티노풀에 있다가 터키군에 의하여 이탈리아의 피렌체로 갔다가 다시 파리에 정착되었다. 그 후 1498년에 빌라라는 이탈리아 학자가 라틴어로 번역해서 세상에 내놓음으로써 차차 서유럽에 알려져 300년 이상 유럽의 학계에서 별다른 비판 없이 읽혀오고 있다.

〈시학〉의 내용 구조
1~3장 미메시스

4~5장 시의 근원과 역사에 대하여

아리스토텔레스는 플라톤과는 달리 사람이 경험하는 사물과 사실들에서 발견할 수 있는 보편적인 성질의 것을 '이데아'라고 하였다. 〈논리학〉에서 스승 플라톤은 초감각적인 '이데아' 세계를 존중하였지만, 아리스토텔레스는 현실주의 입장만 고수하였다. 즉 감각으로 되는 자연물들을 존중하면서 이를 지배하는 원인의 인식을 찾으려고 애를 썼다. 여기서 인식이란 사물이 지닌 필연적인 관점인데, 원인에 따라 생각하려 하는 논리학을 일컫는다. 사람이 경험하는 사실들과 사물들은 엄연히 실재하는 것들이며, 보편성을 내포하고 있어서 감정은 사람에게 무엇보다도 자연스러운 것이다. 그리하여 잘 조절하기만 하면, 사람에게 특수한 즐거움과 유익한 정서적 경험을 준다고 믿었다. 그런 의미에서 바람직한 조절법을 모색하는 것이 바로 〈시학〉의 목적이라고 하였다.

6~22장 비극에 대한 것

비극이란 이야기가 아닌 극적인 연기의 방식을 일컫는데, 탈놀이를 연상시켜서 보는 것을 중시하는 것이다. 한 행동의 모방으로 행동하는 사람이 어떤 이야기를 연출하는 방식인데, 한낮에 관객들 앞에서 말과 몸짓으로 전달하는 방식이다. 당시에는 막이라는 커튼이 없었으므로 등장인물들은 번갈아 등장하고 퇴장해서 장면만 바꾸곤 하였다. 비극적인 인물은, 성격이나 사고력을 통해 그 사람 행동의 질을 알 수는 없다. 이는 보편적인 성격이지만, 특수한 개인의 이름이어서 그렇다. 주인공에다 역사적인 이름을 붙이면, 관객은 역사적으로 일어난 일이니까 앞으로도 다시 일어날 수 있다는 개연으로 생각하게 된다. 개연적이고 필연적 사건은 두려움과 연민을 최고조로 조성할 수 있다고 아리스토텔레스는 보았다.

비극의 기준에서 드라마라는 언어는 움직인다는 도리안의 말에서 나왔는데, 처음에는 드란이라고 불렀었다. 그런데 희극의 잔치를 뜻하는 코모스라는 아오이도스가 합쳐져서 형성된 말이다. 도리안 사람들이란, 북방의 헬라지방에서 침범해 온 족속들인데, 미리 그곳을 점령하고 있던 아카이아 사람들에 대하여 문화적인 열등감이 있었을 것으로 보여 그로 인해 '못났다'·'고상하지 못하다'·'악하다'는 뜻은 아니고 우스꽝스럽고 창피스럽다는 의미를 지닌다. 미적으로는 도덕적이거나 바람직하지 않은 성질이기 때문에 악은 고통으로 해석되면서 파괴와 관계되기 때문에, 그로 인해 비극적으로 된다는 것이다.

　여기서 비극이 비극적인 것으로 된다는 것은, 이야기를 특수하게 짠 까닭이다. 이것을 뮈토스라고 불렀는데, 다시 말하면 이야기가 구조화된 형식을 일컫는다. 이때 이야기의 고조를 플롯이라고 부르는데, 이야기의 조직을 뜻한다. 한 사람에 대한 것들만 열거하지 않고 일정한 한계 속에서 가장 적절한 사건만 선택해서 하나로서의 전체를 이루는 일이다. 따라서 사건의 조직은 단일해야 하였는데, 이때 배우들은 탈을 썼다. 이 탈은 개인의 특성이 아니라 일반적인 전형의 타입을 암시하려는 의도가 포함되어 있다.

* 플롯의 두 요소는 뒤바뀜으로써 깨닫게 되어야 한다.
* 비극은 고통을 의미하는데, 그리하여 죽음·괴로움·부상·파괴적인 사건들의 모방이게 된다.
* 비극의 효과는 가능한 한 하루 동안의 일이어야 한다. 하나의 완전한 행동뿐만 아니라 두려움이나 연민을 일으키는 사건으로 인해 사실의 기대를 벗어나면서도 서로 필연적인 연관성을 가지고 있을 때 가장 큰 효과가 나타난다. 즉 우연한 사건

이지만, 무슨 의도가 있었던 것처럼 보여야 한다. 악한 사람이기보다는 좋은 편의 사람이 저지른 중대한 착오나 실수여야 되며, 대사는 이야기의 요소뿐만 아니라 성격까지 하나의 구조를 이루도록 짜 맞추고 성격묘사까지 배워서 써야 한다.

23~26장 서사시

서사시란 희극도 비극도 아닌 보통 사람의 혼합적인 모방 방식인데, 여기서는 시간제한이 없으므로 듣는 것을 중시하게 된다. 판소리의 역사는 서사시로부터 시작되었는데, 고상한 청중을 위한 시여서 몸짓은 필요 없고 이야기 방식만 동원되면 된다. 그러나 비극과 마찬가지로 플롯의 극적인 일관성은 있어야 하는데, 처음과 중간과 끝의 통일성이 요구된다. 이때는 비극적인 요소들이 동원되므로, 다양성도 요구된다. 이 다양성이 부족하면 답답함을 느끼게 된다. 그러함에도 불구하고 수사학에서 언급한 희극에 관한 부분은 없고, 정치학에서 언급한 카타르시스에 관한 설명도 없는 것으로 보아 아마도 원고를 복사하는 과정에서 탈락이 되었을 것으로 추정하고 있다.

 * 시인은 모방의 기술자다. 보통 사람보다 못나게 모방하면 희극이라는 웃음거리가 되고, 보통 사람보다 잘나게 묘사하면 비극이 된다. 그러므로 실제 있는 일·있었던 일·사람들이 사실이라고 말했든지 아니면 생각했던 일·필연적으로 있어야 하는 일 등의 소재들을 택하여서 표준어·외래어·은유·기타 특별한 요소들을 가진 언어들로 제시해야 한다.
 * 잘난 사람은 서사시나 비극의 주인공이 되고, 영웅이나 못난

사람은 웃음거리의 희극이 된다. 다시 말하면 우스꽝스럽다는 것은 '결함이 있다'·'모자란다'·'창피스럽다'는 의미가 있다.

* 희극은 하루 한낮 안에 벌어지는 일을 다루어야 하는데, 여기에서는 행동의 통일이 강조된다. 따라서 장소도 제한이 되어야 하고 한 사람의 한 가지 행동만 묘사되어야 한다. 희극에서의 탈은 추하면서 일그러져있지만, 고통이나 파괴의 성질은 없다.

* 아리스토텔레스는 삼단논법으로 〈자연학〉을 설명하였다. 즉 자연학이란, 운동으로 변화되는 감각적 사물의 원인을 연구하는 학문이라고 하였다. 이것들을 4인론으로 설명하였는데, 사물의 소재를 질료라고 부르면서 자연물의 형상 하나가 사물의 정의가 된다고 하였다. 이때 동력인은 사물 형성의 원인이 되는 것이며, 이루어지는 목적이 있다고 하였다. 자연물은 질료와 형상으로 이루어지는데, 질료 내에서 자기를 실현해가는 생성발전의 과정을 형상이라고 불렀다.

인간의 특성

1. 인간은 보는 것을 좋아한다.
2. 인간에게 경험이 생기는 것은 기억이란 게 있기 때문이다. 같은 사물을 여러 차례 보면, 거기에서는 한 가지 경험에 도달하게 된다. 학문이나 기술도 경험 때문에 생겨나는데, 어떤 사람이 경험도 없이 개념만 가지고 있다면 보편적인 것은 알고 있다. 그러나 개별적인 것은, 모르기 때문에 치료에는 실패한다.

3. 사람의 기억은 경험에서 생겨난다. 똑같은 사물을 여러 차례로 기억하면 경험에 도달하게 되는데, 이런 경험이 학문과 기술을 가능하게 해준다.

4. 유경험자는 어떤 것이 어떠하다는 것은 알고 있다. 그러나 왜 그런지는 모른다. 그러나 기술자는 개념도 알고 원인도 안다.

5. 지혜란 원리와 원인에 관한 학문이므로 지혜로운 자란 가능한 한 모든 것을 알고 있는 자다.

6. 가르치는 자란, 사물의 원인을 말해 주는 자다.

* 〈산술〉은 기하보다 더 엄밀하다.

* 〈철학〉이란 무지의 상태를 벗어나기 위한 몸부림이다.

* 〈자유인〉이란 살아가는 이유가 자기만을 위한 것이라고 여기는 사람이다.

* 동물들은 인상의 기억으로 살아가는데, 그 경험은 극히 미미할 정도로만 관여한다.

* 감각이란, 개별사물의 앎을 제공하는 원천이므로 왜는 가르쳐주지 못한다. 그냥 불이 뜨겁다는 것만 알 뿐, 감각들에서는 왜 뜨거운지는 모른다.

* 〈신〉이란 거짓 없는 마음이다. 저절로 움직여지는 신기한 인조물인데, 태양의 전환점으로 신의 본성 속에는 질투가 많다.

* 〈형이상학〉에서 지혜는 소피아의 제1 철학인 동시에 신학이다. 신(神)이란 으뜸 되는 존재자인데, 사물의 존재 원인이다. 즉 부동의 제1 동자로 최고의 현실태를 일컫는다.

* 〈윤리학〉은 이성적인 질서를 실현하려는 중용의식이 행위

의 목적이 되는 것이기 때문에 정치학의 일부가 바로 윤리학이다.

* 〈정치학〉에서 인간은 국가적인 동물이다. 공공의 생활 속에서만 인간의 선이 실현되는데, 최선의 나라 제도를 정치학이라고 일컫는다.

* 〈시학〉의 원제는 페리 포이베티커스로, 시 창작의 기술에 대한 것들이다. 아리스토텔레스는 스승 플라톤이 자신의 철학 기준을 절대적으로 삼아 '시는 진실과는 완전히 떨어진 허위'라고 단언하였지만, 아리스토텔레스는 달랐다. 기술이나 학문은 각기 자체의 정확성과 정당성의 기준을 가지고 있다고 주장하였다. 서유럽의 기독교학자들은 〈시학〉을 기독교 신학에 접목해서 발전시켰는데, 토마스 아퀴나스에서 신학은 절정을 이루게 되었다. 〈시학〉에서 아리스토텔레스는 '창작의 본질은 모방에 있다.'라고 언급하였는데, 〈시학〉의 본질은 정서의 정화에 있다. 숭고한 인물이 불행에 빠져가는 과정을 모방해서 관객들로 하여금 연민과 공포심의 조장으로 카타르시스를 느끼게 하는 것이 목적이다.

* 아리스토텔레스의 성격은 다정하고 친절해서 학생들 사이에 우애가 넘치도록 해주었고, 굉장히 부지런한 학자였다. 생전에는 약 400여 편의 저작을 남겼는데, 오전에는 제자들에게 심각한 주제로 가르쳤다. 이것을 내부적 강의라 불렀다. 그리고 오후에는 일반 청중을 대상으로 하는 일반적인 내용을 다루었기 때문에 이것을 외부적 강의라고 불렀다. 강의 내용은 모두 아주 잘 쓴 대화체를 사용하였는데, 불완전한 상태의 내

부강의 원고들은 그가 죽은 후에 모두 사라졌다. 그러나 300년이 지나서야 세상에 두각을 나타내기 시작하였는데, 〈시학〉도 그중 하나다. 전설에 따르면, 제자 한 명이 원고들을 동굴에 숨겨놓았었단다. 이것을 알렉산더 왕의 부하 후손들이 찾아내어 지중해 연안의 많은 사람에게 읽히게 되면서 큰 영향을 끼치게 되었다. 왜냐하면 이 책에 버금갈만한 다른 책은 없었기 때문이었다.

* 시인은 플롯의 구성자다. 실제의 일을 이야기하면 안 되고, 일어날 수 있는 일 즉 개연성이나 필연의 법칙에 따라 일어나리라고 기대되는 것을 이야기해야 한다. 다시 말하면 일어날 수 있는 일의 예견을 기록하는 것이기 때문에 역사보다는 더 철학적이면서 심각한 것이라고 하였다. 여기서 역사가는 실제 일어난 일의 기록자로, 운문의 제작자다.

* 아리스토텔레스의 제자 중 대표자들은 다음과 같다.

1. 식물학 : 테오프라스토스
2. 지리학 : 디카이아르고스
3. 음악론 : 아리스토크세노스
4. 자연학 : 스트라톤

맹자 孟子, BC372~289

중국 춘추전국시대의 철학자다.

추나라 사람인데, 공자를 숭배해서 공자의 사상을 발전시켰다.

공자 사후 백 년쯤 뒤에 맹자는 산둥시 성추현에서 출생하였다. 맹자의 어머니 장씨는 맹모삼천지교로 유명한데, 어려서는 어머니 슬하에서 교육을 받았다. 그 후 노나라로 가서 공자의 손자인 자사에게 배웠다.

맹자의 사상은 '하늘에 대한 숭경이 정념이다'라고 하였는데, 하늘은 인간을 포함한 만물을 낳았다고 보았다. 그 피조물을 지배하는 영원불변의 법칙을 정해서 만물 창조의 목적으로 삼았다고 보았는데, 이 하늘과 관련해서 인간 본연의 모습을 고찰하려 하였다. 그리하여 피조물인 인간에게는 하늘의 법칙성이 존재한다고 하였는데, 하늘이 정한 법칙의 달성이 바로 인간의 목적이 된다고 생각하였다. 아울러 맹자는 인을 세분화해서 사단으로 나누었는데, 사단이란 인의예지를 일컫는다.

1. 인(仁) = 측은히 여기는 마음이다.
2. 의(義) = 불의불선을 부끄럽게 알고 증오하는 수오의 마음이다.
3. 예(禮) = 양보하는 마음이다.
4. 지(智) = 선악 시비를 판단하는 시비의 마음이다.

알렉산더 Alexandros, BC356~323

아시아의 군주이자, 대왕이다.

그리스 북쪽의 작은 나라 마케도니아에서 7월에 태어났는데, 아버지는 필리포스 2세 왕이었고 어머니는 올림피아스였다. 알렉산더를 알렉산드로스3세라고도 불렀는데, 아버지 왕은 이웃 나라 정복에 혈안이 되어있었다. 자식의 교육에도 열정적이었으므로, 알렉산더에게는 당시 뛰어난 스승들을 데려다가 교육하도록 하였다.

BC343년 13세 때 아리스토텔레스를 궁정으로 초빙해서 교육시켰고,

BC340년 16세 때까지 아리스토텔레스는 알렉산더에게 윤리학·철학·정치학·문학·자연과학·의학 등을 가르쳤다.

BC338년 18세 때 알렉산더는 카이로네이아 전투에서 그리스 연합군과 싸워 승리하였고,

BC336년 20세 때 부왕이 암살되자, 젊은 나이에 왕위에 올랐다. 왕이 된 지 얼마 안 되어 알렉산더가 죽었다는 소문이 나돌자 테베에서 반란이 일어났다. 이에 알렉산더는 토벌에 나서면서 그리스 전토를 장악하고 여러 도시의 원정길에 나선 결과 소아시아(터키)·시리아·이집트·메소포타미아·페르시아제국까지 완전히 정복하였다. 그리고 동서의 융합정책을 쓰기 시작하였는데, 다수의 그리스 사람들을 소아시아로 이주시켰고 결혼까지 하게 하면서 페르시아인들을 관리로 등용하였다. 그리고 자신도 다리우스3세의 딸과 결혼하였다.

BC331년 25세 때는 가우가멜라 전투에서 이겼으므로, 이후부터 알렉산더대왕이라는 칭호가 붙었다. 이후에도 바빌론·수사·페르세폴리스·엑바타나 등의 도시까지 장악하고 동쪽으로 돌려 인도의 인더스강까지 이르렀으나 오랜 원정과 정복으로 인해 정신의 공황 상태와 정서 불안이 와서 날이 갈수록 성격이 괴팍해졌

다. 그로 인해 친구들이나 부하들까지 처형하기에 이르렀으며 잦은 연회를 열었다.

BC323년 33세 때는 바빌론으로 돌아왔는데, 아라비아 원정 중에 모기에게 물린 결과 말라리아에 걸려서 6월 10일에 사망하였다.

헤로필루스 Herophilus of chalcedon, BC 335~228

고대 알렉산드리아의 해부학자이고, 인체 해부학의 창시자다.

헤로필루스는 이집트에 속해있던 알렉산드리아에서 활약하였는데, 인체를 해부해서 뇌가 신경계통의 중심이라는 것을 알아내었다. 즉 뇌는 지능을 담당하는 인식 기관으로, 운동신경과 감각신경이 있다고 하였다. 아울러 신경은 척수로부터 근육으로 이어진다는 것을 찾아내었고, 시신경·동안신경·삼차신경·안면신경·청신경·설하신경이 있다는 것도 찾아내었다. 그리고 대뇌 속에는 주름으로 가득 차 있는데, 이것에서 대뇌와 소뇌를 구분하였다. 이때는 뇌실과 뇌정맥을 정맥동합류라고 불렀는데, 이것에 헤로필루스동이라는 이름을 붙여서 자신의 이름을 세상에 남겼다.

에라시스트라토스 Erasistratus, BC310~250년경

그리스의 해부학자·키오스의 의사·생리학의 아버지다.

헬레니즘 시대 때 키오스의 섬 이울리스에서 의사의 아들로 태어났다. 메트로 도루스와 크리시포스(코스 의학교와 크니도스 의학교의 선생)의 제자로, 크니도스의 의학을 알렉산드리아에 전수하면서 해부학 학교를 세웠다. 그러나 알렉산드리아 제국의 붕괴로, 설레우코스 왕조의 수도인 안티오카에서 궁중 의사로 재직하면서 원자론과 고대 철학자 데모크리투스의 유물론을 받아들여 영혼론과 제한적으로 연결시키기도 하였다. 공기는 허파로 들어갔다가 심장으로 이동하고, 심장에서는 생명 정기인 생체전기로 바뀌면서 동맥을 통해 각 부분으로 이동된다고 하였다. 이 생체전기인 영기들이 뇌에서 둘째 영인 동물의 정기(호르몬)로 변하여 신경을 통해 몸의 각 부분으로 이동이 된다고 보았다. 아울러 뇌에는 대뇌와 소뇌로 구분되는 뇌실과 뇌막에 대한 자세한 기록도 남겼는데, 뇌실은 동물의 영기로 채워져 있다고 하였다. 이때의 영기를 에너지원인 프네우마라고 부르는데, 이것들은 느낄 수는 있어도 볼 수 없는 기운을 일컫는다. 아울러 사람의 뇌에 주름이 많은 것은 다른 동물들에 비해 지능이 높기 때문이라고 하였고 뇌이랑도 관찰하였다. 사람의 뇌이랑은 동물들의 뇌이랑보다 더 정교하면서 그 복잡함 때문에 지능과 관련이 있다고 주장하였다.

진시황제 秦始皇帝, BC259~210

중국 진 나라 31대 왕으로, 중국 최초의 시황제다.

세계 최초의 황제인데, 이름은 영정이다. 조나라에서 출생했으므로 조정이라고도 불렀는데, 아버지 장양왕인 영자초는 진나라 사람이었다. 그러나 조나라에 볼모로 잡혀있었을 때 한단의 거상 여불위가 조희를 데리고 살다가 정치적인 목적으로 임신하고 있던 조희를 영자초에게 바쳤다(사기에 기록됨). 이때 조희는 조나라 한단의 기생이었으므로 영정은 누구의 자식인지 알 수가 없다.

영정이 태어난 지, 얼마 후에 진나라의 소양왕이 공격을 해왔다. 이때 여불위의 도움으로 조희와 영정은 무사할 수 있었는데, 소양왕 즉위 40년에 태자가 죽었다. 그리고 2년 뒤에 안주군이 태자로 책봉되면서 조희와 영정은 진나라로 보내졌다.

BC246년 13세 때 아버지 장양왕이 죽자, 영정은 31대 국왕으로 추대되었지만 어린 나이인지라 정치는 할 수 없어서 여불위가 섭정하였다. 승상 여불위는 섭정하면서 노애라는 자를 환관으로 꾸며 조희와의 사이에서 두 명의 아들이 태어나도록 하였고, 그런 다음 노애와 조희를 함양으로 보내어 함께 살도록 하였다.

BC241년 18세 때 영정은 여불위를 제치고 친정을 시작하였으며,

BC238년 21세 때 노애가 반란을 일으키자 이 소식을 들은 영정은 성인식을 치른 다음, 군사를 보내 노애를 능지처참하고 어머니도 감금시킨 뒤에 아들 두 명도 죽였다.

BC237년 22세 때는 여불위도 자결하도록 강요해서 죽였고,

BC231년 28세 9월에 소란을 공격해서 남양을 점령하였다.

BC230년 29세 때 모든 군사를 동원해서 중국통일 작업을 시작하면서 한나라를 멸망시켰으며,

BC229년 30세 때는 조나라를 공격하였고,

BC228년 31세 때 한단을 점령하였다.

BC225년 34세 때 제나라를 공격하였고,

BC222년 37세 때 진나라의 요동도 함락하였으며,

BC221년 38세 때는 제나라를 멸망시켰다.

BC219년 40세 때 분열되어있던 중국을 모두 통일하고, 도량형도 통일시켰다.

BC213년 46세 때 흉노족의 침입을 막으려고 만리장성을 건설하면서, 황제제도와 군현제를 실시하였다. 군현제란 전국을 36개 군으로 나누어 다스림으로 중국 왕조 이천 년의 기틀까지 마련하고 시황제의 절정기에 올랐다.

BC212년 47세 때는 중국 역사상 최대의 폭군으로 불리면서 분열되어있던 어지러운 춘추전국시대(한·조·연·위·제·초)를 통일하였고, 최초로 통일국가를 이루는 큰 공을 세웠다. 그러나 끝없는 탐욕으로 나날이 포악해져서 자신의 정책에 반대하는 학자 460여 명을 산채로 땅속에 묻었으며, 아방궁이라는 초호화궁전까지 지었다. 그런 다음에 영원히 살고 싶어지자 불로초를 찾기도 하였다.

BC210년 49세 때 중국의 대륙을 돌면서 자신이 군주임을 과시하던 중, 하늘에서 유성이 떨어지는 것을 보고 놀라 쓰러졌고 병이 위독해져서 음력 7월 22일에 사망하였다.

사마천 司馬遷, BC146~86?

중국 전한 시대의 역사가로, 동양 최고의 역사가다. 중국에서는 역사의 아버지라고 부른다.

BC110년 36살 되던 해, 아버지 사마담은 분을 참지 못해서 병이 들었다. 이유는 한나라의 무제가 태산에서 거행되는 봉헌 의식에 참석하지 못함이었는데, 죽으면서 아들 사마천에게 유언을 남겼다. "생전에 편찬하던 역사서의 편찬을 완성해 주어라"

BC108년 38살의 사마천은 아버지 사마담을 이어서 태사령이 되었다. 태사령이란, 전한 시대 때 천문이나 달력의 기록을 맡은 사람을 일컫는다. 이런 사람은 고전에 통달해야 벼슬을 지낼 수 있었다.

BC99년 47세 때 무제의 명으로 흉노족을 징벌하려고 떠났던 장군 이릉이 패전하여 포로가 되었는데, 무제는 진노해서 이릉 가족들을 모두 능지처참할 것을 주장하였다. 그러나 사마천은 이릉의 충절과 용감함을 두둔했기 때문에 무제의 노염을 사서 태사령의 직책에서 파면되었고 사형선고까지 받게 되었다. 하지만 죽음을 면하는 대가로 어마어마한 벌금을 내든지 아니면 수염을 깎고 고환을 제거당하는 궁형을 받으라고 하였다. 그리하여 당시에는 궁형을 받느니 차라리 죽음의 길을 택하는 게 옳다고 여기던 시절이었지만, 사마천은 아버지의 유언인 〈사기〉를 완성 시키기 위해 궁형을 택하였으므로 그의 초상에는 수염이 없다.

BC94년 42살에 역법을 개정하면서 태초력을 완성 시켰는데, 그 후 무제의 신임이 회복되어 환관의 최고 직인 중서령이 되었다. 연대순으로 쓴 평년 체와 함께 〈사기〉는 가전체로 쓰였는데, 사마천이 쓴 〈사기〉 130권은 형식적인 면이나 내용 면에서 획기적인 역사책으로 인정받게 되었다.

키케로 Marcus Cicero, BC106~43

로마 시대의 정치가·웅변가·문학가·철학자다.

로마의 남쪽 110km 정도 떨어진 라티움의 아르피눔에서 1월 3일에 탄생하였다. 부유한 지주이던 아버지는 동생 퀸투스와 함께 두 아들을 로마로 보내서 공부시켰는데, 플라톤의 아카데미 원장인 라리사의 필론에게서 수학하였다.

BC79년 27세 때는 그리스로 가서 아카데미 학파 사람들에게 공부하였으며,

BC 75년 31세 때 재무관에 임명되었고,

BC 69년 37세 때는 관리관이 되었다.

BC 66년 40세 때 법무관이 되었고,

BC 63년 43세 때 통령이 되었다.

BC 60년 46세 때는 정치적인 입지가 좁아지자

BC 55년 51세 때부터 〈웅변가에 관하여〉·〈국가에 관하여〉·〈법률에 관하여〉 등의 대화편을 집필해서 발표하였다.

BC 51년 55세 때 총독이 되었지만,

BC 49년 57세 때 카이사르와 폼페이의 내전으로 폼페이 편에 가담했다가 정치적인 영향이 상실되면서 저술에만 몰두하기 시작하였다.

BC 46년 60세 때 말하기의 규칙과 체계에 관한 수사학책 〈브루투스〉와 〈웅변가〉를 발표하였고, 철학적인 주제로는 〈호르텐시우스〉·〈아카데미 회의주의에 대하여〉·〈최고선과 최고 악〉·〈투스쿨룸에서의 대화〉·〈신들의 본성에 관하여〉·〈예언에 관하여〉 등을

집필하였다. 그리고 아테네에 유학하고 있던 아들 마르쿠스를 위해 〈의무에 관하여〉를 저술하였다. 연설문으로는 〈필리피카〉를 출간하였고, 그 외 〈노년에 관하여〉·〈우정에 관하여〉 등의 저술이 있다. 키케로는 "철학은 영혼의 치료학이다."라고 하였다.

BC 43년 63세 때 옥타비아누스·안토니우스·레피투스의 삼두정치가 시작되었는데, 레피투스는 키케로의 많은 재산을 부정 축재로 몰아서 지목하였다. 그 처벌을 피해 여기저기로 다니다가 12월 7일에 안토니우스의 병사에게 처참하게 살해되었다.

카이샤르 Gaius julius Caeser, BC100~44

로마의 장군이면서 정치가다. 영어 이름은 시저인데, 이 사람은 "왔노라, 보았노라, 이겼노라"라는 말로 유명하다.

카이샤르는 갈리아(프랑스+벨기에)와 싸워서 800여의 도시를 정복하고 100만 명 이상의 포로를 잡은 성과를 얻어냈다. 그 후 폼페이우스 군대를 쫓아 이집트까지 추격하였지만, 클레오파트라에게 속아 사랑에 빠져버렸다. 카이샤르는 클레오파트라를 이집트의 왕으로 삼고 소아시아를 정복하기도 하였는데, 로마로 돌아온 카이샤르가 황제의 자리에 오르려고 하자 카이샤르의 독재를 반대하는 사람들의 음모로 살해당하고 말았다.

예수 그리스도 Jesus Christ, BC5~29 추정

　이스라엘의 현자·예언자·악마 퇴치자·기적을 행하는 사람·종교 지도자로, 기독교의 창시자다.

　로마제국의 식민지 땅이던 팔레스타인의 갈릴리지방에서 부모가 살았는데, 당시 부모는 호적을 하기 위해 베들레헴으로 가야만 되었다. 로마의 첫 황제 옥타비아누스(아구스도)가 인구조사를 위해 호적법을 실시하였기 때문이었다. 먼 거리인지라 베들레헴에 밤늦게 도착한 탓에 여관을 구할 수 없었다. 이때 어머니인 동정녀 마리아의 뱃속에서 자라난 아기가 밖으로 나오려 하였으므로, 급한 대로 마구간에서 12월 25일에 예수는 출생하였다. 예수가 태어난 즉시 하늘에서는 별똥별이 떨어졌는데, 이를 본 목자들이 찾아와서 경배하였다. 그리고 메소포타미아의 동방박사들은 그들의 예언대로 찾아와서 경배하였으며, 이들은 황금과 유향과 몰약을 선물하면서 말하였다. "이스라엘에 왕이 나셨다."

　BC4년 탄생 후 8일 만에 이스라엘의 전통대로 아기에게 할례를 치르고는 이름을 예수라고 지었다. 예수는 아람어로 예수아인데, 예수아는 '그가 구원하실 것이다'라는 의미다. 그리고 탄생 40일째는 모세의 율법에 따라 유대인의 정결 의식을 치르기 위해 예루살렘 성전을 찾아갔는데, 그때 성전에서 기도하며 주님을 기다리던 노인 시므온과 안나라는 여자 노인이 예수를 반겨 맞으면서 축복해주었다. "이는 이스라엘의 영광이요, 이방의 빛이 될 것이다"라고.

　반면 이스라엘에 왕이 날 것이라는 예언을 동방박사들에게 들은 헤롯왕은 동방박사들을 불렀다. 하지만 박사들은 곧 자기들의 고향으로 돌아가 버렸으므로 이에 화가 난 헤롯왕은 태어난 지 두 살 아래의 사내아이들을 모두 죽이라고 명령하였다. 그러나 다행히도 아버지 요셉의 꿈에 천사가 나타나서 현몽해 주었다. "헤롯이 아기를 죽이려 하니, 어서 이집트로 피해라." 그리하여 요셉은 꿈의 현몽에 순종해서 이집트로 가서 얼마간 지냈다. 이때 죽은 아기는 20여 명이나 되었다고 전해진다. 그 후 헤롯왕은 죽었고 그의 아들이 왕위에 올랐다. 그러자 또 꿈에 천사가 나타나서 현몽해 주었다. "헤롯이 죽었으니 고향으로 돌아가라." 그 말에 따라 요셉은 마리아와 어린 예수를 데리고 갈릴리지방 나사렛으로 돌아와서 목수 일을 하면서 살았다. 예수의 형제는 야고보·요셉·유다·시므온이 있다.

7년 12세 때다. 유대인들은 매년 유월절 절기를 지키려고 예루살렘 성전을 방문하는 전례가 있었다. 식구들이 모두 예루살렘을 방문하고 돌아오다 보니 예수가 보이지 않았다. 예수를 찾기 위해 다시 되돌아서 성전에 가보니, 예수는 선생들에게 말씀을 듣기도 하고 묻기도 하면서 거기에 있었다. 어머니가 예수를 책망하였다. "너는 어찌하여 여기에 있느냐?" 그러자 예수가 대답하였다. "내 아버지 집에 제가 있는 것은, 당연한 일입니다"라고 말을 해서 여호와 하나님을 '아버지'란 개념을 만들어 낸 첫 번째 사람이 되었다. 예수는 말하였다. "땅에 있는 사람은 아버지가 아니고, 하늘에 있는 자가 바로 친아버지다"라는 말로 인해 예수 스스로 독생자인 하나님의 아들이 되었다.

24년 29살 때 예수는 요한에게 세례를 받았다. 당시 로마의 지배 속에 있던 유대인의 지배계급에는 사두개파와 바리새파가 있었다. 이들은 로마의 지배에 협력하면서 민중들의 고뇌에 대해서는 아랑곳하지도 않았는데, 따라서 하층민들은 로마의 실력행사를 저지시키려고 하는 열심당원들이나 황야에서 은둔생활을 하던 에세네파를 지지하였다. 예수의 친척인 세례자 요한은 에세네파 일원 중 한 사람이었다. 요한에게 세례를 받은 예수는 곧장 황야로 나가서 40일간 금식하며 악마들의 유혹을 뿌리쳤다.

25년 30살 때 고향으로 돌아와 열두 제자를 발탁하고는 공적 생활을 시작하였다. 예수의 목표는 신(神)적 정의 실현과 죄의 용서에 관한 가르침이 주를 이루었다. 즉 하나님의 나라가 가까웠다고 하면서, 귀신도 물리치고 병자들도 고쳐주었으며 문둥병도 고쳤고 죽은 나사로를 살려주는 이적들을 행하였다. 아울러 원수까지도 사랑해야 한다는 교훈을 설파하면서 몸소 실천으로 옮겼는데, 이런 모든 가르침은 비유로 차근차근 설명까지 해주었다. 예수가 공적 생활을 한 것은 3년 동안이었다.

29년 34살 때 예수의 운동과 인기에 시기를 느낀 대제사장들과 서기관들은 예수를 죽일 기회를 엿보고 있었다. 그리하여 제자 중 한 사람인 유다에게 돈을 주고 예수의 목숨을 사서 체포한 다음 로마 정부에 넘겨주었다. 이때 로마는 반 로마적인데다 민중의 메시아 운동임을 우려하여 십자가 처형을 하기로 결정을 내렸고, 유월절 목요일 밤에 만찬을 마치게 하고 금요일 새벽에 잡아다가 십자가에 매달았다. 그리고 낮 3시쯤에 사망하였다.

예수의 사망 후에 예수는 부활했다는 신앙이 생겨나면서 원시의 기독교 교단이 형성되었고, 사도 바울에 의하여 전에 존재하던 유대교와는 아주 다른 기독교가 성립되기에 이르렀는데, 예수가 생전에 가르친 사항들에 매료된 사람들은 그의 진리로서의 말씀을 따르기 시작하였다. 현재는 세계 인구의 삼분지 일 정도 사람들이 예수를 따르고 있으며, 31년에부터는 실제로 로마의 형법에 십자가형이 실시되기에 이르렀다.

베스파시아누스 황제 T. F. Vespasianus, 9~79

로마제국의 9대 황제로, 플라비우스 왕조의 시조다.

출생지는 사비니 리어티이고, 평민 기사 출신의 세리 집안에서 차남으로 태어났다. 친밀함과 부지런함으로 자신의 신분을 끌어올린 탁월한 능력의 소유자다.

네로 치하에서 기사로 있을 적에 네로가 시를 읽을 때 졸았다는 이유로 섬으로 귀양 가서 양봉으로 소일하였다.

64년 55세 때 로마에 대화재가 나서 궁전이 모두 불에 타버리자 네로는 유대인의 짓이라며 유대인들에 핍박을 가하기 시작하였다. 이때 각처에서는 유대인들이 반란을 일으켰는데, 이에 유대인들을 진압시키기 위한 총사령관이 되어 유대 나라의 북부 갈릴리지역을 점령해서 통치하였다.

68년 59세 6월 9일에 네로가 자살하자 동맹국 국왕들의 추대로 황제가 되었다.

72년 63세 때 불타버린 궁전의 자리에다 콜로세움이라는 황금궁전건설을 시작하였는데, 이것이 플라비우스 원형경기장이다.

이어 비델리우스파의 난동으로 불타버린 카피톨리노 언덕의 유피테르신전을 복구하기 위해 많은 세금을 부과하였는데, 그중에서 공중변소 세인 오줌세까지 받아 유명해졌다.

노년에는 고향 근처에서 요양하며 광수천을 너무 많이 마신 탓에 이질이 걸렸다가,

79년 70세 6월 23일에 죽어가면서도 농담을 일삼던 양식 있는 통치자였다.

콜로세움은 그의 아들 티투스 황제가 80년에 완공하였다.

네로 Nero, 37~68

로마제국의 5대 황제이자, 율리우스 클라우디우스 왕조의 마지막 황제다.

가장 강력한 폭군이었는데, 본명은 루키우스 도미티우스 아헤노바르부스다. 가이우스 도미티우스 아헤로바르부스와 아우구스투스의 증손녀인 게르마니쿠스의 딸 소아그리피나의 아들로 12월 15일에 태어났다. 아버지가 죽자 어머니는 숙부와 결혼하였으므로 네로는 클라우디우스의 의붓아들이자 양아들이 되었다.

54년 17세 때 클라우디우스의 친아들이자 의붓동생인 브리타니쿠스를 제치고 황제가 되었다. 네로는 클라우디우스 카이샤르 아우구스투스 게르마니쿠스로 이름을 바꾸었는데, 처음에는 유명한 철학자이면서 정치가이던 세네카가 가정교사로 있으면서 보좌했으므로 선정을 베풀었다.

55년 18세 때 이복동생인 브리타니쿠스를 독살하고,

59년 22살 때 친어머니가 정치에 간섭하자 살해해 버렸으며,

62년 25살 때는 아내 옥타비아를 살해하였다.

64년 27살 때는 기름 창고의 사고로 로마 시내에 대화재가 발생하자 민심을 달래기 위해 그 원인을 기독교인들에게 돌려 대학살을 시작하였고,

65년 28살 때는 가정교사이던 세네카에게 자살하도록 명령을 내려 죽게 하였다.

68년 31세 때는 타라콘네시스의 속주 총독 갈바가 일으킨 내전과 총독들의 동조로 원로원으로부터 국가의 적으로 선고받았고 6월 8일에는 로마를 탈출해서 마지막까지 그의 편이던 해방 노예 파온의 별장에서 6월 9일에 자살로 인생을 마감하였다.

채 륜 蔡倫, 63~121

중국 후한 시대 때 종이를 발견하였다.

호남의 계양에서 출생하였고,

18세 때 제철 운반을 책임지는 관원의 추천으로 조정의 환관이 되어 9경에까지 올랐다. 당시에는 대나무에 글씨를 써서 보관하던 업무를 맡았었는데, 불편함을 느껴 볏짚으로 종이 만드는 기술을 찾아내었다. 그리고 나무의 껍질로는 천을 제조하였다.

갈레노스 Claudius, 129~199 또는 216

로마제국 당시 그리스의 의학자·철학자·해부학자다. 소아시아에서는 의사의 왕자라고도 불렸다.

페르가몬에서 9월 1일에 출생하였는데, 페르가몬은 현재 터키의 베르가마다. 두뇌가 명석해서 13살까지 세 권의 책을 저술하였다.

143년 14살 때 철학 학교에 진학해서 수학과 철학을 공부하였고,

145년 16세 때는 의학에 입문해서 여성 자궁에 관한 책을 저술하였다. 책의 이름은 〈자궁의 해부학에 관하여〉인데, 갈레노스는 사람의 몸을 해부해서 공부하는 대신에 원숭이의 몸을 해부해서 가르치기 시작하였다. 이렇게 동물을 대상으로 해부를 시작하여 혈액의 흐름까지 알아내었다.

149년 20살 때는 아버지가 사망하자 스미르나의 의학 학교로 가서 의학·식물학·철학을 공부하였다. 그 후 이집트의 알렉산드리아로 가서 대 학습원이던 무세이온에서 연구에 들어갔으며, 유명한 의사들을 찾아다니며 의학을 공부하였다. 선생 펠롭스의 강의를 듣고 〈가슴우리와 허파 운동에 관하여〉를 집필하면서, 고린도에서는 누미시아노스의 가르침을 받았다. 누미시아노스는 펠롭스의 스승이고 킨투스의 제자였다.

157년 28살 때 고향으로 돌아왔을 때는 이미 떠오른 젊은 해부학자로 유명해져 있었다. 검투사와 치료사로 4년 동안 치료 활동을 하였고,

161년 32세 때 검투사학교와 계약기간이 만료되자 다시 로마

로 가서 마르쿠스 아우렐리우스와 루키우스 베루스의 주치의가 되었다. 갈레노스는 로마에서 5년 동안 진료와 강의를 하면서 2권의 책을 집필하였다.

1. 〈해부 방법에 관하여(On the anatomical Procedure)〉 - 사람의 몸을 해부해서 공부하는 대신 원숭이의 몸으로 해부해야 한다고 가르쳤다.
2. 〈인체 각 부위의 유용성(On the uses of the parts of the body of man)〉

166년 37세 때 당시에 유명한 해부학자 마르티알리스와 논쟁을 벌이다가 흑사병의 창궐을 핑계로 로마를 떠나 다시 고향으로 돌아왔다. 그러나 로마의 황제 안토니우스의 아들 코모두스의 주치의가 되어 로마에서 여러 황제의 주치의로 일하였다.

갈레노스가 사망한 연도는 확실치가 않다. 199년 70살에 사망했다는 설도 있고, 216년 87살에 사망했다는 설도 있다. 그러나 히포크라테스는 전서의 주석 8권만 남겼지만, 갈레노스는 82권과 일부의 단편들을 저작하였다. 갈레노스가 찾아낸 것들은 다음과 같다.

* 신경은 뇌와 척수에서 나온다.
* 뇌량에는 4개의 뇌실이 있다는 것과 뇌궁, 사구체, 뇌하수체에 관한 것들이 기록되어 있다.
* 음식물이 소화되어 십이지장으로 가면, 혈액을 따라 문맥을 경유해서 간으로 전달된다. 간에서는 자연 정기인 산소가 보태져서 간정맥과 하지정맥을 따라 심장으로 들어간다고 적혀있다.

콘스탄티누스1세 F. V. A. Contantinus, 272~337

중기 로마의 군주 중, 첫 번째 그리스도인이다.

272년 또는 273년에 현재 세르비아와 불가리아의 나이수스에서 장군 콘스탄티누스 클로루스와 그의 첫째 부인 성녀 헬레나 사이에서 2월 27일에 태어났다. 헬레나는 여관주인의 딸이었는데, 콘스탄티누스 1세의 일생에 지대한 영향을 끼친 여자다.

292년 20세 때 아버지는 콘스탄티우스의 어머니 헬레나를 버리고 제국 서방 구역의 정제인 막시미아누스의 딸 데오도라와 재혼하였다. 아버지가 사두정치 체제에서 두 명의 부제 중 하나로 임명되자 콘스탄티누스는 동방의 정제 디오클레티아누스의 휘하로 들어가서 니코메디아에서 장교로 복무하였다.

305년 33세 때 아버지가 서방의 정제가 되자 아버지의 휘하로 들어갔다가

306년 34세 7월에 브리타니아 원정에 나섰던 아버지가 병사하자 장교이던 콘스탄틴은 7월 25일에 브리타니아의 요크에서 병사들에 의해 정제로 추대되었다. 제국 내에서 콘스탄티누스의 관할 구역은 히스파니아·브리타니아·갈리아·게르마니아 지방이었는데, 이로써 그는 라인강 방위선의 강력한 부대를 지휘할 수 있게 되었다. 재위 기간은 306~337년까지였다. 그는 밀라노칙령에 따라 기독교를 주교로 선포하면서 황제의 쟁탈전에서 그리스도의 약자 XP가 새겨진 불타는 십자가의 환상을 보고 극적인 승리를 거두게 됨으로써 황제가 되었다. 그리하여

1. 자신의 성공은 하나님의 도움이었다.

2. 많은 교회를 세웠다.

3. 그리스도인들을 관료로 등용하였다.

4. 선제가 기독교 박해 때 몰수한 재산을 되돌려주었다.

5. 라바룸을 처음 사용하였다.

6. 성베드로성당을 건축하였다.

7. 십자가형은 금지시켰고, 교수형을 시행하였다.

콘스탄티누스는 지역안정을 위해 반란이 일어나면 무자비하도록 진압하였고, 붙잡힌 포로들은 원형경기장에서 살육하는 무단정치를 과시하기도 하였다.

312년 40세 초에는 알프스를 넘어 이탈리아로 진격하여 투린과 베로나에서 막센티우스군을 무찔렀고,

313년 41세 때 밀라노칙령으로 기독교의 박해를 끝낸 다음, 정식으로 종교를 인정해 주었다.

315년 43세 때는 키발라 전투를 하였고,

317년 45세 때 마르디아 전투에서 승리한 다음, 첫 번째 부인 미네르비나가 낳은 아들 크리스푸스의 도움으로 야만족과의 싸움에만 전념하였다.

324년 52세 때 모든 전투에서 승리한 콘스탄티누스는 황제로 등극하면서 원로원과 같은 공공건물을 지었다. 그리고 비잔티움을 새로운 로마라고 공표하였다.

326년 54세 때 콘스탄티누스는 29세 된 아들이 자기의 두 번째 아내 파우스타와 간통했다는 죄목으로 처형하였고, 두 번째 아내도 뜨거운 목욕탕에서 질식사하도록 만들어 목욕하다 죽은 것으로 위장하였다.

330년 58세 때 공식적으로 비잔티움을 로마제국의 수도로 정하였고,

337년 65세 때 죽기 바로 직전에 세례를 받았는데, 이때의 세례는 현세의 죄를 씻기 위함이었다. 그는 65세 5월 22일에 세상을 떠났는데, 그가 죽자 도시는 콘스탄티노폴리스라고 개명되었다. 세계 최초로 기독교의 도시가 되었는데, 현재까지 천년이 넘는 세월 동안 비잔티움제국의 수도로 존재하고 있다.

제롬 Jerome, 348~ 420

로마 시대의 성경학자·사제·수도원 지도자다.

라틴어 이름은 에우세비우스 히에로니무스인데, 히에로니무스는 그리스어로 성스러운 사람이라는 의미를 지니고 있다. 예로니모라고도 부르는데, 제롬은 영어 이름이다.

로마의 속주 판노니아 국경 근처인 달마티아와 아퀼레이아인 교외의 스트리돈이라는 마을(지금은 크로아티아)에서 출생하였다. 제1차 니케아 공의회 이후, 보편교회 신학자인데 4대 교부 중 한 사람이다. 천주교에서는 수호성인으로 불린다.

354년 6살 때 로마에서 가장 저명한 문법학자로 소문난 엘리우스오나투스의 문하생으로 들어가서 수사학과 고전문학 특히 키케로와 바질리오의 라틴어 고전문학을 공부하였다. 당시 로마제국은 콘스탄티누스 1세에 의하여 공인된 기독교가 40년이 지났는데도 불구하고 그 체계는 전에 있던 로마제국의 전통을 그대로 시

행하고 있었다. 이때 히에로니무스는 중병에 걸렸는데, 그것은 하나님의 무서운 징벌이라고 여겨져서 자신의 죄를 반성하자 갑자기 병이 치유되는 경험을 하게 되면서 주일마다 성지를 순례하고 카타콤에도 방문하였다.

360년 12세 때 로마의 대주교 리베리오로부터 세례를 받고 로마를 떠나 게르마니아 지역의 트래비스 시로 가서 연구 활동을 시작하였다. 그러면서 다양한 지역들을 여행하였다.

370년 22세 때는 고향 아퀼레아로 돌아와서 수도사가 되었는데 테르툴리아누스·키프리아누스·할라리오 등 유명한 라틴의 교부들 저서들을 탐독하기 시작하였다.

373년 25세 때 예루살렘을 순례하고, 안티오키아로 건너가서 라오디게아의 아폴리나리스 주교에게 성경의 주석 방법과 헬라어를 배웠다. 공부하는 도중에 열병을 앓게 되었는데, 열병 중에 예수의 환시를 경험하고 병은 완쾌되었다.

환시 후에는 은둔생활로 들어가서 수도에만 전념하였다. 그리고 안티오키아의 동편 카르치수 광야로 가서 은둔자들과 함께 4년간 기도와 고행을 겪으면서 고민에 빠졌다. 그대로 은수자가 되어야 할 것인가 아니면 연구 생활을 계속할 것인가 하는 것이었다. 고민 도중에 예수님이 꿈에 나타나서 가르쳐주었다. "너는 키케로의 추종자이지 그리스도인은 아니다. 네 보화가 있는 곳에 네 마음도 있다."

꿈에서 깨어난 히에로니무스는 자신이 받던 유혹을 뿌리치기 위해 어느 유대교의 랍비를 불러 히브리어를 배우고 연구에 몰두하기 시작하면서 테베 성의 성 바울에 관한 전기를 집필하였다.

그리고 성경의 4 복음서·로마서·바울서신·시편 등을 라틴어 사본으로 만들었고, 올바른 기독교인의 삶과 성서 연구를 가르쳤다.

당시 히에로니무스의 강력한 후원자이던 대주교 다마소 1세가 선종하자 반대자들이 온갖 악소문을 퍼트렸으므로 히에로니무스는 로마를 떠났다.

386년 38세 때 팔레스타인으로 가서 베들레헴에 정착하고 성경 번역을 시작하였다. 원서이던 히브리어와 그리스어를 직접 번역하였는데, 그리스서는 〈칠십인 역〉을 기초로 번역하였다.

394년 46세 때 아우구스티누스와 연대해서 당시 교회의 골칫거리이던 펠라기우스파를 몰아내었으며,

404년 56세 때 성경 번역을 완수하였다. 이것이 현재의 불가타 역인 라틴어 성서다.

416년 68세 때 앙심을 품은 펠라기우스 지지자들이 무장하고 베들레헴의 수도원으로 쳐들어와서 해치려 하였으므로 잠시 베들레헴을 무사히 빠져나와 목숨을 부지하였다.

420년 72세 9월 30일에 베들레헴의 수도원에서 숨을 거두었는데, 그의 유해는 현재 로마의 산타마리아 마조레 대성당에 안장되어 있다.

어거스틴 Augustine, 354~430

어거스틴은 영어 이름이다. 본래의 이름은 아우구스티누스인데, 알제리의 신학자이면서 주교다. 로마가톨릭과 서방기독교의

교부였는데, 다른 이름으로는 아우구스툼(덕망이 있는, 좋은 징조의)이었다.

알제리는 북아프리카의 소도시로, 로마제국의 식민지였다. 어거스틴은 타가스테에서 11월 13일에 태어났는데, 아버지는 이교도였고 어머니는 그리스도인이었다.

어거스틴은 고향의 인근 도시 마다부라에서 초등교육을 받다가 집안의 형편 때문에 학업을 중단하였다.

370년 16세 때 집안 형편이 나아지자 카르타고로 유학해서 수사학을 배우던 중, 키케로의 글 〈호르텐시우스〉를 읽고 철학에 심취하기 시작하였다. 어머니 모니카는 자기처럼 어거스틴이 그리스도인이 되기를 바랐지만, 철학에 심취하게 된 어거스틴은 마니교의 이성적이면서도 체계적인 교리에 매력을 느껴 십 년 동안 지지하면서 가톨릭은 거부하였다.

371년 17세 때는 젊은 여성과 동거에 들어가서 아들을 낳았는데, 아들의 이름은 아데오다루스였다. 즉 신으로부터 주어졌다는 뜻인데, 이런 행동을 받아들이지 않던 모니카는 아들과 절교를 선언하였다. 젊은 여성과 14년 동안을 같이 살면서 어거스틴은 곧 마니교 지도자들의 지적 수준이 그다지 높지 않다는 것을 알고는 회의를 느껴 잠시 신 플라톤주의자가 되었다. 마니교 동료들의 추천으로 타가스테·카르다고·로마·밀라노에서 수사학과 철학을 가르치다가 밀라노의 주교 성 암브로시우스를 만났다. 암브로시우스 주교는 수사학과 철학에 능한 언변의 달인이었는데, 그의 강론을 듣고 감동되어서 회심하였다.

386년 32세 때 부활주일에 세례를 받았는데, 그런 다음 밀라노의 정원에서 '집어 읽어'라는 어린아이들의 노랫소리를 듣고 성경을 펼쳤다. 그것이 로마서 13장 13절에서 14절의 말씀이었는데, '낮에와 같이 단정히 행하고 방탕하거나 술 취하지 말며 음란하거나 호색하지 말고 다투거나 시기하지도 말면서 오직 주 예수 그리스도로 옷 입고 정욕을 위하여 육신의 일을 도모하지 말라'는 말씀이었다. 이로 인해 어거스틴은 말씀 따라 살리라고 작정하였다.

387년 33세 때 낙향해서 고향에 도착하자 아들 아데오다루스는 18세의 나이로 죽었고, 어머니 모니카도 죽었다. 그러므로 그는 동료들과 함께 수도회를 설립하고 수도 생활에 들어갔다.

391년에는 37세 때 사제로서의 서품을 받고 마니교를 비판하면서 많은 선교활동을 하였다. 특히 북아프리카의 히포레기우스에서는 주교가 되어 남은 생애 동안 교리를 위해 사목하였다. 전쟁의 두려움에 빠진 난민들에게 피난처를 제공해 주면서 우리가 하나님께 관심을 가질 때 불행에서 벗어나 행복에 이룰 수 있다는 것을 가르쳤다. 어거스틴은 인간의 공로보다는 하나님의 은총을 강론하였는데,

1 구원의 교리를 정리하였다.
2. 이해를 추구하는 신앙을 발전시켰다.
3. 펠리기우스가 선행 구원론을 설파한 데 반해 하나님의 은총론을 강조함으로 신학에 공헌하였다.
4. 어거스틴은 우리의 이웃이 하나님께 관심을 가질 때 자비로운 행동으로 인해 불행에서 벗어나 행복에 이르게 된다는 신념에 사로잡혀 있었다. 즉 은총론·신학적인 인식론·교회론·영성 신학 등의 많은 분야에서 영향력을 발휘하였다.

395년 41세 때 발레니우스 주교가 노쇠해지자 공동 주교로 선출되어 4년간 주교를 보좌하였고,

399년 45세 때 주교가 죽자 히포레기우스의 주교가 되어 평생 히포 교회와 북아프리카 교회들에서 사목하였다.

427년 73세 때 게르만 민족의 일족인 반달족이 쳐들어왔을 때 피난민들을 돌보다가

430년 76세 8월 29일에 열병으로 사망하였다.

마호메트 Mahomet, 570~632?

아라비아의 예언자로, 610년에 이슬람교를 창시하였다.

아라비아의 메카 명문 가문에서 늙은 아버지와 젊은 어머니 사이에서 태어났다. 그런데 아버지는 그가 태어나기 전에 돌아가셨고 어머니도 6세 때 세상을 떠났으므로, 백부의 슬하에서 자라났다.

595년 25세 때 부유한 상인의 미망인과 결혼해서 안정된 가정을 꾸리게 되었다. 그러다가 생애의 어느 시점에서 어쩔 수 없는 운명적인 힘에 이끌리어 히라산 동굴로 들어가 명상을 하기 시작하였다.

610년 40세 때에 천사를 통해 절대신인 알라에게 계시를 받았고, 유일신인 알라를 믿게 되면서 박해를 받으면서도 아라비아 전역으로 다니면서 전도 활동을 펴나갔다. 그가 설파한 종교는 아라비아반도의 부족 종교이던 기독교와 유대교와 불교를 배경으로

해서 새로운 일신교를 확립시켰는데, 마호메트는 그가 계시받은 신의 말씀들을 기록한 코란을 성전으로 삼았다. 이 종교는 셈족 사람들의 종교이기도 하였다.

632년 62세쯤에 사망하였다.

손사막 孫思邈, 581~683?

중국 당대의 의학자이면서, 중국 역사상 불후의 명의다.

수나라에서 태어나, 당나라 때 102세로 사망하였다. 지금의 산시성 야우현 사람인데, 평생을 의학 연구로 한방 의학의 교과서인 〈천금 요방〉·〈천금 약방〉 등 각 30권을 저술하였다. 그는 맥을 짚어서 실 같은 박동수로 경혈을 찾아 침을 놓아 치료하였다.

* 염침법(捻鍼法) = 침을 비틀려서 튕겨주는 치료법
* 요폐(尿閉) = 요도가 막혀서 오줌을 못 누는 병을 일컫는데, 이런 병에는 양파 잎으로 대롱을 만들어 끼워주면 불자 요도가 열리면서 소변이 잘 나오게 된다. 양파 잎은 불을 쬐면 부드러워지기 때문이다.

김부식 金富軾, 1075~1151

삼국사기의 저자다.

고려 때는 귀족 중심의 유교주의 통치이념을 가지고 있었다. 그런 위기 시대인 문종 9년에 김부식은 김근의 4번째 아들로 경주에서 출생하였다.

조카 헌종을 폐위시키고 즉위한 숙종 1년 1096년에 김부식은 21세의 나이로 과거에 급제하였고, 왕에게 주역과 상서를 강의하였다.

1116년 41세 때는 숙부들을 처단한 예종 11년에 송나라 사신의 일원으로 파견되었다.

1135년 60세 때는 예종이 아우들을 숙청한 인종 13년인데, 최고의 권력 수반이 된 김부식은 묘청의 난을 진압시켰다. 그리고 서경 천도를 주장하였다.

1142년 68세 때는 인종 20년인데, 외척의 다툼들이 득세하자 현직에서 물러나 10여 명과 함께 〈삼국사기〉를 쓰기 시작하였다.

1145년 71세 때는 고려 인종 23년이었는데, 이때 〈삼국사기〉를 완성시켜 편찬하였다. 아울러 〈예종실록〉과 〈인종실록〉의 편수에도 참여하였다.

1151년은 의종 5년인데, 김부식은 77세로 사망하였다.

주희 朱熹, 1130~1200

중국 남송의 유학자이며, 성리학의 창시자다.

송나라의 복건성 우계의 휘주에서 아버지 위재 주송과 어머니 축씨 사이에서 10월 18일에 출생하였다.

자는 원회·중회이며, 호는 회암·회송·운곡산인·둔옹이다.

어려서부터 매우 총명하고 근엄하며 말수가 적으면서 학문 연구에 전념하였으므로 부친의 지기인 호적계·유백구·유변산에게 사사를 받았다.

1149년 19세 때는 과거에 급제해서 진사가 된 후 여러 관직을 지내면서 주돈이·정호·정이 등의 학통을 이은 연편이동을 찾아가서 사사 받았다.

명도 이천에서 사숙하면서 학문에만 전념하였는데, 유교의 경전을 탐독하면서 풀이 주석을 교정하였다. 그리고 공자와 맹자의 사상을 풀이하여 성리학으로 발전시켰다.

주희의 학문을 주자학 또는 성리학이라고 부르는데, 도학과 이학을 합친 송학을 집대성한 것이다. 성리학은 주돈이가 기틀을 잡았고 정호와 정이를 거쳐서 주희가 완성한 동양의 우주론을 일컫는데, 인간 사회의 학문이다. 자연의 질서 속에서 도덕을 지키는 게 천성과 통한다는 이치인데, 다시 말하면 인간과 우주는 이(理)와 기(氣)로 되어있다는 것이다. 그리하여 理는 각 사물의 작용인 교육을 일컫고 氣란 우주 생성 요소로 모양이나 무게를 결정짓는 훈장이나 생도와 같다. 이러한 주자의 철학은 20세기에 이르기까지 동아시아를 지배하는 주도이념이 되었다.

주희가 남긴 저서는, 〈주역 본의 계몽〉·〈시집 전〉·〈대학중용 장구혹문〉·〈논어 맹자 집주〉·〈논맹 집의〉·〈중용 집략〉·〈효경간 오〉·〈소학서〉·〈통감강목〉·〈근사록〉·〈주자 집〉 등이 있으며.

1200년 70세 4월 23일에 사망하였다.

징기스칸 Chingizkhan, 1155?~1227

몽골 제국을 건설하였다.

부족의 족장 아들로 태어났는데, 본명은 테무진이다. 징기스는 빛의 신이란 뜻인데, 그의 뛰어난 전술로 호라즘왕국을 정벌하였고, 러시아·중국·아프카니스탄·이란에 걸친 광대한 영토를 차지하여 거대한 몽골 제국을 건설하였다. 그의 사후에는 4명의 아들에게 영토를 나누어서 다스리도록 하였다.

일연 一然, 1205~1289

고려 충렬왕 때의 승려다.

본명은 전견명인데, 보국 각사라고도 부른다. 경산에서 7월 18일에 태어났고,

1214년 9살 때 전라도 무량사의 대웅스님 밑에서 학문을 배웠다.

1219년 14세 때 설악산의 진전사로 출가해서 승려가 되었으며

1227년 22세 때 승과에 급제해서 대구의 비슬산 대결사에 초임 주지가 되었다.

1237년 32세 때는 삼중대사를 지냈고,

1246년 41세 때 선사가 되었다.

1249년 44세 때 대장경 판각 분사 대장도감에 참여하였으며,

1259년 54세 때는 대선사가 되었다.

1261년 59세 때 경북 포항시의 오어사로 옮겨 후학들을 가

르쳤고,

1268년 63세 때 운해사에서 대덕 백 명을 모아 대장경 낙성회를 조직하고 맹주가 되었으며,

1277년 72세 때 운문사 주지로 있으면서 충렬왕에게 법을 강론하였다.

1283년 78세 때 충렬왕을 따라 개성으로 가서 국존(國尊)으로 추대되면서 원경충조란 호를 받았다.

1284년 79세 때는 경북 군위군에 인각사를 중건하고 〈삼국유사〉를 집필하였는데, 삼국유사는 삼국사기의 미비점을 보완하려고 쓴 책이다. 〈삼국사기〉는 고구려·백제·신라의 삼국 정사를 기록한 책인데, 정사에 기록되지 않고 누락 된 사건들이 주류를 이루고 있다. 향토적이면서 사회적이고 일상적인 것들을 기록해 놓았다.

1289년 84세 때 사망하였다.

마르코 폴로 Marco Polo, 1254~1324

이탈리아의 작가다.

베네치아에서 중국과 무역하는 상인의 아들로 태어났는데. 아버지는 중국에서 겪은 이야기를 항상 폴로에게 들려주었다. 그러던 어느 날 폴로는 아버지를 따라 동방 여행길에 들어섰는데, 고향을 떠난 지 4년 만에 원나라에 도착하였다. 원나라의 황제 쿠빌라이 칸의 환대를 받아 관직에 올라 17년간을 원나라에서 머물렀다. 원

나라에 머무는 동안, 중국 각지를 여행하고 고향으로 돌아왔다.

그리고 얼마 후에 베네치아와 제노바에서는 전쟁이 터졌는데, 폴로는 포로의 신세가 되어 감옥에서 스키켈로라는 작가를 만났다. 폴로의 이야기를 들은 루스키켈로가 포로의 이야기들을 글로 옮겨서 쓴 것이 〈동방견문록〉이다. 이 책은 중앙아시아와 몽골 역사에서 귀중한 민속자료가 되어 서양인들에게까지 관심을 가지도록 하였다.

단테 Dante Alighieri, 1265~1321

이탈리아의 시인이다.

두단테의 약칭이 단테다. 장수하는 날개가 달린 자란 뜻으로, 단테는 이탈리아의 중부 피렌체에서 확실치는 않아도 3월 1일경에 태어났다. 당시에는 계통적인 학교가 없었으므로 교회의 성직자로부터 초등교육을 받았다.

1274년 9살 때 동갑내기 베아트리체를 멀리서 보고 애정을 느꼈으며,

1275년 10살 때부터 신학을 비롯한 다방면의 교육을 받기 시작하였다.

1285년 20살 때는 아버지의 권유로 대학에서 법률·철학·의학·천문학의 강의를 들었고,

1287년 22세 때 젬마 도니티와 약혼하였다.

1290년 25세 때는 피렌체와 파사의 당파싸움에 가담하였으며,

1291년 26세 때 젬마 도니티와 결혼하였다.

1295년 30세 때까지 20년에 걸쳐서 다방면으로 교육을 받았고,

1300년 35세 때 피렌체시 협의회 의장으로 정치활동에 참가하였다.

단테는 당시 신성로마제국의 황제를 따르는 기벨리니당과 적대관계인 백당에 있었는데, 흑당이던 기벨리니당이 승리하였다.

1303년 38세 때 단테는 추방을 당했으므로 라벤나에서 귀도 로벨로의 비호 아래 긴 망명 생활에 들어갔다. 이때 단테는 소년 시절의 경험을 자서전적으로 기술하기 시작해서 〈신곡〉을 발표하였다.

〈신곡〉은 장시의 대서사시로 되어있는데, 이 책은 오늘날 세계 고전문학의 최대걸작이 되어 근대문학의 모태라고 불린다. 즉 영혼의 정화가 천국으로 인도된다는 의미를 지니는데, 당시의 문화 언어인 라틴어를 사용하지 않고 이탈리어를 사용해서 썼다. 단테는 베르길리우스에 이끌려서 지옥과 연옥을 체험한 뒤, 베아트리체의 안내로 천국에 들어가게 된다는 내용의 이야기다. 엄격한 제도 아래에서 자기의 뜻대로 결혼도 하지 못하고 정치에서도 뜻을 이루지 못한 결핍을 상상 세계의 광대한 규모의 조화미를 가진 대서사시로 써서 고전문학의 최대걸작을 남겼다. 이 책의 문제는 제도냐? 인간이냐? 무엇이 더 중요한가를 고민하도록 해주고 있다.

〈신생〉에서는 베아트리체를 향한 영원한 사랑을 다루고 있으며,

〈향연〉에서는 유랑 중에 있었던 철학과 윤리의 문제를 다루었다.

〈토착에 대하여〉에서는 언어에 따른 이탈리아의 통일을 최초로 언급하였고, 그 외에 〈모자이국 살인〉·〈빛의 살인〉·〈비밀 집

회〉 등을 발표하였다. 단테에게 있어서 시란, 사람의 마음에 파고 들어가서 정감을 전달하려는 강력한 수단이라고 하였는데 여기서 자연을 즐기는 4가지 요인은 다음과 같다고 하였다.

1. 시간적인 요인으로 좋은 계절을 만나야 하고,
2. 공간적인 요인에서는 아름다운 풍광을 만나야 하며,
3. 심리적인 요인에서 좋은 풍경을 보면 즐길 줄을 알아야 하고,
4. 행동 요인으로는 즐기면서 놀 줄도 알아야 한다고 하였다.

1321년 56세 9월 13일 또는 9월 14일에 말라리아로 사망하였다.

보카치오 Givanni Boccaccio, 1313~1375

이탈리아의 소설가다.

아버지는 피렌체에서 환전상을 경영하였고, 어머니는 공주였다. 이들 사이에서 6월 16일에 태어난 사생아로, 파리에서 유년 시절을 보냈다.

어머니가 죽자 피렌체의 아버지에게로 보내져서 상업 술인 은행업과 법학을 배우며 성장하였다. 그러나 모든 걸 포기하고 문학의 길로 들어섰지만, 아버지가 흑사병으로 사망하자 생계를 위해 다시 공직에 취직하였다.

1347년 34세 때는 킵차크 부대로부터 아시아의 내륙으로. 그후 다시 유럽으로 페스트가 전파되기 시작하였다. 페스트는 수년에 걸쳐서 대규모의 피해를 주었다. 흑사병에 감염이 되면 살이 썩어 검게 된다. 그래서 검은 죽음 또는 흑사병이라고 불렸는데,

당시에는 유럽 인구의 오 분지 일인 삼천만 명이 감소 되어서 백년전쟁이 중단되기도 하였다.

1349년 36세 때는 〈데키메론〉을 쓰기 시작하였다.

1353년 40세까지 4년에 걸쳐서 끝낸 소설 〈데카메론〉은 그리스어 또는 라틴어로 열흘을 의미하는데, 그 내용은 이렇다.

페스트가 창궐하던 피렌체가 배경인데, 페스트로 가족 7명을 잃은 부인이 피렌체의 대성당 미사에 참석한다. 당시 귀족들은 정략결혼을 하였는데, 이때 7명의 여성과 3명의 남성이 모였다. 그들 중 한 명이 제안하였다. "시골의 별장으로 가서 이야기를 나누자. 뽑힌 자가 여왕 또는 왕이 되는 게임인데, 하루에 한 편씩 열흘 동안 100편의 이야기를 나누는 게 어때요?" 페스트를 견디기 위해 이야기를 나누자고 제의되면서 백 편의 이야기가 소개되는데, 대체로 내용은 모두가 비슷한 것들이다. 그 절차는 다음과 같다.

1. 절세미인이 있다.
2. 남편은 무능하거나 일만 한다.
3. 부인이 외로움을 느낀다.
4. 이웃집 청년이나 수도사와 눈이 맞게 된다.
5. 사회의 시선을 피해 가며 만남을 추구한다.
6. 해피엔딩으로 끝난다.

당시는 봉건적인 교회의 교리가 지배적이었는데, 간음과 불륜의 금기를 깬 것이 엄청난 파격으로 등장한다. 이 소설을 통해 보카치오는 교회의 타락한 실상을 우화를 통해 꼬집고 있었다. 결국 인간이란 위기를 극복할 수 있다는 교훈이 들어있기 때문에 매우 희망적인 메시지로 전해졌다.

이 소설로 인해 보카치오는 최초 인문주의자로 평가받던 페트라르카를 만나 인문학적 교류를 나누면서 이탈리아에서 유명하던 초기 르네상스의 문학적인 사조를 이끄는 계기가 되었다.

1375년 62세 12월 21일에 사망하였다.

세종대왕 世宗大王, 1397~1450

한글을 창제한 조선의 네 번째 왕이다.

본명은 이도인데, 한성 준수방 정안군의 사저에서 태종과 원경왕후 사이에서 4월 10일에 태어났다. 지금은 종로구 통인동 부근인데, 위로 형 둘이 있었고 누나들은 세 명이 있었다. 큰형은 양녕대군 이제이고, 둘째 형은 효령대군 이보다.

1408년 11살 때인 태종 8년에 충령군으로 봉해지면서 심온의 딸인 소헌왕후와 혼인하였다. 슬하에는 18남 4녀를 두었는데, 맏아들 문종은 요절하고 둘째 아들 수양은 반란을 일으켜서 조카인 단종과 함께 다섯 형제를 모두 죽이고 5대 왕인 세조로 등극하였다.

1412년 15살, 태종 12년에 큰형인 양녕대군이 폐세자가 되면서, 둘째 형인 효령대군과 함께 세자 충령대군으로 봉해졌다.

1418년 21세 때 세종대왕으로 등극 되었으며,

1419년 22세 때 왜구가 침입해서 대마도를 정벌하였다.

1420년 23세 때는 중앙 집권 체제 운영을 위해 집현전을 설치하고 최초로 한글의 기본체인 경자자를 주조하였다.

1422년 25세 때 법전의 수찬에 참여하였고,

1426년 29세 때는 내이포·부산포·영포를 외국인들에게 개방하였다.

1430년 33세 때는 세종 12년인데, 명나라와 여진과의 외교 길을 열어서 처녀 조공과 금 조공의 면제를 받아내는 동시에 말·명주·인삼 등을 보내는 것으로 대체시켰다. 조선은 태종 때부터 명나라에 처녀와 금 등의 조공을 바쳐 왔었다.

1432년 35세 때는 두만강 하류인 석막을 공격해서 영북진을 설치하였고,

1433년 36세 때는 여진족을 소탕하고 4개 군을 설치하였다.

1434년 37세 때 한글의 갑인자를 주조하였고,

1435년 38세 때는 〈속육전〉 편찬사업을 완결하였다.

1436년 39세 때 한글의 변진자를 주조해서 활자 인쇄술을 단계적으로 발전시켜 나갔으며,

1437년 40세 때는 함길도 지역의 여진족을 몰아내고 6개의 진을 설치하였다.

1443년 46세 때 계해약조의 체결로 무역을 허락하면서 한글 창제에 전념하였다. 온 정성을 한글 창제에 마음을 두고 일을 하느라 비만·편식·일 중독·요로결석·안질·당뇨·과로로 시달렸다.

1446년 49세 때 〈훈민정음〉을 발표하였는데, 당시 예조판서이던 정인지가 서문을 작성하였다. 이 해에 아내이던 소헌왕후가 죽자 건강이 더 악화되었으므로 세자이던 문종이 대리청정을 시작하였다. 이어서 〈월인천강지곡〉을 발표하고,

1450년 53세 3월 30일(음력으로는 2월 17일)에 영응대군의 집

에서 사망하였다. 그러나 세종대왕이 창제한 한글은 지금까지 많은 사람들의 사랑을 받으면서 사용되고 있다. 세종대왕은 서울 헌릉에 묻혔었는데, 잇단 흉사로 인해 1469년 19년 만에 이계전과 이인손이 여주로 이장시켰다.

구텐베르크 J, Gutenberg, 1398년경~1468

독일의 금속 세공업자다.

금속활자설계로 활자의 대량생산 기술을 전파하였는데, 이것이 인쇄술의 발명이다. 이때는 한국의 고려 시대였는데, 고려에서도 구리 활자 인쇄술이 개발되었다.

마인츠에서 돈을 찍어내는 금속세공관리의 아들로 태어났는데, 태어난 날짜는 정확하게 알 수 없다. 아버지 요하네스 켄스플라이슈는 귀금속을 다루는 일을 하였는데, 당시에는 하나하나의 활자를 맞추어서 실로 묶은 판을 만들어 움직이지 못하도록 하는 활판이 있었다. 구텐베르크는 아버지의 밑에서 주물들의 압축 등 금속세공술을 익히면서 성장하였다.

1411년 13세 때 프리드리히 3세가 마인츠에 입성하자 시민들이 들고일어났으므로 아버지는 시민들에 의하여 추방을 당해서 슈트라스부르크로 가서 살았다.

1428년 30세 때 아버지가 사망하자 구텐베르크는 슈트라스부르크로 이사해서 금속활자를 연구하기 시작하였다. 글자를 쇠붙이로 만들어서 종이에 대고 인쇄기를 누르면 엄청나도록 빠른 속도로 책을 만들 수 있을 텐데 하는 생각 때문이었다. 당시는 납이 주원료였고 합금으로 활자를 이용하고 있었는데, 이때 구텐베르크는 드디어 새로운 인쇄술에 성공하였다.

1. 종이는 구멍 난 양말이나 낡은 속치마 또는 너덜너덜한 윗옷을 모아 잘게 찢은 후에 물에 담갔다가 빻으면 종이의 원료인 펄프가 된다. 커다란 통에 걸쭉해진 펄프를 붓고, 제지 틀로 한 장씩 얇게 떠낸 다음 편편하게 늘려서 말린다. 이것을 뼈·가죽·뿔·발굽으로 만든 풀에 담갔다가 꺼낸 뒤에 다시 누르고 말리면 종이가 된다.

2. 유성잉크는 처음엔 잉크가 더디 말라 불편하였지만, 독일이나 네델란드 화가들은 빨리 마르는 기름을 찾아내었다. 이것을 인쇄잉크에 응용하면 새카만 잉크가 된다. 빨리 마르는 기름은, 아마풀 씨앗을 모아서 만든다. 씨앗들을 압축기로 으깨면 금빛의 기름이 흘러나오는데, 이것을 풀처럼 되직하게 끓인다. 씨앗에서 나오는 기름과 그을음들을 섞어 돌판에 쓱쓱 갈아주면 버터보다 부드럽고 밤보다 새카만 잉크가 된다.

3. 활자는 오래된 파이프에서 얻은 납과 찌그러진 컵에서 구한 주석으로 만드는데, 여기에 안티온가루를 넣어 녹이면 은처럼 번쩍거린다. 녹아 뜨거워진 액체를 한 숟가락씩 떠서 틀에 부으면 조그만 금속조각이 되면서 금방 굳어진다.

4. 인쇄기는 참나무로 만드는데, 포도즙을 짜던 압착기를 개량해서 사용하였다. 여기에다 낱말과 문장을 짜서 넣는다. 종이를 한 장씩 물에 적시니 물을 머금게 된 종이는 점점 부드

러워졌는데, 인쇄된 종이에 꽃과 새와 대문자를 그려 넣었
다. 알록달록한 가루를 기름과 벚나무 수액에 개어서 그림에
도 색을 입혔다.

1444년 46세 때 귀향하였고,

1448년 50세 때 마인츠에 인쇄소를 개업하면서 가톨릭교회의
면죄부를 찍어 팔았다. 고딕 활자로 된 라틴어 성경인 구텐베르크
성서도 이때 인쇄해서 팔았다.

1450년 54세 때는 성서들을 대량으로 생산하면서 유명해졌고,

1453년 55세 때 구약성서도 인쇄하기 시작하였는데, 이것이 불
가타 성서인 〈구텐베르크 성서〉다.

1468년 70세 2월 3일에 사망하였다.

잔 다르크 Jeanne D'Arc, 1412~1431

프랑스를 구한 애국 소녀 군인이다.

프랑스 왕국의 바르공국 동래미에서 평민 출신 농부의 딸로 1
월 6일에 태어났다.

1429년 17세 때는 문맹의 시골 소녀였는데, 깊은 신앙심으로
인해 하나님의 부르심을 받았다며 프랑스의 왕실에 나타나 전
쟁터에 나가겠다고 하였다. 이때는 프랑스가 잉글랜드의 왕족들
과 백년전쟁을 벌이고 있었는데, 오를레앙 전투의 총사령관이 되
어 반년 넘게 지속되던 전투를 프랑스군의 사기를 높게 만들어
서 단 열흘 만에 승리하도록 이끌었다. 그리하여 잉글랜드를 대

륙에서 축출하는 데 큰 공을 세웠고, 샤롤 7세의 대관식을 치르게 하였다.

1430년 18세 5월에는 황태자의 부하들이 이를 시기해서 잉글랜드의 부르고뉴군대에 사로잡히도록 한 다음에 잔 다르크를 잉글랜드로 넘겼다. 잉글랜드에서는 종교재판을 통해 반역과 이단 혐의를 씌웠고,

1431년 19세 5월 30일에 잔 다르크는 마녀로 낙인찍혀 화형을 당하였다. 그러나 현재는 국민의 영웅으로 오를레앙의 처녀라고도 불리며, 로마 가톨릭교회의 성인이 되었다.

김시습 金時習, 1435~1493

조선 초기의 문인이면서 학자다. 불교의 승려인데, 생육신의 한 사람이다. 몽중 소설의 창작자로, 조선 시대의 종교관을 비판하였다.

한성부에서 세종 17년에 탄생하였다.

1440년 5세 때는 중용과 대학에 통달해서 신동이란 이름이 붙었는데, 시습을 세종대왕이 불러서 글을 짓게 하였더니 곧바로 글을 지었다. 본명은 열경이었는데, 집현전의 학사 최치운이 열경의 재주를 보고 경탄해서 시습이라는 이름으로 바꿔주었다.

소년기에는 석학이던 이계전·김반·윤당을 찾아다니며 수학하였고,

1450년 15세 때는 어머니가 사망하자 외가에 몸을 의탁하였다.

1453년 18세 때 외숙모도 사망하자 상경을 하였다. 그러나 아버지도 중병에 걸려있었으므로 삼각산의 중흥사에서 독서를 하였다.

1456년 21세 때는 수양대군이 자행한 단종에 대한 왕위의 찬탈에 불만을 품고 통곡하면서 보고 있던 책들을 모두 불살라버리고는 방랑길에 올랐다.

1466년 31세 때 경주의 금오산에 정착해서 승려로 있으면서 신화를 지었는데, 이 책이 〈금오신화〉다. 경제가 성장하자 사회계층의 변화가 심해지면서 특유의 시민문화가 형성되었는데, 시습은 조선의 세종과 성종 사이에 살았던 인물이었으므로 염라대왕을 통해 재래의 무의미를 이 책에 지적하였다. 〈금오신화〉에는 다섯 편의 꿈 이야기가 실려 있는데,

① 취유부벽정기(취중에 선녀를 만난 이야기)

세조 3년, 1459년의 일이다. 홍생은 개성부호의 아들인데, 평양에 사는 이생이 홍생을 위해 부벽정에서 잔치를 베풀어준다. 평양의 대동강은 머무는 곳마다 절경의 명승지여서 뛰어난 풍광이 사람의 마음을 정화 시켜 주었고, 술 또한 날카로워진 신경을 완화 시켜 주기 때문이다. 그리하여 둘은 취해서 놀다가 취중에 잠이 안 와 배를 타고 부벽정 밑으로 가서 선녀를 만났다. 자정부터 날이 밝기까지 선녀와 시로 사랑을 나누었는데, 날이 새자 선녀는 하늘로 올라가 버렸다. 이에 홍생은 상사병으로 앓아 누었는데, 선녀의 시녀가 찾아와서 알려주었다. 옥황상제 견우성의 예하 관리로 등용되었으니 따라와야 한다는 말을 듣고 깨어 보니 꿈

이었다. 그래서 목욕 재개하고 눕자 저승으로 갔다는 내용의 이야기다.

② 만복사저포기(이승에서의 3년 세월)

만복사는 고려의 문종 때인 1597년에 지은 절이다. 이 절은 정유재란 때 불타 없어졌는데, 이 만복사에서 양생이 저포 놀이를 하며 생긴 일을 적었다. 저포 놀이는 처녀 귀신과 제사하는 일을 일컫는다.

③ 남염부주지(꿈에서 저승의 운명이 결정된다는 이야기다)

꿈에서 지옥 섬인 염부주에 당도한 젊은 선비 박생은 세조 때 성균관에서 공부하였지만, 과거에는 불합격하였다. 불안한 마음에 시달리다 염라대왕 앞으로 갔는데, 가보니 영혼이 죽으면 혼과 백으로 분리되었더란다. 혼은 하늘로 올라가고 백은 땅으로 들어가게 되어있어서 형체도 없이 사라지게 된다는 내용의 이야기다.

④ 용궁부연록

개성의 천마산에는 박연용추(용소)가 있다. 이 용소의 물이 오로천 절벽으로 떨어지면서 폭포를 이루는데, 이 폭포가 박연폭포다. 오로천은 개성에서 북쪽으로 15km 지점에서 발원되어 흐르는 물인데, 이곳에서 젊은 문사이던 고려 때 송도의 한생이 누워 있다가 잠이 들었다. 그때 낭관 두 명이 나타나서 용궁으로 데려가 겪은 이야기를 적었다.

⑤ 이생규장전

이승에서는 3년이지만, 저승에서는 다소 긴 시점에서 다루어진 이야기를 썼다.

1472년 37세 때는 경기도 양주에서 정자를 세우고 화전 밭을 일구면서 시 쓰기와 저술에만 전념하였으며,

1482년 47세 때 안씨와 결혼했지만, 아내가 죽자 홀몸으로 지내다가

1493년 58세 때 충청도 홍산의 무량사에서 병사하였다.

콜럼버스 Columbus, 1451~1506

이탈리아의 탐험가였고, 항해가다.

제노바공화국에서 10월 31일에 태어났다. 1204년의 제4차 십자군 전쟁 때 서양인들은 동양의 향신료인 후추와 계피를 독차지하기 위해 혈안이 되어있었다. 콜럼버스는 어려서부터 선원으로 있었다.

1484년 33세 때 포르투갈의 왕 주앙2세가 콜럼버스에게 대서양 항해 탐험을 제안해 왔다. 그러나 거절하고 콜럼버스는 스페인으로 갔다. 당시 스페인에는 카스타야 여왕 이사벨라1세와 아라곤 왕 페르난도2세가 공동으로 통치하고 있었는데,

1490년 39세 때 스페인의 여왕 이사벨라가 콜럼버스를 해군 제독으로 임명하고, 발견한 것의 10%를 소유로 주겠다고 약속하면서 선박 2척을 내주었다. 여왕의 후원으로 콜럼버스는 후추의 고향인 인도를 찾아 항해하려 하였으나 지원자가 없었다. 그리하여 죄수들에게 면죄의 조건을 붙여 승무원들을 모았다.

1492년 41세 8월 3일에 1차 항해를 나갔다가 10월 12일에 아

메리카 신대륙을 발견하였다. 그러나 자신이 발견한 땅이 콜럼버스는 인도인 줄 알았었다.

1493년 42세 때 귀국하면서 신세계의 부왕이 되었고, 9월 24일에 2차 항해를 떠났다.

1498년 42세 때 3차 항해를 떠나서,

1500년 44세 때까지 바다를 항해하였다.

1502년 46세 때부터 4차 항해에 들어가서,

1504년 48세 때까지 항해하였는데, 이때 스페인의 주 무기는 생물학병기이던 천연두(페스트, 홍역, 쥐가 옮기는 병)였다. 스페인 사람들은 소고기를 먹기 때문에 천연두의 항체가 있었지만, 아메리카 원주민들은 대형동물들을 기르지 않았으므로 천연두의 항체가 없었다. 이로 인해 신대륙 사람들은 구대륙 사람들을 쳐다보기만 해도 천연두에 걸려서 죽었다고 전해진다.

1506년 50세 때부터 통풍과 관절염으로 수년간 고생을 하다가 바야돌리스에서 5월 20일에 사망하였다.

다빈치 Leonardo da Vinci, 1452~1519

이탈리아 르네상스를 대표하는 석학으로, 화가·조각가·발명가·건축가·지리학자·해부학자·음악가다.

토스카나지방의 산골 마을 빈치에서 4월 15일에 출생하였는데, 아버지 피에로 다빈치는 법률가들을 배출한 지주 가문의 출신이었다. 23살에는 공증인이 되었고, 어머니 카타리나는 가난한 집안의 딸이었으므로 지참금이 없어 결혼도 하지 못하고서 다빈치를 낳았다. 그리하여 다빈치는 사생아가 되었다.

1453년 1살 12월에 아버지가 16살짜리 알비에와 결혼하자, 어머니는 수도원의 도기 가마공과 결혼했으므로 다빈치는 본가로 보내져서 조부모와 숙부가 길렀다.

1464년 12살 때 12월에 알비에가 자식을 낳지 못하고 28세로 사망하자

1465년 13살 때 아버지는 피렌체의 부유한 상인의 딸과 결혼하였다. 그러나 곧 사망하였다. 그 후 두 차례를 더 재혼해서 다빈치의 이복형제들은 12명이나 있었다.

1466년 14살 때 가족과 함께 피렌체로 이주해서 안드리아 델베로키오의 공방에서 일하기 시작하였고,

1472년 20살 초반까지 미술과 공작기술을 전수하면서 화가로 알려지게 되었다.

1476년 24살 때는 예수가 요한에게 세례받는 그림을 그려서 천재성을 보였으며,

1492년 40살 때에는 자신이 사생아라는 이유로 학교 교육도 받지 못했으므로 비공식적으로 라틴어를 배우면서 이탈리아어도 배웠다.

1504년 52세 때 아버지는 사망하였는데, 그 후부터 다빈치의 활동은 활발하게 이어져 나갔다. 다빈치는 실제로 두 살짜리 죽은 어린아이를 해부해서 동맥경화의 원인을 찾아내었고, 이를 그림으로 남겼다. 초기의 그림에서는 대일베르투스처럼 세 개의 뇌실만 보여주었지만, 후기의 그림에서는 실제 뇌실의 형태와 같은 모

습으로 그려놓았다. 그러나 출판이 되지 않아 후세에 미친 영향은 크지 않았다.

* 다빈치의 원고에는 이렇게 쓰여 있었다. 만약 어두운 방 벽에 작고 동그란 구멍이 뚫려있으면 그 벽 바깥 풍경이 구멍으로 들어와서 맞은 켠 벽에 거꾸로 비칠 것이다. 왜냐하면 인간의 눈은 대상 자체를 보는 게 아니라, 대상에서 오는 빛만 보기 때문이다. 이에서 인상파가 태어났는데, 인상파란 자연을 하나의 색채 현상으로 보고 빛과 함께 색채의 변화를 표현하고자 하는 학파의 이름이다.
* 사진술이란 카메라 옵스큐라에 맺힌 일시적 영상을 고정시키는 기술인데, 옵스큐라는 라틴어로 어두운 방을 일컫는다.
* 사진은 기억을 위한 매체다. 역사적인 사건의 현장을 가장 객관적으로 전달해준다.

1519년 67세 5월 2일에 사망하였다.

루카스 크라나흐 L. Granach, 1472~1553

독일의 화가·판화가·그래픽 예술가·제도사였다. 르네상스 시대의 미술 거장이다.

프랑켄 크라나흐에서 10월 4일에 출생하였다.

초기에는 알브레히트 알트도르퍼와 볼즈후버 등과 도나우파의 일각을 형성하면서 산림 중심의 자연풍경을 신선하면서도 서정적으로 그렸다. 대표적인 것으로는 〈이집트 도피 서중의 휴식〉과

〈십자가의 그리스도〉가 있다.

1505년 33세 때 비텐베르그로 이사를 하고 아틀리에를 차렸다. 우미한 여성들의 나체상과 신화화를 많이 그렸고, 초상화들도 많이 그렸다. 그러면서 바이마르의 궁정화가로 지냈다.

1516년 56세 때는 독일에 흑사병이 창궐하기 시작해서,

1518년 58세 때 〈흑사병〉을 그렸고,

1535년 63세 때부터는 종교개혁을 한 루터와 절친한 친구로 지내면서 루터의 초상화를 비롯하여 루터가 번역한 성경의 삽화도 그려주어 출판하게 도왔다.

1544년 72세 때는 루터가 도주 중에 있을 때에도 도왔는데,

1553년 81세 10월 6일에 바이마르에서 사망하였다.

코페르니쿠스 Nicolaus Copernicus, 1473~1543

폴란드의 가톨릭 사제이면서, 천문학자다.

프로이센 토룬에서 독일계 상인이던 아버지와 부유한 상인의 딸 어머니 사이에서 2월 19일에 막내로 태어났다.

1483년 10살 때 아버지가 사망하자 외삼촌인 바체르로데 신부 밑에서 자라나다가,

1491년 18세 때 신부가 되려고 들어간 크라쿠프신학대학에서 철학 교수인 불제프스키로부터 수학과 천문학 강의를 듣게 되었다. 이때 지구 중심설이던 천동설과 알포소 항성목록 사이의 불일치를 알게 되었는데, 천동설이란 우주의 중심은 지구이며 지구 둘

레를 여러 종류의 행성들이 돌고 있다는 설이다.

1512년 39세 때 외삼촌이 죽자, 바르미아 영주성이 있던 하일스베르크를 떠나 프라우엔부르크 대성당의 수도사제가 되면서 거기에 머물렀다. 그때부터 야간에는 옥상에 올라가서 천체관측을 시작하였다.

1516년 43세 때 바르미아 주교령과 멜사크의 재정 담당관이 되어 알렌슈타르로 갔다.

1521년 48세 때 튜튼 기사단의 공격이 있었는데, 알렌슈타인의 수성 책임자가 되어 도시를 지켰다.

1522년 49세 때 다시 프라우덴부르크 대성당으로 돌아와서 살기 시작하던 중, 의문을 풀기 위해 로마로 유학 가서 천문학을 공부하였다.

1525년 52세 때부터 논문 〈천체의 회전에 대하여〉를 집필하기 시작하였고,

1530년 57세 때 논문 〈천체의 회전에 대하여〉를 발표하였는데, 그의 요지는 천동설이 아닌 태양 중심설이던 지동설의 주장이었다. 이런 주장에 대하여 로마의 교황은 금지시켰지만, 훗날에 갈릴레이와 뉴턴에게 큰 영향을 주어 근대과학의 발판을 마련하였다.

1543년 70세 5월 24일에 사망하였다.

미켈란젤로 Michelangelo, 1475~1564

르네상스 시대의 이탈리아 화가·시인·조각가·건축가·의학자·해부학자다.

라파엘로와 함께 이탈리아의 3대 거장 중 한 사람이다.

피렌체의 카프레세에서 3월 6일에 태어났는데, 어려서부터 조토와 마사치오의 작품을 습작하면서 그림에 많은 관심을 보였다. 이런 재능을 알아본 메디치가에서는 아버지를 설득하여

1488년 13세 때부터 로마로 보내져서 화가 도메니코에게 그림을 배우도록 해주었고,

1489년 14세 때는 메디치 가문의 보호를 받으면서 베르트르드 디 조반니를 통해 도나텔로의 작품도 배웠다.

1501년 26세 때 다시 피렌체로 돌아와서 시청의 위탁으로 소년 다윗의 조각상을 제작하기 시작하였고,

1504년 29세 때 소년 다윗 상을 완성 시켰다. 이어 피렌체 시청의 위촉으로 〈대회장의 벽화〉와 〈카시나 수중 접전도〉를 그리게 되었는데, 맞은편 벽에는 레오나르도 다 빈치가 〈앙기아리기마 접전도〉를 그리고 있어서 서로 경쟁하였다.

1508년 33세 때 교황의 협박으로 로마 바디칸 성당의 〈시스타니 천장화(40.5×14m)〉를 그리도록 위촉받았다.

1512년 37세 때까지 4년에 걸쳐 바디칸의 사도궁전 시스타나 성당의 천장화를 누워 그리면서 그림을 완성 시켰다.

1520년 45세 때는 메디치가 성당의 묘비를 조각하기 시작하였고,

1529년 54세 때 독일의 카롤5세 군대가 들어왔으므로 방위위원이 되어 성을 쌓았다.

1530년 55세 때 메디치가의 성상 묘비 조각을 완성하였고,

1534년 59세 때 메디치가의 폭군 알렉산드리아와 사이가 나빠졌으므로 고향 피렌체를 영원히 떠났다.

1546년 71세 때 교황 바오로3세가 1505년에 착공해서 40년간에 걸쳐서 지은 성 베드로 성당의 건축 책임자 안토니오 다 상갈로가 1545년에 사망하자 1546년 1월 1일에 교황은 미켈란젤로를 최고 전결권의 건축가로 임명하였다.

1546년과 1547년에는 미켈란젤로의 오랜 친구이던 루이지 엘리초와 동생 조반 시모네를 비롯하여 여섯 명의 지인들이 세상을 떠났으므로 몹시 고독했는데, 대성당의 건축 책임은 미켈란젤로에게 새 삶을 찾는 계기가 되었다. 미켈란젤로는 전임자 상갈로의 계획을 뒤집고, 생전의 라이벌이던 브라만테의 설계안을 존중하고 도입해서 손수 제작에 들어갔다. 그리고 커다란 종을 달아서 매시간 울리도록 함으로써 일꾼들에게 작업시간까지 알려주었다.

1550년 75세 때 바디칸의 바오로 경당 벽화인 〈바오로의 회심〉과 〈십자가의 베드로〉를 완성 시켰다. 그리고 교황 바오로 3세의 위촉을 받아 〈최후의 심판〉을 그리기 시작하였다.

1556년 81세 때는 6년에 걸친 고행 끝에 〈최후의 심판〉을 완성시켜서 많은 칭찬을 받았다. 미켈란젤로는 독신으로 살면서 밤중에 묘지로 나가서 시신을 파내어 해부한 다음, 인체의 오묘함을 기록으로 남기기도 하였다. 오로지 일생을 예술에만 정진하였으므로 세계를 뛰어넘는 가장 위대한 예술가가 되었다.

1564년 2월 18일에 89세의 생일을 며칠 앞두고 사망하였다.

루터 M. Lutter, 1483~1546

독일의 종교개혁가다.

아이슬러벤에서 11월 10일에 태어났는데, 아버지는 농부 한스 루터였고 어머니는 마가레타 루터였다. 부모는 둘 다 엄격한 가톨릭 신자여서 매우 경건하였다. 아버지는 농부이다가 광부가 되었고, 그다음에는 구리 광산업에 성공해서 중세 말에 득세한 시민의 한 사람이었다. 아버지는 돈을 더 많이 벌려면 권력이 필요했으므로, 루터에게는 법학을 공부하라며 부추겼다. 어려서는 마그데부르그와 아이젠나하에서 공부를 하였는데, 이곳에서 중세 수도원적인 공동생활의 영성과 프린시스 교단의 영성도 배웠다.

1501년 18세 때 에르푸르트대학교에서 인문과학의 학사과정에 들어갔으며,

1505년 22세 때는 문법·수사학·아리스토텔레스 논리학·윤리학·형이상학들을 공부하면서 어거스틴과 신비주의 저서들을 접하고 학사가 되었다. 아버지의 요청에 따라 법과 대학생이 되었는데, 7월 2일에 스토테롤하임 인근의 수도원 성당으로 가는 길인 에르프르트에서 비바람과 천둥 번개의 속에서 공포를 느꼈다. 그러던 참에 함께 가던 친구가 벼락에 맞아 죽는 것을 목격하고는, 정신이상자라고 불릴 정도의 죄의식에 사로잡히게 되자 무릎을 꿇고 앉아 하나님께 서약하였다. "저를 살려주시면 하나님의 종이 되겠습니다." 그 후 루터는 7월 17일에 아버지와 결별을 하고, 아버지의 반대를 뿌리치면서 집을 나와 어거스틴 수도회 소속인 아우구스티누스 수도회로 들어갔다.

1507년 24살 때까지 사제로 있다가,

1511년 28살 때 비텐베르크대학교로 가서 신학을 공부하였으며,

1512년 29살 때 신학박사가 되었다.

1513년 30살 때 성서학 교수가 되어 강의를 시작하였는데, 이때 루터는 신부의 자격으로 로마를 방문하게 되었다. 로마의 교황청 앞에서 성물과 면죄부를 팔고 있는 것을 목격하게 되었는데, 교황 레오 10세는 성 베드로 성당의 건축자금을 마련하기 위해 대사부라는 면죄부를 팔라고 강요하였다. 이 일이 유럽으로 확대시켜 나갔고, 거기에다 로마성당의 계단에서는 사람들이 죄 사함을 받게 해 달라며 기도하는 모습도 보였다. 죄의 문제를 해결 짓기 위해 열심히 성경을 뒤져 신학박사 학위까지 받으면서 루터는 결론을 얻어냈다.

결국 성경의 끝은 사랑만이 모든 죄를 덮게 되면서 구원에 이른다는 걸 알게 되었으므로 그 자리에서 루터는 로마서 1장 17절을 떠올렸다. "오직 의인은 믿음으로 말미암아 살리라."

루터는 그 순간 죄의식으로 인하여 자살한, 한 청년을 목격했던 일을 떠올리며 성경을 아무리 뒤져봐도 헌금함에 동전 떨어지는 소리가 나는 순간에 영혼이 연옥에서 구원된다는 말은 절대적으로 이해되지 않았었다. 그 후부터 루터는 잘못된 교리를 바로잡고자 스콜라주의 신학에 반대하면서 신학에 대한 비판을 시작하였다.

1517년 34세 때는 갈수록 심해지는 교황청의 악폐에 맞서면서 10월 31일에 비텐베르크대학교 성곽 예배당 정문에 항의문을 내걸었다. 이것이 루터가 종교개혁을 하게 된 발판이 되었는데, 이

일로 교황의 노염을 사게 되었다. 그 후 보름스에서 열린 제국의 회에까지 불려가서 비텐베르크의 교회 문제에 대한 95개 조항의 논제를 교황은 루터에게 철회하기를 강요하였으나 루터는 절대로 굽히지 않았다.

1520년 37세 7월 15일에는 루터에게 파문장이 발송되면서 교살형에 처해 졌다. 그러나 이때 프리드리히4세가 심복들을 시켜서 루터를 납치한 다음에 아이제나하 근처의 바르트부르크성에 9개월 동안 은신케 하였다. 그리고 신약성경을 독일어로 번역하도록 주선해 줌으로써 종교개혁을 추진해 나갔다. 이후 루터의 정신은 스웨덴·핀란드·노르웨이·덴마크로 확산이 되어 나갔으며, 스위스의 제네바에 살던 장 칼뱅이 이 종교개혁을 확장시키면서 이어 나갔다. 아울러 스코트렌드에서는 존 녹스에 의해서 장로교회가 탄생 되기에 이르렀다. 루터는 사제의 특권은 주장하지 않았고 만인 제사장을 주장하였는데, 찬송가로 363장의 '내가 깊은 곳에서'와 585장의 '내주는 강한 성이요'를 지어 부르기도 하였다.

1546년 63세 2월 28일에 사망하였다.

이냐시오데 로욜라 Ignatiusde Loyoa, 1491~1556

스페인의 신부다.

로마 가톨릭교회의 은수자이자 사제이고 신학자로, 예수회의 창립자다. 교황 바오로 11세 때 수호성인으로 지정되었다.

로욜라는 스페인의 북서부에 있는 아르페이티아의 로욜라 성 영주 아들 막내로, 바스크 귀족의 가문에서 10월 23일에 태어났다.

1498년 7세 때 어머니가 사망하자, 마을에 있던 대장장이의 아내가 양육시켜 주었다.

1508년 17세 때 귀족 기사가 되려고 군에 입대한 뒤에 거들먹거리면서 다니다가 무어인과 마주치게 되었는데, 분을 참지 못해 칼로 찔러서 죽였다.

1509년 18세 때 나헤라공작 안토니오데라라와 나바라 총독의 군대에 자원해서 입대하였고,

1521년 30세 5월 20일에는 팜플로나 요새 공방전의 전투에서 프랑스군과 싸우다가 다리에 관통상을 입고 입원을 하였다. 몇 차례 뼈를 깎는 수술을 하였지만, 다리를 절게 되었다. 이 시기에 병상에서 교회의 서적들을 많이 읽던 중에 작센의 루돌프가 쓴 〈그리스도의 생애〉를 읽으면서 하나님께 헌신하기로 다짐하였다. 그런 투병 생활 중에서 개인의 통찰과 신비의 체험으로 자기의 죄성을 극복해서 영적 자유를 얻게 되었다.

1522년 31세 3월 25일 치료 후에는 몸에 거적을 걸친 걸인이 되어 다리를 절면서 베네딕토회 수도원에서 운영하고 있던 몬세라트 성모성당을 찾아갔다. 거기서 고해성사를 하고 밤이 새도록 기도를 하였는데, 이때 성모마리아와 아기 예수를 환시로 체험하였다. 그 후 고행의 복장으로 성당 맞은편에 있는 몬세라트산의 만세사로 갔다. 만세사는 스페인의 동부에 있는 작은 도시에 있는데, 만세사의 바위산 동굴에 들어가서 기도와 고행과 걸식과 극기로 허리띠를 두른 단식과 함께 명상으로 일 년을 보냈다.

1523년 32세 때는 성지순례를 떠났다가 9월에는 예루살렘을

방문하였다. 거기에서 머물려고 하였지만, 프란치스코 회원들이 받아주지 않아 다시 유럽으로 갔다.

　1524년 33세 때 고등학교에서 어린 학생들과 함께 수학하였고,

　1526년 35세 때는 알카라대학교에 입학해서 철학을 공부하였다.

　1527년 36세 때 스페인의 살라망카대학교에 입학하였고,

　1528년 37세 때는 프랑스로 갔는데, 파리대학교에서 신학을 공부하였다.

　1534년 43세 때 준 박사학위를 취득하고,

　1535년 44세 4월에는 대학을 졸업하였다.

　1537년 46세 때는 사제로 서품을 받았는데, 겨울이 되자 교황에게 자신들의 순명을 서약하러 가다가 라스토르타라는 마을의 경당에서 예수가 십자가를 짊어진 환시를 체험하였다. 이때까지 로욜라는 스페인과 파리에서 신학·라틴어·인문학을 공부하면서 그를 따르는 추종자들과 함께 청빈·순결·순종을 맹세하는 것으로 결집해 나갔다.

　1539년 48세 때 예수회를 조직하였고,

　1540년 49세 9월 27일에는 교황 바오로3세로부터 예수회의 인가를 받았으며,

　1541년 50세 4월 8일에 예수회의 초대 회장이 되었다.

　1548년 57세 때는 영성수련원의 인가를 받고 개설하였는데, 영성수련원은 죄의 고백을 통한 정화된 마음 갖기라는 것을 목표로 하고 있었다. 그리하여 첫째는 조명단계가 있고 그다음에는 변형단계에 이른다고 하였다. 따라서 그리스도인이란 진실한 마음으로 살아가려는 사람들의 모임인데, 이때의 진실이란 속임수가 절

대로 없이 솔직해야 한다고 하였다.

1556년 65세 7월 31일에는 말라리아의 일종인 열병에 걸려 사망하였는데

사망 후,

1609년 7월 27일에 교황 바오로5세에 의하여 시복되었고,

1622년 3월 13일에는 교황 그레고리15세에 의해서 시성되었으며,

1922년 교황 바오로11세 때 수호성인으로 지정되었다. 그 외에 현재는 필리핀과 스페인 여러 지역에서 수호성인으로 공경받고 있다.

파라켈수스 Paracelsus, 1493~1541

스위스의 의사인 동시에 연금술사·본초학자·점성술사다.

독일의 아인지이덴에서 11월10일에 출생하였는데, 본명은 필리푸스다. 콜럼버스가 첫 항해를 떠난 다음 해에 태어났는데, 아버지는 독일의 광산촌 의사이자 화학자로 연금술에 관심이 많았다. 파라켈수스는 외아들이어서 광산에서 납을 금으로 바꾸는 야금술을 아버지로부터 배웠고, 독을 풀려면 독을 사용해야 한다는 아버지의 말에 따라 13세 이전에 약사가 되기 위해 공부를 하였다.

1509년 16세 때는 금을 제조하였는데, 당시 백자는 동양에서 온 하얀 금이라고 했었다.

1510년 17세 때 독일의 빈대학에서 의학사 학위를 받고, 유럽의 여러 나라를 배회하다가 네델란드전쟁에 참가하였다. 그런데 러시아의 타르타르에서 잡혔지만, 리투아니아로 도주하였다. 헝가리를 거쳐 10년 동안 방랑 생활을 하였다.

　1521년 28세 때는 이탈리아에서 군의로 복무하였고,

　1524년 31세 때 발라트의 집으로 돌아왔는데,

　1527년 34세 때 친구 프로베니우스를 치료해서 기적적으로 병을 고쳐 명성을 얻었다. 그는 일부의 질병은 정신 고통에 그 뿌리를 두고 있다는 주장을 하면서 자연치유력을 강조하였는데, 시립의사의 자격으로 의학 교수가 되었다.

　1528년 35세 봄까지 학생들 앞에서 의학적인 많은 치료법을 가르친 덕분에 적들이 생기게 되었다. 그런데 설상가상으로 다리를 고쳐준 친구가 죽자 소송에 걸리게 되어 밤중에 도망해야만 되었다. 바젤에서 약 80km 북쪽에 있는 알파스위코마 지역으로 갔다가 8년간 여유롭게 여행만 하였다.

　1530년 37세 때는 수은화합물을 체내에 주입 시키면 매독 치료가 된다는 것을 장담하면서 독물학의 원칙을 확립하였다. 그리고 아연을 발견해서 그것을 〈징쿰〉이라고 불렀으며, 병을 이기게 만드는 인자가 사람을 치료시킬 수 있다는 주장도 하였다.

　1534년 41세 때는 흑사병이 유행하였는데, 이때 파라켈수스는 스테르트장 마을에서 바늘 끝에 묻힌 환자의 배설물을 소량 빵에 섞은 알약으로 많은 사람을 치료하였다. 이때 파라켈수스의 주장은 이러하였는데, 외적인 요인도 질병을 일으킨다고 하였다. 당시에는 신체의 조화가 깨져서 병이 생긴다고 하면서 고대로부터 전

해지는 문헌들에만 의존하던 시대였다. 그러나 일반적인 연금술은 금을 만드는 게 목표였지만, 파라켈수스의 연금술은 치료를 위해 화학 약품을 만드는 것이 목적이었다. 즉 독을 없애려면 적당량의 독을 주입해주면 치료가 된다고 하였으며, 매독을 치료하는데는 적당량의 수은을 주입하면 치료가 된다고 하였다.

1536년 43세 때 〈대외교과서〉를 출판하였는데, 이 책으로 파라켈수스는 부유해진 동시에 그를 궁전에서도 불러들일 정도가 되었다.

1538년 45세 5월에는 늙은 아버지를 만나기 위해 발라트로 돌아갔지만, 아버지는 이미 4년 전에 사망했음을 알게 되었고,

1541년 48세 때 대주교 바이에른의 에른스트 공작과 만나기로 약속되어 짤스부르크의 화이트로스 여인숙으로 갔는데, 거기에서 파라켈수스는 의문사하였다. 그날이 9월 24일이었는데, 아마도 연금술에 사용되던 납 때문일 것이라는 추정을 하고 있다.

노스트라다무스 Nostradamus, 1503~1566

프랑스의 천문학자·의사·약제사·예언가다.

노스트라다무스는 라틴어인데, 성모의 대변자라는 뜻이다. 본명은 미셸 드노스트르담인데, 프로방스 지방의 상레미에서 12월 14일에 태어났다. 할아버지는 의사였고, 아버지는 유대인 집안의 세리였다. 노스트라다무스는 아비뇽대학교에 입학하였지만, 흑사병의 창궐로 학교가 문을 닫자 홀로 수년간 약초연구를 하였다.

1522년 19세 때 프랑스의 명문대학교인 몽펠리에 의대에 입학
하면서 비타민C 성분의 신약인 '장미 알약'을 먹이면서 위생과 격
리를 강조하는 처치법이 흑사병 치료에 효과를 발휘해서 명성이
높아졌다. 그러나 정작 그의 아내와 두 자녀는 흑사병으로 사망하
고 말았다. 그 후 그는 천문서적을 읽기 시작하였고,

　1550년 47세 때 다작의 천문력 〈쿼티렌〉을 저술해서 많은 돈을
벌었다. 〈쿼티렌〉은 천여 편의 4행시 모듬집이다.

　1553년 50살 때 재혼해서 아들 세자르 드노스트르담을 낳았고,

　1555년 52세 때는 〈예언서〉를 발행하였으며,

　1566년 63세 7월 2일에 사망하였다.

조르조 바사리 G. Vasari, 1511~1574

이탈리아 르네상스 시대의 화가 · 건축가다.

토스카나지방의 아레초에서 7월 30일에 출생하였다.

　1524년 13세 때 메디치가의 후원으로 피렌체로 가서 안드레이 델
사르토 문하에서 그림을 배운 다음, 미켈란젤로의 제자가 되었다.

　1529년 18세 때는 라파엘로와 그 밖의 르네상스 화가들 작품을
공부한 다음에 메디치 가문의 후원으로 회화 · 조각 · 건축에 종사하
면서 다양한 프레스코화를 제작하였다. 우피치 궁도 설계하였다.

　1550년 39세 때는 〈르네상스의 미술가 평전 제4권〉을 출판하
였는데, 이 책은 세계 최초의 본격적인 미술서로 1568년에 증보
판이 피렌체에서 출간되었다.

1574년 63세 때 메디치가의 코시모1세가 권좌에서 물러나 사망한 몇 달 뒤 6월 27일에 사망하였다.

이반 4세 Ivan IX, 1530~1584

러시아의 첫 번째 공식 차르로, 러시아의 기틀을 마련하였다.

아버지 바실리 3세는 첫 번째 아내인 살로메이가 아이를 못 낳는다는 이유로 수도원으로 보내고, 옐레나 글린스키와 재혼하였다. 당시 대주교는 재혼이 죄악이라며 저주하였다. "그대는 악한 아들을 낳을 것이다." 라고 하였는데 그후

1530년 8월 25일에 이반 4세가 태어났다.

1533년 3살 때 부친 바실리3세가 사망하면서 이반4세는 차르가 되었다. 어린 나이인지라 어머니가 섭정에 들어갔는데, 어머니 역시도 23살에 불과하였다. 그리하여 친족 글린스키 가문의 도움으로 정치를 하였지만, 숙부이던 글린스키 공도 사망하였다. 그리하여 어머니의 정부 보야르인 텔렙데프 오볼렌스키가 요직에 앉았다.

1537년 7세 때는 어머니 엘레나가 의문의 죽음을 맞이하였는데, 일곱 살의 나이에 부모를 모두 잃고 말았다. 이반4세는 청각 장애인인 동생과 함께 어렵고 힘겹게 생존해야 하는 하루하루를 보냈다.

1540년 10살이 되자 혼자서 글 읽는 방법을 깨우치고는 많은 교회의 문헌들을 읽으며 분노와 함께 증오심을 키워나갔다.

1543년 13살 때 자신을 학대하던 보야르의 1인자를 체포해서 개밥이 되게 하면서 친정체제로 들어갔다.

1545년 15세 때는 반역자들의 혀를 뽑고 목을 베면서 광기에 찬 폭정가로 통치행위를 시작하였으며,

1547년 17세 때 아내 아나스타샤 로마노바를 대공비로 맞아들여 대관식을 거행한 뒤에 여섯 명의 아들을 낳았다. 그러나 이반과 표트르만 어른이 될 때까지 살아남았다.

1550년 20세 때는 몽골사람들을 러시아에서 내쫓고 러시아 역사상 최초로 전국 회의를 소집하였다. 그 후 공국에서 러시아로 개명하면서 관료제·군대·의회조직을 정비하였으며, 귀족·성직자·신흥사족·상인 등 각계각층 대표들을 모은 젬스키 소보르를 결성하였다. 이 회의를 통해 비판적인 의견들을 귀담아들으면서 선정을 베풀었다. 러시아의 최초 경찰 6천 명을 양성하였는데, 이 경찰 이름은 오프니치니키다. 이들에게는 검은색의 옷을 입고 검은 말에다 개 대가리와 빗자루를 매달고 다니게 함으로써 이반 뇌제라는 별명이 붙었다. 이는 공포를 일으키는 지배자란 뜻이다.

1551년 21세 때 대주교 마카리가 주도하는 스토클라프 종교 회의를 열어서 그 통제권을 강화시키기 위해 통일된 교회 의식을 정하였으며 성직자들의 윤리도 만들었다.

1552년 22세 때는 카잔을 정복하였고,

1553년 23세 때는 그 정복기념으로 붉은 광장에다 상트르 성 바실리 대성당을 건설하였다. 그 책임자로 이반 표도로프에게 맡겼으며, 인쇄소도 건설하였다.

1554년 24세 때는 아스트라한을 압박하다가

1556년 26세 때 아스트라한을 완전히 정복하고는 지방행정제로 개혁하였다. 아울러 군 복무규정도 정하였으며, 크렘린궁에는 스파스키아 시계탑도 건축하였다.

1560년 30세 때 아내 아나스타샤가 사망하자, 숨어있던 광기가 폭발하면서 성모마리아 성당을 완성 시켰다.

1564년 34세 때는 사도행전을 출판하였고,

1565년 35세 때는 문자 학습용 기도서를 출판하였으며,

1581년 51세 때는 예르마크 원정해서 시비르칸 국의 수도인 카실리크를 함락하였다. 그러던 어느 날 임신한 며느리 황태자비가 얇은 옷을 입고 있는 것을 보고는 화를 내면서 꾸짖는 통에 놀란 며느리가 유산되었다. 그러자 아들이 자기 아내의 편을 들면서 끼어들었는데, 이에 분노해서 쇠몽둥이로 아들을 쳐 죽였다.

1583년 53세 때는 카실리크에 주둔해있던 군대를 이끌고 돌아오다가 포위를 당해 항복하였으며,

1584년 54세 때의 3월 28일에는 점성사들과 예언가들과 무당들이 이날 이반4세가 죽을 것을 예언하였는데, 이때 이반 4세는 이런 예언을 한 사람들을 모두 화형 시키거나 생매장을 해버렸다. 그런데 바로 이날에 쿠춤이 공격해 왔으므로 그 예언에 놀라 사망하고 말았다.

엘리자베스1세 Elizabeth 1, 1533~1603

영국 튜터 왕조의 5대 여왕이다. 평생을 독신으로 살면서 44년

동안 잉글랜드왕국과 아일랜드왕국을 다스렸다.

본명은 엘리자베스 튜터인데, 사생아였다.

헨리8세는 형이던 헨리7세가 일찍 죽은 다음에 혼자가 되면서 냉대를 받던 형수 캐서린을 사랑해서 17세의 나이에 23살의 캐서린을 왕비로 맞아들였다. 그러나 캐서린이 낳은 첫 번째 아들은 사망하였고, 딸 하나만 두고 있었다. 이에 헨리 8세는 캐서린의 시녀이던 앤 불린에게 빠져서 결혼까지 하고 딸 앤 불린을 낳았지만, 본처 캐서린의 친정은 프랑스의 왕가였다. 그 세력이 대단한 데다가 전통적인 가톨릭 집안이었으므로 이혼을 인정하지 않았다. 그리하여 앤 불린은 첩으로 살아야만 하였다. 첩의 딸임에도 불구하고 어려서는 이복언니 메리와 남동생 에드워드처럼 한동안 귀여움까지 받으면서 성장하였다. 그러나 어머니 앤 불린이 아들도 낳지 못하면서 백성들의 지지까지 받지 못하자 결국에는 참수형에 처해 지고 말았다. 이런 불우한 환경 속에서도 엘리자베스는 헨리8세의 여섯 번째 왕비 밑에서 하루 3시간 이상씩 독서를 하였고 6개 국어에 능통하도록 실력을 쌓았으며, 교양을 비롯한 학식도 다져나갔다.

1547년 14세 때 아버지 헨리8세가 사망하자, 아버지의 세 번째 왕비 오빠가 엘리자베스에게 추근거리기 시작하였다. 이에 여섯 번째 왕비는 엘리자베스를 다른 곳으로 보냈다.

1553년 20세 때는 언니 메리가 7월 19일에 왕이 되면서 메리 1세의 재위 동안 엘리자베스는 모함으로 감금을 당하기도 하였고 사형당할 위기에 처하기도 하였다. 아울러 캐서린의 형부는 에스파냐 왕이면서 가톨릭의 골수여서 개신교도인 위그노들을 강하게 탄압하였다.

1558년 25세 11월 17일에 메리1세가 죽었고, 집안이 모두 몰락한 탓에 후계자가 될 사람이 없었다. 그리하여 엘리자베스는 왕위를 이어받게 되었다. 엘리자베스는 왕이 되어서

① 화폐제도를 통일시켰고,

② 물가상승을 억제시켰으며,

③ 신교인 청교도와 구교인 가톨릭의 대립을 성공회라는 영국 국교회를 설립해서 종교를 통일시켰다.

④ 동인도회사를 설립하였으며,

⑤ 에스파니아의 무적함대를 무찌르고 해양 국가로서의 기반을 다져놓았다.

⑥ 셰익스피어·베이컨·스펜서 등을 격려해서 문화를 번영시켰다.

1603년 70세 때까지 많은 일을 하다 3월 24일에 사망하였다.

세르반테스 M. D. Cervantes, 1547~1616

스페인의 시인·극작가·소설가다.

수도 마드리드 근처 알카라데 에나레스에서 가난한 외과 의사의 7남매 중 네 번째로 9월 29일에 출생하였다. 당시의 외과 의사는 상처치료와 약 처방만 할 수 있었으므로 의사는 별로 할 일이 없던 탓에 세르반테스는 아버지가 너무 가난해서 교육을 받지 못하였다.

1570년 22세 때 이탈리아에서 온 추기경을 따라 나폴리로 가서 군대에 입대하였는데, 레판토해전에 출전했다가 가슴과 왼팔에 부상을 당하였다.

1575년 27세 때 집으로 돌아오던 중 알제리의 해적에게 잡혀 알제리에서 5년 동안 노예 생활을 하였고,

1580년 32세 때는 성 삼위일체 수도원의 도움으로 몸값을 지불하고 고향 마드리드로 돌아왔다.

1585년 37세 때 열아홉 살의 아내와 결혼하였는데, 그 후부터 세르반테스는 생각이 이끄는 대로 살아가는 기사의 이야기 〈돈키호테〉를 쓰기 시작하였다. 당시 기사는 일반인들이 가장 선호하는 직업이었지만, 세르반테스는 평생을 가난하게 살았다.

돈키호테

착한 사람이란 별명이 붙은 알론소끼타노는 무협지를 탐독하다 부패한 현실을 바로 잡겠다고 출항한다. 그러나 그가 쳐부수고자 하는 부조리는 그의 의도와는 달리 번번이 실패해서 웃음거리가 되고 만다. 더군다나 그런 망상들은 아름다운 것을 추하게도 만들지만, 추한 것을 아름답게 만들기도 한다는 것을 알게 되었다. 돈키호테는 망신만 당하고 병든 몸으로 귀향해서 후회하는데, 원통하기 짝없는 일은 몽매에서 눈뜬 것이 너무 늦어 영혼의 빛이 될 다른 책들을 더 많이 읽지 못한 일이라고 생각하였다. 역사는 항상 현실적인 산초 판사보다는 차라리 불행해도 돈키호테를 사랑해주는 여성들이 있기 마련이며 그런 속에서 인류의 진보가 이뤄지는지도 모르겠다. 세상에 산초 판사들만 득실거린다면 세상은

얼마나 삭막할 것인가를 생각게 하는 것이 내용의 요점이다.

1616년 61세 4월 23일에 사망하였는데, 그의 묘비명은 이렇게 장식되었다. '용감한 시골 귀족이 이곳에 잠들다. 행복을 찾았도다.' 세르반테스는 광인으로 세상을 살다가 본정신으로 세상을 떠났다.

베이컨 F. Bacon, 1561~1626

영국의 철학자·정치인이다. 경험론의 시조로, 데카르트와 함께 근대 철학을 개척하였다. '아는 것이 힘'이란 말을 남겨 유명해졌다.

런던의 스트랜드에서 1월 22일에 출생하였고,

케임브리지대학교 트리니티 칼리지에서 수학한 다음, 변호사·하원의원·차장검사·검찰총장을 거쳐서

1603년 42세 때는 기사 작위를 받았다.

1617년 56세 때 대법관이 되었고,

1618년 57세 때는 남작 작위를 받았으며,

1620년 57세 때 〈노붐 오르가눔〉을 출간하였다. 〈노붐 오르가눔〉에서는 귀납 추론을 방해하는 4가지 부정적인 원리를 제시하였다.

1. 종족의 우상에서는 사물을 있는 그대로 보려 하지 않고 선입견으로 보게 된다.

2 동굴의 우상에서는 성격으로 인해 오류를 범하게 된다.

3. 시장 우상에서는 언어 용법을 잘못 써서 혼동이 생긴다.

4. 극장 우상에서는 잘못된 철학 세계로 인해 해로운 영향을 받
게 된다고 하였다.

* 진리에 이르려면,

1. 관찰과 실험으로 편견 없이 자료를 수집해야 하고,

2. 가설 획득에 따른 귀납을 통해 일반화해야 한다.

3. 가설에서 새로운 관찰이나 실전의 결과들을 연역적으로 끌
어낸 뒤에 실제의 경험자료와 비교해서 가설을 정당화시켜
야 한다고 하였다.

1621년 60세 때 뇌물 사건을 일으켜서 명예와 지위를 빼앗겼지
만, 남작 작위는 받았다.

1622년 61세 때 특별사면이 되어 공직에서 물러나 연구와 저술
에만 몰두하였는데, 이때 쓴 책은 〈수상록〉·〈학문의 진보〉를 발
표하였다.

1626년 65세 4월 9일에 사망하였는데, 그의 사후에 출간된 〈새
로운 아틀란티스〉는 최초의 과학소설로 유토피아 소설이다.

셰익스피어 W. Shakespeare, 1564~1616

영국의 극작가·시인이다.

런던에서 북서쪽으로 163km 떨어져 있는 소읍 스트렛퍼드 에

이번에서 4월 26일에 8남매 중 세 번째로 태어났지만, 첫째아들이었다. 거리는 중세시대의 바둑판 모양으로 이루어져 있었고, 도시를 휘감아서 에이번강이 흐르고 있었다. 셰익스피어의 생가는 16세기에 흔하던 2층의 목조주택이었다.

어머니는 대지주의 딸이었고, 아버지 존은 시의원을 지내다 1568년에 시의 최고위 수석행정관이 되었다. 지금의 시장 격이었다.

1577년 13세 때 아버지는 돌연 공직을 그만두고 사업에 손을 댔는데, 그 시대의 패션 스타들의 필수품이던 장갑을 손수 만들어서 팔았다. 염소의 가죽을 직접 벗긴 다음 무두질을 한 뒤에 런던 등지로 다니면서 파는 일이었는데, 사업은 잘되지 않았다. 가운이 기울어지면서 장남이던 윌리엄은 학교를 중단하면서 생계의 전선으로 뛰어들 수밖에 없었다. 동생은 다섯 명이나 있었고 그가 배운 것이란 7년 동안 문법학교에서 습득한 문학과 문법이 전부였으므로 윌리엄은 낮엔 일하고 밤이면 성서와 고전의 읽기와 쓰기를 계속하였다. 더불어 라틴어의 격언들을 암송함으로써 언어의 구사력을 배양시켜 나갔다.

1582년 18세 11월에는 여덟 살 연상의 부인과 결혼하였는데, 결혼식 때 아내는 임신 3개월이었다. 윌리엄의 생가에서 도보로 40분 거리에는 아내 앤 해서웨이가 어려서 살던 집이 있는데, 그들 사이에서 쌍둥이 딸 수잔나(햄닛)와 주디스가 태어났다. 그 후 셰익스피어는 고향을 떠나 여기저기로 돌아다니며 방랑 생활을 하였다.

1590년 26세 때 런던에 도착해서 극작가가 되었고,

1592년 28세 때는 이미 알려진 극작가 중의 한 사람이 되어

있었다.

1599년 35세가 되자 국내부 장관극단에서는 테임스강 남쪽에 글로브극장을 신축하였고,

1603년 39세 때는 제임스 1세가 즉위하였는데, 셰익스피어는 이 극단에서 조연배우로 활약을 하면서 시도 썼다. 장시로 〈비너스와 아도니스〉·〈루크리스〉를 발표하고, 그 후 24년 동안 38편의 희극과 비극을 써서 발표하였다.

1616년 52세 4월 23일에 사망하였는데, 그의 사인은 알려진 바가 없다. 그러나 당시에 창궐하던 티프스 때문이라는 설이 유력하다. 생가를 나와 30분쯤 걸어가면 요람에서 무덤까지라고 불리는 홀리 트리니티 교회가 나오는데, 교회의 입구 작은 문을 통과하면 안쪽 깊숙한 곳에 누워있는 셰익스피어의 묘비 위에는 시구가 선명하게 찍어있다.

좋은 친구, 제발
여기 덮인 흙을 파지 말게나.
이 돌을 건드리지 않는 사람에게는 축복이
내 뼈를 옮기는 자에게는 저주가 있기를……

* 똑같은 소재일지라도 셰익스피어의 손에 들어가면 인간 심리의 통찰로 모든 이들이 정서에 공감을 일으키게 하였고, 감히 그 누구도 흉내 낼 수 없는 명대사들을 남겼다.

셰익스피어의 4대 비극(성격의 비극성)

1. 햄릿 : 질투의 비극을 다루고 있다. 아버지가 햄릿 왕이던 덴마크의 왕자는 아버지가 죽자 숙부가 왕이 되어 어머니와 결혼한다. 그때 왕자는 아버지의 귀신을 봤다며 소문을 퍼트려 아버지가 살해된 사실을 알게 하면서 복수를 하기로 결심 함으로써 미친 행동을 시작한다는 내용의 이야기다.

2. 오셀로 : 야심의 비극에서 태어난 가부장적인 것에 초점이 맞추어져 있는데, 여기에서는 남자의 명예와 아내의 정절을 동일시시켰다. 사이프러스 섬의 총독은 의심을 사실화시켜 아내를 죽이게 된다는 내용을 담고 있다.

3. 리어왕 : 어머 어마한 부자이던 리어왕에게는 세 딸이 있었는데, 유산을 물려주기 위해 아버지는 딸들에게 물어보았다. "얼마나 아비를 사랑하는가의 그 크기에 따라 유산을 물려주겠다." 그러자 첫째 딸과 둘째 딸은 아버지의 비위를 맞추기 위해 아버지가 원하는 답을 말하였지만, 고지식한 셋째 딸은 자식 된 도리로만 아버지를 사랑하지 더도 덜도 아니라고 말한다. 그러자 리어왕은 막내딸을 추방하고 두 딸에게 재산을 나눠주었는데, 재산을 물려주고 난 뒤 곧 두 명의 딸들에게 천대를 받기 시작한다는 내용이다.

4. 맥베스 : 스코트랜드의 황야에서 전쟁에 이긴 맥베스에게 예언자 마녀 세 명이 나타나서 예언해준다. "당신은 장차 왕이 될 것이다" 이 말에 혹한 맥베스는 양심과 야심의 갈등을 겪다가 야심을 택한 다음에 파멸하고 만다는 내용이다.

이 외에 〈로미오와 줄리엣〉·〈템페스트〉·〈한여름 밤의 꿈〉·〈겨울 이야기〉·〈헛소동〉·〈뜻대로 하소서〉·〈베로나의 두 천사〉·〈베니스의 상인〉·〈심벨린의 비극〉·〈끝이 좋으면 다 좋아〉·〈말괄량이 길들이기〉·〈실수의 연속〉·〈법에서 법으로〉·〈아테네의 티몬〉·〈사랑의 헛수고〉·〈윈저의 유쾌한 아낙들〉·〈트로일루스와 크레시타〉·〈존왕〉·〈리처드2세, 3세〉·〈헨리4세, 5세, 6세, 7세〉·〈코리올레이너스〉·〈줄리어스 시저의 비극〉·〈안토니오와 크레오파트라〉 등이 있다. 그리고 〈십이야〉에서 "남자는 연하의 여자를 애인으로 둬야 하네. 여자란 장미꽃. 그 아름다움은 덧없는 생명. 지는 것은 한순간. 피었다 싶으면 지는 거라네."라는 말을 썼다. 아울러 〈앤의 오두막〉에서는 '가장 사연이 깊은 물건은 두 번째 방에 있는 구애의 의자다.' 이 구애의 의자가 2002년 경매에 나왔는데, 이 의자를 셰익스피어 생가재단이 사들여 앤의 침대 옆에 가져다 놓았다고 한다. 이 침대는 셰익스피어가 남긴 유일한 아내의 유산인 두 번째 침대라는 설도 있다.

한스 리퍼세이 H. Lippershey, 1570~1619

네델란드의 안경업자인데, 망원경을 발견하였다.

1608년 38세 때까지 안경업자로 장사를 하다가, 어느 날 우연히 렌즈들과 반사경들을 여러 개 합쳐 조합하다 볼록렌즈와 오목렌즈를 겹쳐서 먼 곳의 물체를 바라보았다. 그러자 물체들을 크게 확대시키면 가깝게 볼 수 있다는 사실을 알아내었다.

1609년 39살 때는 이탈리아의 갈릴레이가 한 개의 볼록렌즈와 한 개의 오목렌즈를 겹쳐서 망원경을 제작하였지만, 이에 대하여

리퍼세이는

1610년 40살 때 이 망원경으로 목성의 4개 위성을 찾아내는 데 성공하였다.

1. 금성의 삭망 현상을 관찰하였고,
2. 달 표면의 모습을 스케치할 수 있었으며,
3. 토성의 고리를 발견하였다.
4. 은하수는 별들로 이루어져 있다는 것을 확인하였다.

요하네스 케플러 J. Kepler, 1571~1630

독일을 수학자·천문학자·점성술사다.

17세기 천문학 혁명의 핵심 인물인데, 자기의 이름이 붙은 행성 운동법칙으로 유명해졌다.

케플러는 칠삭둥이 미숙아로 12월 27일에 태어났다. 할아버지 제팔트는 바일 슈타프 제국의 자유도시에서 읍장을 지냈지만. 케플러가 태어날 당시에는 가세가 기울기 시작하였다.

1576년 5세 때는 아버지가 용병 일을 하러 집을 나갔고,

1577년 6세 때 혜성을 목격하고 어머니로부터 혜성에 관한 이야기들을 많이 들으면서 자라났다. 어머니는 여관집 딸 카탈리아 굴데만이었는데, 치료사이자 약재상이었다. 그러나 나중에는 마녀로 몰렸다.

1580년 9세 때 아버지는 네델란드의 전선에서 사망한 것으로 추정되고 있다. 케플러는 유년 시절에 앓던 천연두로 인해 항상

병약한 신체와 불구의 손을 가졌고 시력도 악화가 되어있어서 관측 능력에는 결함이 생겼다. 그러나 케플러는 월식을 관찰하다 달이 약간 붉은 색으로 된 것을 보았다.

1589년 18세 때 초등학교·라틴어 중학교·뷔르템베르크의 국영 개신교 신학교를 거쳐 튀빙겐대학 신학교에 들어갔다. 비투스 밀러 밑에서 철학을 배웠는데, 온 동네를 다니면서 별점을 쳐주었기 때문에 점성사라는 평판을 들었다. 그 후 미하일 매스트린 교수 밑에서 지도를 받으며 코페르니쿠스 주의자가 되었다.

1594년 23세 때는 목사가 되려 하였지만, 자기의 의도와는 달리 수학과 천문학 교수가 되었다. 이때 첫 주요 천문학 연구서인 〈우주 구조의 신비〉에서 토성과 목성의 궁도대에서 주기적 합을 증명하였다.

1595년 24세 12월에는 딸이 달린 과부 스물세 살의 바바라 뮬러를 만나 연애를 하였는데, 이때는 신성로마제국 루돌프 2세의 궁정 황실 수학자로 지낼 때였다. 황제에게 별점을 쳐주면서 연금술사들과 함께 많은 일을 하였으나 루돌프 황제는 편집증에다 정신착란까지 보여 무능을 나타내었다. 그리하여 동생 마티아스 황제와 페르디난트 황제를 거치며 케플러는 많은 하사금을 받기로 약속하였다.

1597년 26세 때 정부의 압력에 몰려 4월 27일에 결혼하였고, 결혼 후 두 딸을 낳았지만 모두 어려서 죽었다.

1602년 31세 때는 딸 수잔을 낳았고,

1604년 33세 때 아들 프리드리히를 낳았으며,

1606년 35세 때는 그동안 11년간 정부로부터 많은 하사금을 받기로 했었지만, 실제로는 한 푼도 받지 못하였다. 밀린 봉급은 12,000폴로린에 달하였다.

1607년 36세 때 아들 루트비히를 낳았고,

1611년 40세 때는 프라하에서 정치와 종교가 곪아터질 지경으로 악화되었으며, 아내 바바라는 홍반열에 걸려 발작을 일으키기 시작하였다. 바바라가 회복될 즈음, 세 명의 자식들은 모두 천연두에 걸렸다. 결국 여섯 살이 된 아들 프리드리히는 사망하고 말았으며, 아들이 죽자 케플러는 오스트리아로 여행하고 돌아왔다. 그동안 아내 바바라의 병이 재발했다가 케플러가 돌아오자 사망하고 말았다.

1613년 42세 10월 30일에는 스물네 살의 수잔나 로이팅어와 재혼하였다. 그리고 세 아들을 낳았으나 모두 어려서 죽고, 또다시 세 아들을 낳았는데 이들은 어른이 될 때까지 살아있었다.

1615년 44세 때는 라인 볼트라는 여자가 케플러의 어머니 카타리아가 지어준 약을 먹고 병들었다며 고소를 하였고,

1620년 49세 7월에는 라인 볼트 일가가 공작해서 이 일을 사건화시켰다. 실제로 어머니 카타리아는 수면제와 환각제를 몰래 팔면서 말참견을 해서 권력가들의 심기를 건드렸는데, 종교평의회에서는 잡아가서 14개월간 투옥 시키면서 치모·심문·고문을 했었다. 그러다가 풀려나 집으로 돌아왔는데, 이때부터 시름시름 앓았다.

1621년 50세 1월에 어머니가 사망하였고, 6월 27일에는 프라하에서 케쿨러의 오랜 벗 예메니우스를 포함한 27명의 개신교 신자들이 페르디난드2세 황제에게 사형을 당하였다. 그들 중 예메

니우스는 혀가 잘리고 사지를 찢겨 죽임을 당하였는데, 이 시체들은 경고의 의미로 썩어질 때까지 십 년간 전시되어 있었다. 이것이 유럽 최초의 세계대전 전인 30년 전쟁의 시작이 되었다.

케플러는 독실한 기독교인이었는데, 루터교와 결별하였다. 이에 12월 30일에는 페르디난드 황제가 제국의 수학자로 공식적 임명해서 로돌프표를 완성하였다. 그러나 이 표는 1627년까지 인쇄되지 못하였다. 말년의 케플러는 돈 독촉을 위한 여행으로 대부분의 시간을 보내야만 되었는데, 이런 경제적인 문제가 케플러에게 정신적인 충격을 주었다. 그리하여 고독감을 달래려고 여행을 하다 찬 바람을 맞은 것이 화근 되어 병 들고 말았다.

1630년 59세 11월 15일에 케플러는 사망하였는데, 레겐브르크 성벽 밖 성 베드로 개신교 묘지에 묻혔다. 그러나 30년 전쟁 중에 스웨덴의 구스타프 아돌프 왕의 군대가 묘지를 훼손시켜 지금은 묘지도 없어졌다.

케플러는 〈신 천문학〉·〈세계의 조화〉·〈코페르니쿠스 천문학 개요〉 등의 저작을 남겼는데, 이 저작들은 아이작 뉴턴이 만유인력의 법칙을 확립하는데 기초를 제공하였으며, 광학 연구 분야의 초석을 마련해 주었다. 아울러 굴절 망원경의 개조로 성능을 향상시켰는데, 이것을 케플러식 망원경이라고 부른다. 이성에서 나오는 자연의 빛을 통해 이해가 가능한 지적계획으로 신이 세상을 창조하였다는 것이다. 갈릴레오 갈릴레이의 망원경 발견으로 케플러의 망원경은 공식적으로 인정을 받게 되었다.

자카리아스 얀센 J. Janssen, 1580~1638

네델란드의 안경업자 아들로, 광학현미경을 제조하였다.

아버지 한스 얀센이 안경제조업을 하고 있었기 때문에 어린 자
카리아스 얀센은

1590년 10살 때 오목렌즈의 확대 효과로 다른 렌즈를 곁들이면
배로 커진다는 것을 알아내었다. 이 렌즈를 이용해서 빛의 굴절을
확대시켜 상을 만들자, 이때는 원자나 분자 단위까지 볼 수 있었
다. 확대 비율은 50~150배가 커지는데, 여러 개의 렌즈를 사용하
기 때문에 이것을 복합 현미경이라고도 부른다.

데카르트 R. Descartes, 1596~1650

프랑스의 물리학자이며, 근대 철학의 아버지다.

생리학의 아버지이기도 하면서 해석기하학의 창시자인데, 계몽
사상에서 자율적이면서 합리적인 주체로서의 근본원리를 처음으
로 확립해 놓았다.

투렌 지방의 투르 인근 소도시 리에에서 고등법원 판정관 집안
의 아들이던 아버지와 어머니 잔 브로샤르 사이에서 세 번째 아들
로 3월 31일에 태어났다. 아버지는 브흐따뉴 핸느의 시의원이었
고, 어머니는 데카르트가 태어난 지 14달도 못 되어 폐병으로 사
망하였다. 그로 인해 데카르트는 외할머니 손에서 어린 시절을 보
냈으며 아버지는 데카르트가 죽을까 봐 강제로 아무 일도 하지 못

하도록 하였다.

1606년 10살 때 예수회가 운영하는 라 플라쉬 콜레즈에 입학해서 중세식 인문주의 교육을 받았고,

1611년 15세 때까지 라틴어·수사학·고전 작가 수업을 받았으며,

1613년 17세 때는 홀로 파리로 가서 법률을 공부하였지만, 수학과 관련된 도박에서만 유일하게 위안을 받았다.

1614년 18세 때 철학 수업을 받았는데, 철학 수업에는 자연철학·형이상학·윤리학이 포함되어 있었다. 이때는 갈릴레이가 천체망원경으로 목성을 발견하는 등 중세의 기독교적 도그마(신교와 구교의 갈등이 빚어지던 때)와 근대과학의 희미한 서광이 공존하던 때였는데, 데카르트는 아우구스티누스의 신학 전통을 접하면서 플라톤주의를 함께 공부하였다. 그런데 이때 〈우주의 무한〉이라고 말한 Giordano Bruno가 화형을 당하였다.

1616년 20세 때 프아티대학교를 졸업하였지만, 졸업한 뒤에도 도박을 일삼았다. 그러다 30년 전쟁이 발발하자 지원병으로 입대해서 네델란드로 갔다가 독일로 출정하였다.

1619년 23세 때는 네델란드를 여행하면서 첫 번째 작품인 〈음악 개론〉을 썼는데, 11월 10일에 생생한 꿈을 세 번 꾸고 나서 일생을 과학에 바치기로 마음먹었다.

1620년 24세 때 제대를 하고 프랑스로 귀환하였는데, 어느 날 침대에 누워서 천장에 붙어있는 파리의 위치를 보면서 그것이 무엇을 나타내는 '좌표'라는 발상을 하게 되었고,

1621년 25세 때 군인의 길을 포기하고 여행을 하면서 순수수학

에 몰두하다가

1625년 29세 때 광학을 연구하다 '빛의 굴절법칙'을 찾아내었다. 아울러 방정식의 미지수인 'X'자를 최초로 사용하면서 수학은 불연속적인 양의 과학이라고 하였다. 그리고 기하학은 연속적인 음의 과학이라고 하였는데, 특히 데카르트는 뇌의 구조에 대하여 많은 관심을 가지게 되었다. 이로 인하여 갈렌의 세 가지 정기이론을 버리고 하나의 영혼이 뇌의 중심부에 있는 송과체 안에 있을 것이라는 추론을 해서 반사 작용들에 대한 설명을 시도하였다. 아울러 시력에 관한 다양한 연구를 통해 현미경과 망원경의 개념으로까지 확대해 나가다가 많은 시간을 들여 인체를 해부한 결과 송과선이라는 솔방울 모양의 샘을 통해 감각적 내용을 설명해 나가기 시작하였다.

1626년 30세 때 파리로 가서 수학과 자연과학 그리고 광학에 관한 연구를 하면서, 함수의 원리를 개발하였다.

1627년 31세 때 다시 종군하였고,

1628년 32세 때는 파리에서 추기경 피에르 드베쉴을 만나면서 단편인 〈정신지도의 법칙〉을 집필하였다.

1633년 37세 때는 갈릴레오 갈릴레이가 교회로부터 단죄를 받아 모든 저작이 불태워졌다는 소식에 충격을 받아 과학을 버리고 철학을 선택하였으며,

1634년 38세 5월에는 전에 알고 지내던 가정부를 만났다.

1635년 39세 7월 19일에는 딸을 낳았으며, 네델란드로 가서 철학 연구에 몰두하며 20년간 저술에만 힘썼다.

1637년 41세 6월에는 〈방법서설〉을 출간하였는데, 이 책은 일

상인들을 위해 썼으므로 프랑스어를 사용하였다. 이 책에서는 데카르트가 자신의 지성을 어떻게 인도했는지를 보여주었는데, '이 세상의 양식이란 가장 공평하게 분배되어져 있다.'라는 명구로 시작하였다. 데카르트는 '이성을 바르게 이끌려면 말을 비롯한 방법의 시도에서 광학·기상학·기하학의 원칙이 있다고 하였는데, 이 세 가지의 원칙 속에서 가장 단순한 사실들의 명증적인 직관과 이것들을 결합하는 필연적인 영역이라는 두 가지 규칙이 있다.'라고 하였다. 그리하여 실제로 이 방법들을 끌어내어 자연 인식이나 형이상학적 진리를 끌어내면서 이들 속에서 데카르트는 생활의 지속·건강의 보유유지·모든 기술의 발명에도 작용할 수 있는 지식까지 도출해 낼 수 있다고 하였다.

그 외에 공부란 하면 할수록 무지가 더 많이 발견될 뿐, 그 어떤 이득도 없을 정도로 많은 의심과 오류에 빠지게 되어 곤혹스러워졌다고 하였으며, 언어는 고전을 이해하는 데 필요하고, 재미있는 우화는 정신을 일깨워준다고 하였다. 그리하여 우화란 있을 수 없는 것을, 있을 수 있는 것처럼 상상하도록 만들어준다고도 하였다. 아울러 역사적인 사건들은 정신을 고양 시켜 주는데, 신중하게 읽으면 판단력을 키우는 데 도움이 된다고도 하였다. 그리하여 양서에는 정제된 대화들이 들어있으며, 웅변은 비길 데 없이 강렬한 아름다움을 지니고 있다고 하였다.

* 시는 마음을 사로잡는 섬세함과 부드러움이 있다.
* 수학은 지적 호기심을 만족시켜주는 동시에 인간노동력을 감소시켜준다.
* 법학과 의학은 인간에게 부를 가져다준다.

* 사람들과의 교제는 여행하는 것과 같다. 다른 민족의 관습을 아는 일은 우리의 관습을 제대로 판단하도록 하려는 방법이다.

〈정신지도를 위한 규칙〉에서 인간의 오류란 실재의 인식에 따른 것이 아니다. 이전에 품었던 의견이나 판단의 습관에 따라 범하게 된다고 하였다. 그리하여 신이나 영혼에 관한 문제는 신학에서보다는 철학을 통해 논증되어야 한다. 성서에서는 신의 현존을 제시할 뿐, 감각들은 모든 선입견으로 나타내진다는 것이므로 선입견을 너무 믿으면 안 된다. 왜냐하면 선입견이란 선례나 관습으로 익혀서 굳어진 것들이기 때문이다. 따라서 정신지도를 위한 규칙은

1. 모든 것들에 대하여 견고하면서도 참된 판단을 내리도록 정신을 지도하는 것이 연구의 목표다.
2. 정신 규칙은 확실하면서 의심할 수 없는 인식만 족히 얻어낼 수 있다고 여겨지는 대상만 다루어야 한다.
3. 우리가 다루려는 대상에 대하여 자신이 예측한 것이 아닌, 명석하면서도 명증적으로 직관되는 것이거나 아니면 확실하게 연역이 되는 것만 고찰해야 한다. 다시 말하면 진리에 관한 판단에서 추측이 섞이면 안 되고, 오로지 방법으로만 획득되어야 한다.
4. 직관이란 순수하게 집중하는 정신의 단순한 판명인데, 이성의 빛으로만 보이는 것을 일컫는다.
5. 내부의 감각은 어디서 오는지 알 수 없는 고통이나 배고픔·목마름의 관념·위치를 알 수 없는 분노·슬픈 것들의 정념

등이다. 이것들은 가짜 의지들인데, 정신을 속이면서 신체를 움직여 나가는 것들이다.

6. 그리하여 진리 탐구에는 방법이 필요하다. 맹목적으로 호기심에 가득 찬 인간들은 자신의 정신을 미지의 길로 나가라며 부추길 뿐이기 때문에 순서 없는 연구나 모호한 성찰들은 자신의 빛을 흐리게 하면서 지성을 맹목적이게 할 뿐이다.

7. 지식이란 확실하도록 명증 적이어야 한다. 따라서 정신의 직관이나 연역법에 의해서만 획득이 되어야 한다. 즉 사물에 대한 인식에 도달하려면 경험과 연역이 있는데, 경험은 종종 오류에 빠질 수 있으므로 연역법을 사용해야 한다. 다시 말하면 어떤 하나에게 또 다른 하나를 이끌어내려는 추리란 가끔 빠트려질 수는 있어도 오성에 의한 이성으로 이루어져 있기 때문에 잘못될 수는 없다. 여기서 연역이란 어떤 하나가 확실하게 인식되는 어떤 다른 하나에서 필연적으로 도출되게 되는 것을 일컫는다고 하였다.

1640년 44세 때 〈성찰〉을 탈고하였는데, 원제목은 〈프로그램에 대한 주석〉이다. 이 책에서는 자연의 빛에 대한 진리탐구란, 의심을 사용해서 영혼 불멸성을 증명하려 하는 것이다라고 하였다. 또한 데카르트의 코기토인 〈나는 생각한다. 고로 존재한다〉의 명제 도출과정을 상세하도록 기록해 놓았다.

1641년 45세 때 〈성찰〉은 파리에서 출간하였다.

1. 제1성찰 : 의심할 수 있는 것들
2. 제2성찰 : 인간 정신의 본성
3. 제3성찰 : 신에 관하여, 그가 현존한다고 믿는 것.

4. 제4성찰 : 참과 거짓

5. 제5성찰 : 물질이나 사물의 본성, 신의 현존에 관하여

6. 제6성찰 : 물질과 사물의 현존 및 정신과 물체의 실재적 상이성에 대하여

그리하여 우리들의 정신 속에 현존하는 신의 개념을 증명하기엔 그다지 강력한 근거는 없다. 왜냐하면 우리 속의 관념인 목마름·배고픔·고통은 모든 사물의 실제 현존이 아니고 불완전한 개념이기 때문이다. 이 외에 〈철학의 원리〉와 〈정념론〉도 썼다.

〈철학의 원리〉에서는

1. 본유관념 : 태어날 때부터 존재하는 관념

2. 외래관념 : 밖으로부터 들어온 관념

3. 인위관념 : 자신이 만들어 낸 관념이라 하였고,

〈정념론〉에서는 정신의 내면성을 강조하였는데, 즉 과학적인 자연관이나 형이상학적 정신을 연결 짓는 곳이 바로 내면이라고 하였다. 그리고 독립적 실체의 심신이원론도 주장하였는데, 우리 인체의 뇌 속 송과선에서는 몸과 사유를 이어주는 역할을 한다. 이곳에서 꿈을 꾸도록 하는데,

첫 번째 꿈은 과거의 오류에 대한 경고이고,

두 번째 꿈은 사로잡힌 정신에 대한 내습이며,

마지막 꿈은 모든 과학의 가치와 참된 자기 길을 열 것을 명령하는 것이라고 주장하였다.

1649년 53세 때는 스웨덴의 여왕 크리스티나의 초청을 받아 여왕에게 철학 강의를 하면서 아카데미 창립에도 참여하였다.

1650년 54세 때 스웨덴 스톡홀름 겨울의 혹독한 날씨 때문에

폐렴까지 겹쳐 앓다가 2월 11일에 사망하였다.

데라바르카 P. C. DelaBarca, 1600~1681

에스파니아의 극작가다.

살라망카대학에서 수학한 궁정시인인데, 국왕에 충성한 가톨릭의 절대 권위자다.

마드리드에서 하급 귀족의 아들로 1월 17일에 출생하였는데, 아버지는 펠레페2세와 펠레페3세의 제정 고문관 비서였다. 그러나 집안은 부유하지 않았다.

1608년 8세 때 마드리드의 예수회 재단 학교에 입학해서 철학·수학·역사·라틴어·그리스어를 배웠다.

1610년 10세 때 어머니가 사망하고, 계모의 구박을 받으며 자라났다.

1614년 14세 때 알칼라 데 에나레스대학교에서 논리학과 수사학을 공부하고,

1615년 15세 때 살라망카대학교로 가서 법학·지리·정치를 공부하기 시작하였는데, 이때 아버지가 사망하였다.

1623년 23세 때는 교회 법학사 학위를 받았고, 첫 번째 작품 〈사랑, 명예, 권력〉을 써서 후안 아카시오 베트날 극단에서 공연하였다.

1625년 25세 때는 군 복무 중이었는데, 〈위대한 세노비아〉를 써서 공연되었고, 이어서 〈브레다 포위〉·〈시장 드스로가〉·〈선과 악에 대해 알기〉를 써서 공연되었다.

1630년 30세 때는 〈아폴로의 월계관〉을 써서 로페 데베가의 인정을 받았으며, 가장 훌륭한 작품 〈인생의 꿈〉을 써서 발표하였다.

1650년 50세 때는 〈요정부인〉·〈문이 두 개인 집은 지키기 어려워〉·〈사랑을 조종해서는 안 돼〉·〈지조 깊은 왕자〉·〈경이로운 마법사〉·〈자신의 명예를 고치는 의사〉·〈살라메아 촌장〉·〈세 가지 불가사의〉·〈은밀한 모욕에는 은밀한 복수를〉을 써서 공연되었다.

1680년 80세 때는 궁정 기사들의 이야기를 다룬 마지막 희곡 〈레오니도와 마르피사의 운명과 명찰〉을 써서 엄청난 인기를 끌었다.

1681년 81세 때 〈이사야의 양〉을 쓰고, 〈신성한 필로테아〉를 절반만 쓰다가 5월 25일에 사망하였다.

렘브란트 H. Rembrandt, 1606~1669

네델란드 화가다.

암스텔담에서 서쪽으로 약 50km 떨어진 레이던에서 방앗간 주인의 아홉째 아들로 7월 15일에 태어났는데, 어머니는 가톨릭 신자였고 아버지는 개신교 신자였다. 렘브란트가 태어나기 4년 전인 1602년에는 네델란드의 동인도회사가 자체의 군사력을 확보해놓고 화폐의 주도권을 획득한 다음, 인도네시아의 말루쿠제도에서 일본 사무라이들을 용병으로 채용하였다. 그 후 이 용병들로 하여금 주민들을 학살시키면서 향신료들을 착취하였다. 향신료는 후추·생강·고추·참깨·계피·마늘·올 스파이스·정향·육두구 등이 있었다.

라틴어를 가르치던 학교를 졸업한 렘브란트는,

1620년 14세 때 레이던대학교에 입학하였다. 그러나 학교 공부에는 흥미가 없자 부모는 야코프판 스바넨뷔르호 밑에서 삼 년간 미술 수업을 받게 하였다.

1625년 19세 때는 화실을 열고 암스텔담에서 활동하던 피터르 라스트만을 정기적으로 방문해서 지도를 받았다.

1632년 26세 때는 초상화가로 명성이 날려졌으므로, 암스텔담으로 거처를 옮겼다.

1642년 36세 때 〈야경〉을 제작하였지만, 나쁜 평을 받게 되면서 초상화가로서의 명성도 잃어버렸다.

1656년 50세 때는 파산선고를 받고 유대인 지구에서 가난하게 살면서도 작품은 계속 발표하였다.

1669년 63세 10월 4일에는 쓸쓸히 세상을 떠났다. 그러나 렘브란트는 명암법을 활용해서 빛과 어둠의 마술사라는 별명을 얻었으며, 100점 이상의 그림들을 남겨 17세기 네델란드 화가들에게 큰 영향을 주었다.

밀턴 J. Milton, 1608~1674

영국의 위대한 서사시인으로, 17세기 영문학을 대표하는 작가다.

런던 브레드가의 청교도 집안에서 부유한 공증인의 아들로 12월 9일에 출생하였는데, 어려서부터 문학과 학문 전반에 재능과 열정이 많았다.

1625년 17세 때 케임브리지대학교의 크라이스트 칼리지에 입학을 하였는데, 귀부인이라는 별명이 붙을 정도로 용모가 빼어났다.

1629년 21세 때는 〈그리스도 탄생하신 날 아침에〉라는 시를 써서 불후의 걸작을 남겼고, 이어 여러 편의 소네트도 창작하였다.

1632년 24세 때 문학 석사가 되었고,

1638년 30세 때는 이탈리아를 방문해서 갈릴레오 갈릴레이를 만났으며,

1639년 31세 때까지 유럽의 여러 나라를 여행하였다.

1640년 32세 때 귀국해서 논쟁과 정쟁들의 소용돌이 속에서 청교도와 공화정 옹호의 팜프렛을 제작하였다. 그리고 크롬웰의 라틴어 비서관이 되었는데, 현재의 외무부 장관 격이다.

1644년 36세 때 〈아레오파기티카〉라는 언론 자유사상의 경전을 출판하고, 영시의 제작보다는 정치적인 산문 저술을 통해 크롬웰의 청교도 정권과 왕정 폐지 운동을 적극적으로 옹호하고 나섰다. 이 시기에 책들을 너무 많이 읽었다.

1652년 44세 때 어려서부터 책을 너무 많이 읽은 탓에, 추정된 녹내장으로 시력을 잃었으며,

1660년 52세 때는 왕정복고 관계로 투옥되어 감옥에 갇혔다. 감옥에서 풀려난 후, 삼대 거작을 집필하기 시작하였는데 밀턴은 말하고 딸이 받아서 적어나갔다.

1671년 63세 때 〈실낙원〉·〈복락원〉·〈투사 삼손〉을 완성 시켰는데, 밀턴은 실명으로 인해 잃어버린 낙원에서 구원을 찾았고,

1674년 66세 11월 8일에 사망하였다.

번 연 J. Buayan, 1628~1688

영국의 특수 침례교회 목회자이면서 작가다.

베스포드 엘스토우에서 땜장이의 맏아들로 11월 28일에 태어났는데, 집안이 너무 가난했었다.

1644년 16세 때 의회군의 병사로 징집되었고,

1647년 19세 때는 의회군의 해체로 다시 고향으로 돌아와 아버지가 하던 땜장이 일을 계속하였다. 번연은 음악을 사랑했지만, 악기를 살만한 돈이 없었다. 아울러 학교에 다닌 적도 없었으므로 오로지 쇠를 가지고 햄머로 바이올린을 만들어서 사용하였다. 후에는 의자 네 개의 다리 중 하나를 깎아 플롯을 만들기도 하였다.

1648년 20세 때 고아 출신의 아내를 만나 결혼하였는데, 부인은 더 가난해서 청교도 서적 2권만 가지고 왔다. 〈천국을 향한 평신도의 길〉과 〈경건의 실천〉이었는데, 이 책들이 번연의 마음을 감동되게 해주었다. 첫 번째 부인의 이름은 기록에는 빠졌지만, 그녀는 네 명의 자녀를 낳았다. 그들 중 딸 한 명은 소경이었다.

1654년 26세 때 베트포드의 일반 침례교회 목사 존 기포드를 만나 그의 카운슬링을 들었고, 가난한 여인들이 모여서 즐겁게 이야기를 나누는 것을 보고 사귐 속에 은혜가 있다는 것을 깨달았다. 그리하여 번연은 심정 변화를 일으켜서 존 기포드 목사의 지도를 받게 되었다.

1655년 27세 때 설교를 시작하였는데, 아내가 사망하였다.

1656년 28세 때 첫 번째 책인 〈경외함의 진수〉를 출간하였고,

1660년 32세 때 두 번째 아내인 엘리사벳을 만났는데, 두 번째 부인은 두 자녀를 낳았으며 아주 용감한 여인이었다. 그런데 11월에는 불법집회 설교 혐의로 투옥되어 12년간 감옥 안에 있었다. 이때 번연은 〈하늘 가는 마부〉·〈상한 심령으로 서라〉·〈하늘 문을 여는 기도〉·〈존 번연의 기도〉 등을 저술하였다.

1672년 44세 때 1월에는 베스포드 교회의 목사가 되었으며, 3월에는 감옥에서 방면되었고 5월에는 찰스 2세의 관용론에 따라 정식 설교자로 인정받았다.

1675년 47세 때 설교 건으로 6개월간 투옥되면서 〈천로역정〉을 쓰기 시작하였는데, 번연은 그가 꿈에서 본 것들을 그대로 기술하였다. 마음의 행로를 추적해서 인간 내면의 고민 문제해결에 주안점을 두었는데, 이 책 속에는 많은 권고와 경계 또 고통스럽고 번잡스러운 일상생활에서의 위로를 담고 있어서 많은 사람이 찾아서 읽었다. 당시는 영국뿐만 아니라 전 유럽 사람들이 자연 세계의 도덕적 번잡성과 생활고에 시달렸고 그들의 모든 길은 혼란에 빠져 절뚝이는 걸음걸이로 미궁과 미로와 광야를 헤맬 때였다. 따라서 이 책이 인기가 있었던 것은 자만심이라는 실라 바위에서 재빠르고도 거친 탁류를 헤쳐나가는 영혼의 모습을 보는 듯해서다.

1688년 60세 때는 어떤 부자간의 재산 상속 관계로, 그 갈등을 해결시켜주려고 런던으로 가던 중에 심한 비를 맞고 열병에 걸렸다. 친구 집에서 치료를 받다가 8월 31일에 사망하였다.

호이겐스 C. Huygens, 1629~1695

네덜란드의 수학자·천문학자·물리학자다.

아버지는 외교관인 동시에 라틴어 학자였고 시인이었다. 호이겐스는 헤이그에서 4월 14일에 태어났는데, 아버지 덕분으로 데카르트를 비롯한 많은 탁월한 지식인들과 서신을 주고받으면서 레이던에 있는 소 스호텐 밑에서 공부하였다.

1645년 16세 때 레이던대학교에서 수학과 법학을 공부하였고,

1651년 22세 때는 성 빈센트가 원적 문제에 관한 책에서 범한 오류를 지적하는 논문을 썼으며,

1654년 25세 때 동생과 함께 렌즈를 연마하고 세척하는 새 방법을 고안함으로써 천문 관찰 문제들을 해결하게 되었다.

1655년 26세 때 개량된 망원경으로 토성의 위성을 발견하였으며,

1657년 28세 때 파스칼과 페르망간의 서신 왕래에 기초한 확률에 관한 첫 공식 논문을 써서 발표하였고,

1660년 31세 때는 파리에서 파스칼을 만났다.

1666년 37세 때 프랑스의 과학 아카데미 창립회원이 되었고,

1673년 43세 때 〈시계 진동인 전자시계〉을 출판하였다.

1681년 52세 때 무색의 대안렌즈를 발견하였으며,

1689년 59세 때 런던에서 뉴턴과 만나 왕립학회에서 강연하였다.

1690년 60세 때 빛의 파동설에 대한 현상을 상세히 설명하는 논문을 발표하였는데, 이로써 호이겐스는 빛의 파동설을 주장하

게 되었다. 그리고 토성 고리의 정확한 모양도 발견하였으며, 동역학에서 〈물체에 미치는 힘의 작용에 관한 연구〉로 독자적인 고언도 하였다.

1695년 65세 7월 8일에 고향에서 사망하였다.

레이우엔훅 A. V. Leeuwenhok, 1632~1723

네델란드의 무역업자이자 과학자·미생물학의 아버지로, 동물조직학의 창시자다.

델프트에서 10월 24일에 출생하였는데, 특별한 교육은 받지 못하였다. 그러나 여러 방면으로 천재적인 재능이 있었고, 모든 면으로 흥미가 많았다.

1660년 28세 때 포목상으로 일을 하면서 순도 높은 석영을 갈아 렌즈를 만들어 보았다. 그러자 270배까지 관찰이 가능한 현미경이 만들어졌는데, 이 현미경으로 빗물을 들여다보았다. 그랬더니 작은 동물들이 들어있었으므로 이 사실을 영국의 왕립협회에 보고하였다. 이후 현미경의 확대술을 300배까지 확대해서 식물과 동물의 단세포인 바이러스와 박테리아 그리고 남자의 정자를 관찰하였다. 아울러 모세혈관의 혈액순환까지 발견해서 설명해 놓았는데, 이때 세균을 박테리아라고 불렀다. 그리고 세균 속의 작은 동물들을 바이러스라고 불렀는데, 박테리오파지인 세균 속의 바이러스는 세균 속에 기생하고 증식하면서 세균을 죽이는 일을 하고 있었다. 이 피지의 증식은 색을 변하게 하고 있었으며, 지카 바이러스는 뇌 공격 물질이라는 것도 알아내었다.

1723년 91세까지 살다가 8월 30일에 사망하였다.

스피노자 B. Spinaza, 1632~1677

네델란드의 철학자다. 포르투갈계 유대인 혈통의 합리주의자인데, 철학의 왕으로 불린다.

암스테르담에서 11월 24일에 출생하였고,

1637년 5세 때 탈무드 학교에서 유대철학과 신학을 배우기 시작하였으며,

1638년 6세 때 어머니가 사망하였고, 암스테르담의 유대인 소년학교에 다니면서 독일인 학자에게 라틴어와 독일어를 배웠다.

1651년 19세 때 데카르트의 영향을 받으면서 독자적인 사상을 갖게 되었는데, 이에 유대교의 비판과 신을 모독했다는 구실로 비판을 받기 시작하였고,

1654년 22세 때 아버지가 사망하자, 아버지가 경영하던 수입 상품점을 운영하기 시작하였다. 그리고 유대 공통 체인 시나고그에서 전통적인 유대 교육을 받았으며, 라틴어와 그리스 철학도 배우면서 아랍 철학까지 접하게 되었다. 그러나 스피노자는 유대 교의에 만족하지 않게 되었으며, 유일한 혈육 이복누이와 재산 상속 때문에 법정에서 다투게 되었다. 승소하였지만, 거의 전 재산을 누이에게 주었다. 스피노자는 렌즈를 만드는 기술자여서 안경이나 망원경의 렌즈를 갈고 닦는 일로 생계를 꾸려나갔는데, 성서의

근거를 부인하였다는 죄목으로 암스테르담시에서 추방당하였다.

1660년 28세 때는 저주의 자문 선고를 받게 되면서, 자신의 생각을 정리하고 체계화시키려는 의도로 라인강변의 레인스뷰르흐에서 칩거에 들어갔다. 그리고 〈지성 개선론〉을 저술하였으며, 〈데카르트 철학의 여러 원리〉를 써서 출판하였다.

1662년 30세 4월에는 〈신·인간 그리고 인간의 행복에 관한 소고〉의 집필에 들어갔으며, 데카르트 철학의 원리에 대한 기하학적 해석서의 많은 부분에서 데카르트 철학을 상세히 연구하기 시작하였다.

1663년 31세 때 정치 지도자 안 드 비트와 사귀기 시작하였고,

1670년 38세 때는 〈신의 정치론〉을 익명으로 출간하였는데, 유대 사회의 비난으로 인해 각지를 돌아다니기 시작하였다.

1675년 43세 때 헤이그에 정착해서 〈데카르트 철학의 원리에 대한 기하학적 해석서의 많은 부분에서 데카르트 철학을 상세히 연구한 결과로 기하학적 방식을 다룬 윤리학에서는 데카르트 이론을 비판〉이라는 글을 정리해서 제1권을 완성하였고, 〈윤리학〉도 완성 시켰다. 이로 인해 하이델베르크대학에서 강사로 초빙했지만, 거부하고 〈지성 개선론〉과 〈국가론〉도 써서 발표하였다.

1675년 43세 때 폐병으로 11월 24일에 사망하였는데, 사인으로는 안경알을 닦을 때 나는 유리 먼지 때문에 결핵이나 규폐증이 악화되었을 것으로 보였다. 그가 죽은 2년 뒤,

1677년에 〈데카르트 철학의 원리에 대한 기하학적 해석서의 많은 부분에서 데카르트 철학을 상세히 연구한 결과로 기하학적 방식으로 다룬 윤리학에서는 데카르트 이론을 비판〉이 정리되어서

제1권이 출판되었고, 1852년에 〈신·인간 그리고 인간의 행복에 관한 소고〉 초판이 출판되었다.

뉴턴 I. Newton, 1643~1727

잉글랜드의 물리학자·수학자·천문학자다.

영국의 동부 링컨셔주 울즈소프에서 1월 4일에 출생하였는데, 뉴턴은 아버지가 사망하고 삼 개월 후에 독실한 성공회 신자이던 어머니에게서 태어났다. 조산아였으므로 몸집이 아주 작았다.

1646년 3세 때는 어머니가 재가하였으므로, 뉴턴은 외가에 맡겨졌다. 어머니는 재가 후에 세 명의 자녀를 낳았는데, 이때 양아버지로부터 받은 적대감 때문에 뉴턴은 평생 결혼하지 않았다.

1662년 19세 6월에 삼촌의 권유로 케임브리지대학교에 입학하였지만,

1664년 21세 때는 유럽에 유행한 흑사병의 발병으로 모든 대학이 문을 닫게 되어 고향으로 돌아왔다. 이때 사과 이야기인 〈만유인력의 법칙〉과 〈미분〉을 알아내었다. 뉴턴은 세계에서 가장 명석하였고 놀라운 집중력의 소유자였지만, 건망증이 아주 심했다. 그러나 백색광이 여러 색의 빛으로 이루어졌다는 것을 증명하였다.

1666년 23세 때 다시 대학으로 가서,

1667년 24세 때는 석사학위를 받았고,

1669년 26세 때 수학 교수가 되어서 〈미적분에 대한 연구〉에 몰두하기 시작하였다.

1672년 29세 때 〈반사망원경의 제작 공로〉로 영국의 왕립학회 회원이 되었고,

1684년 41세 때 〈헬리혜성의 발견〉으로 천문학에도 식견을 보였다.

1687년 44세 때 착상 이십 년이 되자 〈프린키피아, 자연철학의 수학적 원리〉를 완성하였는데, 이는 데카르트의 기계 철학에서 운동이라는 개념을 가지고 힘이라는 개념으로 변경시켜 데카르트의 꿈을 실현시켜 주었다. 고전역학인 라플라스와 만유인력의 기본바탕을 제시한 고 학사의 가장 영향력 있는 저서로, 이 책에서는 세 가지 운동법칙을 제시하였다.

1. 제1의 법칙 = 관성 법칙(케플러의 행성 운동법칙으로 모든 물체는 외부에서 힘(자극)이 주어지지 않으면 그대로 있다.)
2. 제2의 법칙 = 중력 법칙(태양 중심설인데, 모든 물체는 지구를 중심으로 떨어진다.)
3. 제3의 법칙 = 작용과 반작용의 법칙(어떤 상황에든 힘은 단독으로 작용하지 않는다. 단단한 벽을 밀면 우리는 반작용에 따라 뒤로 밀리게 된다.)

이로 인해 미분 가능한 연소함수 f를 푸는 방법도 알아내었다.

f (x) = 0

* 영혼이란, 식물이 성장하고 동물들은 자각하면서 스스로 움직여지는 모든 원리다.
* 기계 철학이란, 자연은 눈에 보이지 않는 미세한 물질들로 이루어져 있는데 이들의 물질 운동에 따라 자연현상이 일어나는 것을 일컫는다.

* 고전역학이란, 결과는 선인에 의해서 필연적으로 결정되기 때문에 원인을 알면 결과는 기계적으로 따르기 마련이다. 따라서 물질의 미래 상태는 현재 상태의 결정 속에 모두 들어있어서 예측은 가능하다.

* 자석에서 N극과 S극이 서로 잡아당기는 이유는 공감 탓이다. 자석에는 눈에 보이지 않는 작은 구멍들이 있는데, 이 구멍들에는 작은 나사들이 배열되어 있어서 작은 구멍으로 나사들이 통과한다. 이 나사들의 운동 방향에 따라 자석들은 끌리기도 하고 밀어내기도 한다. 서로 미는 것은 반감 때문이다.

1688년 45세 때 영국의 하원의원이 되었고,

1691년 48세 때 영국의 조폐국 감사가 되었다.

1699년 56세 때는 영국의 조폐국 장관이 되었다가,

1703년 60세 때 왕립학회 회장이 되었다.

1727년 95세 3월 31일에 사망하였다.

숙종 肅宗, 1660~1720

조선의 19대 임금이다.

1673년 13세 때 동갑내기 인견 왕후와 결혼하고,

1674년 14세 때 왕이 되었다. 그러자 왕후를 둘러싼 당파들인 남인 위주의 정치 판도가 시작되었는데,

1678년 18세 때 엽전이라는 상평통보를 주조해서 법적으로 사용케 하였으며,

1680년 20세 때 인견 왕후가 후사도 없이 사망하자, 인현왕후와 혼인하면서 남인들은 제거되고 서인들이 정치판을 장악하게 되었다. 그러자 남인들은 장옥정을 궁궐로 들여보내 숙종의 사랑을 독차지하게 하면서 아들까지 낳게 하였다. 이 아들이 20대 경종이다.

　1684년 24세 때 숙빈 최씨 동이의 몸에서 아들이 탄생하자 희빈이 된 장옥정은 모사를 꾸며 동이의 아들을 죽게 하였다.

　1689년 29세 때 장희빈의 모략에 따라 인현왕후는 아이를 낳지 못한다는 이유로 퇴비의 신세로 전락하였다. 동시에 장희빈은 세자의 어머니 자격으로 왕후의 자리에 올랐는데, 이런 변이 기사환국이다. 이때 숙종은 서인의 우두머리인 83세의 송시열에게 사약을 내렸다.

　1694년 34세 때는 갑술환국이 일어났는데, 장희빈의 오빠 장희재의 권력에 못 견딘 백성들이 들고일어났으므로, 인현왕후는 다시 왕후로 복귀되고, 장희빈은 왕후의 자리가 박탈되면서 희빈으로 강등되었다. 이로 인해 서인들이 정권을 잡게 되었고, 이때 숙종은 대동법을 실시하였다. 대동법이란 모든 공물을 쌀로 바치도록 하는 법이다. 이어 10월 31일 음력으로 9월 13일에 숙빈 최씨의 몸에서 아들이 태어났는데, 이 사람이 조선 21대 왕인 영조 대왕이다.

　1696년 36세 때는 일본과의 싸움에서 이겨 울릉도와 독도가 일본 땅이 아니라는 확인을 받아내었으며,

　1701년 41세 때 숙빈 최씨의 도움으로 희빈 장씨가 무당을 궐로 불러들여 저주함으로 인해 인현왕후를 죽도록 만들었다는 죄

목으로 희빈 장씨에게는 사약이 내려졌다.

1702년 42세 때 숙종은 16세인 인원왕후를 맞아들였고,

1706년 46세 때 충남 아산에다 이순신 장군의 사당을 세웠으며,

1707년 47세 때 현충사라는 액자를 내렸다.

1720년 60세로 숙종은 사망하고, 장희빈의 아들 경종이 20대 왕이 되었다.

다니엘 디포 D. Defoe, 1660~1731

영국의 언론인인 동시에 소설가다.

런던에서 상인의 아들로 9월 13일에 태어났는데, 비국교도의 학교에서 교육을 받았다. 그런데 이 학교를 나온 사람은 고급전문직의 길이 막혀 있었으므로 여러 가지 사업에 손을 대었지만 모두 실패하고 말았다. 어쩔 수 없이 타고난 글재주를 활용해서 정치논문을 써서 언론 활동으로 근근이 입에 풀칠하며 살았다.

1719년 59세 때 여행기 〈로빈손 크루소〉를 발표하였는데, 이때부터 명성을 얻기 시작하였다. 이 소설의 내용은 무인도에 불시착한 로빈손 크루소가 개고생하던 이야기를 그렸는데, 분업화 속에서 부품처럼 살아가는 인생을 그렸다. 즉 원하지 않는 노동을 하면서 살아가는 삶을 나타내려 하였다.

1720년 60세 때는 〈선장 싱글턴의 모험〉을 발표하였고,

1722년 62세 때 〈몰 플랜더스〉·〈흑사병 연도의 일지〉·〈자크

대령〉·〈행운의 여인 록새너〉·〈세계 신 항해〉를 써서 발표하였다.

1731년 71세 4월 24일에 사망하였다.

영조 英祖, 1684~1776

조선의 21대 왕이다. 탕평책을 써서 정국을 안정시켰다.

숙종의 네 번째 아들이고, 숙빈 최씨 동이의 아들로 10월 31일
에 태어났다. 장희빈의 아들 경종의 이복동생인데, 숙종 시절부터
잠재적인 왕위 계승자였다. 경종이 즉위하였지만, 자식은 없었다.

1699년 15세 12월 24일에 소론의 지지를 얻어 영인군(迎印君)이
란 칭호를 얻었고,

1704년 20세 때는 사릉 참봉 서종제의 딸 달성 군부인 서씨이
던 정성왕후와 가례를 올렸으며,

1719년 35세 때 이준철의 딸 정빈 이씨를 후궁으로 맞아들여
효창 세자를 낳았다.

1720년 26세 때 화순옹주가 태어났고, 이어 화평 옹주와 화협
옹주도 태어났다.

1721년 27세 때 배다른 형 경종이 왕위에 올랐지만, 후사도 없
이 다병하였으므로 노론의 지지를 얻어 왕세제가 되었다.

1722년 28세가 되자 대리청정을 둘러싼 노론과 소론의 당파싸
움에서 3월 27일에는 노론이 역모를 꾀했다는 이유로 대거 숙청
에 들어갔다. 이때 김일경의 사주를 받은 박상범과 문유도의 음모
로 인해 생명의 위협을 받았다.

1724년 30세 때는 왕세제인 영조가 경종에게 문안하는 것까지 막히자 생의 기로에 선 영조는 크게 불안해지기 시작하였다. 그러나 경종은 복통과 설사를 하다가 8월 25일에 사망하였고, 영조는 8월 30일에 왕이 되었다. 그리고 신임사화의 주최인 소론의 김일경과 목호룡을 처형하였다.

1727년 33세 때는 노론의 강경파들을 추방하고 탕평책을 실시하였으며,

1728년 34세 때 이인좌의 난이 일어나서 이를 평정시킨 다음, 조선 사회를 개혁하기 시작하였다. 신문고 제도를 부활시켰고, 금주령도 내렸다. 그러나 열 살 된 첫아들 효창 세자가 죽었고, 영조 자신도 죽을 고비를 여러 번 넘긴 탓에 편집증이 생겼다. 그리하여 불길한 말을 들으면 귀를 씻어내고, 양치질까지 하는 괴변이 생겼다. 아울러 사도세자의 친누이를 몹시 미워해서 얼굴 씻은 물을 그쪽에다 버리곤 하였다.

1729년 35세 때 열다섯 살 난 정순왕후와 결혼하였고, 화차를 제작해서 국방 대책에 힘을 썼다.

1735년 41살 때 사도세자가 출생하였고,

1736년 42살 3월 15일에 사도세자를 원자로 책봉하였다.

1741년 47세 때 사도세자는 여섯 살이 되었고, 동몽선습을 가리켰다. 사도세자의 본명은 장헌세자인 장조(藏祖)인데, 사드(Sade=붉은 왕세자)는 영국의 작가 드래불이 사용했던 이름이다.

1744년 50세 1월 11일에는 열 살 된 사도세자가 혜경궁홍씨와 결혼하였다. 혜경궁홍씨는 영의정 홍봉한의 딸로, 본관은 풍산이다. 노론의 명문가였다.

1748년 54세 6월에는 화평 옹주가 요절하였으며,

1749년 55세 때는 영조의 건강이 좋지 않아 사도세자가 대리청정에 들어갔다.

1750년 56세 때 혜경궁홍씨가 아들을 출산하였지만,

1751년 57세 때 장자이던 효창 세자가 사망하고, 효순 현빈도 사망하였다.

1752년 58세 때 혜경궁홍씨의 아들이 갑작스레 병으로 사망하고, 10월 28일에는 정조가 될 이산이 탄생하였다. 그리고 11월 27일에 화협옹주도 사망하였다.

1755년 61세 때 소론의 강경파들에게 처벌로 유배형을 내렸고,

1756년 62세 때 기조과를 신설하였다. 기조과란 70세 이상의 노인만 보는 과거시험 제도다.

1758년 64세 때 서른여덟 살의 화순옹주가 남편 월성위 이한신이 세상을 떠나자 곡기를 끊고 있다가 따라서 죽었다. 이때부터 사도세자에게는 광증으로 화병인 정신분열증이 나타났는데, 비단에다 용을 그려 침실에 걸어두고 화병이 도지면 내관이나 나인들을 함부로 죽였다. 또한 혜경궁홍씨는 사도세자가 던진 바둑판에 왼쪽 눈을 맞아 실명할 위기에 처하기도 하였다. 아울러 아들을 둘이나 낳는 첩이 외출을 했다면서 때려죽였고, 누이에게 이르기를 '우리 남매는 귀 씻은 물이다'라며 탄식을 하기도 하였다.

1762년 68세 4월에는 사도세자가 영조에게 보고도 하지 않고 평양에 다녀왔는데, 이 일과 동궁 지하에 알 수 없는 공간이 있는 것을 어느 궁인이 발견하고는 영빈이씨에게 고하자 5월 13일에 생모 영빈이씨가 세자를 처분하라며 세자의 비행을 영조에게 일

러바쳤다. 영빈 이씨가 고한 내용은 이러하였다. "세자는 내관들과 내인들, 그리고 하인들을 죽였다. 그 인원은 거의 100명에 달하고 기생과 비구니들과 주야로 음탕한 짓을 벌였으며 제 하인까지 불러서 가두었습니다. 제가 창덕궁에 갔을 적에는 몇 번이나 저를 죽이려 하였습니다." 그 말을 들은 영조는 세자를 불러 쌀 담는 뒤주 속에 가두고서 굶겨 죽게 하였다. 이 일이 임오화변이다.

1763년 69세 때 혜경궁홍씨는 남편 사도세자가 죽은 다음, 혜빈이란 칭호를 받았다. 그러나 사도세자의 사건과 이인좌의 반란으로 인해 많은 기아민이 발생하였는데, 집계에 따르면 48만 명이었다.

1776년 82세 때 스물네 살의 손자 정조에게 대리청정을 맡기고 경희궁 집경당에 기거하다가,

1777년 83세 4월 22일 음력으로 3월 5일에 사망하였다. 정조가 즉위하자 마흔두 살의 홍씨는 혜경이 되었지만, 정조는 외가를 방해 세력으로 보았으므로 혜경궁의 마음은 늘 편치 못하였다. 혜경궁홍씨가 쓴 〈한중록〉은 궁중 비사로 유명하다.

영조의 업적

탕평책·균역법 제정·악형 중지·신문고 설치·도량형의 통일·주전 발행·사회정화에 힘썼으며 조총훈련의 장려·총포 제작·인쇄술의 개량을 하였다.

저서

〈어제경세문답〉·〈위장필람〉 등이 있고,

편찬

　〈속대전〉·〈숙묘보감〉·〈속오례의〉·〈속장병도설〉·〈해동악장〉
·〈동국문헌비고〉 등을 남겼다.

프레보

~ 토마스

A. Prevos

2부

1697~1763

하디 T. Hardy,

1840~1928

프레보 A. Prevost, 1697~1763

프랑스의 소설가·작가·저널리스트·역사가·번역가·사제다.

프랑스 북쪽의 소읍 에뎅에서 귀족 초심재판소 검사 집안의 오 형제 중 차남으로 4월 1일에 태어났다.

1705년 8살 때 예수교의 제주이트 기숙사에서 고전을 배우며 자라났고,

1711년 14세 때는 어머니와 누이가 사망하였다. 그 죽음에 대한 충격 때문에

1713년 16세 9월에 제주이트 신부로부터 신학을 배우려고 파리로 갔다.

1715년 18세 때 신학을 포기하고 프레시의 앙리 4세 학교에서 철학 강의를 들었다. 그러나 일 년을 채우지 못하고서 큰 뜻을 품고 에스파냐 왕위 계승 전쟁에 참전하려고 군대에 입대해서 영국으로 갔다. 하지만 사랑과 연애로 시간을 보내다가 이도 따분해지자 제대를 한 뒤에 친구와 함께 네델란드로 가서 방종하며 살다가 다시 프랑스로 돌아와 군대에 투신하였다.

1721년 24세 때 수도원에서 서원하고 7년간 사제의 책임을 다하다가 이곳에서 문학에 대한 재능과 취미를 발견하고 기숙학교

에서 고전을 가르치며 집필에 착수하였다.

1731년 34세 때 〈한 귀부인의 수기〉 20권을 썼는데, 이들 중 〈마농 레스코〉는 7권에 나오는 소설이다. 이 소설은 연애소설의 걸작인데, 프레보의 대표작이다. 프레보 스스로가 파란만장한 생활에 대한 반평생의 자서전인데, 제목은 〈어느 귀부인의 회사〉다. 원제는 〈기사 데 그리유와 마농 레스코의 진실한 이야기〉로, 비교적 짧은 문장으로 심리묘사가 잘 되어있어서 이해하기가 쉬워 인기가 좋았다. 주인공 마농은 드 그리외를 사랑하면서도 돈이 떨어지면 돈 많은 사내에게 붙어서 사치를 즐기는 여성인데, 물질의 쾌락에 끌려 도덕관념도 없는 순진무구한 마농을 그렸다. 이 청춘서로 많은 젊은 이의 눈물을 흘리게 하였고, 신의 불가해한 의지가 인간의 사랑 속에 발로된 가장 비극적 절규라고 비평가들은 지적하고 있다. 이 때에도 사랑을 위해 가족과 종교와 사회질서와 자신의 숙명까지 걸고 싸우는 드 그리외의 반항과 절망의 비참한 절규는 영웅의 행위와 거의 흡사해서 마스네와프치는 오레파로 작곡하였다. 아울러 극과 영화로 상영되기도 하였는데, 그러함에도 불구하고 아메리카광야에서 마농의 죽음은 인간이란 결국 행복에 도달할 수 없다는 것을 보여주었다.

1740년 43세 때까지 프레보는 군대와 종교를 오가며 방랑 속에서 살았고, 프랑스·영국·네델란드 등지를 돌아다녔다.

1763년 66세 1월 25일 뇌졸중의 동맥파열로 사망하였는데, 종교에 귀의해서 많은 작품과 번역서들을 남기며 정리된 삶을 살았다.

벤저민 프랭클린 B. Franklin, 1706~1790

미국의 정치가인 동시에 과학자다. 미국 건국의 아버지로, 미국 헌법의 제정자 중의 한 사람이다. 미국 화폐 100달러짜리에 박힌 얼굴의 주인공인데, 피뢰침과 다초점 렌즈를 발명하였다.

영국령의 미국 보스턴에서 비누와 양초를 만드는 집안의 15번째 아이로 1월 17일에 태어났는데, 열 번째 아들인 막내였다.

1716년 10살 때는 집안 형편이 좋지 않아져서 다니던 학교를 그만두고 형의 인쇄소에서 일하였다.

1723년 17세 때 가출해서 필라델피아로 갔는데, 무일푼으로 시작해서 인쇄업자로 성장하였다.

1730년 24살 때는 인쇄소를 소유하게 되었다.

1731년 25살 때 펜실베니아대학교에 도서관을 설립해 주었고,

1732년 26살 때는 〈가난한 리처드의 영감〉을 발표해서 대중에게 호응을 받았다.

1740년 34살 때는 프랭클린 스토브를 발명하였고,

1751년 45세 때 국회의원이 되었다.

1752년 46세 때 어느 날 금침이 달린 연을 하늘에 날렸는데, 천둥번개 속에서 금침에 불꽃이 튀는 걸 보았다. 이것으로 번개가 전기를 방전한다는 것을 알고서 피뢰침을 만들었다. 피뢰침이란 뾰족한 금속 막대기를 일컫는데, 여기서 강력한 에너지를 끌어당겨 땅 밑으로 보내는 장치다. 이때 알루미늄 합금을 쓰면, 전기가 더 잘 흘렀다.

번개의 생산지는 소나기구름이다. 구름 속의 얼음인데, 이 얼음 입자들이 서로 충돌해서 전기가 만들어진다. 구름 위에는 양전하

(+)가 자리 잡고 있는데, 땅 표면의 양전하가 구름의 음전하(-)에 강하게 끌리면 벼락이 떨어지게 된다. 벼락은 2억 볼트의 전기를 소유하고 있는데, 구름 아래 음전하(-)가 너무 많으면 땅의 양전하(+)와 붙으려 한다. 이때 구름 온도가 떨어지면 얼음 입자가 되는데, 이 얼음 입자들이 부딪치거나 충돌시켜 전기를 만들어 낸다.

1. 전기는 같은 것끼리는 밀어내고 다른 것은 잡아당기려 한다.
2. 벼락은 땅으로 떨어지는데, 가장 높은 물체에 닿으면 불꽃이 튄다.
3. 번개의 전기량은 수만 암페어인데, 10억 볼트에 해당한다. 태양표면 온도의 다섯 배인 30,000도다.
4. 피뢰침은 침 세 가닥이 뾰족하게 솟아있는데, 이런 것은 다양한 각도를 받아들이기 위함이다. 이때는 금속의 막대기를 구리 선으로 연결해서 땅속에 묻는다.
5. 이런 것에서부터 프랭클린은 생각하였다. 세상의 모든 물체들은 전기를 띠고 있다. 그런 생각으로 정전기를 만드는 실험에 들어갔다. 번개가 전기라고 한다면, 금속 열쇠에서 불꽃이 생겨 날것이라는 생각에서였다. 그리하여 번개와 천둥이 치던 날, 금속침을 단 연을 날려보았다. 그러자 불꽃이 튀었으므로 〈번개는 정전기다〉라는 단정을 내렸다. 이때 감전되면 죽게 된다.

1764년 58세 때까지 국회의원으로 살았고,
1790년 84세 4월 17일에 사망하였다.

레온하르트 오일러 L. Enler, 1707~1783

  스위스의 수학자·물리학자·천문학자·논리학자·공학자로, 해석의 아버지다.

  바젤에서 목사인 아버지와 목사 딸이던 어머니 사이에서 여섯 명의 아이 중 첫째로 4월 15일에 태어났다. 태어난 지 얼마 지나지 않아 리헨으로 옮겨서 어린 시절을 보냈다. 아버지는 당대 최고의 수학자이던 요한 베르누이와 친분이 많았으므로 오일러는 베르누이의 영향을 많이 받으면서 자라났다.

  1720년 13세 때 바젤대학교에 입학해서 공부하였다.

  1723년 16세 때는 르네 데카르트와 아이작 뉴턴의 철학을 비교한 논문으로 석사학위를 받았고,

  1725년 18세 때는 최초로 수학 논문을 썼다.

  1726년 19세 때 음향의 전파를 다룬 논문으로 박사학위를 받았으며, 그해 7월에는 스승 베르누이가 충수염으로 사망하였다.

  1727년 20세 때 파리 아카데미에서 시행되는 문제 풀이 경연대회에 참가해서 2등을 하였고, 5월 17일에는 상트페테르부르크대학으로 가서 의학부 조교로 있다가 수학부 교수가 되었다. 그 후부터 매년 열리는 이 경연대회의 상을 12번이나 수상하였다.

  1731년 24세 때는 물리학 정교수가 되었고,

  1734년 27세 1월 7일에 아카데미 김나지움 출신의 호가 게오르그젤의 딸이던 카리나젤과 결혼하였다. 그리고 이 해에 오일러는 함수 기호 f(x)를 처음으로 사용하였다. 오일러는 카리나젤과의 사이에서 13명의 아이를 낳았지만, 모두 죽고 5명만 살아

남았다.

1735년 28세 때 프랑스 과학원에서 혜성의 궤도를 계산해 달라는 부탁을 받고, 2박 3일 만에 문제를 풀었으므로 천재로 인정받았으며,

1741년 34세 6월 19일에는 러시아가 혼란에 빠지자 프리드리히 2세의 지원으로 베를린 프로이센과학아카데미에서 일하기 시작하였다. 이때부터 독일의 베를린에서 25년간 살면서 약 380편의 논문을 썼다.

1755년 48세 때 왕립 스웨덴 과학 한림원의 회원이 되었고, 프리드리히의 조카 안할트 공국의 공주 프리데리케 샤롤로테를 가르쳤다.

1760년 52세 초부터 오일러는 공주에게 약 200여 통이 넘는 편지를 써서 보냈는데, 후에 이 편지들을 묶어 〈독일 공주에게 보내는 오일러의 편지〉가 책으로 출간되었다. 그러나 당시 궁정에서 명성을 누렸던 볼테르의 놀림거리가 되면서 프리드리히대왕의 분노를 사게 되어 베를린을 떠나야만 되었다. 러시아로 돌아온 오일러의 시력은 점차로 악화가 되기 시작하였고, 고열로 인해 죽을 정도의 고비까지 넘겼다.

1776년 68세 때는 백내장으로 시력이 상실되었으면서도 92권의 전집과 866편의 논문과 책을 남겼으며,

1783년 76세 때 오른쪽 눈이 거의 보이지 않게 되었다가 9월 18일에 사망하였다.

새뮤엘 존슨 S. Johnsom, 1709~1784

영국의 시인·평론가로, 영어사전 제작자다.

영국의 중부지방 스텔퍼스셔 리치필드에서 서적상의 아들로 9월 7일에 출생하였고, 옥스퍼드의 펨부르크대학교에 입학하였다. 그러나 집안이 너무 가난해서 대학을 중퇴하였다.

1737년 28세 때는 작가가 되려고 런던으로 갔다. 산사라는 잡지에 기사를 써주면서 〈산책자〉를 출간하였다. 그리고 풍자시 〈런던〉·〈욕망의 공허 또는 덧없는 소망〉을 발표하였으며, 비극 〈아아린〉도 발표하였다.

1747년 38세 때부터 8년 동안 〈영어 사전〉을 썼고,

1775년 46세 때 〈영어사전〉을 제작해서 편찬함으로써 명성을 얻었다. 이 일로 인해 그는 존슨 박사라고 불리게 되었다. 이어서 영국 시인 52명의 전기와 작품론 〈영국 시인 전〉 10권도 발표하였으며,

1784년 75세 12월 3일에 사망하였다.

로모노소프 M. V. Lomonosov, 1711~1765

제정 러시아의 과학자·시인·언어학자다.

로모로소프는 러시아의 레닌그라드에 속해있던 도시의 이름인데, 이곳에서 가난한 농어민의 아들로 태어났다.

1730년 19세 때 가출해서 모스크바 신학교에 입학하였는데, 도

중에 선발 장학생이 되어서 5년간 독일로 유학 갔다. 유학 도중에 고국에 보낸 〈호친 점령의 찬양〉은 유명해졌으며,

1741년 30세 때 귀국했을 때는 당대 일류 학자가 되어있었다. 독일 유학을 다녀와서 과학 아카데미의 회원과 교수로 재직하면서 〈고대 러시아의 역사〉를 출판하였다. 그리고 질량 보존의 법칙을 발견하였고, 오로라 현상을 해명하였다. 또한 〈러시아 작시법에 관한 서간〉·〈여제 엘리자베타 페트로브나 즉위 일에 붙여서〉·〈신의 위대함에 관해서〉·〈아침의 명상〉 등을 써서 발표하였으며, 〈3 문체론〉을 제창하였다. 이것은 장르에 따라 상이한 문체를 사용해야 한다는 이론이다. 러시아에서는 1725년도에 과학 아카데미가 이미 개원되어 있었다.

1750년 39세 때 러시아 최초의 극장인 야로슬라브리가의 문을 열도록 하였으며,

1755년 44세 때는 모스크바대학교가 개교하였는데, 철학부·법학부·의학부가 중심을 이루고 있었다. 이 모스크바대학교는 로모노소프의 계획안에 따라 창설되었으므로 로모노소프는 근대 러시아의 문어를 개혁하고 러시아 작시법의 이론적 근거를 제공해서 러시아 고전주의를 확립시켜 근대문학의 아버지로 불리게 되었다.

1757년 46세 때 예술 아카데미를 개원시켰고,

1765년 54세 때는 농업과 경제 지식의 보급처인 자유경제 연구회를 발족하였고, 중학교를 창설해서 귀족과 상인 자제들을 입학시켰다. 이때는 조선 영조 대왕의 치세 때였는데, 그런 다음 사망하였다.

테레지아 M. Theresia, 1717~1890

오스트리아의 여왕인데, 철의 여인이다.

합스부르크 군주국의 유일한 여성 통치자로, 테레지아는 신성로마제국의 황제이자 합스부르크왕가의 수장인 카롤6세와 브라운슈바이크 볼펜뷔텔의 엘리자베트 크리스티네 사이에서 장녀로 5월 13일에 태어났다. 아버지 카롤6세는 아들을 낳으려고 애썼지만, 끝내 아들을 얻지 못하자 1713년 국사 조칙을 반포해서 남자 상속인이 없으면 여자 상속인에게 상속할 수 있도록 법을 개정하고 수많은 연방 군주들에게 승인까지 받아냈다. 그러나 카롤6세가 사망하자 프랑스·스페인·작센·폴란드·프로이센·바이에른이 이를 승인할 수 없다며 전쟁을 일으키기 시작하였다.

1723년 6세 때 테리지아는 가장 뛰어난 미모를 지니고 있어서 사람들로부터 인가가 많았었는데, 이때 빈으로 유학 온 프랑스와 독립 접경지대인 로트링겐 공작 형의 상속자인 슈테판과 사랑에 빠지게 되었다.

1736년 19세 때 결혼하였고,

1737년 20세 때 첫딸을 낳았다.

1740년 23세 때는 왕조의 모든 것들을 상속받았는데, 프로이센의 프로이센2세가 슐레지엔을 침공하면서 항복하면 모든 적으로부터 보호해주겠다고 하였다. 그러나 2세의 속임을 안 테리지아는 과감하게 거절하면서 전쟁을 택하였다. 이로 인해 오스만제국과 프랑스는 백 년이 넘도록 전쟁을 하게 되었다.

1741년 24세 3월 13일에는 네 번째로 아이를 낳았는데, 아들을 낳았다. 이 아들이 요제프2세다. 그리하여 6월 25일 테레지아는 헝가리의 여왕으로 즉위하였다.

1745년 28세 10월 4일에는 남편 슈테판을 제위에 앉히고 테레지아는 재위 16년 동안 전쟁을 하였으며,

1756년 39세 때는 프로이센과 오스트리아가 7년 전쟁을 시작하였는데, 테레지아는 국사·임신·출산을 병행하면서 국익을 위해 16명의 자녀 대부분을 프랑스의 왕인 브르몽가문 출신들과 결혼시키면서 프로이센에 대항하였다. 안에서는 패배주의, 밖에서는 사방에서 적들이 몰려드는 가운데서 당시 막내딸이던 15세의 마리 앙투아네트를 프랑스 왕위 계승자 루이16세와 결혼시켰는데, 이유는 프로이센의 힘을 꺾으려면 프랑스의 도움이 필요했기 때문이었다. 키우니츠를 내세워 프랑스와 동맹을 맺고 내정계획에 들어갔는데, 로코크 양식인 노란색의 쉴브룬 궁전을 건설하면서 오스트리아를 지켜냈다.

1762년 45세 때는 궁정의 군사청이 최고 결정기관으로 채택하고, 일반 징병제를 실시하였다.

1765년 48세 때 남편이 서거하고, 아들 요제프2세가 제국의 황제로 등극하자 황제의 섭정자가 되었다.

1766년 49세 때 의복의 자유화를 실시하였고,

1773년 56세 때는 예수회를 탄압하였다.

1780년 63세 11월 29일에 사망하였는데, 루이16세의 왕비가 된 막내딸은 어머니가 죽은 뒤 프랑스혁명 때 단두대에서 사라졌다. 그러나 오스트리아의 수도 빈 중심에는 마리아 테리지아 광장이 생겼고, 그 광장 가운데는 우뚝 선 그녀의 동상이 세워졌다.

칸트 I. Kant, 1724~1804

프로이센의 철학자다. 독일 관념철학의 기반을 확립시켰다.

프로이센의 상업 도시 쾨니히스베르크에서 마구 제조업자인 아버지 요한 게오르크 칸트와 어머니 안나 레기나 칸트의 아들로 4월 22일에 태어났다. 부모는 11명의 자녀를 낳았는데, 칸트는 네 번째 아이였다. 경건파 기독 주의자들이어서 경건주의 교리교육을 받으면서 자라났는데, 살아남은 형제는 4명뿐이었다.

1732년 8세 때 어머니와 친분이 있던 신학자 슐츠가 지도하던 학교 김나지움에 입학하였다.

1740년 16세 때 졸업하고 쾨니히스베르크대학교에 입학해서 철학과 수학을 공부하였는데, 신학을 공부하다 철학으로 전공을 바꾸었다. 특히 마르틴 크누첸에게 논리학과 수학을 지도받았다.

1746년 22세 때 〈활력의 진정한 측정에 관심 사상〉이란 졸업논문을 써서 졸업하였지만, 아버지가 사망함으로써 생계유지를 위해 수년간 지방 귀족 가문에서 가정교사로 지내며 철학 연구에 몰두하였다.

1755년 31세 6월 12일에는 〈일반 자연사와 천체이론〉이란 논문으로 박사학위를 받았고, 〈형이상학적 인식에서 으뜸가는 명제의 새로운 해명〉이란 논문으로 쾨니히스베르크대학교에서 강의를 하기 시작하였다. 칸트가 남긴 유명한 말은, 철학이란 배우는 게 아니라 하는 것이라고 하였다. 경험주의와 합리주의를 통합하려는 입장에서 인식의 성립조건과 한계를 확정하고 형이상학적 현실을 비판하면서 비판철학을 확립하였는데, 칸트에 따르면 규칙적인 생활이 건강을 유지 시켜 준다고 하였다. 이로써 도덕적 이상의 집대성인 자유민주주의의 초석을 마련해 놓았는데, 자유 민주주의란 모든 인간은 존엄한 존재들이고 평등하다고 하였다. 칸트는 대학에서 일반논리학·물리학·자연법·자연신학·윤리학 도 강의하였다.

1756년 32세 때 크누틴이 사망하자 후임이 되고 싶었지만, 실 패하였고,

1766년 42세 때 생활비를 벌기 위해 왕립도서관의 서사로 취직 하였다.

1772년 48세 때 드디어 쾨니히스베르크대학교의 철학 교수가 되었으며,

1781년 57세 때는 〈순수 이성 비판〉을 출판하였다.

1784년 60세 때 에세이 〈계몽이란 무엇인가에 대한 답변〉을 출 판하였고,

1785년 61세 때는 〈윤리 형이상학의 정초〉를 발표하였다.

1786년 62세 때 〈자연과학의 형이상학적 기초〉를 발표하고, 쾨 니히스베르크대학의 총장이 되었다.

1788년 64세 때 〈실천 이성 비판〉을 발표하였고,

1790년 66세 때 〈판단력 비판〉·〈영구평화론〉 등을 발표하 였으며,

1804년 80세 2월 12일 새벽 4시에 사망하였다.

워싱턴 G. Washington, 1732~1799

미국의 초대 대통령인데, 미국 건국의 아버지다.

버지니아 식민지의 웨스트모얼랜드 카운티 인근에서 아버지 어거스틴 워싱턴과 둘째 부인이던 어머니 메리 볼 워싱턴 사이에서 첫째아들로 2월 22일에 태어났다. 첫 번째 부인에게서는 네 명의 자식들이 있었지만, 둘은 어려서 죽었고 둘만 생존해 있었으므로 아버지의 세 번째 아들이 되었다. 당시 미국은 영국의 식민지였는데, 영국에서는 무리한 세금과 부당한 제재로 미국식민지들을 괴롭히고 있었다.

1738년 6살 때 페리 농장에서 스텐퍼드로 이주를 하였다. 아버지와 큰형 밑에서 교육을 받았는데, 큰형이 페어펙스 가문의 여자와 결혼하자 조지는 패어팩스 가문의 후원으로 측량기사의 일을 배우게 되었다.

1749년 17세 때는 첫 번째 측량기사로 공직에 임명되었다.

1751년 19세 때 배다른 형, 로렌스를 따라서 바베이도스의 부시할 하우스에서 로렌스의 결핵 치료를 위해 간병인으로 머물렀다.

1752년 20세 때 로렌스가 죽자, 로렌스의 부동산 일부를 상속받았다. 그리고 로렌스의 직업이던 식민지 총독 부관 임무 중의 일부도 떠맡았는데, 이 해 말에 버지니아의 새 주지사이던 로버트 딘위디가 군대를 네 지역으로 개편함에 따라 한 지역의 장으로 임명받아 워싱턴 소장이 되었다.

1753년 21세 때는 버지니아 민병대에 입대해서 프랑스 인디언 전쟁에 참전하였고,

1759년 27세 때 대니얼 파크 커스티스 미망인이던 마사 댄드리지 커스티스와 결혼함으로써 갑부가 되었다.

1778년 46세 때 미국의 독립전쟁이 발발하자 식민지군 사령관이 되어 미국의 독립을 성취하였는데, 워싱턴은 팔 년에 걸친 긴 전쟁에서 승리하였다.

1787년 55세 때 버지니아주 대표가 되었고,

1789년 57세 때는 초대 대통령 선거에 당선되었다.

1793년 61세 때는 제1차로 대불 동맹 전쟁이 발발하였는데,

1794년 62세 때 위스키의 반란으로 인해 미 해군을 창설하였다.

1797년 65세 때는 두 번에 걸친 대통령의 임기가 끝나자 사람들은 종신 대통령이 될 것을 요구하였지만, 단호하게 거절하였다. 그것은 민주주의 발전에 도움이 안 된다며 극구 사양함으로써 대통령으로서의 모범을 보여주었다.

1799년 67세 12월 24일에 사망하였다.

혜경궁홍씨 惠慶宮洪氏, 1735~1815

조선의 왕세자빈으로 추혼 왕비 헌경왕후이며 작가다.

서울 도성 서대문 밖 평동에서 조선의 영조 때 영의정이던 홍봉한과 풍산이씨의 딸로 8월 6일에 태어났다.

1744년 9세 때 동갑내기 사도세자와 결혼해서 왕세자빈이 되었고,

1750년 15세 때 아들 의소 세손을 낳았다.

1752년 17세 때 의소 세손이 사망하고, 10월 28일에는 조선의 22대 왕 정조를 낳았다. 그러나 사도세자는 궁녀들을 건드려서 자식들을 낳았는데, 이런 일들이 영조의 심기를 불편하게 만들면서 영조의 학대가 시작되었다.

1761년 26세 때 사도세자의 광증이 시작되었고,

1762년 27세 때 남편 사도세자는 뒤주에 갇혀 사망하였다.

1763년 28세 때 시아버지 영조로부터 혜빈이란 빈호가 내려졌고,

1776년 41살 때 아들 이산인 정조가 효창 세자의 양자로 입적되면서 21세 4월 27일에 정조로 취임하였다. 이에 홍씨는 혜경궁이란 궁호를 받았지만, 아들 정조가 노론 파의 외가를 방해 세력으로 보았으므로 마음은 늘 편치 못하였다. 정조는 7월에 노론의 대신이던 홍인한을 유배 보낸 뒤에 사약으로 처형하였는데, 죄명은 세자의 죽음을 방조했다는 이유였다.

1789년 54세 7월에 시누이의 남편 박명원이 사도세자의 묘를 수원으로 이장해서 현륭원이라고 칭하면서 수원을 신도시로 만들었으며,

1793년 58세 8월 8일에는 아들 정조가 왕이 된 지 17년 만에 현륭원의 공사를 다 마쳤다.

1794년 59세 1월 13일에 정조는 화성의 현륭원으로 행차하면서 화성 행군을 준공하였으며,

1796년 61세 환갑이 되어서야 정조의 용서로 친정에 서광이 비치는 듯하면서 정조는 어머니 홍씨의 환갑잔치를 화성 행군에서 차려주었다. 이때야 홍씨는 남편이 죽은 지 33년 만에 사도세자의 무덤을 방문할 수 있게 되었다.

1799년 64세 광무 3년에는 죽은 남편 사도세자가 장조로 추존됨에 따라 경의왕후가 되었으며,

1800년 65세 8월 18일에는 조선의 22대 왕인 아들 정조가 사망하고, 홍씨와 생일이 같은 손자 순조가 왕이 되었다. 이로 인해 오랜 정적이던 정순왕후가 권력을 잡으면서 남동생 홍낙임을 죽였으므로, 이에 혜경궁홍씨는 처절한 억울함의 아픔을 기록으로 남겼다. 이때를 가리켜 "임오화변은 천고에 없는 변이다"라고 하였는데, 홍씨가 쓴 〈한중록〉은 권력에 상처 입은 희생양들의 이야기였다. 패미니즘 문학으로 심리 해부의 대서사시인데, 궁중문학의 백미로 불린다.

1814년 79세 때 순조의 의견에 따라 친정은 복권되었고,

1816년 81세 1월 13일에 사망하였는데, 손자 순조가 헌경이란 시호를 올려서 헌경왕후가 되었다.

갈바니 L. Galvari, 1737~1798

이탈리아의 생리학자인 동시에 해부학자로, 생체전기를 발견하였다.

볼로냐에서 9월 9일에 태어났고, 볼로냐대학교에서 신학과 의학을 공부하였다.

1752년 25세 때는 볼로냐대학교에서 해부학 교수가 되었으며, 11년의 연구 생활을 하였다.

1780년 43세 때 죽은 개구리를 해부하던 도중에 개구리의 뒷다

리가 금속에 닿자 뒷다리 근육이 수축되면서 경련이 일어나는 것을 보았다. 그리하여 이것은 생체전기 때문이라고 단정 짓고는 동물에게도 전기가 만들어진다는 생각을 해서 '동물전기'라는 이름을 붙였다.

1791년 54세 때는 〈갈바니 전기에 관한 논문〉을 발표해서 학계에 큰 자극을 주었으며, 전기 생리학·전자기학·전기 화학발전의 계기가 되게 하였다. 특히 볼타에게 영향을 끼쳐서 볼타가 전지를 발명하도록 만들어준 계기를 마련해 주었다.

1798년 61세 12월 4일에 사망하였다.

라클로 C. Laclos, 1741~1803

프랑스의 포병 장교이면서, 작가다.

북프랑스의 아미앵에서 비천한 귀족 가문의 후손으로 10월 18일에 태어났다.

1759년 18세 때 라페르 포병학교를 졸업한 다음, 장교가 되어 시골의 주둔지를 전전하다가

1779년 38세 때 포병 대위가 되었다. 로슈프르 부근 엑스섬에서 파견근무를 하면서 〈위험한 관계〉를 집필하기 시작하였는데, 군인이었지만 프랑스의 사교계를 다니며 겪은 일들을 소재로 삼았다.

천직이 군인이던 라클로는 남녀관계를 공격과 방어라는 전략적인 관점으로 다루었는데, 변방의 축성술에 능통했던 라클로는 악

에 관한 연구를 애정이라는 가장 변하기 쉬운 정념의 지대 위에 세워놓고 소설을 썼다. 시집갈 아가씨의 입장에서, 여성의 글씨로 편지쓰기를 시작하였다. 당시에는 시집을 가야 할 처녀는 수도원에서 수련을 받아야만 되었었는데, 수련원의 동기생 소피에게 쓴 편지 형식의 이야기다. 이 편지 속에는 마음들이 들어있었다. 이 〈위험한 관계〉는 퇴폐한 귀족 사회를 충실히 묘사함으로써 풍속 심리소설이 되었다.

1782년 41세 4월에 출간하였는데, 한 달에 2,000부 이상이나 판매되었다. 라클로는 이 한 작품으로 불후의 명성을 얻게 되었는데, 이 외에 단시와 희가극과 다수의 논문도 발표하였다.

1789년 48세 5월 5일에는 프랑스에 시민혁명이 일어났으므로 군부를 떠나 있다가

1799년 58세 11월 9일에 혁명이 마무리되자

1800년 59세 때 집정관 보나파르트의 지지를 얻어 소장으로 승진하면서 여단 사령관이 되었고,

1803년 62세 때는 이탈리아에서 주둔하던 중 타란토에서 이질에 걸려 9월 5일에 사망하였다.

라부아지에 A. L. d. Lavoicier, 1743~1794

프랑스의 화학자다. 근대 화학의 아버지로, 뛰어난 실험가였다.

파리 의회의 법률고문인 아버지의 첫째아들로 8월 26일에 태어났는데, 어머니는 딸 한 명을 더 나은 뒤에 사망했으므로 라부아

지에는 외할머니 밑에서 자라났다.

1754년 11살 때 클레주 마자랭에 입학하였고,

1760년 17살 때는 여동생도 사망하였다.

1761년 18살 6월에 마자랭을 졸업하고, 법학·자연과학·기상학
을 배웠다.

1764년 21살 때 법학학사 학위를 취득하였지만, 자연과학에 관
심이 더 많았으므로 석고분석 논문을 두 번 제출하였다. 이는 아
카데미 실험 분야의 회원이 되고자 하였지만, 거절당하고 말았다.

1767년 24살 6월 14일에 게타르를 따라 보주산맥을 탐사해서
광천수를 분석하였는데, 그로 인해 광천수는 토양과 밀접한 관계
가 있다는 것을 알아내었다.

1768년 25살 6월 1일에 프랑스 과학 아카데미의 회원이 되었
는데, 당시에는 물을 계속 증류하면 흙이 된다는 가설이 과학자
들 사이에서 만연하고 있었으나 라브아지에는 이에 의문을 품
고 있다가

1770년 27살 4월 10일의 논문에서 '물은 흙이 될 수 없다'라
는 결론을 내림으로써 〈질량보존의 법칙〉을 마련하였다. 즉 물을
100일간 증류하자 고체만 남았지만, 그 고체는 용기의 질량을 감
소시켰을 뿐이었다. 따라서 이 고체들은 물에서 연유된 것이 아닌
용기가 일부 녹아 생성된 물질이라는 결론을 내놓고서, 물은 절대
로 흙으로 변하지 않는다고 주장하였다.

1774년 31살 때 〈물리와 화학 소론〉에 황과 인을 연소하면 공
기가 흡수되어 질량이 증가한다는 것을 발표하였고, 금속산화물
을 가열하면 공기는 사라지면서 금속이 생성되어 질량은 감소 된

다는 논문을 발표하였다.

1775년 32살 10월 13일에는 숯가루를 연소시켜 발생 된 기체를 물에 녹이면 탄산수가 생성되는데, 이때 발생 되는 기체가 이산화탄소임을 확인하였다. 이 실험으로 인해 호흡 과정에서 산소는 흡수되고 이산화탄소가 배출된다는 사실을 알아내었다.

1783년 40살 6월 25일에는 수소를 연소시키면 물이 된다는 것을 발견하였는데, 물질은 고체·액체·기체의 세 가지 상태를 가진다는 것도 알아내었다. 그리하여 〈열에 관한 보고서〉 논문에서 생리현상은 물질대사를 통해서만 생명체가 체온의 항상성을 유지해 나갈 수 있다는 것도 발표하였다.

1785년 42살 2월 27일에는 물을 고열에 가하면 수소와 산소로 분리된다는 것도 증명하는 데 성공하면서 물은 원소가 아닌 화합물이라는 것을 밝혀내었다.

1788년 45살 4월 16일에는 할인 은행의 이사가 되었고,

1789년 46살 1월 17일에는 〈화학 원론〉을 출판하였다.

1부 - 공기와 물의 조성·산소의 역할·호흡과 발효 이론.

2부 - 화학 원소 목록 저술

3부 - 실험에 관한 것들을 기술하였는데, 여기에서 화학물질은 환경에 따라 변하지 않으며 그 물질의 성질을 잘 나타내고 있음에서 그 이름은 그리스어나 라틴어에 근간을 둔다고 하였다.

1790년 47세 때 말에는 세금징수원·화약 국장·과학 아카데미 이사·프랑스 신보 출판·농업위원회 위원·은행 이사·과학 아카데미 재무 담당관·국민의회 기술 및 교역 고문·라세 기술학교 경영자로 활약을 하였고,

1794년 51살 5월 2일에는 세금징수원 처분 안이 혁명법원으로 넘겨지자 유죄자가 되어 사형언도를 받고, 5월 8일에 처형되었다.

로스차일드 M. A. Rothschild, 1744~1812

독일의 유대인 은행가로, 유대인 이야기의 시조다.

프랑크 후르트에 있는 유대인 집단 거주지 게토에서 2월 23일에 태어났다. 로마제국의 슬하에서 핍박받던 유대인들은 BC66년과 AD132년에 반란을 일으켰다는 이유로, 가나안 땅에서 쫓겨나 세계 각지로 뿔뿔이 흩어져야만 하였다. 이에 로마제국은 가나안의 지명까지 바꾸어 팔레스타인으로 정해놓았으며, 가나안 땅에서 쫓겨난 유대인들은 모두 소멸되었고 바리새파들만 남아있게 되었다. 이들은 사제가 없는 평신도 공동체를 운영하고 있었는데, 게토에는 150명만 살 수 있는 지역이었다. 따라서 3,000명이 넘는 유대인들은 우리에 갇힌 가축처럼 이곳에서 살아가고 있었는데, 이들이 디아스포라다.

1754년 10살 때 랍비 학교에 입학하였고,

1756년 12살 때는 부모가 모두 천연두로 사망했기 때문에 학업을 중단하였다. 그러나 친구들이 마이어에게 정보를 제공하는 집합체의 역할을 해주었는데, 졸지에 가장이 된 마이어는 외삼촌의 도움으로 하노버의 오펜아미머 은행에 취직해서 동생들의 생활비를 벌어야만 하였다.

1761년 17살 때 고향 게토로 돌아온 마이어는 고물상을 경영하기 시작하였는데, 본래 유대인들은 성이 없었다. 그런데 가게 이름이 〈붉은 방패〉로 붙이자 이것이 독일어로는 로스칠드였고 영어식으로 발음하면 로스차일드여서 간판 이름은 곧 성이 되었다.

1764년 20세 때 쓰레기 속에서 고화폐들을 주워 모아 골동품 가게를 운영하기 시작하였는데, 처음에는 더럽다며 외면하던 사람들이 카탈로그를 만들어 향수까지 뿌려 선전용으로 이용하면서 우편으로 판매하자 인기가 높아졌다.

1769년 25세 때는 헤센-카셀 공국의 군주아들인 벨헬름 왕자를 만나게 되면서 궁정 상인이 되었다.

1770년 26세 때 열 살이나 적은 구텔레와 결혼해서 19명의 자녀를 낳았는데, 아홉 명은 전염병으로 죽고 다섯 명의 아들과 다섯 명의 딸은 살아있었다. 본래 유대인들은 딸들에게는 재산 상속을 해주지 않았으므로 아들 다섯 명에게 화살 한 개씩을 나누어 주었다. 그런 다음, 다섯 개의 화살을 한데 묶어 가문의 상징으로 삼았다.

1776년 32세 때 용병 파견 대가로 받은 영국 은행의 어음을 맨체스터 섬유업체에 결재용으로 사용해서 환전 수수료를 절약함으로써 국제 어음결제를 시작하게 되었고,

1785년 41세 때 빌헬름 9세가 헤센 공국의 군주가 되자 귀족들이 좋아하는 명품을 팔아 부를 축적하였다.

1789년 45세 때는 프랑스에서 대혁명이 일어나 유럽 전역에 전쟁이 발발하자, 마이어는 헤센-카셀 공국의 재정관리인이 되었고 로스차일드 은행을 설립하였다.

1793년 49세 때 영국과 직물 수입을 시도하면서 가족 경영체계

로 들어갔으며,

1812년 68세 9월 19일에 사망하였다. 그러나 그의 후손들은 현재 50여 개 국가에서 지사를 운영하고 있다. 19세기 중엽에는 중남미·아시아·아프리카까지 진출하였고, 2016년에는 로스차일드의 재산이 약 50조 달러가 되었는데, 한국 돈으로는 약 6경원 6만조 원이다.

볼타 A. Volta, 1745~1827

이탈리아의 물리학자인데, 전기학의 시조다.

롬바르디아 코모에서 출생하였는데, 어려서는 라틴어 문학에 심취해서 신학생이 되었다. 그러나 물리학으로 전공을 바꾸었다.

1774년 29세 때 코모 왕립학교 물리학 교수가 되었고,

1775년 30세 때는 정전기를 발생시키는 데 사용하는 기구 기전반을 발명하였으며,

1778년 33세 때 메탄 기체를 발견해서 분리시키는데 성공하였다.

1779년 34세 때 파비아대학의 물리학 교수가 되었고,

1780년 35세 때는 친구이던 갈바니가 동물전기 설을 주장함에 따라, 갈바니의 연구에 의문을 가지고 갈바니즘의 반대연구를 시작하였다.

1794년 49세 때 금속만 가지고 실험을 시작해서 동물의 조직은 전류를 발생시키는 필수적인 게 아님을 증명하였으며,

1800년 55세 때 최초로 전지를 발견하였다. 즉 '전기는 금속과 금속 사이에서만 발생되며, 동물은 동물 속에 들어있던 수분이 전해질의 역할을 할 뿐'이라는 것을 증명하였다. 실험은 은판과 아연판을 준비한 사이에다 소금물에 적신 헝겊 12겹 정도를 번갈아 쌓아 전기가 발생하는 장치를 만들어 건전지의 원리를 찾아내었다. 다시 말해 전기가 흐르려면 에너지들 사이에 차이가 있어야 하는데, 이 차이를 전압이라고 불렀다. 이때 전자들이 빔 속에 있을 때는 아무 일도 할 수 없지만, 움직임이 있으면 자신의 역할이 수행된다는 것도 알아내었다. 이것이 〈볼타전지〉인데 전압을 재는 볼트(V)로 사용하였다. 다른 이름으로는 건전지이며, 전지는 배터리다.

1801년 56세 때 나폴레옹으로부터 백작의 작위를 받았고, 롬바르디아왕국의 원로원 위원이 되었다. 볼타의 전지 발명은 밑거름이 되어서 19세기의 과학역사가 시작되기에 이르렀다.

1815년 70세 때 오스트리아 황제가 파도바대학교의 철학부 책임자로 임명해 주었으며,

1827년 82세 3월 5일에 사망하였다. 그 후 1881년에 볼타를 기념하기 위해 전류를 유도하는 기전력의 단위를 V(볼트)라고 명명하였다.

* 전자는 멈추어 있으면 아무 일도 하지 못한다. 움직여질 때만 자신의 역할을 수행할 수 있으므로 전기가 흐르려면 에너지들의 차이라는 전압이 있어야 한다.
* 볼타전지 - 두 개의 다른 금속을 전해액에 넣으면 만들어진다. 즉 황산 용액에 구리판과 아연판을 도선으로 연결해서 담

그면 +이온을 띤 수소이온과 −전하를 띤 황산이온 사이로 전기가 흐른다. 이때 황산이온은 전기를 많이 가지고 있어서 아연과 결합이 되면 전자를 내놓는다. 이것이 +극으로 흘러가서 수소이온과 결합함으로써 수소 기체가 발생한다. 또 다른 실험으로 오렌지 액에 두 가지의 금속 막대를 연결해서 꽂고, 거기에 꼬마전구를 달면 불이 켜진다. 여기서 전해액이란 액체를 풀처럼 만들어서 밀봉한 것을 말한다.

* 레몬 전지 – 레몬에 합금의 못 4개를 연결해서 박으면 불이 켜진다. 즉 아연-구리. 탄소-구리, 아연-수은 등이 사용된다.
* 수소연료전지는 거대 잠수함의 원동력이 된다.

괴 테 J. Goethe, 1749~1832

독일의 작가·극작가·연극 감독·철학자·과학자·시인으로, 독일 최대의 문호다.

라인강 변의 프랑크푸르트의 암마인에서 황실 고문관인 부유한 법학사 39세의 아버지와 시장의 딸이던 18세의 어머니 사이에서 장남으로 8월 28일에 태어났는데, 루터교 가정이었다. 그러나 괴테는 어느 종교도 믿지 않았다.

1755년 6세 때 독일어·프랑스어·라틴어를 배우기 시작하였고,

1756년 7살 때 독일은 프랑스와 7년 전쟁을 벌였는데, 이때 괴테의 집은 프랑스군의 숙소로 사용되었다.

1757년 8세 때 조부모님들께 신년시를 바쳤고,

1764년 15세 때는 연상의 처녀 그레트헨을 사랑하였지만, 그녀는 괴테를 어린애 취급하였다.

1765년 16세 때 라이프치히대학교에 들어가서 법률을 공부하였는데, 당시 여관집의 딸이던 케르헨 쇤코드와 사랑을 나누게 되었다. 그러나 둘은 결실을 맺지 못하였으므로 이에 대하여 희곡 〈연인의 변덕〉을 썼다.

1768년 19세 때는 병 때문에 학업을 중단하고 귀향하였고,

1769년 20세 때 〈파우스트〉를 구상하기 시작하였다.

1770년 21세가 되자 슈트라부르크대학교에 입학하였고,

1771년 22세 때 귀향해서 변호사를 개업하였다. 그리고 목사의 셋째 딸 프리데리케 브리온을 사랑하기 시작하였으나 자유에 대한 동경의 마음 때문에 그녀도 버렸다. 프리데리케에 대한 속죄의 마음은 〈파우스트〉 속 그레트헨의 비극을 쓰게 하였으며, 들장미에도 응용되었다.

1772년 23세 때 변호사인 괴테는 독일제국배심원에서 법률 사무실습을 위해 베츨러로 갔다. 그런데 이때 괴테는 다른 남자와 약혼한 샤롤로테 브흐를 알게 되었는데, 삼각관계의 위험을 피하려고 베츨러를 떠났다. 이 체험들은 〈젊은 베르테르의 슬픔〉에 녹아있다.

1774년 25세 때 〈젊은 베르테르의 슬픔〉을 썼는데, 이 책은 4주 동안에 완성하였으며 괴테를 세계적인 작가가 되도록 만들어 주었다. 내용은 사회의 규범에 어긋나는 억제할 수 없는 감정과 사회계약 사이의 갈등을 그렸다.

1775년 26세 때 봄부터 부유한 은행가의 미망인 집으로 출입하

다 열여섯 살 된 미망인의 딸과 사랑에 빠졌다. 당시에는 릴리 세네난과 약혼까지 했지만, 속박되기 싫다는 이유로 파혼하였다. 그리고 초고 〈파우스트〉를 탈고하였다.

1776년 27세 때 슈타인 부인과 사랑을 하게 되었고,

1779년 30세 때는 귀족의 대열에 올라, 토목국 장관과 내무장관 등의 요직에 등용되었다.

1782년 33세 때 〈젊은 베르테르의 슬픔〉을 개작하였는데, 〈젊은 베르테르의 슬픔〉은 보편적인 전형성을 지니고 있다. 베츨러에서 살던 4개월간의 생활을 회상하면서 섬세하도록 사랑의 심리를 노출시켰는데, 18세기 독일의 작은 도시를 무대로 한 청년의 사랑과 죽음을 그린 테마로 서간체 소설이다. 친구인 케스트너의 약혼녀 샤롤로테 브흐를 사랑했던 괴테 자신의 체험과 남의 부인을 사랑했다가 자살한 친구 예르잘렘의 사건을 소재로 하였다. 억제할 수 없는 자기감정과 사회제약 사이의 갈등을 감상적이면서 도취 적인 열광으로 묘사해서 심금을 울렸다. 감정의 움직임을 직접 토로할 수 있는 편지 형식을 취한 것도 파격적이었다. 참신한 소설로, 인간의 심정을 세련되게 만들고 비뚤어지지 않은 인간이나 자연에 대한 감수성을 일깨우면서 생활의 내용을 풍성하도록 누리게 하였다. 제1부는 1771년 5월 4일부터 9월 10일까지 베르테르가 롯데에게 보낸 편지 형식의 서간체 소설이다. 제2부는 1771년 10월 20일부터 12월 20일 11시를 지나 정오에 베르테르가 숨을 거둘 때까지 자살자의 입장을 피력해서 문제점을 제시하였다.

1783년 34세 때는 슈타인 부인의 아들을 맡아 교육시켰고,

1790년 41세 때 단편 〈파우스트〉와 〈로마 애가〉를 출판하였으며,

1806년 57세 때 〈파우스트 제1부〉를 완성하였다. 그리고 크리스티아네와 결혼하였다.

1808년 59세 때 〈파우스트 제1부〉를 출판하였는데, 〈파우스트〉는 16세기 독일에서 널리 퍼졌던 파우스트 박사의 전설을 소설화한 작품이다. 파우스트 박사는 르네상스의 종교개혁 때 남부 독일에 살던 1480년대의 실재인물인데, 연금술사였다. 동시에 그는 과학자·의사·점쟁이를 겸하고 있어서 신통력도 있었는데, 파우스트는 지식과 학문의 세계를 탐구해서 악마와 계약을 맺는다. 그리고 24년 동안 인생의 모든 쾌락을 맛볼 수 있는 권리를 얻게 되면서 온갖 향락을 누린 뒤에 세계 최고의 마녀 헬레네까지 손에 넣는다. 그러나 이미 약속 기간이 지나 영겁의 벌을 받고 지옥으로 떨어진다. 세간의 이야기로는 끝내 고향의 길바닥에서 엎어져 죽었다고 하였지만, 괴테의 파우스트는 신의 구원을 받아 승천하는 것으로 끝난다. 〈파우스트 제1부〉는 5막으로 구성되어 있는데, 서곡의 등장인물은 단장·시인·어릿광대가 나온다.

1816년 67세 때 아내 크리스티아네가 사망하였고,

1819년 70세 때 〈서동시집〉을 출판하였으며,

1823년 74세 때 〈마리엔 바트의 애가〉를 출판하였다.

1824년 75세 때는 〈베르테르〉를 출판하였고,

1828년 79세 때 연극 〈파우스트〉가 상영되었으며,

1830년 81세 때 〈괴테 전집〉을 완성하였다.

1831년 82세 때 〈파우스트 제2부〉도 완성되었지만, 봉인해서

사후에 발표할 것을 유언으로 남겼다. 이어서 〈빌헬름 마이스터의 필력시대〉와 〈친화력〉도 완성시켰는데, 〈친화력〉은 단편소설이다. 화학적인 현상을 가리키는 단어로, 자신이 예상치 못했던 놀라운 감정의 흘러가는 본 모습에 대하여 운명의 실타래를 풀어보려 한 인간의 무의식 세계를 깊이 파헤쳤다. 〈파우스트 제2부〉에서는 에두아르트와 샤롯테는 젊어 서로 사랑했지만, 각기 다른 돈 많은 늙은 아줌마와 아저씨와 결혼을 하게 된다. 고맙게도 늙은 아저씨와 아줌마는 빨리 죽었고, 스위스 여행을 계획하고 작센 바이마르공국의 칼 아우구스트 대공의 초대로 바이마르로 갔다가 거기에서 죽을 때까지 안주한다는 이야기를 썼다.

1832년 83세 3월 16일부터 감기 기운으로 병상에 누워있다가 22일 오전 11시 30분에 팔걸이의자에 앉은 채로 사망하였다.

넬슨 H. Nelson, 1758~1805

영국의 해군 제독으로, 제1대 넬슨 자작이다.

노포크 주 버넘 마을의 중산층 가정에서 11명의 남매 중 여섯 번째로 9월 29일에 태어났다. 아버지는 에드먼드 넬슨이었고, 어머니는 영국의 총리 로버트 월풀 경의 증손녀였다.

1767년 9세 때 어머니가 사망하였고, 노스웰섬의 패스턴 문법학교에서 간단한 교육을 마쳤다.

1770년 12세 때는 해군에 입대하였으며,

1771년 13세 1월 1일에 선원이면서 배의 키잡이 일을 하는 외삼촌이 배의 선장이 되자, 외삼촌 밑에서 일하였다.

1775년 17세 때 해군사관 생도들의 감사관이 되어 처음으로 배를 탔지만, 배의 멀미가 너무 심하였다. 사관후보생으로 있으면서 항해기술을 습득한 뒤 해군 장교가 되었다.

1777년 19세 때 부관으로 임명이 되어서 동인도로 배치되었다가 미국독립전쟁에 참여하였다.

1780년 22세 때 니카라과의 산후안에 있는 스페인의 요새 공격에 가담하였는데, 말라리아에 걸려 영국으로 귀국하였다.

1783년 25세 때 병이 완치되자 미국 독립군과 싸우려고 미국의 독립전쟁에 참가하였고,

1784년 26세 때는 보레아드 함의 지휘자가 되어 미국 선박 4척을 납치하였다. 이것이 불법이라며 고소를 당해 수감의 위기 속에서 8개월을 보냈는데, 법원이 넬슨 편을 들어주어 풀려났다.

1787년 29세 때는 네비스 항에서 만난 미망인 페니 네스빗과 3월 11일에 결혼하였고,

1789년 31세 때 아가멤논호 함장이 되어 전투를 수행하였다. 프랑스의 혁명 후에 유럽은 모두 전쟁터가 되어있었으며, 오스트리아·프로이센·러시아의 왕정은 무너지고 말았다. 그러나 영국은 100년이 넘도록 대의제와 입헌군주제로 식민제국건설을 목적으로 삼고 있었다. 이때 프랑스군은 용병이 아닌 국민병으로 구성이 되어있었으므로, 무능한 귀족이 아닌 유능한 평민 장교들이 활동하였다.

넬슨의 주 임무는 이탈리아반도를 프랑스 군대에 빼앗기지 않는 일이어서 넬슨 군대는 프랑스군의 보급로인 제노바 앞바다를

봉쇄하는 일을 맡고 있었다. 그리하여 넬슨과 나폴레옹 군대의 격전지는 이집트의 나일강 하구였다. 영국의 아킬레스건은 인도 식민지였고, 인도로 가는 길목이 수에즈 해협 입구인 이집트여서 알렉산더 대왕이 우상으로 여기던 나폴레옹은 5만 병력을 이끌고 알렉산드리아로 갔다.

그리하여 넬슨은 나폴레옹 군대를 추격해서 프랑스 군대는 사라지게 되자, 천재와 범인의 차이는 사물의 본질을 꿰뚫는 통찰력이라는 것을 이때 알게 되었다.

1794년 36세 때 코르시카의 칼비에서 총의 파편에 맞아 오른쪽 눈의 시력과 눈썹 반을 잃었으며,

1796년 38세 때 지중해 함대의 지휘관이 넬슨을 준장으로 임명하면서 74문 대포가 장착된 HMS 캡틴 호를 받았다.

1797년 39세 2월 14일에 성 빈센트 곶에서 승리하여 기사 서훈을 받았고,

1798년 40세 8월 1일 오후에는 영국함대가 프랑스 함대를 밤새도록 폭격하였는데, 프랑스 군대의 총사령관이던 나폴레옹은 영국 해군이 지키는 바다를 버리고 알프스를 넘어 북이탈리아에 주둔하고 있던 오스트리아군대를 격파하였다. 그들은 굶주림과 추위 속에서도 진격하여 프랑스 함대와의 싸움에서 대승을 기록하였다. 그리고 12월에는 프랑스군이 나폴리를 침공해서 나폴리 왕가를 구출해 주었다.

1799년 41세 때 해군 서열 7위인 적색해군 소장이 되었고, 7월에는 나폴리를 탈환시켜서 왕으로부터 브릴테 공작 작위를 받았다.

1801년 43세 1월 1일에 해군 서열 6위인 청색 부제독이 되었고, 4월 2일에는 코펜하겐 해전에 참가하였다. 그리고 10월 22일에는 영국과 프랑스 간 휴전 협정이 체결하게 되었는데, 이해에 넬슨은 에마와의 사이에서 딸을 낳았다. 넬슨은 에마와 결혼하려고 이혼까지 하였다. 재치와 용기를 두루 갖추었던 에마는 부인 페니 네스빗의 잦은 질투로 인하여 심신이 지쳐있던 넬슨에게 사랑과 위안을 안겨주었기 때문이었다. 에마는 나폴리왕국의 주 영국대사 해밀턴 경의 아내였는데, 에마와 해밀턴 경의 나이 차이는 36세나 되었다. 그러나 흥미롭게도 에마의 남편 해밀턴 경은 두 사람의 관계를 묵인해 주고 있었다.

1803년 45세 때 해밀턴경이 죽었는데, 해밀턴경은 죽을 때까지 넬슨과의 우정을 유지해 나갔다. 그 후 넬슨은 HMS 빅토리호에서 프랑스의 툴롱 항구 봉쇄에 참가하였고,

1804년 46세 4월 23일에는 해군 서열 5위인 백색 부제독이 되었다.

1805년 47세 9월 13일에는 스페인과 프랑스 함대를 추방하기 위해 출항해서 10월 21일까지 마지막 전투를 하였다. 스페인의 남부 트라팔가르 해협에서 31척의 넬슨 제독이 이끄는 영국함대와 프랑스와 스페인의 함대 33척이 대결하였는데, 넬슨은 장병들에게 외쳤다. "영국은 모든 대원이 각자의 위무를 완수할 것을 믿는다." 그리고 오후 1시 15분에 넬슨은 총에 맞았다. 왼쪽 폐와 척추와 어깨가 부서졌지만, 넬슨은 죽음을 맞이하면서 말하였다. "신께 감사한다. 나는 내 의무를 다했다."

당시 넬슨이 타고 있던 빅토리아호는 영국의 남부 헴프셔 주의

군항 포츠서스에 있었는데, 런던에서 남서쪽으로 110km 지점인 이곳은 영국에서 가장 중요한 군항으로 해군 도시였다. 당시 영국 헨리8세 왕의 자랑은 메리로즈호였고, 영국 최초의 철갑선 함은 워리호였다. 그러나 넬슨이 타고 있던 빅토리아호는 거대한 삼단의 목재범선일 뿐이었다. 이 배로 프랑스 군대를 물리칠 수 있었던 것은 군대들이 자신의 의무를 다했기 때문이라고 하면서 사망하였다.

넬슨은 자신의 사후에도 에마와 딸을 지켜주려 했지만, 영국 사회는 전쟁영웅을 위하여 에마의 그림자를 지워버렸다. 그리하여 넬슨의 직위와 재산은 그의 평범한 친척들에게로 돌아갔고, 에마는 결국 가난 속에서 죽음을 맞이하였다. 넬슨은 나폴리 궁전에서 부인 에마를 처음 만나 1805년까지 에마를 뜨겁게 사랑했었다.

정약용 茶山, 1762~1836

조선 후기의 사상가·조선의 다빈치·지리학자·과학자·실학자·의사·법률가·문학가다.

호는 여유당인데, 경기도 광주부 초부면 마재에서 8월 5일에 태어났다. 현재는 남양주시 조안면 농내리 94번지인 두물머리다. 여유당의 생가는 남양주 8경 중의 제1경이었지만, 1925년에 대홍수로 유실되었다가 1986년에 다시 복원되었다. 아버지 정재원은 첫 번째 부인에게서 큰아들 약현을 낳았고, 둘째 부인 윤소온 사이에서는 삼 형제와 딸을 낳았다. 약용은 정재원의 4남 2녀 중 네 번째 아들이다. 약용이 태어난 해에는 사도세자가 뒤주 속에 갇혀 음력 5월에 죽었는데, 아버지는 이에 벼슬을 내려놓고 낙향해 있었다.

1766년 4살 때 아버지로부터 천자문을 배우기 시작하였고,

1769년 7살 때는 '바다'라는 한시를 지었으며, 10세 이전에 지은 시집으로 〈삼미자집〉이 있다. 삼미는 약용이 어려서 천연두에 걸려 눈썹에 세 개의 흉터가 생겨서 얻은 별명인데, 당시 천연두에 걸리면 사망하기 일쑤였다. 그런데 왕족 출신 사가의 명의 이헌길이 치료를 해주어서 살아나게 되었다. 이 경험으로 인해 약용은 이헌길의 생애를 다룬 〈몽수전〉을 훗날에 집필하였다.

1771년 9살 때 어머니가 사망했으므로 약용은 맏형수와 계모 슬하에서 자라났다.

1776년 14살 2월 22일에 무관 홍화보의 여식 풍산 홍씨와 혼인하였는데, 이해에 아버지가 다시 벼슬을 해서 서울의 셋집으로 이사하였다. 처가에 드나들면서 4월 10일에는 승지 혼문으로 명성이 높은 이가환과 매부 이승훈을 만나 이들로부터 성호 이익의 학문을 접하게 되었으며, 실학사상의 토대를 마련해나가기 시작하였다. 실학이란 실제 생활에 적용하는 학문이란 뜻이다.

1777년 15세 때 아버지가 화순현감이 되어 화순현 북쪽에 있는 동림사로 가서 형 정약전과 함께 서책 학습에 매진하였고,

1780년 18세 때 아버지는 예천군수가 되었으므로, 예천에서 살았다.

1782년 20세 때는 서울에 집을 마련하여 과거 공부에 전념하였고,

1783년 21세 때 세자책봉 경축 증광시에 합격해서 회시로 생원

이 되었다.

1784년 22세 때 진사가 되면서 성균관으로 들어갔는데, 열흘마다 치르는 순시에 좋은 성적만 받았으므로 정조의 총애를 받았다. 그리고 이벽으로부터 세례를 받고 천주교인이 되었다.

1785년 23세 때 천주교인들은 제사를 지내지 않았으므로 이 모임이 발각되어 일시적으로 배교를 하였다.

1787년 25세 때는 김석태의 집에서 천주교 서적을 연구하면서 토론하였다.

1789년 27세 때인 정조 13년에 식년문과 갑과 아원에 급제를 하였고, 한강에 배다리를 만들었다.

1791년 29세 때인 신해박해 때는 공서파의 모함으로 서산의 해미에 유배되었다가 11일 만에 풀려났다.

1800년 38세 때 경상도 장기와 전라도 강진에서 유배 생활을 하기 시작하였는데, 약용은 정조의 총애를 받아 서울에서 관직 생활을 했었다. 그러나 노론의 음모로 관직에서 탈퇴하고 유배 생활 때 500권의 책을 저술하였다. 마진으로 불리던 홍역을 다룬 의학서·목민심서·흠흠신서·경세유표가 있고, 유배 생활 중에 지은 시집으로는 〈여유당전서〉가 있으며, 그 외에 수원 화성궁의 설계·축성·기중기도 제작하였다.

1818년 56세 때 순조 18년 음력으로 5월에 귀양에서 풀려나 승지가 되었다가 음력 8월에 고향으로 돌아왔다.

1836년 74세 4월 7일 혼인 60주년 회혼일 아침에 마재 자택에서 사망하였다.

조세프 니에프스 Y. Nicephore, 1765~1833

 프랑스의 공학자인 동시에 발명가로, 사진 기술의 창시자다.

 프랑스 중부지방 손에루아르주 샬롱쉬르손의 부유한 가정에서 3월 7일에 태어났는데, 프랑스에 국민 대혁명이 일어나자 다른 곳으로 피신을 하였다.

 1801년 36세 때 고향으로 돌아와 나폴레옹 보나파르트 군대에 복무하다가, 건강상의 이유로 퇴역하였다. 그리고 남은 생은 두 살 위인 형과 함께 발명가가 되기로 작정하고 연구하면서 살았다.

 1807년 42세 때 형 클로드 니에프스와 함께 내연기관인 피레올로포르를 발명하고 특허를 내었다. 형 클로드는 이 모터를 상품화시켜서 사업을 하였는데, 사업에 실패하고 말았다. 그러나 조세프는 계속해서 기화된 요오드를 쏴서 양화원판을 얻는 실험에 들어갔다.

 1826년 61세 때 최초의 사진 기술을 찾아내었는데, 햇빛의 광선에 노출되면 굳어지는 아스팔트의 일종인 유태비투멘이라는 물질의 주석 판을 만들어 이 판을 라벤더의 기름에 담갔다. 그러자 광선을 받은 부분은 굳어지고 광선에 노출되지 않은 부드러운 비투멘은 녹아 영구적인 상이 남게 되는 원리를 찾아내었다. 이것을 가지고 창밖을 찍어낸 사진 제작에 성공해서, 헬리오 그라피라고 불렀다. 이것이 세계 최초의 사진이 되었는데, 사진술이란 카메라 옵스큐라다. 라틴어로는 어두운 방이라는 뜻인데, 일시적인 영상으로 고정시켜 주는 기술이다. 기억의 한 매체로, 역사적인 사건들의 현장을 객관적으로 전달해 줄 수 있어서 매우 필요하였다.

17세기와 18세기의 연금술사들과 물리학자들은 값싼 금속으로 금과 같은 귀금속을 만들려고 했었지만, 이 사진술은 질산은이라고 불리는 은을 질산에 녹여 증발시킨 다음에 얻은 무색투명한 판 모양의 결정체다. 초산은과 염소와 은을 섞은 염화은 위에 레이스·나뭇잎·곤충의 날개 등을 올려놓고 빛에 노출 시키면 그 모양이 그대로 남는다는 걸 알아내었다. 즉 초산은과 염화은이 빛에 노출되면 빛의 정도에 따라 그 모양이 그대로 남는다는 것이다. 그러나 빛에 너무 오랫동안 노출시키면 그림은 사라져 버린다는 것도 알아내면서, 아스팔트 건판에 주석과 납의 합금인 퓨터판을 라벤더기름에 담그면 빛을 받은 부분은 굳어지고 받지 않은 부분은 녹아버려서 물건의 모양은 그대로 생겼다. 이 아스팔트 건판을 이용해서 카메라 옵스큐라라는 이미지를 고정시키는 방법인데, 이렇게 해서 창밖을 찍어낸 헬리오그라피가 완성되었다. 태양으로 그리는 그림 사진은 세계 최초의 사진으로, 그 노출시간은 8시간이나 걸렸다.

1833년 68세 7월 5일에 조세프는 뇌졸중으로 사망했는데, 사망 당시에는 형 클로드의 신경증적인 탕진으로 매우 빈곤하게 살았다. 그리하여 그의 무덤은 지자체의 지원을 받아서 만들었다.

샤토브리앙 F. Chateaubriand, 1768~1848

프랑스의 소설가·외교정치가·낭만주의 문학의 선구자다.

브르타뉴지방의 오래된 귀족 가문에서 둘째 아들로 9월 4일에 태어났는데, 어려서부터 루소와 밀턴의 영향을 받아 무신론적인 성향이 강하였다.

1783년 15세 때는 형 장인의 도움으로 루이16세를 알현하였고,

1787년 19세 때 아메리카대륙을 여행하였다.

1788년 20세 때 모델이던 셀레스토와 결혼하였고,

1793년 25세 때 프랑스에는 대혁명이 일어났으므로 반 혁명군에 참가하였다가 영국에서 혹독한 망명 생활을 하였다. 왕정의 일원이어서 두 번의 장 직과 세 번의 대사직을 지내었는데, 루이16세의 치하에서 프랑스대혁명을 겪었다. 나폴레옹 치하에서 왕정의 복고 등 극심한 사회의 변동 속에서 파란만장한 인생을 살았으며, 어머니와 누이는 옥중에서 죽었다. 기독교로 복귀해서 로마 가톨릭교회의 왕당 적인 전통주의자가 되었는데, 나폴레옹1세의 후대에는 로마 공사를 지내기도 하였다. 후에는 불화로 평생 서로 적대시하면서 살았다.

1811년 43세 때 파리로 돌아와 〈이탈라〉를 발표하였고,

1812년 44세 때 르네가 수록된 〈기독교정수〉를 발표하였다. 그 외에 〈순례자들〉·〈나체스 족이 포함된 전집〉·〈팡세의 삶〉·〈무덤 너머의 회상〉 등을 집필하였고,

1848년 80세 7월 4일에 사망하였다.

나폴레옹 Napoleon, 1769~1821

프랑스 제1공국의 군인이었고, 황제이며 독재자다.

이탈리아 서쪽 지중해의 코르시카섬 아작시오에서 하급 귀족 가문에서 8명의 자녀 중 둘째 아들로 8월 15일에 출생하였다. 그의 가문은 본래 이탈리아의 토스카나 지역의 하급 귀족 가문이었지만, 16세기에 코르시카로 이주하였다. 아버지는 변호사였고, 어머니는 마리아 레테치아 마로리노였다.

1776년 7살에 예수회 학교에 입학해서 읽기·쓰기·셈법·라틴어·고대사를 배웠고,

1778년 9살 12월에 아버지 손에 이끌려서 형과 함께 프랑스로 갔다. 오탱에 있는 수도원 부속 중학교에 입학해서 4개월 동안 프랑스어를 배웠으며,

1779년 10살 5월에는 브리엔 군사학교에 입학하였는데, 이곳은 가난한 귀족의 자제들에게 무상으로 교육시켜 주는 곳이었으므로 입학 경쟁률이 아주 높았다. 그러나 코르시카 총독의 특별한 도움으로 쉽게 입학하였다.

1784년 15세 10월에 파리 육군 사관학교에 입학하였는데, 4년 과정을 11개월 만에 조기 졸업하였다.

1785년 16세 2월 24일에 아버지가 위암으로 사망하자, 생계를 위해 직업군인이 되려고 결심하였다. 직업군인이 되려면 2년 정도의 시험공부가 필요하였지만, 나폴레옹은 7개월가량 준비를 해서 9월에 시험에 합격하였다. 그리고 육군 포병 소위가 되었다.

1793년 24세 때는 프랑스 제1공화국 시절인데, 이 시기에 툴롱 포위전에 참가해서 승리하자 준장으로 진급하고 장군이 되었다.

1796년 27세 때 이탈리아 원정에서 대성하고, 제1차 프랑스동맹에서 강력한 반프랑스 동맹군과 싸워 연승함으로써 승승장구하

였다. 이때부터 나폴레옹은 전쟁을 주도하기 시작하였다.

　1804년 35세 5월 18일에는 프랑스의 황제가 되었고,

　1805년 36세 3월 17일에 이탈리아 왕국의 황제 자리에 올랐다.

　1806년 37세 때는 영국을 경제적으로 고립시키기 위해 대륙 봉쇄령을 내리면서 물자 부족과 생필품 부족으로 유럽의 민중들은 반나폴레옹 감정으로 고조되어 나가기 시작하였으며,

　1812년 43세 때 봉쇄령의 응징에 대항하려고 이베리아반도를 점령하려 했지만 실패하였다. 그리고 러시아 원정도 실패함으로써 프랑스 군대는 큰 타격을 입었다.

　1813년 44세 때 라이프치히전투에서도 실패하였고,

　1814년 45세 4월 11일에는 대 프랑스 동맹군들이 파리로 입성하였으므로, 황제 자리에서 내려온 나폴레옹은 엘바섬으로 유배되었다.

　1815년 46세 때 엘바섬을 탈출해서 3월 20일에 권력을 잡으려 하였지만, 6월 22일 워털루 전투에서 패배하고 남대서양의 외딴섬 영국령의 세인트 헬레나 롱우드 섬에 유배되었다가

　1821년 52세 5월 5일에 자살하였다.

윌리엄 워즈워스 William Wrdsuworth, 1770~1850

　영국의 낭만파 시인이고, 계관시인이다.

　잉글랜드의 아름다운 호수지방 코커머스에서 다섯 형제 중 둘째로 4월 7일에 출생하였다. 훗날 장남 리처드는 변호사가 되었

고, 셋째 도로시는 시인인 동시에 일기작가가 되었으며, 넷째는 얼 오브 애버거베니 선박의 선장이 되었고, 막내 크리스토퍼는 케임브리지의 트리니티 칼리지의 학장이 되었다.

아버지는 초대 론즈 데일 백작이던 제임스 로우더의 법정대리인이었기 때문에 너무 바빠 집에는 자주 들어오지 못하였다. 그러나 자식들에게는 항상 독서를 권하면서 밀턴·셰익스피어·스펜서의 시들을 기억하라며 격려해 주었다. 윌리엄은 어머니로부터 읽는 법을 배웠는데, 코커머스의 작은 학교에 다니다가 상류층 자녀들이 다니는 펜리스로 전학 갔다. 그곳에서 훗날 아내가 될 메리와 허치슨 가의 사람들을 만났다.

1778년 8살 때 어머니는 사망하고,

1783년 13살 때 아버지도 사망하였다. 윌리엄은 고독한 어린 시절을 보냈지만, 자연의 아름다움이 마음에 위안이 돼주어서 전원시를 쓰는 데 많은 도움이 되었다.

1787년 17살 때 더 유래피어 메거진에 소네트를 게재해서 작가로 등단하게 되었는데, 이로 인해 케임브리지대학교의 세인트 존스 칼리지에 입학하게 되었다.

1790년 20살 때는 유럽으로 도보여행을 떠나 알프스·프랑스·스위스·이탈리아를 둘러본 뒤, 프랑스로 건너갔다. 프랑스에서는 혁명이 일어났는데, 윌리엄은 처음에 혁명을 옹호하였다. 그러나 나중에는 보수적으로 변하였다.

1791년 21살에 때 문학사 학위를 받고, 프랑스 여자 아네트 발통과 사랑에 빠졌다.

1792년 22살 때는 그들 사이에서 딸이 태어났지만, 스위스에

체류하면서 프랑스혁명의 지지자가 되어 영국과 프랑스의 전쟁으로 인해 경제적인 이유로 혼자 영국으로 귀향하였다.

1796년 26세 때부터 글을 쓰기 시작하였고,

1797년 27세 때는 콜리지와 사귀면서 많은 영향을 받았다. 사무엘 테일러 콜리지는 영국의 문학평론가인데, 바이런과 윌리엄에게 큰 영향을 끼친 영국의 낭만주의 대표 시인이다. 이때 윌리엄은 여동생 도로시와 함께 콜리지네 집 근처로 이사하였다.

1798년 28세 때 윌리엄과 콜리지는 공동시집 〈서정 담 시집〉을 발표함으로써 영국 낭만주의의 중심이 되었다. 그 후 윌리엄은 1798년과 1799년의 사이 겨울에 한 살 아래의 여동생 도로시와 독일을 여행하였다. 동생인 도로시 워즈워스는 시인이면서 일기 작가인데, 윌리엄과 같은 날에 세례를 받았다.

1802년 30세 때 아네트가 낳은 딸 카롤린을 만나기 위해 도로시와 함께 프랑스로 여행을 떠났고,

1805년 35세 때 자전적 작품의 서사시 〈서곡〉을 완성 시켰으며, 〈루시 시편〉도 썼다. 이 해에 그래스미어 호반 도브 코티지에서 메리 허친슨과 결혼하였다.

1806년 36세 때까지는 많은 중요한 작품들을 탄생시켰는데, 윌리엄 워즈워스의 작품으로는 〈수선화〉·〈초원의 빛〉·〈무지개〉 등이 있고 〈대륙여행의 추억〉도 있다. 그의 말에 따르면 가난한 시골 사람의 정서만이 가장 진실하며 그들이 사용하는 언어만이 시에 가장 알맞은 언어라고 하였다. 그것은 그것만이 가장 소박하면서 친근한 언어이기 때문이라고 하였다.

1816년 46세 때 딸 카롤린이 결혼하자 1년에 30파운드씩 생활

비를 주었으며,

　1843년 73세 때 영국의 계관시인으로 승격하였고,

　1850년 80세 4월 23일에 사망하였다.

노발리스 Novalis, 1772~1801

　독일 낭만주의의 대표 소설가이면서 시인이고 철학자다.

　본명은 게오르크 프리드리히 폰 하르덴베르크 남작이며, 노발리스는 필명이다.

　독일 북부의 유서 깊은 귀족 집안 출신으로, 작센지방의 몇 안 되는 영지 오버비디 슈테르의 성에서 5월 2일에 태어났다. 아버지 하인리히 에라스무스 폰 하이덴베르크는 엄격한 경건주의 신앙의 소유자였는데, 첫 번째 부인이 자식도 없이 요절하자 방탕한 세속적 삶에 대한 벌이라고 생각해서 복음주의 운동단체인 모바리아형제회와 친분을 맺기 시작하였다. 그 후 아버지는 노발리스의 어머니인 아우구스테 베른하르디네 뷜칙과 재혼해서 열한 명의 자녀를 낳았는데, 노발리스는 두 번째 자녀이면서 장남이었다. 노발리스의 형제들은 대체로 병약해서 한 명을 제외하고는 모두 모친보다 일찍 세상을 떠났다. 당대의 귀족 자녀들과 마찬가지로 노발리스는 가정교사를 통해 교육을 받았다.

　1790년 18세에 아이스레벤의 김나지움 졸업반에 다니면서 수사학과 고대 문학에 대한 지식을 쌓았는데, 이때부터 예나에 있는 동안 첫 번째 시를 출판하였다. 그러면서 극작가이자 시인인 프리드리히 쉴러와 친분을 맺었고, 피히테에게 수업을 들었다.

1794년 22세 때는 예나대학교와 라이프치히대학교에서 최고의 점수를 받고 법학과를 졸업하였다. 10월에는 영지 관리인 췰레스틴 아우구스트 유스트의 법률 조수가 되었다. 이때 유스트는 노발리스에게 큰 감명을 받았으므로 나중에 〈노발리스 평전〉을 쓰기도 하였다. 노발리스는 근교의 그뤼팅엔 성에서 소피 폰 퀸을 만나 사랑에 빠졌으며,

1795년 23세 3월 15일에는 생일을 맞은 13세의 소피와 약혼까지 하였다. 이때부터 1796년까지 노발리스는 피히테의 철학을 깊게 파고들면서 자신의 철학 세계를 확장 시켜 나갔다.

1796년 24세 때 작센과 튀링겐의 바이센 펠스 소금 광산의 책임자가 되었고,

1797년 25세 때 약혼녀 소피가 결핵성 간염으로 사망하였다. 이 경험으로 말미암아 노발리스는 예술과 철학에 깊은 흔적을 남기게 되었고, 제염소 업무를 더욱 완벽하게 수행하려는 목적으로 프라이부르크 광산대학에서 공부하기 시작하였다. 과목은 전기·의학·화학·물리학·수학·광물학·자연과학 등 다양한 분야였는데, 이 대학은 삼 년 과정이었지만 노발리스는 1년 반 만에 수료하였다.

1798년 26세 때는 첫 번째 철학 파편 집 〈꽃가루〉가 문학지 '아테네움'에 발표했는데, 필명은 DE novail이다. 영어 이름은 노발리스인데, 새 땅을 개간하는 자란 뜻이다. 이어 프라이베르크대학 교수의 딸 쥘리 폰 샤르팽티와 약혼하면서 〈신앙과 사랑 또는 왕과 왕비〉를 발표하였다.

1799년 27세 때는 그 지역에 매장되어있던 갈탄을 발견하고 채

굴해서 근방 제염소들에 공급하는 공적을 세웠으며, 루트비히틱과 친분을 맺으면서 예나를 중심으로 한 낭만주의자들을 만나기 시작하였다. 그리고 12월에는 제염소 관리위원이 되었다.

1800년 28세 때 튀랭겐 지역의 최고 관리가 되었는데, 지금의 도의원과 같은 직위다. 이때 〈밤의 찬가〉를 발표하면서 결핵으로 보이는 질병의 징후가 나타나기 시작하였다.

1801년 29세 3월 25일에는 폐결핵으로 인한 내출혈로 사망하였는데, 그가 쓴 대표적인 소설은 〈푸른 꽃〉·〈사이언스의 제자들〉과 논설문〈그리스도교 또는 유럽〉이 그의 사후에 친구들이 출간해 주었다.

토마스 영 T. Young, 1773~1829

영국의 의사·물리학자·생리학자·언어학자로, 생리광학의 창시자다. 이집트의 상형문자 로제타석을 부분적으로 해독하였다.

영국 남서부 서머싯주 밀버탄의 퀘이커 가에서 열 명의 자녀 중 장남으로 6월 13일에 태어났다.

1787년 14살 때는 그리스어와 라틴어를 배웠으며, 프랑스어·이탈리아어·히브리어·독일어·칼데아 어·시리아어·사마리아어·아람어·페르시아어·터키어·헝가리어까지 능숙하도록 구사할 수 있게 되었다.

1792년 19세 때 런던으로 가서 의학을 공부하였고,

1793년 20세 때 눈의 수정체 굴곡과 변형에 따라 중거리와 장

거리의 시야를 볼 수 있도록 해준다는 것을 알아내었다.

1794년 21세 때 에든버러로 옮겨서 왕립학회의 평의원이 되었고,

1795년 22세 때 독일의 북서부 니더작센주 괴팅겐대학교로 갔다.

1796년 23세 때는 의학박사 학위를 취득하였고,

1797년 24세 때 임마뉴엘대학교로 들어갔으며, 이때 증조부로부터 땅을 유산으로 상속받았다.

1799년 26세 때 런던에서 의사 생활을 하며 명성을 얻었고, 많은 논문을 발표하였다.

1801년 28세 때 왕립학회에서 의학을 가르치는 자연철학 교수가 되어 2년간 91개 과목을 강의하였다. 난시를 설명하다가 눈은 각각 다른 파장 범위를 지각하는 세 가지 색깔의 감각기관을 가지고 있다는 것을 찾아내었다.

1802년 29세 때 왕립학회 의장으로 선출되었고,

1803년 30세 때 교수를 그만두고 논문 〈빛의 파동이론〉을 썼다. 이 책에서는 증명 근거까지 제시하였다.

1. 잔물결을 일으키는 물결파동의 관계 사이에 간섭현상은 나타난다.

2. 2개의 슬릿 실험으로 파동은 빛의 간섭현상이 나타난다.

1804년 31세 때 표면장력의 원리에서 모세관 현상 이론을 끌어내었으며, 고체 표면과 액체 사이의 접촉 각도는 변하지 않는 것도 찾아내었다.

1807년 34세 때 에너지란 용어를 제안하였고, 탄성의 기술 방법도 창안하였다. 즉 영의 계수는 에너지인 E로 표시하는데, 이것이 물체에서 일어나는 변형과 압력 사이의 관계를 나타내는 수라

고 하였다. 다시 말하면, stress=E×strain이다. 이것이 물체 본래의 성질이라는 것으로, 〈자연철학 교육과정 강의〉를 출판하였다.

1811년 38세 때 세인트로지 병원의 소속 의사가 되었고,

1814년 41세 때 런던 가스의 일반도입에 대한 위험성을 고려하는 위원회에 임명되어 활동하였다.

1816년 43세 때 2초의 주기를 갖는 전자 길이의 초 초진자 길이를 정확히 알기 위한 논쟁위원회의 위원으로 활약하였으며,

1818년 45세 때는 HM Nautical Almanac Office의 관리자와 경도협회의 간사가 되었고,

1827년 54세 때는 프랑스 아카데미 8명의 외국인 회원 가운데 한 사람이 되었으며,

1828년 55세 때 스웨덴 왕립과학회의 외국 맴버로 선출되었다가

1829년 56세 5월 10일 런던에서 사망하였고, 영국의 켄트주 교회 공동묘지에 안장되었다.

새뮤얼 하네만 S. Hahuemann, 1775~1843

독일의 의사로, 동종요법의 창시자다.

아버지는 마이센의 도자기 공장에서 도자기에 그림을 그리는 일을 하면서 살았으므로, 하네만은 어려서부터 죽은 연금술사들의 이야기를 많이 들으면서 자라났다. 집이 너무 가난해서 밥을 먹는 날보다 굶는 날이 더 많았지만, 아버지는 공부에 대한 열정이 너무 많아서 일하러 갈 때는 언제나 하네만을 방에 가두어놓고

꼭 숙제를 내주고 풀라 하였다.

그때마다 하네만은 이런 생각을 하였다. '돈이 없으면 훌륭한 연금술사나 의사도 될 수 없어.' 그런 생각 때문에 하네만은 열 살이 되기 전에 무려 일곱 나라의 말을 자유롭게 구사할 수 있게 되었다. 그리고 그 결과 또래들이나 어른들에게 외국어를 가르쳐주면서 돈을 벌어서 공부하였다.

1800년 15세 때 아버지가 귀족에게 부탁해서 왕자들이 다니는 귀족학교에 들어가 공부를 할 수 있게 되었다. 그리하여 하네만은 내내 장학금으로 공부하였다.

1809년 24살 때 의과대학을 졸업해서 의사가 되었지만, 당시는 의사들이 몹시 가난했으므로 외국어인 프랑스어나 독일어를 가르쳐서 생계를 유지해 나갔다. 더불어 책을 내거나 번역을 해서 근근이 살았다.

1821년 46세 때 번역하던 책에서 '키나나무 껍질이 말라리아에 효과가 있다. 이 약이 위장을 튼튼하게 하기 때문이다'라는 글귀를 보았다. 호기심에 이 나무껍질을 구해서 먹자 몇 해 전에 앓았던 말라리아 증세와 비슷한 증세인 오열과 발열 현상이 나타나더니 갑자기 심장이 펄떡거리면서 손발이 차가워졌다. 그리고 피로가 몰려와 병에 걸렸을 때와 똑같은 증상이 나타났다. 이에서 이런 결론을 내렸다. 즉 '치료를 하려면 병과 비슷한 증상을 일으키는 약을 쓰면 낫는다.' 다시 말하면, 같은 것이 같은 것을 치료한다는 유사성의 법칙을 〈동종요법〉이라고 이름 붙였다. 이때의 발열 현상은 균을 몰아내기 위한 인체의 용트림이라는 것인데, 말하자면 이열치열과 같은 요법이다.

이 실험을 위하여 하네만은 가족들에게 시험을 해 보았는데, 다행히도 하네만에게는 열한 명의 자녀들이 있었기 때문에 실험을 많이 할 수 있었다. 이에서 약을 더 묽게 만들면 효과가 높아진다는 것도 알아내었다. 그 후 이로 인한 전염병의 치료 약이 개발되면서 하네만은 대스타가 되었다. 그러나 불행히도 뇌졸중 환자가 찾아오자마자 죽었는데, 그런 이유로 당시 의사들과 약사들이 고소해서 다시 떠돌이 생활에 들어갔다.

1834년 59살이 되자 쉰 살이나 어린 젊은 여자가 찾아와서 치료를 해주었는데, 그것이 인연 되어서 결혼까지 하였다. 그리고 다시 동종요법을 새롭게 발전시켜 9년 동안 최고의 인기를 누리면서 살다

1843년 68세로 사망하였다.

제인 오스틴 J. Austen, 1775~1817

영국의 소설가다.

헴프셔주 스티븐슨 교외에서 12월 16일에 출생하였는데, 아버지는 조지 오스틴이다. 옥스퍼드대학교 출신의 성공회 교수 사제였고, 어머니는 귀족 가문 출신의 카산드라다. 이들 둘 사이에서 8남매 중 일곱째 딸로 태어났는데, 오스틴은 평생 독신으로 살면서 독서만 즐겼다. 그 결과 섬세한 시선과 재치 있는 문체로, 영국의 상류 여성들의 삶을 다루는 소설을 썼다.

1797년 22세 때 〈첫인상〉을 발표하였는데, 스무 살 때 아일랜

드 청년 토머스 리프로이와 만나 사랑에 빠졌었다. 그러나 집안의 반대로 실패한 이야기를 썼다.

1813년 38세 때는 이글의 몇 군데를 수정해서 〈오만과 편견〉으로 다시 출간하였는데, 내용은 19세기 초 영국의 시골 마을에서 다섯 명의 딸을 둔 부모가 딸들을 좋은 집안으로 시집보내려고 무도회에 참석시킨다. 둘째 딸 엘리자베스는 다아시가 오만과 편견을 가진 남자라고 판단해서 청혼을 거절했지만, 나중에 다아시가 오만하다고 생각한 것은 자신의 편견이었다는 내용이다. 이어서 〈이성과 감성〉도 출판하였는데,

1817년 42세 7월 18일에 헴프셔주에서 사망하였다.

험프리 데이비 H. Davy, 1778~1829

영국의 화학자로, 마취 가스를 발견하였다.

콘월주 펜잔스 부근의 가난한 집에서 12월 17일에 태어났는데, 가정은 매우 어렵게 살았다.

1787년 9살 때 외과 의사인 친척 집에 얹혀서 살다가

1794년 16살 때 아버지가 사망하자, 생계를 위해 약제사의 조수가 되었다.

1795년 17살 때 낮에는 일을 배우고 밤에는 독학으로 화학책을 읽었는데, 특히 프랑스의 화학자 라부아지에가 쓴 〈화학 원론〉을 읽으면서 크게 감명받았다.

1798년 20세 때는 영국인 베도스 프리스틀리가 '기체연구소'를

설립하였는데, 데이비는 이곳에 들어가서 이산화질소라는 기체를 알게 되었다. 한번은 연탄가스의 성분인 일산화탄소를 마시고 죽다가 살아나기도 했지만, 이산화질소를 마시면 갑자기 기분이 좋아지면서 환각작용이 일어나는 것을 느끼게 되었다. 그러면서 얼굴 근육에 경련이 일어나며 웃는 표정이 지어졌으므로, 처음에는 이 가스를 '웃음 가스'라고 불렀다. 그 후 이산화질소를 마시면 통증도 사라진다는 것을 알아내었고, 고통을 제거하는 힘이 있다는 것도 알아내었다.

1799년 21세 때는 '열은 운동'이라는 것을 증명하였고, 프리스틀리가 발견한 이산화질소가 마시는 흡입이 가능했으므로 마취역할을 할 수 있다는 것도 찾아내었다.

1800년 22세 때 〈화학 철학 연구〉라는 책에다 이산화질소의 통증 감소 효과를 기록해 놓았으며, 웃는 표정은 안면근의 경련이라는 것도 알았다.

1803년 25세 때 볼타전지를 이용하여 전기분해를 하는 데 성공하였다. 볼타전지는 마찰이 아닌 화학적인 방법으로, 전기를 발생시키는 방법이다.

1807년 29세 때는 칼슘·스토론슘·바륨·마그네슘을 분리하는 데 성공하고, 이것에 대한 논문의 제목을 〈전기의 약한 화학작용에 관하여〉라고 붙였다. 다시 말하면, '화학친화력은 전기력과 같다'는 것으로 데이비는 전기가 마찰이 아닌 화학적인 방법으로 발생 된다는 정의를 내렸다.

1812년 34세 때 왕립연구소 소장직을 맡았고,

1813년 35세 때 〈농예 화학 연구〉를 출간하였으며, 조수 페리

데이를 데리고 유럽을 여행하였다.

1814년 36세 때 왕립연구소 소장직에서 물러났으며,

1816년 38세 때 탄광부 용의 안전등을 발명하였다.

1820년 42세 때 영국왕립학회 회장이 되었다가

1826년 48세 때부터 건강이 나빠져서

1829년 51세 때 제네바에서 5월 29일에 사망하였다.

베르셀리우스 J. Berzzelius, 1779~1848

스웨덴의 화학자로, 화학의 아버지다.

베르셀리우스는 의학 공부 성적은 형편이 없었다. 그러나

1802년 23세 때 의사자격증을 획득하였고, 스톡홀름의 웁살라 대학교에서 화학·식물학·약학의 조수로 일을 하였다.

1803년 24세 때 세륨 원소를 찾아내었고,

1807년 28세 때는 웁살라대학교의 정교수가 되었다.

1808년 29세 때 스톡홀름 과학 아카데미회원이 되었으며,

1815년 38세 때 스톡홀름의 왕립 카롤리데 내외과 연구소의 화학 교수가 되었다.

1817년 40세 때 셀레늄 원소를 찾아내었는데, 십 년에 걸쳐 2,000여 화합물들을 조사한 결과 '산소 원자량의 기호로 다른 원소들의 원자량이 결정된다'는 것을 알아내어 각 원자량을 결정짓는 화학기호를 개발해 내었다.

1818년 41세 때 과학 아카데미의 종신 간사가 되었고, 〈전기의

화학 이론〉을 출간하였다.

1823년 46세 때는 규소를 분리해 내었고,

1824년 47세 때 지르코늄을 분리해 내었으며,

1825년 48세 때 티타늄을 만들어 내었다.

1828년 51세 때 토륨을 분리해 내었고,

1832년 55세 때 스톡홀름의 왕립 카롤리데 내외과 연구소의 화학 교수를 그만두었다.

1835년 58세 때 찰스 14세로부터 남작 작위를 받았으며, 코플리 메달을 수상하고,

1848년 69세 8월 7일에 사망하였다.

스탕달 Stendhal, 1783~1842

프랑스의 소설가다.

본명은 마리앙 리벨로인데, 그르노불에서 1월 23일에 태어났다. 아버지는 보수파 인사로 그르노불시의 고등법원변호사였으므로, 스탕달에게는 엄격한 교육을 하였다.

1790년 7세 때 가장 인자하던 어머니가 사망하고, 아버지의 엄격한 교육이 집안을 감옥으로 생각하도록 만들었다. 굴욕적이면서도 증오에 가득 찬 소년 시절은, 완고한 아버지 때문에 고향마저 싫어하게 하였다.

1799년 16세 때 이공과 대학에 가려고 파리로 갔지만, 자기 멋대로 살았다.

1806년 23세 때는 관리가 되었지만, 곧 나폴레옹 군대에 입대해서 경리관으로 모스코바까지 갔다. 그러나 참패를 당하였다.

1814년 31세 때 나폴레옹이 추방되자 군대에서 나와 각지를 여행하며 소설·평론·여행기를 썼다. 그 후 이탈리아의 밀라노에서 〈이탈리아 회화사〉를 삼 년간 써서, 로마와 나폴리와 피렌체에서 출판하였다.

1817년 34세 때 이탈리아의 피렌체 산타크로체성당을 방문하였는데, 심장이 멎을 것 같은 공포를 느꼈다. 이 성당에는 마키아벨리와 미켈란제로와 갈릴레이의 무덤이 있어서 이탈리아 영광의 사원이라는 별명이 붙어있었다. 이곳의 미술품들에서 신을 영접하는 것 같은 전율을 받은 스탕달은 인간으로 가장 비참한 실패를 했을 때야 비로소 자신이 남들과 다름을 알게 되었다. 스스로 남들에게 미움을 자초하고 있다는 중대한 진리를 깨달으면서 자기의 어리석음도 알게 되었다. 그리하여 과거에 겪었던 이야기들을 털어내면서, 정신의 혼란 상태가 질서 있게 정돈되고 있다는 것도 알았다.

이런 내용을 쓴 소설이 〈적과 흑〉이다. 프랑스 심리소설의 걸작이자 최초의 사실주의 소설이 되었는데, 언어의 나열들이 매우 흥미롭게 짜여 있으면서 너무 재미있게 썼다. 소설의 배경은 현실에 있던 베르테 사건을 가지고 소설화시켰는데, 출세 지향의 청년이 도시로 나와 분수에 넘치는 훌륭한 여인을 만났다. 그러나 결혼 직전 읍장 부인 레날과의 불륜 사실이 드러나서 출세의 길이 막히자 그 분노로 인해 장애자 여인을 죽이게 되었다는 내용이다. 훌륭한 교육을 받았음에도 불구하고 가난 때문에 어쩔 수 없이 일을 해야만 하는 청년들의 날카로운 심리를 다양한 방법으로 탁월하게 묘사해 놓았는데, 당시의 반동적이면서 우울한 모습들까지 정확하게 묘사해서 역사의 증인이 되었다.

제목에서 적은 타오르는 불꽃의 쥘리앵 공화국 정신의 상징이고, 흑은 침체가 된 부패 반대파인 승려계급을 위시한 반동적 사회계층의 상징어다.

1842년 59세 때는 길거리에서 쓰러져 의식을 잃었다가 3월 23일에 숨을 거두었다. 묘지는 몽마르트에 있다.

다게르 L. Daguerre, 1787~1851

프랑스의 미술가로, 사진의 아버지다.

오페라의 무대장치를 하면서 살았는데, 디오라마의 발견자다. 디오라마는 배경이나 환경은 그림으로 그리고, 그 앞에 축소모형을 설치해서 장면을 연출하는 방법이다. 당시에 살던 조세프 니예프스는 요오드와 수은을 섞어서 빛을 쪼이면 물리적인 화학반응이 일어나는 현상의 감광판을 사용하였다. 그러나 1837년 50세 때 다게르는 여기에 식염을 넣어 니예프스의 사진보다도 더 안정적이면서 시간이 짧은 사진을 만들어 내는 데 성공하였다. 이것이 다게레오타이프의 은판사진 술이다. 최초의 상용 사진술이어서 다게르는 사진 기술의 창시자가 되었다.

1839년 52세 8월 19일에 다게레오타이프의 은판 사진법이라는 이름으로 공개되면서 프랑스 과학아카데미에서 공식적으로 최초 사진술이라는 인정을 받았다.

1851년 64세 때 사망하였다.

쇼펜하우어 A. Schopenhauer, 1788~1860

독일의 철학자다.

폴란드의 북부 단치히에서 상인의 아들로 2월 22일에 태어났는데, 어머니는 소설가였다. 아버지는 부유한 상인이었으므로 장남인 쇼펜하우어가 사업가 되기를 원하였다.

1793년 5세 때 단치히가 프로이센에 합병되었으므로, 함부르크로 이주하였다.

1797년 9세 때 여동생 아델라가 태어났으므로, 쇼펜하우어는 프랑스 드아브르에 있는 아버지의 친구 집에서 2년간 머물면서 프랑스어를 확실하게 익혔다.

1799년 11세 때 프랑스에서 합스부르크로 돌아와 상인의 양성기관인 룽게박하의 사립학교에 입학하였다.

1800년 12세 때는 아버지와 함께 하노버·칼스바트·프라하·드레스텐을 여행하였고,

1803년 15세 때는 상인이 되기를 싫어하는 쇼펜하우어를 달래기 위해 온 가족들과 함께 유럽을 여행하고 런던의 신부 랭카스터의 집에 머물면서 영어를 익혔다.

1894년 16세 때 프랑스·스위스·빈·드레스텐·베를린을 여행하면서 많은 일기를 썼다. 고향 단치히에서는 상인실습을 하였

지만, 관심 없어 하면서 서재에 틀어박혀 문학·수학·역사책들만 읽었다.

1805년 17세 때 아버지는 창고의 통풍창에서 떨어져 정신착란을 일으켰다가 사망하였고,

1806년 18세 때 가족들은 모두 바이마르로 이주하였다. 그러나 쇼펜하우어만 남아 상인실습을 하였지만, 상인이 될 생각은 없었다.

1807년 19세 때 어머니의 권유로 상인실습을 중단하고, 고타에 있는 김나지움에 입학해서 라틴어와 그리스어를 엄청난 열정으로 학습하였다. 그러나 일 년도 못 가서 김나지움에서는 자퇴하였다.

1808년 20세 때 에르푸르트를 방문했는데, 그때 마침 프랑스의 황제 나폴레옹이 국제회담에 참석하려고 거기에 머무르면서 극장에서 나폴레옹이 주최한 연극이 공연되어 관람하게 되었다. 그런데 처음에는 나폴레옹을 욕하던 사람들이 연극이 끝나자 모두 극찬하는 사람들을 보면서 쇼펜하우어는 비웃었다.

1809년 21세 때 괴팅겐대학 의학부에 입학해서 화학·물리학·천문학·수학·언어학·법학·역사를 공부하였지만, 철학에 더 관심이 갔다.

1810년 22세 때 철학자 고틀로프 에른스트 슐체를 만났는데, 플라톤과 칸트를 깊이 연구해 보라는 조언을 들었다.

1811년 23세 때 소설가이던 어머니는 독일 문학계의 거장인 78세의 크리스토프 빌란트에게 부탁해서 쇼펜하우어에게 철학 공부를 하지 못하도록 해 달라고 했지만, 오히려 설득을 당해서 쇼펜하우어를 격려해 주었다. 그리하여 가을에는 베를린대학으로

전학해서 동물학·식물학·지리학·천문학·생리학·시학·어류학·조류학과 함께 괴테의 강의를 들었고, 프리드리히 아우구스트 볼프의 강의도 들었다.

1812년 24세 때는 플라톤과 칸트의 사상들을 본격적으로 탐구하였고, 베이컨·로크·흄의 사상가들까지 깊게 탐구하였다.

1813년 25세 때는 오스트리아·프로이센·러시아의 연합군이 나폴레옹 군대와 전쟁이 벌어졌으므로, 베를린을 떠나 루돌슈타트에서 학위논문 〈충족 이유율의 네 경우의 뿌리에 관하여〉를 완성 시켜서 예나의 튀링겐주립대학에 제출해서 철학박사 학위를 받았다. 그리고 괴테와 친분이 생겨서 서로 왕래하게 되었다.

1816년 28세 때 괴테와 색채론을 교류하면서 얻은 결실로 〈시각과 색채에 관하여〉란 논문을 발표하였는데, 이 논문에서는 뉴턴의 색채론과 괴테의 색채론을 비판하였다.

1818년 30세 때 대표작 〈의지와 표상으로서의 세계〉를 써서 고통의 해결법을 제시하여 출간하였다. 그리고 이탈리아로 여행을 떠났다.

1819년 31세 때 봄에는 나폴리를 방문하였고, 베를린대학 강사직을 지원하였다. 강사가 되었지만, 인기가 없어서 한 학기만 하고 그만두었다.

1820년 31세 때 동양학과 프리드리히 마이어를 통해서 힌두교와 불교를 알게 되었다.

1822년 34세 때 이탈리아를 여행해서 문화·예술·환경 등을 배우면서 기록하였다.

1823년 35세 때는 독일의 베를린으로 돌아왔지만, 여러 가지

질병으로 인해 청각장애가 생기면서 울적한 시기를 보내면서도 스페인어를 익혔다.

1831년 43세 때 콜레라가 베를린에 퍼져서 프랑크푸르트로 이주하였다.

1833년 45세 때는 유행이 지난 옷을 입고 애견과 함께 정해진 시간에 산책하면서 혼잣말을 자주 했으므로 주민들의 구경거리가 되었다. 그리하여 외출을 자제하고는 작품활동에만 전념하였다.

1836년 48세 때 〈자연에서의 의지에 관하여〉를 출판하였다.

1837년 49세 때는 〈순수이성비판〉을 출간하였는데,

1838년 50세 때 일흔두 살의 어머니가 사망하였다.

1839년 51세 때 〈인간 의지의 자유에 관하여〉를 노르웨이 왕립학술원에 투고해서 당선되어 수상하였다.

1840년 52세 때 〈도덕의 기초에 관하여〉를 덴마크 왕립학술원 논문 현상 모집에 응모했지만, 부당판결을 받았다.

1841년 53세 때 위의 두 논문을 묶어 〈윤리학의 두 가지 근본 문제〉라는 제목으로 출간하였다.

1844년 56세 때 〈의지와 표상으로서의 세계〉 2판을 완성해서 1판과 함께 개정판으로 출간하였고,

1845년 57세 때는 〈여록과 보유〉라는 수필집을 쓰기 시작하였고,

1847년 59세 때 〈충족 이유율의 네 겹의 뿌리에 관하여〉를 개정해서 출판하였으며,

1849년 61세 때 여동생 아델레가 사망하였다.

1851년 63세 때 〈여록과 보유〉를 출간하였고,

1854년 66세 때 〈자연에서의 의지에 관하여〉를 개정해서 출간

하였으며,

1855년 67세 때는 라이프치히대학 철학과에서 쇼펜하우어의 〈철학 원리해명과 비판〉이라는 현상 과제를 제시함으로써 여러 대학에서 쇼펜하우어의 사상 강의가 개설되었다,

1857년 69세 때 쇼펜하우어의 강의는 본 대학과 브레슬라우대학에서 개설되었으며,

1859년 71세 때 〈의지와 표상으로서의 세계〉가 3판으로 출판되었다.

1860년 72세 9월 21일 금요일 아침에 폐렴 증상으로 프랑크후르트의 자택에서 사망하였다.

〈생존과 허무〉는 그의 사후에 쇼펜하우어의 철학 핵심을 쉽게 간추려서 설명한 에세이집이다. 삶의 괴로움·생존과 허무·사랑과 죽음·처세·명예 등을 폭넓게 다루고 있는데, 인간을 포함한 이 세상의 모든 만물은 생존의 의지를 지니고 있으며 세계는 그 의지들의 표상이라고 실존철학을 체계적으로 정리해 놓았다.

〈인생론 노트〉에서는 지혜란 인생을 가능한 한 유쾌하면서도 행복하게 살아가는 기술이어서 내면의 빈곤은 외적 빈곤까지 불러온다는 것을 적어놓았다.

메리 셸리 M. Shelley, 1797~1851

영국의 소설가·극작가·수필가·전기 작가·여행 작가·공상과학 소설의 선구자다.

아버지는 정치철학자인 윌리엄 고드윈인데, 그의 둘째 딸로 8월 30일에 태어났다. 셸리가 태어난 지 11일 만에 어머니는 세상을 떠났으므로, 부친 슬하에서 홀로 자라났다.

1801년 4살 때 아버지는 메리 제인 클레이몽과 결혼을 하였는데, 새어머니는 셸리에게 자금·학문·교육 등 모든 지원을 아끼지 않았다.

1814년 17살 때 부친의 정치적 추종자이면서 유부남이던 퍼시 비시 셸리와 연애를 하기 시작하였는데, 배다른 여동생과 함께 세 사람이 프랑스와 유럽 여행을 떠났다. 이때 메리는 임신 중이었는데, 이웃들로부터 쏟아지는 비난으로 인해 배 속의 아이는 유산되고 말았다.

1816년 19살 때 퍼시 셸리의 부인이 죽었고, 년 말쯤에 둘은 결혼을 하였다. 그 후 스위스의 제네바 근방에서 여름을 보냈는데, 이곳에서 메리는 〈프랑켄슈타인〉의 큰 틀을 구상하였다.

1818년 21세 때 소설 〈프랑켄슈타인〉을 출간하였는데, 프랑켄슈타인은 현대판의 프로메테우스다. 프로메테우스는 그리스 신화에 나오는 영웅으로, 오직 신만이 소유할 수 있는 불을 훔쳐다가 인간에게 준 사람이다. 이 프로메테우스 덕분에 인간은 불로 문명을 시작하게 되었지만, 인간에게 불을 주지 않으려고 통제하던 제우스는 결국 분노해서 프로메테우스를 코바서의 바위에 묶어 매일 독수리에게 간을 쪼이는 고통을 맛보아야만 되었다. 이토록 과학은 인간에게 유익을 주지만, 그로 인해 불행이 생길 수도 있다는 이야기이다.

주인공인 빅터 프랑켄슈타인 박사는 자신이 만든 생물체를 악마·괴물·피조물·만들어진 생명체라고 불렀다. 시신 여러 구를 짜 맞추어서 살아 움직이는 생명체를 만들려고 애를 쓴다는 이야기 인데, 이 책은 인기가 많아서 연극·영화·뮤지컬로 재탄생되기도 하였다. 그 후 메리는 영국을 떠나 이탈리아로 가서 둘째 아이와 셋째 아이를 연달아 낳았는데, 모두 죽었다. 그리고 네 번째 아이 만 살아남았다.

1822년 25세 때 남편은 라스페치아 부근에서 항해를 하다가 폭 풍우를 만나 익사하였고,

1823년 26세 때 역사소설 〈발퍼가〉를 발표하였다.

1824년 27세 때는 영국으로 돌아와서 아들 양육과 전문작가의 길을 걸었으며,

1826년 29세 때 묵시 소설 〈최후의 인간〉을 발표하고,

1830년 33세 때 〈퍼킨 웨백의 행운〉을 발표하였다.

1835년 38세 때 〈조도어〉를 발표하였고,

1837년 40세 때 〈포크너〉를 발표하였으며,

1841년 44세 때부터는 투병 생활에 들어갔다.

1844년 47세 때 〈독일과 이탈리아 산책〉을 발표하였는데, 이것 은 1840년·1842년·1843년에 여행한 기행문들이었다.

1846년 49세 때 전기문 〈잡동사니 백과사전〉을 발표하였는데, 이것은 1829년부터 1846년까지 쓴 글들을 모은 책이다.

1851년 54세 2월 1일에 사망하였는데, 사람들은 뇌종양이 원 인일 거라는 추측만 하고 있다.

발자크 H. Balzac, 1799~1850

프랑스의 극작가·소설가·근대문학의 창시자다.

아버지는 프랑스의 대혁명 혼란 중에 일약 출세해서, 투르에 주 둔한 육군사단에서 양곡 부장을 하였다. 어머니는 상업 시민의 딸 이었는데, 나이는 18세였다. 그러니까 아버지는 어머니보다 서른 두 살이나 많았는데, 그 첫 번째 아들이 태어나서 바로 죽었다. 그 런 탓에 어머니는 발자크가 5월 20일에 태어난 즉시 이웃 마을의 헌병 아내에게 맡겨서 철이 들 때까지 헌병 아내인 유모의 품에서 자라났다. 발자크는 아래로 네 명의 동생이 있었다.

1803년 4살 때 발자크는 집으로 돌아왔는데, 훗날 발자크의 자전 적 요소가 강한 〈골짜기의 백합〉에는 그의 어머니가 매우 박정했다 고 썼다. 그렇게 해서 어머니의 사랑은 받지 못하면서 자라났다.

1807년 8세 7월 22일에 반돔의 오라토리오 수도회 중학교에 들어가서 기숙하였는데, 1813년 집으로 돌아갈 때까지 한 번도 집에 간 적은 없으면서 오로지 책만 탐독하였다. 독서나 우울감에 사로잡힌 고독한 소년이 되었는데, 지나친 독서에 따른 우울증으 로 인해 병약해졌으므로 발자크는 집으로 보내졌다.

1813년 14세 때 일 년간 요양하고 투르 고등학교에 입학해서 통학하였다.

1814년 15세 7월 11일에 아버지가 파리의 군 제1사단의 식품 총수로 임명되어 이사하게 되었는데, 이때에도 발자크는 레피트 르 하숙 집에서 기숙하였다.

1815년 16세 때 고등과정을 다니면서 토리니로 강세 신부학원

에서 기숙하였고,

1816년 17세 때 파리대학교 법학부에 적을 두었는데, 아버지의 권유로 11월 4일부터 법률사무소의 변호사 집에서 견습 서기로 일하였다. 그러나 이쪽으로는 취미가 없어 꿈을 포기하긴 하였지만, 이때의 경험을 살려 〈샤베르 대령〉·〈인생 초년기〉·〈인간희극〉을 쓰게 되었다.

1819년 20세 4월에 법학부 제1차 졸업시험에 합격하였지만, 2차 시험은 응시하지도 않았으며 자격증도 따지 않았다. 대신 작가 수업에 전념하면서 서간체 소설 〈스테니 혹은 철학적 오류〉를 썼다. 이 해에 아버지는 일흔세 살로 은퇴하였고, 파리시로 이사를 하였다. 그리하여 8월부터 발자크는 금 레다가거드로 9번지의 다락방에서 살아야만 되었는데, 이때 발자크는 〈잃어버린 환상〉을 썼다.

1820년 21세 때 비극 〈크롬웰〉을 썼지만, 인정을 받지 못해 통속소설 작가로 전향해서 근근이 입에 풀칠을 해나갔다. 그러면서 〈사보니티 주교의 작품〉도 썼는데, 이 소설은 카노사 시대 이탈리아에서 일어난 사건을 다루었다.

1824년 25세 때는 〈옷치장의 규범〉·〈정직한 이들의 규범〉·〈기도에 관한 논문〉·〈예수회의 불완전한 역사〉 등을 써서 발표하였고,

1825년 26세 때는 베르니 부인의 자금으로 출판업과 인쇄업을 하였지만, 실패하였다.

1828년 29세 때 정치군대 소설 〈올빼미 당〉을 발표하였고,

1829년 30세 때 〈결혼의 생리학〉과 환상소설 〈나귀 가족〉을 발표하였으며, 〈마지막 올빼미 혹은 브르타뉴〉도 발표하였다.

1830년 31세 때 〈고브세크〉를 발표하였고,

1831년 32세 때는 〈서른 살의 여인〉을 발표하면서 문단의 지위가 확고해졌다. 이때 괴테로부터 찬사도 받았다.

1832년 33세 때 〈루이랑 베르〉와 〈투르의 신부〉를 발표하였고,

1833년 34세 때는 사실주의 문체소설 〈외제니 그랑데〉와 〈시골 의사〉를 발표하였으며,

1834년 35세 때 〈절대의 탐구〉를 발표하였다. 그리고 사실주의 문체소설 〈고리오 영감〉도 발표하였다.

1835년 36세 때는 〈세라피타〉를 발표하였고,

1836년 37세 때 아름다운 소설 〈골짜기의 백합〉을 발표하였으며,

1837년 38세 때 〈파문자〉와 〈세자르비로초의 영화와 몰락의 역사〉를 발표하였다.

1838년 39세 때 〈뉘싱겐가〉를 발표하였고,

1839년 40세 때 〈시골의 신부〉와 〈베가트리스〉를 발표하였으며,

1841년 42세 때 〈위르쉴르미르에〉를 발표하였다. 그리고 철학소설 〈미지의 걸작 사건〉도 발표하였다.

1842년 43세 때는 〈가재잡이 여인〉을 발표하였고,

1843년 44세 때 〈잃어버린 환상〉을 발표하였으며,

1846년 47세 때 〈종매베트〉를 발표하였다.

1847년 48세 때는 〈창녀들의 영광과 몰락〉과 〈사촌 퐁스〉를 발표하였고,

1848년 49세 8월에는 러시아 당국으로부터 우크라이나 방문을 허가하는 여권을 획득하였는데,

1850년 51세 8월 18일에 심장병으로 사망하였다.

푸쉬킨 A. Pushkin, 1799~1837

러시아 제일의 시인·소설가·산문가다.

문단의 중진들과 친교가 많던 아버지와 사교계에서 명성이 자자하던 어머니 사이에서 6월 6일에 태어났다. 외할아버지는 이디오피아의 귀족 흑인이었는데, 표트르 대제를 섬기던 사람이었다. 그런데 푸쉬킨은 양친의 보살핌은 받지 못하였고, 외조모와 유모의 보살핌 속에서 유년 시절을 보냈다. 푸쉬킨이 태어나서 살던 푸쉬킨 시는 예까제리나2세의 왕족 마을이었는데, 러시아에서 유일하도록 해발 700m 지역에 조성된 알렉산드로1세의 여름 궁전 옆이었다.

푸쉬킨은 이공계 점수는 빵점이었지만, 문과에서는 올 100점을 맞으면서 16개 국어를 자유자재로 구사할 수 있었다. 그리하여 민중들의 말을 감정적으로 대담하게 표현하는 기술이 있었다.

1820년 21세 때는 이로 인해 남러시아로 추방을 당하였지만, 추방당했음에도 불구하고 국민의 언어에 근거한 러시아어를 정립함으로써 리얼리즘의 문학을 확립시켜 놓았다.

1826년 27세 때 새 황제 니콜라이1세가 푸쉬킨을 불러들여 시를 쓰도록 하였지만, 또 질책을 당하였다.

1827년 28세 때는 상트 페테르브르그로 가서 〈표트르 대제의 흑인〉이라는 소설을 썼는데, 이 소설에서 푸쉬킨은 표트르 시대 귀족들의 생활상과 새로이 건설되는 사회상을 리얼하게 묘사하였다. 니꼴라이1세의 대관식 날에 푸쉬킨은 신흥 장교 데까부리와 함께 혁명을 일으키려다가 실패해서 체포되었다. 그러나 신임 장교들과는 유대관계가 깊은 탓에 목숨은 부지하고, 시베리아로 유배를 당하였다.

1837년 38세 때는 유형에서 돌아와 작품 활동하였는데, 이때 〈대위의 딸〉·〈예브게니 오네긴〉을 써서 발표하였다.

〈대위의 딸〉

예까쩨리나2세 때 일어난 프카쵸프의 반란(1773~1775)을 리얼하게 묘사하였는데, 정에 약해 방황하는 그리노프와 프카쵸프를 대조되도록 그렸다. 이 소설로, 역사소설과 가정소설을 융합해서 러시아 리얼리즘 문학의 선구자가 되었다.

〈예브게니 오네긴〉

가장 아름다운 운문인데, 예브게니 오네긴은 현재의 오렌지족 같은 쓸모없는 인간의 전형이다. 귀족 집안에서 태어났으며, 잘생기고 약간은 영리하며 화술과 사교가 능한 감각적인 청년이었다. 런던의 댄디처럼 차려입고 부인네들의 미소를 자아내게 하는 1820년대의 멋쟁이 오네긴은 숙부로부터 유산 상속을 받아 시골로 내려간다. 거기에서 독일서 온 낭만시인 레스키를 통해 사교계를 드나들다가 타찌아나라는 순박한 처녀로부터 구애를 받게 된다. 그러나 오네긴은 타찌아나를 소일거리로 여겨 타찌아나의 명명일 연회에서 그녀에게 약 올리려고 넬스키의 애인 동생에게 추근거리다가 렌스키와 결투를 벌이게 된다. 열여덟 살의 렌스키를 권총으로 쏴 죽인 오네긴은 약간의 후회는 하지만, 근본의 개조에는 미치지 못함으로써 유랑길을 떠난다. 한편 타찌아나는 여전히 오네긴을 사모하면서 자라나더니 모스크바 사교계에 진출해서 장군의 아내가 된다. 긴 방랑 끝에 빈털터리로 돌아온 오네긴은 모스크바의 어느 무도회에서 타짜니아를 만나게 되었는데, 이번에는 거꾸로 오네긴이 구애했으나 퇴짜를 맞게 된다는 내용의 이야기이다.

1837년 38세 때 부인 나탈리아 콘체로바가 너무 아름다워서 단테스라는 젊은 육군 장교가 푸쉬킨의 아내를 열렬히 사랑하면서 따라다녔다. 이에 푸쉬킨은 단테스에게 결투를 청하였는데, 당시의 결투방식은 교대로 총을 쏘는 방식이었다. 푸쉬킨이 먼저 총을 쏘았지만 빗맞았고, 단테스는 젊은 장교인지라 푸쉬킨의 허리 아래 허벅지를 쏘아 관통시켰다. 그리고 3일 뒤인 2월 10일에 푸쉬킨은 사망하였다.

윌리엄 톨벗 W. Talbot, 1800~1877

영국의 사진가이고, 발명가다.
톨벗은 2월 11일에 태어난, 아마추어 화가였다.
1832년 32세 때 치퍼넘에서 국회의원이 되었고,
1833년 33세 때 이탈리아의 코모호수를 카메라 옵스큐라로 그림을 그리려고 할 때, 붓이나 연필로는 세밀한 묘사가 힘들다는 것을 알았다. 그리하여 다른 방법으로 종이에 그림을 고정시키는 방법의 연구에 들어갔다.
1835년 35세 때는 네거티브의 중요성과 사진의 복제를 생각해서 캘러타이프를 만들었다.

1837년 37세 때 초산은과 식염으로 만든 감광제를 바른 종이 위에 나뭇잎을 올려놓아 나뭇잎의 형태 이미지를 남기는 실험에 성공하였는데, 이 기술 이름이 톨벗타입이라고 불렀다. 그런 끝에 현상 과정을 확립해서 사진을 대량으로 출력하는 가능성을 개척하였다.

1840년 40세 때는 윌트셔주의 주 장관이 되었고, 니네베에서 발견된 비문에 적힌 쐐기문자를 해독해서 최초로 공헌하기도 하였다.

1877년 77세 9월 17일에 사망하였다.

빅토르 위고 Victor-Marie Hugo, 1802~1885

프랑스의 시인·소설가·극작가다.

아버지는 나폴레옹 휘하의 고급장교인 군인이었고, 어머니는 왕당파 집안의 여인이었다. 둘 사이에서 세 째 아들로, 프랑스의 브장동에서 2월 26일에 태어났다.

1815년 13세 때 파리의 코르디에 기숙학교에 들어갔는데, 거기서 독서와 시 창작에 매료되면서 프랑스의 문호가 될 것을 다짐하였다.

1822년 20세 때 첫 시집〈송가집과 잡영집〉을 간행하였고, 결혼도 하였다. 그리고〈아이슬란드의 한〉을 발표하였다.

1825년 23세 때 왕실에서 인정한 레지옹도주르기사 훈장을 받으면서 낭만주의 문학 이념의 초석을 다졌다.

1826년 24세 때 시집인〈송가집, 발라드집〉과 소설〈뷔그-자르

갈〉을 발표하였고,

1827년 25세 때는 희곡 〈크롬웰〉 서문을 발표하였으며,

1829년 27세 때 시집 〈동방 시집〉과 〈사형수 최후의 날〉을 발표하였다.

1831년 29세 때 시집 〈가을 낙엽〉을 발표하였고, 희곡 〈마리용 들로름〉과 소설 〈노트르담의 꼽추〉를 발표하였고,

1832년 30세 때 희곡 〈왕은 즐긴다〉를 발표하였으며,

1833년 31세 때 희곡 〈뤼크레스 보르지아〉와 〈마리 튀도르〉를 발표하였다.

1835년 33세 때 시집 〈황혼의 노래〉를 발표하였고,

1837년 35세 때 시집 〈마음의 노래〉를 발표하였으며,

1838년 36세 때는 운문극 〈뤼블라스〉를 발표하였다.

1840년 38세 때 시집 〈빛과 그늘〉을 발표하였고,

1841년 39세 때는 아카데미 프랑세즈 회원이 되었으며,

1843년 41세 때 희곡 〈성주들〉을 발표하였다. 내용은 13세기 라인강 변의 성주들을 주인공으로 하였는데, 이것을 극단에 올렸지만 사람들은 냉담한 반응을 보여 실패하였다. 이어 9월 4일에는 센강 하류의 빌키예에서 신혼이던 열아홉 살의 맏딸 레오폴덴 부부가 배의 전복으로 사망하자, 위고는 깊은 좌절과 혼란의 시기를 보냈다.

1851년 49세 때 루이 나폴레옹의 쿠데타에 반대하자, 국외로 추방당해서 벨기에를 거쳐 영국 해협의 저지섬과 건지섬을 전전하였다.

1853년 51세 때 시집 〈징벌〉을 발표하였고,

1856년 54세 때는 시집 〈명사 시집〉을 발표하였으며,

1859년 57세 때 시집 〈세기의 전설 제1집〉을 발표하였다.

1862년 60세 때 소설〈레미제라블〉을 출판하였는데, 〈레미제라블〉은 위고의 대표작이다. 삼천 페이지에 달하는 거대한 소설인데, 1832년 위고가 30세 때 벌어졌던 6월의 봉기에서 얻은 처절한 실패담으로 이틀 동안에 벌어졌던 일을 썼다. 봉기의 첫날은 6월 5일이었는데, 위고는 정원에서 글을 쓰고 있었다. 갑작스러운 총소리에 놀라 소리 나는 방향으로 따라 가보니 정부군과 시민군은 시가전을 벌리고 있었는데, 19세기 초에 비참했던 프랑스 민중의 삶과 봉기를 그렸다.

1866년 64세 때는 소설 〈바다의 노동자〉를 발표하였고,

1870년 68세 때 보불전쟁에 따른 나폴레옹 3세의 몰락과 함께 위고는 공화주의 옹호자로 민중의 열렬한 환호 속에서 파리로 돌아왔는데, 19년간에 걸친 망명 생활이 끝났다.

1872년 70세 때 시집 〈두려운 해〉를 발표하였고,

1874년 72세 때 소설 〈93년〉을 발표하였으며,

1877년 75세 때 〈세기의 전설 2집〉이 출간되었다.

1883년 80세 때 〈세기의 전설 3집〉이 출간되었고,

1885년 82세 5월 22일에 사망하였다. 국장의 예의를 받았으며, 그의 유해는 핑테옹에 안장되었다.

헨리크 아벨 N. H. Abel, 1802~1829

노르웨이의 천재 수학자다.

경제적으로 어려운 집안에서 8월 5일에 태어났으나, 수학에 대한 열정은 대단하였고 호른보애 선생님을 만나 수학에 흥미를 갖게 되었다. 호른보애 선생님이 개인지도를 해주면서 경제적인 지원까지 보태주었다.

1818년 16세 때는 뉴턴·오일러·가우스 등의 저서들을 읽으면서 혼자 공부하였다.

1820년 18세 때 아버지가 사망하자 더 가난해져 힘들었지만, 수학에 대한 열정만은 포기하지 않았다.

1821년 19세 때 〈5차 방정식의 연구〉로 명성을 얻으면서 추천을 받아 대학교에 들어갔다.

1822년 20세 때는 대학교에서 뛰어난 성적 덕분에 1년 만에 졸업하였다. 대학을 졸업하고 독일과 프랑스 등지를 다니며 많은 수학자를 만났고, 여러 개의 논문을 썼다. 대표적인 논문은 〈5차 방정식은 근의 공식이 없다〉인데, 이 논문을 당대 최고의 수학자이던 독일의 카를 프리드리히 가우스에게 보냈다. 그러나 가우스는 쳐다보지도 않았다.

1823년 21세 때 크리스티아니아대학교를 졸업하고,

1825년 23세 때 독일 베를린으로 유학 갔다.

1827년 25세 때 귀국해서 유한개의 제곱근과 사칙 연산을 이용한 타원함수·적분방정식·5차 방정식의 대수적 불능문제연구에 들어갔고, 그 결과 〈5차 이상의 대수방정식에는 근(根)을 구하는 공식이 없다〉는 것을 최초로 밝혀내었다.

$$ax^5+bx^4+cx^3+dx^2+ex+f = 0$$

$$a\neq 0$$

이는 제곱 연산 $^n\sqrt{}$ 사칙 연산만으로 근의 공식이 존재하지 않는다는 것을 처음으로 정확하게 증명하였는데, 이것을 〈아벨 루피지 정리〉라고 한다. 그러나 아벨은 일자리라 없어서 빈곤하게 살다가

1828년 26세 때 아벨의 성과가 유럽의 수학계에 알려지면서 교수직 제안을 받았다. 그러나

1829년 27세 4월 6일에 결핵으로 사망하였다.

나다나엘 호손 N. Hawthome, 1804~1864

미국의 소설가다.

매사추세츠 세일런의 청교도 집안에서 더 새니얼 헤이돈인 아버지와 엘리자베스 클라크 메닝이라는 어머니 사이에서 7월 4일에 태어났다.

1808년 4살 때 선장이던 아버지가 사망하였고, 어머니는 루이자·엘리자베스·호손을 데리고 방안에 틀어박혀 지냈다. 할아버지 존 호손은 1692년에 열아홉 명의 여인을 마녀재판에서 교수형으로 언도했던 판사였다.

1816년 12세 때 가족과 함께 메인주의 산골 레이먼드로 이사 가서 고독과 벗하는 검은 베일을 쓰고 독서에 몰두하며 하루를 지내다가 땅거미가 지면 밖으로 나와 산책을 하는 은밀한 생활을 하였다.

1819년 15세 때 다시 세일럼으로 돌아와서,

1821년 17세 때는 보든대학교에 입학하였다. 그리고 글쓰기를 시작하였는데, 시인 롱펠로우와 대통령 프랭크린 피어스와는 동창생이다.

1828년 24세 때 보든대학교 시절을 소재로 한 로맨틱 장편소설 〈팬쇼〉를 익명으로 자비출판 했지만, 인기가 없자 전부를 회수해 버렸다.

1830년 26세 때 문예지 더 토큰에 단편소설을 발표하였고,

1837년 33세 때는 단편 소설집 〈두 번째 해준 이야기〉를 출판하였으며,

1838년 34세 때까지 44편의 단편을 발표하였다.

1840년 36세 때 단편소설 〈할아버지의 의자〉를 발표하였고,

1842년 38세 7월 9일에는 소피아와 결혼을 하였는데, 소피아는 내조형의 아내여서 가난 속에서도 아무런 불평 없이 남편을 부추겨 주었으므로 무척이나 행복하였다. 생활비를 벌려고 세관에서 일하였지만, 넉넉하지 못한 수입 때문에 항상 가난하였다.

1846년 42세 때 단편소설 〈낡은 목사관의 이끼〉를 발표하였고,

1850년 46세 때는 대통령 후보 테일러가 당선되자 반대당의 공직자들을 모두 추방하는 통에 호손은 실직자가 되고 말았다. 그러나 금실 좋기로 유명한 부인은 호손을 위로하면서 부추겼다. "그럼 이제 당신은 글을 쓸 수 있게 되었네요." 이러한 부인의 세심한 배려에 감동받은 호손이 장편소설 〈주홍글씨〉를 쓰기 시작하였고, 발표해서 많은 호평을 받았다. 그 내용은 이러하다.

어느 여름날 보스턴시 광장에서는 헤스터프린이 재판을 받는

다. 비록 외지로 나가 소식은 없었지만, 남편 있는 여자가 임신해서 사생아를 낳았기 때문이었다. 목사들의 추궁에도 남자의 이름을 밝히지 않자 그녀의 가슴에는 간음을 상징하는 'A'라는 주홍글씨를 평생토록 가슴에 달고 다니라는 언도가 내려졌는데, 이 작품의 무대는 17세기 초 청교도인들의 마을이던 세일런이었다. 훤칠한 키에 우아한 모습의 헤스터프린은 미국에서도 가장 보수적이며 윤리의식이 강한 청교도 풍의 생활에 넌덜머리를 내던 끝에 아더 딤스데일 목사와 불륜을 맺어 임신했기 때문이었다. 남편은 칠링워드로 의사였는데, 그 사실을 밝혀내기 위해 혈안이 되었다.

한편 딤스데일 목사는 양심의 가책 때문에 자신을 학대함에서 날로 쇠약해져 갔는데, 그 사이 헤스터프린는 형기를 마친 다음 가슴에 주홍빛의 'A'자를 달고 외딴집에서 딸 퍼얼과 조용히 살아가고 있었다. 바느질을 삶의 방편으로 삼으면서 온갖 치욕을 이기고 애인과 딸을 위해 살아가는 미국적인 강인한 여성상을 그려냈다. 건강을 잃게 된 딤스데일 목사는 그 상담역으로 칠링워드를 택하였는데, 교묘하게 접근해서 주치의가 된 칠링워드는 딤스데일 목사와 한집에서 살며 목사를 돌보는 사이 장본인이 딤스데일임을 눈치챘다.

이를 알게 된 헤스터는 남편에게 용서를 구하지만, 거절당하자 헤스터는 숲속에서 딤스데일 목사에게 함께 유럽으로 도망칠 것을 제의한다. 그러나 칠링워드의 방해로 계획은 묵살되고 만다. 그러자 딤스데일은 자신의 죄를 고백할 것을 결심하고 하나님을 행해 절규의 음성으로 용서를 빈 다음, 헤스터와 퍼얼의 손을 잡고 처형대로 올라가서 외친다. "나를 성스러운 인간이라고 믿었던 여러분. 헤스터가 달고 있는 A자는 바로 이 남자에게 찍혀 있습니다. 그 증거를 보십시오." 하면서 자결하는데, 딤스데일은 헤스터와 퍼얼의 키스를 받으면서 숨지는 것으로 끝난다.

이 책에서는 정신적인 고뇌에 대한 심리적인 갈등이 잘 그려져 있고, 인간의 범죄로 인한 타락으로 심리적 갈등의 비극을 잘 묘사한 작품이다. 낭만주의의 색채 속에서 상징과 우의, 신비와 괴이함을 작품 속에 승화시켜 참회와 구원의 문제를 다룬 것으로 높이 평가되고 있다. 이 소설에서는 세 가지 죄가 나타나는데, 헤스터는 형벌을 받고 끝났으며, 딤스데일은 순간의 죄로 죽음이란 결말을 맞았다. 그리고 용서하지 못한 죄는 결국 비극을 자초할 수밖에 없다는 교훈을 남겼다.

1851년 47세 때 장편소설〈일곱 박공의 집〉을 발표하였는데, 이 소설은 부르크 농장에서 경험한 이상사회와 자선사업에 대한 풍자글 그렸다. 그리고 삼각연애를 그린 〈블라이드 데일 로맨스〉를 출판하였지만, 이 작품은 호평을 받지 못하였다.

1852년 48세 때 친구 프랭크린 피어스가 대통령에 출마하자 그를 위해 〈피어스 전〉을 자진해서 썼으며, 5월에 피어스가 대통령에 당선되자 7월 6일에 호손은 영국의 리버풀 영사로 임명을 받아서 영국으로 갔다. 영국에서 단편소설〈눈의 이미지와 다른 두 번째 줄 이야기〉와 〈소녀와 소년들을 위한 놀라운 책〉을 출판하였다.

1853년 49세 때 단편소설 〈탱글운드 이야기〉를 발표하였고,

1856년 52세 때 단편소설 〈달리버 로맨스와 단편〉을 발표하였으며,

1857년 53세 때까지 리버풀 영사로 5년간 일하다가 8월에 사

임하고 유럽 각지를 여행하였다.

1859년 55세 때 단편소설 〈큰 바위 얼굴과 다른 흰 산 이야기〉
와 〈하늘 철도와 단편〉을 발표하였고,

1860년 56세 6월 28일에는 귀국해서 영국의 풍경과 생활풍습
등을 스케치풍으로 쓴 글들을 발표하였는데, 많은 호평을 받았다.

1864년 60세 때 보양 차 친구 피어스와 함께 뉴햄프셔 힐로 여
행하다가 플리머에서 5월 19일에 객사하였다.

안데르센 H. Andeerson, 1805~1875

덴마크의 동화작가다.

오덴세에서 아버지는 구두수선 공이었고, 어머니는 세탁부였
다. 그들 사이에서 4월 2일에 태어났는데, 안데르센이란 이름은
루터교에서 세례를 받을 때 대부모가 지어주었다.

1816년 11세 때 아버지가 병으로 사망하였는데, 가난 때문에
배우가 되기로 작정하였다.

1819년 14세 때 연극배우가 되려고 코펜하겐으로 갔는데, 변성
기 이후에 목소리가 탁해지면서 꿈을 접어야만 하였다. 그러나 작
가로서의 재능을 알아본 덴마크의 국회의원이자 예술 애호가 콜
린이 라틴어 학교를 보내주었는데, 그곳에서 재학 중에 〈죽어가
는 아이〉란 제목의 시를 발표하였다.

1828년 23세 때는 5년 동안 다니던 라틴어 학교를 그만두고,
공부를 열심히 해서 코펜하겐대학교에 들어갔으며,

1834년 29세 때 독일과 프랑스를 여행한 후 장편소설 〈즉흥시인〉을 써서 발표하였다. 이것으로 호평을 받았다.

1835년 30세 때 〈아이들을 위한 동화〉라는 동화집을 출간하였는데, 이 동화집 속의 〈눈의 여왕〉은 전쟁에 참전했다가 신경쇠약으로 사망한 아버지를 눈의 요정이 데려갔다고 말한 어머니의 말이 모티브가 되었다. 그리고 〈성냥팔이 소녀〉는 아버지 사망 후 홀로 남겨진 어머니의 이야기를 썼다.

1843년 38세 때 〈미운 오리 새끼〉를 발표하였는데, 이것은 186cm의 장신이던 안데르센에게 오랑우탄이라고 놀림당하던 자신의 자전적인 이야기다. 이어서 안데르센은 〈분홍신〉·〈인어공주〉·〈벌거숭이 임금님〉·〈엄지공주〉·〈꿋꿋한 주석 병정〉·〈야생의 백조〉·〈나이팅게일〉 등을 발표하였고,

1867년 62세 때 고향 오덴세에서 명예시민이 되었으며,

1872년 67세 때까지 총 160여 편의 동화작품을 발표하였다.

1875년 70세 8월 4일에 코펜하겐에서 병으로 사망하였는데, 그의 장례식에는 국왕과 왕비가 참석하였다.

애드거 앨런 포 E. Poe, 1809~1849

미국의 시인·소설가·공포 추리소설 작가·비평가·미국 단편소설의 선구자다.

보스턴에서 유랑 배우 부부의 둘째로 1월 19일에 태어났다. 형의 이름은 윌리엄 헨리 레퍼드 조이고, 여동생은 로잘지 포다.

1810년 태어난 지 18개월 만에 아버지는 가출을 해버렸고,

1812년 3살 때 어머니는 결핵으로 사망해서 고아가 되었다. 그러자 버지니아주의 리치먼드에 살고 있던 존 앨런과 프란세스 앨런 부부가 포를 데려갔는데, 정식으로는 입양하지 않았다. 성공회에서 세례를 받았고,

1815년 6세 때는 양부모를 따라 영국으로 갔다.

1817년 8세 때 기숙학교에 들어갔다가,

1820년 11세 때 다시 리치먼드로 돌아왔다.

1825년 16세 때 양아버지는 그의 삼촌이 죽자 막대한 유산을 받게 되었다.

1826년 17세 2월에 버지니아대학에 등록해서 고대 및 근대언어를 공부하였지만, 양아버지가 돈을 대주지 않아 돈이 없어 한 학기만 다니고 중퇴하였다.

1827년 18세 때 육군에 입대해서 보스턴 사람이라는 필명으로 〈타메를란 외 시집〉을 출간하였고,

1829년 20세 4월 15일에 전역해서 두 번째 책 〈알아라이프 타메를란 외 시집〉을 출판하였으며,

1830년 21세 7월 1일에는 사관생도가 되었다. 그러나 양아버지와의 다툼이 벌어져서 명령 불복종 혐의를 받고 퇴학을 당하였다.

1831년 22세 2월 뉴욕에서 3권짜리 시집을 출판하였는데, 제목은 그냥 〈시집〉이었고,

1833년 24세 때 지역신문에 단편소설 〈병 속에서 발견된 원고〉를 투고해서 입상하였으며,

1835년 26세 때는 문예지의 부주간이 되었지만, 술을 마시다가

걸려서 몇 주 만에 해고를 당하였다. 그리하여 필라델피아와 뉴욕 등지를 전전하다 볼티모어로 돌아와서는, 열세 살짜리 사촌 여동생 버지니아 클렘과 결혼하였다.

1837년 28세 때 메신저 지에서 일을 하였고,

1838년 29세 때는 〈낸터킷의 아서 고든 핌의 이야기〉를 발표해서 좋은 평을 받았다.

1839년 30세 때 버스트 젠틀맨스 매거진의 부 주필이 되면서 두 권짜리 단편집 〈그로테스크하고 아라베스크한 이야기들〉을 출간하였는데 평은 좋지 않았다. 그리고 〈어서 가의 몰락〉도 출간하였다.

1840년 31세 때 버튼스 지를 떠나 그레이엄스 매거진의 부 주필이 되면서 자기 소유의 문예지를 창간하려고 애썼지만, 번번이 무산되고 말았다.

1841년 32세 때 〈모르그가 살인사건〉을 써서 출간하였다. 주인공 듀팡(캐릭터의 대명사로 셜록홈즈의 모티브가 된 인물이다)은 프랑스의 명문가 출신이었지만, 가난했다는 이야기를 썼다.

1843년 34세 때 〈검은 고양이〉를 출간하였고,

1845년 36세 때 시집 〈도래까마귀〉를 출간해서 일시적으로 성공하였지만,

1847년 38세 1월 30일에 아내 버지니아가 폐결핵으로 사망하였고,

1849년 40세 때 시 〈애너벨리〉를 썼다. 이 시는 폐결핵의 악화와 한 겨울에 땔감이 없어서 고양이의 체온에 의지하다 죽어간 아내 버지니아를 그리며 지은 시다.

아주 여러 해 전

바닷가 어느 왕국에

당신이 아는지도 모를 한 소녀가 살았다.

나를 사랑하고

내 사랑을 받을 일밖엔

소녀는 아무 생각도 없이 살았다네.

　이 시를 쓴 후 10월 7일에는 볼티모어 거리에 인사불성으로 쓰러져 있는 것을 병원으로 옮겼지만, 사인은 불분명한 채 사망하였다.

다윈 C. Darwin, 1809~1882

　영국의 생물학자·지질학자·진화론자다.

　슈루즈베리 지방에서 2남 4녀 중 다섯 번째 아이로 태어났는데, 둘째 아들이었다. 다윈은 할아버지도 아버지도 저명한 의사였는데, 아버지를 닮아 얼굴은 넓적하면서 잘 생겼으며 어머니의 피부를 닮아서 피부는 하얗다. 집안 특유의 도드라지도록 짙은 눈썹을 가졌으며, 어려서부터 식물과 곤충채집에 관심이 많아 틈만 나면 채집에 열중하곤 하였다.

　1817년 8세 때 초등학교에 입학하였고,

　1818년 9세 때는 슈루즈베리 학교에서 공부하였으며,

　1825년 16세 때 겨울에 에든버러대학교의 의과에 입학하였지만,

　1827년 18세 때 수술실에서 비명을 지르는 아이를 본 뒤 의학

보다는 자연 체계적인 원리에 관심이 더 가면서 의사가 적성에 맞지 않다고 생각하게 되었다. 그리하여 에든버러대학을 떠나 성공회의 신부가 되기 위해 케임브리지대학교 신학과에 입학하였는데, 스승이던 존 스티븐슨 헬슬로는 다윈에게 지질학 공부를 권하였다. 그런데 표본 수집을 도울 수 있는 신사 과학자를 구한다는 내용이 있어서 다윈은 케임브리지의 클리스트 칼리지에서 생물학 공부도 하였다.

1831년 22세 때 최고 성적으로 대학을 졸업한 다음, 자원해서 북 웨일즈로 지질학 연구를 위해 탐사 여행을 떠나는 팀에 합류해서 12월 27일에 출발하였다. 대원 73명과 함께 바글호를 타고 테네리페섬으로 갔는데, 다윈은 식물연구를 위해 남태평양의 여러 곳의 섬들을 배를 타고 다니면서 바다에서 5년간 지질조사와 생명들을 채집하면서 가는 곳곳마다에서 스승 존 스티븐슨 헨슬로에게 편지를 써 보냈다.

1835년 26세 때 스승 헨슬로는 다윈이 보낸 편지들을 모아 〈지리학 편지〉라는 제목으로 팜프렛을 만들어 여러 곳에 배포함으로써 다윈은 유명인사가 되었다. 이어 남아메리카 서해안의 갈라파고스제도로 갔는데, 갈라파고스는 열여덟 개의 섬으로 되어있었다. 새카맣게 탄 바위섬 위에는 이구아나와 육지거북들과 새들이 뒤덮여 있었는데, 각각의 변종들은 자기 섬에서만 살고 있다는 것을 이때 다윈은 알아내었다.

1839년 30세 때 〈바글호 항해기〉를 출간하였고,

1842년 33세 때는 〈산호초의 분포구조〉를 발표하였으며,

1844년 35세 때 〈화산도의 지질학적 관찰〉을 출판하였다.

1846년 37세 때 〈남미 지질학적 관찰〉을 발표하였고,

1859년 50세 때 다윈은 〈종의 기원〉이란 책을 출간하였는데, 그 속에 든 〈자연선택을 통한 기원에 관하여〉를 1,250부를 11월 24일 쌀쌀한 목요일 아침에 인쇄하였다. 그런데 이들 모두가 첫 날 15실링이라는 가격으로 판매되는 기록을 남겼고, 같은 생물이 라도 환경에 적응하기 위한 노력으로 주위 환경에 따라 그 모양이 나 생활하는 모습이 각기 다르다는 것을 알아내면서 진화론에 대 한 확신을 얻게 되었다. 그리하여 라마르크의 개념인 단단한 씨 를 먹은 핀치는 부리를 강화시켜 적응해야 한다는 것이 인정되었 고, 기린의 목이 긴 것은 어느 조상의 변이체에서 생겼다는 주장 도 하였다.

1882년 73세 4월 19일에 사망하였다.

고골리 N. Gogol, 1809~1852

소련의 소설가·극작가다.

우크라이나 폴타바현 미르고로드군 소로친치에서 귀족 백 명에 가까운 농노가 있는 소유주의 맏아들로, 카자흐의 혈통을 이어받 아서 3월 31일에 태어났다.

1828년 19세 고교 졸업 후, 하급 관리가 되어 습작을 시작하였고,

1830년 21세 때 〈이반 쿠팔라의 전야〉가 신문투고에 개재되면 서 각광을 받기 시작하였다. 고골리는 어두운 성격의 소유자였고, 푸쉬킨을 매우 존경해서 그의 책상 위에는 언제나 푸쉬킨 사진을

놓고 살았다.

1835년 26세 때는 10월부터 12월까지 두 달간 쓴 역사소설 〈타라스브리바〉를 미르고로드지에 발표하였는데, 환상의 서정미와 풍자 경향의 강화로 인간의 마음에 도사린 악의 표현이라고 해서 사회의 비판을 받았다.

1836년 27세 때 희곡 〈검찰관〉을 발표하였는데, 이 작품은 관리사회의 부정을 풍자한 5부작이다. 주제는 스승 푸쉬킨으로부터 얻은 것이라고 전해지는데, 1막은 빼째르부르그의 경박한 청년 프레스타코프가 시골 여관에서 도박으로 여비를 몽땅 털리고 오도 가도 못하는 지경을 묘사해 놓았다. 그러나 공교롭게도 그 지방의 읍장·교육감·판사·병원장·우체국장·경찰서장 및 탐관오리들과 지방의 상인들은 그가 중앙정부에서 밀파된 검찰관으로 오인해서 전전긍긍하게 된다. 읍장 집에 초대된 프레스타코프는 대접을 융숭하게 받으면서 읍장의 딸까지 희롱한 다음, 패물과 받은 돈으로 주머니를 두둑하게 채운다. 그리고 조소의 편지를 남기고 그곳을 떠나버리는데, 일동들은 이를 갈면서 원통해 한다.

그런데 이번에는 진짜 검찰관이 와서 아연실색하는 것으로 끝이 나는 이야기인데, 이 작품에서 러시아의 지방 도시에 깊이 뿌리내린 관리들의 태만과 방종으로 하는 근무태도와 공금횡령·무지·허영 등의 사회악을 싫증 나도록 드러내었다. 실제로 검찰관에 등장하는 인물들은 실제 국가의 중추를 이루고 있는 내무·문교·사법·사회·보건·체신·교통·공안 등의 썩어 빠진 공직을 상징한 것들로, 4월 19일에 알렉산스린스킨 극장에서 초연되었다. 이로 인해 고골리는 비판적 리얼리즘의 창시자가 되었지만, 관료주의 사회악을 철저히 폭로한 탓에 찬반 회오리가 격렬해졌으므로 고골리는 로마로 피신을 가야만 되었다.

로마에서 〈죽은 혼(넋) 1부〉를 집필하고 〈외투〉도 썼다. 그리고 〈죽은 혼 2부〉를 쓰면서 악만을 들추어내는 자신의 재능에 회의를 느껴 정신착란을 일으키기 시작하였고,

1852년 43세 3월 4일에 단식을 하다 사망하였다.

슈만 R. Schuman, 1810~1856

독일의 작곡가·음악 평론가다.

작센주 츠비카우에서 저술가이면서 출판업을 하는 아버지 슬하에서 6월 8일에 태어났다. 아버지의 영향으로 시인이 되고 싶어 했지만, 부모의 권유로 라이프치히대학교와 하이델베르크대학교에서 법학을 공부하였다. 그러다 프랑크푸르트에서 이탈리아의 작곡가 니콜로 파가니니의 연주를 보고 당대 최고이던 음악 교사 프리드리히비크 교수의 문하에 들어가서 음악을 공부하였다. 처음에는 피아니스트가 되려 하였다.

1830년 20세 때 〈아베그 변주곡 바장조〉를 작곡하였고,

1831년 21세 때는 19세 때에 시작한 〈나비〉를 완성해서 음악 평론가가 되었다.

1832년 22세 때는 오른손 검지와 중지에 부상을 입어서 쓸 수 없게 되었으므로 작곡만 하였다. 이때부터 슈만은 정신병이 발발하고 있었으나, 〈파가니니의 카프리스에 의한 연습곡〉과 〈토카타

다장조)를 작곡하였다.

1833년 23세 때 〈파가니니의 카프리치오에 의한 6개의 연주회 연습곡〉을 작곡하였으며,

1834년 24세 때 음악 신보를 창간하면서 〈교향적 연습곡〉을 작곡하였다.

1835년 25세 때는 〈사육제〉·〈소나타 1번 올린 바단조〉·〈소나타 3번 바단조〉를 작곡하고, 관현악 연주가 없는 〈소나타 2번 사단조 협주곡〉을 작곡하였다.

1837년 27세 때 〈다윗 연습곡〉·〈다윗의 동맹 춤곡 집〉·〈환상 소곡 집〉인 13곡의 모음곡을 발표하였다.

1838년 28세 때 〈어린이 정경〉과 〈클라이슬레니아나〉를 작곡하였고,

1839년 29세 때 〈환상 다장조〉와 1836년에 편집한 것을 다시 정리해서 〈아라베스크〉·〈춤의 곡〉·〈후모레스케〉등 아홉 개의 소품들을 손보아 발표하였다. 그리고 〈빈 사육제의 어릿광대〉도 발표하였다.

1840년 30세 때 아내 클라라 바이크와 결혼하였는데, 바이크는 열네 살 때 슈만에게 빠져서 법정 투쟁 끝에 결혼한 좋은 협력자였다. 프리드리히 비크의 딸로, 우수한 피아니스트였다. 그 후 〈하이네의 시를 가곡 모음〉과 〈아이헨도르프의 시를 가곡 모음〉을 발표하고, 가곡집으로 〈은매화〉도 발표하였다.

1841년 31세 때 〈봄 내림 나장조〉·〈서곡 스케르초〉·〈피날레 마장조〉를 발표하였고,

1842년 32세 때 가곡집 〈여인의 사랑과 생애〉를 발표하고, 〈피아노 4중주 내림 마장조〉·〈피아노 5중주 내림 마장조〉·〈현악 4

중주 1번 가단조〉·〈2번 바장조〉·〈3번 가장조〉를 발표하면서 멘델스존의 라이프니치 음악원의 강사가 되었다.

1843년 33세 때 〈페리와 파라다이스〉와 〈오라토리오〉를 발표하였고,

1844년 34세 때 드레스덴리더타펠의 지휘자로 활약하였으며,

1846년 36세 때 〈교향곡 2번 다장조〉를 발표하였다.

1847년 37세 때 〈피아노 1번 라단조〉와 〈2번 바장조〉를 발표하였고,

1848년 38세 때는 〈오페라 게노베바〉·〈어린이를 위한 앨범〉·〈가곡집 시인의 사랑〉을 작곡하였으며,

1849년 39세 때 〈부스 음악 만프레드〉를 작곡하였다.

1850년 40세 때 〈교향곡 3번 라인 내림 마장조〉를 작곡하였고, 뒤셀도르프의 오케스트라 및 합창단의 지휘자가 되었으며,

1851년 41세 때는 1841년에 쓴 곡 〈교향곡 라단조〉를 다시 개정해서 발표하였고, 〈메시아의 결혼 서곡〉도 발표하였다. 그 후 〈율리우스 카이사르 서곡〉·〈헤르만 도로시 서곡〉·〈피아노 3중주 3번 사단조〉·〈바이올린 소나타 1번 가단조〉·〈바이올린 소나타 2번 라단조〉·〈이야기 그림책 비올라와 피아노〉를 발표하였다.

1852년 42세 때 합창곡 〈장엄미사〉·〈진혼곡〉·〈유랑의 무리〉를 발표하였고,

1853년 43세 때 〈바이올린 소나타 3번 가단조〉·〈동화 서술하기(클라리넷, 비올라, 피아노 포르테)〉·〈새벽의 노래〉·합창곡 〈라인 포도주 노래에 따른 축전 서곡〉·〈괴테 파우스트로부터의 장면(1844년에 작곡한 것을 다시 편곡)〉한 다음, 정신에 이상이 왔다.

1854년 44세 때 〈유령 변주곡〉을 쓴 다음 2월 27일에 라인강에 스스로 몸을 던져 자살을 기도하였지만 실패하고, 엔데니히 정신병원에서 2년간 투병 생활을 하다가

1856년 46세 7월 29일에 사망하였다.

키르케고르 S. Kierkegaard, 1813~1855

덴마크의 신학자·철학자다.

코펜하겐 뉴토에서 7형제 중, 막내로 5월 5일에 태어났다. 아버지 미카엘은 나이 사십 살에 재산을 많이 모아서 은퇴 후에는 금리로 살았다. 그런데 어머니는 하녀로 있다가 전처가 죽자 5개월 뒤에 키르케고르를 낳았는데, 도덕적으로 엄격했던 아버지 미카엘은 이런 자기의 과실에 대해 몹시 괴로워하였다. 이 일은 키르케고르의 일생에도 큰 영향을 미쳤고, 집안에서는 오락도 할 수도 없었다. 거기에다 외출할 일도 없어서 키르케고르는 언제나 혼자 생각에 잠기는 일이 많았다. 그런 탓에 상상력이 풍부해졌다.

1819년 6세 때 형 쇠렌 미카엘이 열두 살로 사망하였고,

1821년 8세 때는 보르가듀드학교에 입학하였다.

1828년 15세 때 프루에 교회에서 견신체를 받았으며,

1830년 17세 10월 30일에는 아버지의 권유로 신학을 공부하기 위해 코펜하겐대학교에 입학하였다. 그리고 11월 1일에 친위대로 입대를 하였지만, 병역에 적당하지 않다고 해서 4일에 제대하였다.

1833년 20세 때 형 네르스 안드레아스가 24세로 북미의 패터
슨에서 병사하였는데,

1834년 21세가 되면서 키르케고르는 4월 15일부터 일기를 쓰
기 시작하였다. 7월 26일에는 기레라이로 여행을 하다가 31일에
돌아왔는데, 그 사이에 어머니 안네는 병사하고 말았다. 8월 4일
에 아시스턴트 묘지에 안장시켰는데, 12월 29일에는 누이 페토리
아 세베리네도 병사하였다. 키르케고르는 이때부터 신학에는 흥
미를 잃게 되었고 문학이나 철학에 관심을 두면서 매일 거리를 헤
매었다. 극장과 카페를 드나들면서 방황을 일삼았으므로 아버지
를 슬프게 만들었다.

1835년 22세 때 6월 18일부터 북시에란 각지를 떠돌아다니다
가 아버지의 배려로 스웨덴으로 갔다. 오늘날의 키르케고르 실존
사상은 이때 만들어졌다.

1836년 23세 때부터 1837년 24세 때까지 형이상학 강의를
들었고,

1837년 24세 때 레기네 오르센을 만나 모교인 보르가듀스에서
라틴어를 가르치게 되었다. 이때 은사 모르 마르틴메리는 키르케
고르에게 경고하였다. "너의 생활 태도는 허무주의다. 거기에서
탈출해라."

1838년 25세 3월 13일에 은사이던 모르 마르틴메리가 사망하
였고, 5월 19일에는 아버지와 화해하면서 그리스도인이 되었다.
8월 9일에는 아버지도 사망하였는데, 아버지는 항상 하녀를 폭행
해서 임신케 했다는 죄 때문에 두 아내와 다섯 명의 자식들을 모
두 잃었다고 생각하였으며 남아있는 두 자식도 자기보다 앞서가

게 될 것이라는 두려움에 빠져있었다.

1840년 27세 7월 3일에는 신학 국가시험을 치르고, 9월 8일에는 레기네에게 구혼 신청을 하였다. 10일에 승낙을 받고 11월 17일에 왕립 전도 학교에 입학하였다.

1841년 28세 7월 16일에는 〈아이러니의 개념에 대하여〉와 〈소크라테스를 회고하며〉라는 두 논문으로 학위를 인정받자 레기네에게 약혼반지를 돌려보냈다. 약혼 파기 이유는, 아버지의 비밀을 알고 난 뒤에 불안에 쫓기면서 파멸하게 될까 봐서였는데, 사랑하기 때문에 결혼할 수 없다는 거였다.

1842년 29세 때 〈이것이냐 저것이냐〉를 발표하였는데, 키르케고르의 철학 소설 〈유혹자의 일기〉는 〈이것이냐 저것이냐〉의 일부분으로 그의 사상을 소설화시켰다. 이 책 속에 '언어문장은 구원의 손길이다. 마음속에 들어앉아 있는 것들을 구축해 내는 도구가 언어다.'라는 유명한 말을 남겼다.

1843년 30세 때 〈공포와 전율〉·〈불안의 개념〉·〈인생길의 여러 단계〉·〈진정한 기독교인은 누구인가?〉·〈철학적 단편에 부치는 비학문적인 해설문〉을 발표하였고,

1846년 33세 때부터 〈두 시대 문학적 감상문〉·〈기독교 실천〉·〈자기반성을 위하여〉·〈너 스스로를 판단하라〉를 쓰기 시작하였으며,

1847년 34세 때 오르센과 프리츠 쉴레걸에서 결혼식을 올렸다.

1853년 40세 때는 서른세 살부터 쓰기 시작한 것들을 모두 모아 묶어서 출간하였다.

1854년 41세 10월 2일에 키르케고르는 노상에서 졸도하여 쓰

러졌는데, 프레데릭 병원으로 실려 갔다. 병문안을 간 형 페테르가 상태는 어떠냐고 묻자 좋다고 하더니만, 11월 11일 오후 9시에 조용히 눈을 감았다.

밀레 J. Millet, 1814~1875

프랑스의 사실주의 혹은 자연주의 화가다.

노르망디의 그레빌 아그에 있는 작은 마을 그리시에서 10월 4일에 장남으로 태어났는데, 이곳은 농업이 주된 지역인지라 어린 시절부터 밀레는 농부들을 보며 자라났다.

1833년 19세 때 밀레의 재능이 인정되어 베부르로 보내졌는데, 초상화가 폴 뒤무엘로부터 그림을 배우기 시작하였다. 밀레의 그림은 〈이삭줍기〉·〈만종〉·〈씨뿌리는 사람들〉이 유명하고,

1875년 61세 1월 20일에 사망하였다.

비스마르크 O. V. Bismarck, 1815~1898

독일제국의 건설자로, 독일 초대 수상이다.

프로이센의 쉰하우젠에서 귀족이던 융커의 네 번째 아들로 4월 1일에 출생하였다.

1816년 1살 때 아버지는 조카로부터 광대한 영지를 상속받았으므로 크니프 호프로 이사하였다.

1822년 7살 때 베를린의 플라만 초등학교에 입학하였는데, 이 학교는 강한 심신의 지향 교육 때문에 비스마르크는 학교를 교도소라고 불렀다.

　1827년 12세 때 프리드리히 빌헬름 김나지움과 그라우 수도원의 부설 인문계 고등학교에 다녔고,

　18832년 17세 4월에는 좋은 성적으로 고등학교를 졸업하였다. 대학입학 자격시험에 합격해서 하노버 왕국에 있는 괴팅겐대학교에 입학하였는데, 교육방식이 맞지 않아 놀고 지내는 등 방탕한 생활을 하다가 여러 번 감옥에 감금되기도 하였다. 다시 베를린의 홈볼트대학교에 들어가서는 학업에 충실하였는데, 베를린대학교에서는 법률을 공부하였다.

　1835년 20세 5월에는 대학교를 졸업하고, 법관 시보에 합격해서 베를린과 아헨에서 실무를 익혔으며,

　1847년 32세 때 프로이센의 의원에 당선되어서 정계에 진출하였다.

　1848년 33세 때 베를린 혁명이 일어나자 반혁명파에서 활동하였고,

　1851년 36세 때는 프랑크 푸르트에서 열린 독일 연방 의회의 프로이센 대표로 참석하였으며,

　1862년 47세 12월 1일에 빌헬름1세의 지명으로 수상에 취임해서 빌헬름1세의 대리청정을 맡았다.

　1864년 49세 때 군비 확장강행을 해서 덴마크의 전쟁과 프랑스와의 전쟁에서도 승리함으로써 흩어진 독일을 통일시켰고,

　1866년 51세 때 오스트리아도 제압시킨 다음 12월 31일에는

빌헬름 1세의 대리청정을 그만두었다.

1870년 55세 때 프랑스와 프로이센에 전쟁이 일어나서 참가하였고,

1871년 56세 때는 전쟁에 승리해서 통일된 독일제국을 선포하면서, 독일제국의 수상이 되었다.

1872년 57세 때 남부 독일에서 가톨릭교를 억압하는 문화투쟁을 벌였으며,

1877년 62세 때는 러시아에서 투르크 전쟁이 발발하자 베를린회의를 주재하면서 공정한 중재자 역할을 수행하였다.

1878년 63세 때 사회주의자 진압법을 제정해서 사회주의를 억압하였다.

1890년 75세 때 빌헬름2세와 갈등이 생겨 정계를 은퇴하고,

1898년 83세 7월 30일에 사망하였다.

샬러트 브론테 Charlotte Bronte, 1816~1855

영국의 소설가다.

아일랜드에서 태어난 아버지 패트릭 브론테는 캠브리지대학을 졸업한 성공회의 신부이면서 목사였다. 빈농의 아들이던 아버지는 대학을 졸업한 뒤 국교회의 목사가 되어 5남매를 낳을 때까지 요크셔주의 듀즈베리 하워드에서 살았다. 하워드는 황야여서 항상 강풍이 몰아치는 곳이었는데, 어머니 마라이어 브란셀은 페트릭이 하워드에 있을 때 결혼해서 첫째 딸 마리아와 둘째 딸 엘리

자베스를 낳았으나 둘 다 결핵으로 사망하였다. 그리고 샬러트 브론테는 3녀로 출생하였지만, 맏이로 자라났다. 샬러트와 에밀리의 중간에 태어난 아들 브란웰은 술과 마약 중독자가 되어 서른한 살에 세상을 떠났는데, 이로 보면 어머니는 매년 아이를 낳은 셈이었다. 그 다섯 번째로 에밀리 브론테가 있고, 2년 후인 1820년에는 앤이 태어났다.

1821년 5살 9월에 어머니는 암으로 세상을 떠났지만, 아버지 페트릭 브론테 목사는 여든네 살까지 살았다.

1824년 8세 때 두 명의 언니 마리아와 엘리자베스와 함께 샬러트는 가까운 곳의 사설 교육기관인 코완브리지에 입학하였으나, 이곳은 건강에 해로운 골짜기 땅인지라 급식도 나빴다. 거기에다 엄격하기 이룰 데 없었으므로, 두 명의 언니들은 영양실조와 폐병으로 사망하였다. 이 학교가 〈제인에어〉에 나오는 로우드 학원의 모델인데, 학대를 받다가 죽은 인물 번즈는 언니 마리아가 모델이고, 에제씨는 샬러트의 소질과 재능을 인정해서 열의를 가지고 가르쳤던 이 학교의 교장이 모델이다. 샬러트는 에제씨를 은근히 사모했었으므로 소설 속에서 로제스터와의 사랑으로 승화시켜 나타내었는데, 고난과 역경이 거듭되는 〈제인에어〉의 흥미는 제인의 운명에 대한 우리들의 기대나 불안 및 공감에 따른 것들이다.

다시 말하면 감정 세계에 리얼리티를 부여해 넣었는데, 주인공 제인에어는 천애의 고아이기 때문에 가정교사를 하면서 생활을 영위해 나갔다. 그런 탓에 현실을 비약하려 하지 않았고 현실의 가혹함을 부과하고 있어서 해피엔딩으로 끝내려는 종래의 관례를 깨뜨렸다. 서두의 묘사는 음울한 11월의 일기와 제인이 관찰하던 영국 조류사의 내용이 그녀의 고독감과 장차 닥쳐올 인생의 고투를 교묘하게 상징하고 있는데, 그녀의 지침은 오직 그녀 감정일 뿐이어서 자기감정에만 충실했던 성격의 적극성·개성의 주장·개성의 아름다운 발견 등을 볼 수 있다. 자전적 성격이 짙은 작품으로, 그녀 인생의 도상에서 일어난 갖가지 일들을 이야기 형식으로 풀어냈다.

1847년 31세 10월에는 샬러트의 유일한 소설 〈제인에어〉를 출판하였고,

1854년 38세 때 아버지의 목사 보이던 니콜즈와 결혼해서 니콜즈의 고향 아일랜드로 신혼여행을 다녀왔으며,

1855년 39세 1월에 병이 나서 3월 31일 식사를 못 하는 날이 삼 일간 계속되다가 끝내 사망하고 말았다.

에밀리 브론테 Emily Bronte, 1818~1848

영국의 소설가다.

샬러트 브론테의 두 살 어린 여동생인데, 필명은 엘리스 벨(Ellis Bell)이다. 에밀리의 세 살 때 어머니가 사망하였는데, 아버지는 병약한 아내와 다섯 아이를 돌보게 하려고 처제를데려다 놓았었다. 처제는 평생 그곳에서 조카들을 돌보다 세상을 떠났다.

1824년 6살 때 세 명의 언니들과 함께 코완브리지 기숙학교에서 엄격한 교육을 받았지만, 시설이 너무 빈약한데다 식사까지 고르지 못해 두 언니는 결핵에 걸려 5월 6일과 6월 15일에 사망하

였다. 이에 당황한 아버지는 언니 샬러트와 에밀리를 집으로 데려왔지만, 아버지는 자식에겐 관심도 없었다. 이모 역시도 아이들을 별로 좋아하지 않아 여동생 앤과 함께 세 자매는 늘 소꿉놀이를 즐기면서 공상 놀이에만 몰두하였다. 이런 환경이 세 자매에게 모두 작가가 되기 위한 정신적인 바탕이 되었다.

1835년 17세 때 울러 여자 기숙학교에 들어갔는데, 그것은 샬러트가 그곳의 교사가 된 때문이었다. 하지만 에밀리는 극도의 향수를 이기지 못하고 삼 개월 만에 집으로 돌아왔는데, 이때부터 에밀리는 시를 쓰기 시작하였다.

1847년 29세 때 장편소설 〈폭풍의 언덕〉을 발표하였는데, 이 소설은 거칠고 본능적인 요크셔지방 농민들의 실생활이 지극히 극적 형태로 리얼하게 포착해 놓았다. 두 겹의 사슬 구조인 액자형의 소설로, 복잡한 구성을 이루고 있다. 두 사람의 나레이터가 있고 두 개의 시간이 서로 교차하면서 그 시기 속의 비극을 담아놓았다. 매우 복잡하기는 하지만, 대단히 구체적으로 그려져 있었는데, 두 사람의 오빠가 주인공으로 등장한다.

한 사람은 도박·방탕·술주정 속에서 살다가 사망하고, 한 사람은 착실하였다. 비극을 초래한 주인공 히스클리프는 폭풍 마을의 개성적인 인물로 창조되었는데, 연약한 달빛 같은 육체 속에 번갯불의 뜨거운 정열을 가진 캐서린 언쇼우의 가정에는 오빠 힌들리가 있었다. 그리고 주워다 기른 히스클리프가 있었는데, 아버지가 죽자 힌들리는 히스클리프를 머슴처럼 다루었다. 캐서린 때문에 참고 견디던 히스클리프는 황량한 시골의 자연을 배경으로 사랑의 추억을 만들어나가기 시작한다. 그러나 캐서린이 이웃에 사는 애드거린튼과 결혼을 하게 되자, 히스클리프는 폭풍의 언덕을 떠난다. 이 사실을 알게 된 캐서린은 폭우를 맞으며 황야를 헤맸지만, 끝내 찾지 못하고 만다.

그날 밤에 캐서린은 많은 비를 맞은 탓에 건강이 악화되었다가 회복된 다음 애드거와 결혼하였다. 삼 년 후에 히스클리프는 다시 돌아왔는데, 그때의 클리프는 버림받은 고아가 아니라 출세한 매력 있는 신사가 되어있었다. 에드거의 여동생을 홀려서 결혼한 뒤에 학대를 가하던 중, 어느 일요일에 클리프는 캐서린을 방문해서 오 분쯤 입을 열지 않다가 캐서린을 껴안고 팔도 풀지 않으면서 말한다. "자잘한 사내가 전력을 기울여 팔십 년을 사랑해 준다고 해도, 나의 단 하루 사랑에는 미치지 못해" 이는 사랑의 이야기 중에서 가장 아름답고 가장 깊숙한 최고의 시적이면서 격렬한 이야기인데, 여기서 주인공 히스클리프는 악에 받친 인물이다. 캐서린을 죽여도 아주 죽이지는 않으면서 여귀가 되어 마음 깊이를 찌르거나 갈래갈래 흩어 놓는 인물이다. 정신적인 고독의 한계를 경험한 에밀리 브론테가 자신의 상상력을 어두운 영혼에 내맡겨 창조한 캐서린과 히스클리프는 육체와 영혼을 불태우며 온 힘을 다해 격렬하게 증오하면서 사랑하는 자신의 정념에 충실했던 주인공들의 생생한 개성을 만들어 내었다.

1848년 30세 때 술과 아편을 즐기던 오빠 브란웰은 서른한 살에 결핵으로 사망하였는데, 그 뒤를 돌보다가 에밀리는 감기에 걸렸다. 과로 덕에 거의 손 쓸 시간이 지났으므로 12월 19일 하오 2시경에 거실에서 조용히 눈을 감았다.

마르크스 K. Marx, 1818~1883

독일의 사상가다.

아버지는 라인란트의 트리에 시에서 변호사를 하였는데, 마르크스는 아버지 하인리히 마르크스와 어머니 헬니에나 마르크스의 8남매 중 장남으로 5월 5일에 태어났다. 위로는 누나 소피아가 있다.

트리에 시는 본래 대 주교이던 제후의 땅이었지만, 마르크스가 태어나기 15년 전 프랑스의 나폴레옹 군에 점령되어 라인연방에 합병되었다가 10년 뒤에 나폴레옹이 몰락하자 비엔나 회의의 결정에 따라 당시 급속으로 팽창하던 프로이센왕국으로 할당된 곳이었다. 그러나 프리드리히 빌헬름3세는 지주계급과 프로이센에 존재하던 토지 소유의 귀족들과 손을 잡고 독일 사회의 정상적인 발전에 방해만 하고 있었다. 그것은 곧 지배계급들이 경찰의 숫자를 늘어나게 해서 공적인 것과 사적 생활의 전 부분에 걸쳐서 엄격한 관리 감독에 들어갔는데, 이에 맞선 저항문학이 생겨났다. 그런 탓에 독일의 작가들과 시인들은 자진해서 망명길에 올랐고, 파리나 스위스로 가서 열렬히 반체제 선전 활동을 벌였다.

이때 유대인들은 나폴레옹을 너무 좋아하였는데, 나폴레옹은 전통적으로 이어오던 인종적·정치적·종교적인 장벽들을 파괴시키면서 그 자리에 이성과 인간 평등의 논리가 녹아있는 새로운 법전을 만들어 공표했기 때문이었다. 이리하여 유대인들은 그동안 눌려있던 능력과 야망들을 마음껏 펼쳤는데, 특히 무역과 전문적인 직종으로 진출할 수 있는 길이 열리게 되었다. 이때 세속적인 교육을 받은 마르크스의 아버지는 국교회로 개종하면서 변호사가 되었다.

1832년 16세 때 마르크스는 공식 만찬 석상에서 '사회의 정치적인 개혁조치는 합당하냐'는 연설을 해서 경찰들의 주목을 받게 되었고, 자신에게는 악의가 없다는 것과 이 발언을 즉시 취소하겠다는 굴욕적인 사건에 휘말리게 되었다. 이 일로 인하여 마르크스는 분노의 감정이 끓어오르기 시작하였다.

1835년 19세 때 본대학교 법학부에 입학하였고,

1839년 23세 때는 베를린대학교로 옮겼는데, 당시 베를린은 관료정치의 중심지였다. 구체제를 저항하는 급진적인 지식인들이 집결되어 있던 곳이었으므로, 이곳에서 변증법이 생겨났다. 변증법이란 현상의 기술인데, 부분적으로 거짓인 쌍방 간의 충돌에서 새로운 진리는 발견된다. 그러나 그것은 단지 상대적인 것일 뿐이고, 그 자체는 다시 반대쪽 진리의 공격을 받게 된다. 한쪽에 의한 다른 쪽의 파괴는 또다시 한번 새로운 단계를 가져오게 되는데, 이 새로운 관계에서 적대적인 요소들은 새로운 유기적 전체로 변형된다. 이런 과정은 끝없이 계속되기 때문에 이것을 변증법적이라고 부르고, 형이상학이란 실체가 없는 무질서한 제도의 뒤범벅을 일컫는다.

1840년 24세 때 라인 신문의 편집장이 되었는데, 이때 마르크스는 가혹한 법률과 농부들의 곤궁한 상황을 신문에 게재하면서 독자 수의 증가로 정치평론가가 되었다.

1841년 25세 때는 헤겔 철학을 비판하였는데, 마르크스는 잘 짜인 설득력으로 기독교의 본질을 해석해 나갔다. 그리고 라인 신문의 편집장을 그만두었다.

1842년 26세 때부터 1845년 29세 때까지 독일이 겪는 대변혁은 매우 격렬하였는데, 이때는 대량생산으로 질 저하·허위거래·속임수 등이 판치고 있었다.

1843년 27세 4월에는 라인 신문이 폐간되었고, 마르크스는 예나대학에서 〈데모크리스토스와 에피쿠로스의 사상적 차이〉라는 논문으로 박사학위를 받았다. 11월에는 예니 폰 베스트팔렌과 결혼하고 파리로 갔는데, 당시 파리는 관대한 군주 루이 필립이 다스리고 있어서 망명객들과 혁명가들의 피난처가 되었다.

1844년 28세 가을에 마르크스는 파리에서 엥겔스를 만났는데, 엥겔스는 누구보다도 글을 알기 쉽게 쓰는 기술을 가지고 있었다. 당시 엥겔스는 영국을 여행하면서 영국 노동자계급의 실체를 생생하게 묘사하고 있었다.

1845년 29세 때 마르크스는 파리에서 추방되었으므로, 아내와 한 살 된 딸 제니를 데리고 벨기에의 브뤼셀로 갔다. 거기에서 엥겔스와 합류하였다.

1848년 32세 2월에는 프랑스의 대혁명이 실패로 끝났는데, 마르크스는 이때 생각하였다. '노동은 창조의 행위다. 화폐가 과거에는 물물교환의 불편에서 벗어나도록 해 주었지만, 이제는 그 자체가 우상의 자리에 올라 있어서 인간을 야수로 만들어나간다.' 이어 '종교는 일종의 도피 행위이자 황금빛의 백일몽이기 때문에 인간의 아편이다.'라고 하면서 공산당 선언을 하였다. 최초의 초안 작성자는 엥겔스였는데, 엥겔스는 말하였다. "공산주의는 하나의 당이나 분파가 아니다. 프로레타리아 자체의 자기 의식적 권유로 역사적인 사명을 실현코자 하는 주의다." 이런 식으로 마르크스가 공산당 선언을 하자, 벨기에 정부는 마르크스와 그의 가족을 추방하였다. 때를 맞춰 프랑스 정부의 급진자들이 혁명의 도시로 와달라고 해서 마르크스는 다시 파리로 갔다.

1849년 33세 때는 영국의 런던으로 가서 죽는 날까지 거기에 머물렀으나, 극심한 생활고 때문에 딸 한 명과 아들 두 명의 세 자식을 잃었다.

1857년 39세 때 최악의 경제적 공항이 생겨났고, 미국에는 남북전쟁이 일어났으며,

1864년 46세 때 제1차 노동자 인터네셔널을 창설하였다. 마르크스의 유물론적 역사관은 이것이었다. "한 켤레의 장화는 셰익스피어의 희곡을 모두 합친 것보다 낫다." 그러나 마르크스가 실패하게 된 이유는, 국가가 생산을 통제해야 한다고 주장하였지만, 인간의 욕구를 읽지 못한 탓이었다.

1883년 65세 3월 14일에 서재의 안락의자에 앉아서 잠자듯 숨졌다.

투르게네프 Turgenev I. S. 1818~1883

러시아의 소설가인데, 러시아 제1의 문장가다.

중부의 오률시에서 아버지 세르기이 니콜라이 비치는 기병연대의 바람둥이 군인이었다가 육군 대령으로 퇴직하였다. 아버지보다 여섯 살이나 연상인 어머니는 고아로 자라났지만, 어머니는 친

척의 영지를 상속받아 하인까지 부리면서 살았다. 이들 두 사람 사이에서 투르게네프는 차남으로 10월 28일에 태어났는데, 투르게네프가 태어난 곳은 모스크바 남부지역 스팟스고다. 스팟스고는 느따비노프가 결혼도 하지 않고 아이도 없으면서 40개의 방과 아치형의 영지를 조성해 놓고 있었는데, 이 영지를 물려받은 어머니 덕분에 투르게네프는 여기에서 어린 시절을 보냈다. 그러나 이반4세 때 이 영지는 전소되고 말았다.

1825년 7세 때는 식구들이 모두 파리로 이주하였고,

1828년 10세 때 스위스 베른에서 2년 동안 살았다.

1830년 12세 때 다시 모스크바로 가서 영어·프랑스어·독일어를 공부하였고,

1832년 14세 때 모스크바국립대학교의 문학부에 최연소로 입학하였으며,

1833년 15세 때는 상트페테르부르크로 옮겨서 철학부와 언어학과에서 표창장까지 받으며 공부를 잘하였다. 그러나 당시 마흔한 살 된 아버지가 사망하고, 가세가 어려워지자 투르게네프는 다리에 마비증세가 왔다. 석 달 동안 쉬면서 시를 쓰기 시작하였는데, 투르게네프는 푸쉬킨을 너무 좋아해서 푸쉬킨의 머리카락을 간직할 정도였다.

1836년 18세 때 상트페테르부르크대학교 문학부 철학과를 졸업하고,

1838년 20세 때는 베를린대학교로 유학의 길을 떠났다. 그런데 가던 도중 배에 화재가 났으므로, 투르게네프는 구사일생으로 빠져나와 헤엄쳐서 도착한 곳이 뉴비키 해안가였다. 거기에서 이탈

리아 여행 도중에 만났던 열다섯 살의 알렉산드리아 샤샤와 첫사랑을 나누었지만, 실패하였다. 다시 베를린대학으로 가서 역사·언어학·헤겔 철학을 연구하기 시작하였는데, 14개 국어를 구사할 수 있게 된 투르게네프는 장시 〈파라샤〉를 쓰면서 러시아의 진보적인 지식인들과 사귀고 고전도 연구하였다.

1841년 23세 때 귀국해서 문학 활동을 시작하였고,

1842년 24세 때는 페테르부르그대학교에서 철학 박사학위를 받았다. 그러나 교수는 되지 않았고, 소설가의 길을 걸었다.

1843년 25세 때 내무성에 근무하면서 처녀작 서사시 〈파라샤〉를 발표하였는데, 이때 투르게네프는 프랑스에 머물고 있다가 작은 외할아버지가 스팟영지를 다시 조성해 놓자 이곳으로 돌아왔다. 그 후 침모와의 사이에서 포리나라는 딸을 낳았고, 두 번째로 만난 여자 마이노르 부인은 남편이 있기 때문에 결혼도 하지 않고 지냈다. 이 영지에다가는 아이들을 위한 학교를 지었고, 프랑스에서 많은 책을 가져왔다. 톨스토이와도 절친하게 지냈는데, 투르게네프의 아버지는 톨스토이 〈전쟁과 평화〉의 주인공이 되었다.

1847년 29세 때 동시대인이란 잡지에 단편 스케치 〈호리와 카리누치〉를 발표하였고,

1852년 34세 때 25편의 중단편 모음집 〈사냥꾼의 수기〉를 발표하였는데, 정부로부터 비난을 받았다. 이유는 농노제도를 공격하였기 때문이다.

1856년 38세 때는 장편소설 〈루딘〉을 발표하였고,

1859년 41세 때 〈귀족의 둥지(집)〉와 〈첫사랑〉을 발표하였다. 〈첫사랑〉은 중편소설인데, 이 소설의 서두는 40대의 독신 남자가

첫사랑을 회상하며 시작된다. 열여섯 살의 소년이던 나는 부모와 함께 별장에 머물렀는데, 아버지는 매혹적이었지만 십 년 연상의 어머니와 정략결혼을 해서 가정 내에서는 늘 엄격하였다. 어느 날 별채로 이사 온 지나이다에게 나는 애정을 느꼈지만, 그녀는 아버지의 애인이었다. 그런 관계를 알게 된 어머니는 식구들을 모두 데리고 모스크바로 갔고, 괴로움에 떨던 아버지는 지나이다를 채찍으로 때리는 것을 나는 보았다. 2년 뒤에 아버지는 사망하셨고, 다른 남자와 결혼한 지나이다도 아기를 낳다가 죽었다는 소식을 듣게 되었다는 내용이다.

1861년 43세 때 〈아버지와 아들들〉을 완성하였고,

1862년 44세 때 〈아버지와 아들들〉을 발표하였지만, 사람들에게 많은 비난만 받았다.

1869년 51세 때 장편소설 〈연기〉를 발표하였고,

1876년 58세 때는 〈처녀지〉·〈사랑의 개가〉·〈산문시〉·〈죽음 뒤에 오는 것〉 등을 발표하였으며,

1883년 65세 때 파리에서 척추암 선고를 받았다. 8월 22일에 프랑스에서 사망하였는데, 그의 유해는 9월 27일 페테르부르크에 안장되었다. 투르게네프의 딸 포리나는 프랑스에서 의사가 되었고, 영지는 친척이 물려받았다가 지금은 국가에서 관리하고 있다. 투르게네프는 오만한 여인의 탁월한 성격묘사와 섬세한 필력으로 사회문제를 냉철한 이성으로 투시하는 글을 썼다.

빅토리아 여왕 Queen Victoria, 1819~1901

영국 엘리자베스2세 여왕의 고조할머니로, 유럽 왕실의 할머니다.

캔징턴 궁에서 아버지 켄트 스트래선 공작인 에드워드와 작센 코부르크잘펠트의 공녀 빅토리아 켄트 공작부인 사이에서 5월 24일에 태어났다.

1820년 1살 때 아버지는 사망하였고, 어머니의 애인이던 아일랜드 출신의 존 콘로이 밑에서 성장하였다. 어려서는 어머니로부터 강압된 교육과 억압된 시절을 겪으면서 자라났는데, 어머니는 하노버에서 루이즈 레젠 선생을 초빙하여 영어·프랑스어·독일어·이탈리아어·라틴어·음악·미술·역사 등을 배우도록 하였다.

1837년 18세 6월 20일에는 남편 알버트공과 결혼하고, 신혼여행을 아프리카로 갔다. 그런데 갑자기 할아버지 왕의 사망 소식을 들었는데, 그 즉시 즉위하였다. 할아버지 조지3세는 직계의 혈통이 끊어지면서 왕위 계승자가 없게 되자, 빅토리아는 상속자가 되었다. 당시 하노버 왕가는 여성의 상속권을 인정하지 않았지만, 어쩔 수 없이 왕위에 올랐다. 빅토리아의 남편은 작센 코브르코고타의 공작인 알버트였는데, 알버트 공은 여왕의 훌륭한 조력자가 되어주면서 항상 함께 있었다. 여왕은 즉위와 동시에 어머니와 정부 콘로이를 지방으로 내쫓아 유배시켜버리고, 통치 기간에 제국주의를 가속화 시켰다.

그리하여 대륙의 사분지 일을 확보하는 성과와 함께 4억 명의 인구를 가진 대제국이 되었는데, 빅토리아 여왕은 대영제국의 여왕이자 인도제국의 여제로 하노버왕조의 마지막 군주가 되었다.

대영제국의 최고전성기를 이끈 여왕으로 대영제국·아일랜드 연합왕국·인도의 여왕으로 64년간 재위하였는데, 이때를 가리켜 빅토리아시대라고 부른다. 즉 밖으로는 식민지를 개척하고, 안으로는 자유 정책을 썼다. 노예제도를 폐지하고, 산업혁명을 일으켜서 세계 제일의 공업 국가로 성장시켰다. 아울러 입헌군주제의 안정화와 함께 선거권의 확대로 정치는 민주화가 되었고 교육제도의 개혁에서 모든 어린이에게 의무교육을 시켜서 해가 지지 않는 영국을 건설하였다.

1877년 58세 1월 1일부터 동인도회사를 해산시키고, 영국 국왕 최초로 인도제국의 황제로 군림하였다.

1891년 72세 12월 14일에는 남편이 죽자 밀려드는 슬픔 때문에 국정에서 손을 떼고 윈저성에 은거하였는데, 빅토리아 여왕은 총 9명의 자녀와 42명의 손자가 있다. 그리고 85명의 증손 자녀가 있으나 여왕에게는 혈우병의 보균자가 있어서 러시아나 유럽으로 시집간 딸들과 손녀 왕가의 자식들은 혈우병으로 사망하는 비극이 벌어지곤 하였다.

1898년 79세가 되자 백내장과 함께 류머티즘 관절염으로 고생하였고,

1901년 82세 1월 22일에 사망하였다. 그리하여 하노버왕조는 단절되었고, 부군 알버트 대공의 가문인 독일의 작센 코브르코 고타 가문으로 왕권은 이어졌다.

허만 멜빌 H. Melville, 1819~1891

미국의 소설가인데, 상징주의 문학의 최고봉이다.

뉴욕의 명문가에서 8월 1일에 태어났다. 아버지는 스코트랜드계 인이었고, 어머니는 네델란드계 인이었다.

1824년 5세 때 초등학교에 입학하였고,

1830년 11세 때 무역상을 하던 아버지의 사업이 부진해져서 뉴욕주의 솔바니로 이사해서 중학교에 입학하였다.

1832년 13세 때 아버지는 파산의 충격으로 정신착란을 일으켜서 고생하다가 사망하였다. 멜빌은 중학교를 중퇴하고, 백부가 중역으로 있는 뉴욕의 주립은행에 급사로 들어갔다.

1835년 16세 때는 형이 경영하는 모피 상회에 근무하면서, 얼바니 고전학교에 다녔다.

1837년 18세 때 형의 상점이 파산되었으므로, 초등학교 교사가 되었다.

1838년 19세 때는 란싱버그로 이사해서 그 지방의 학교에서 토목공학을 배우다가 항해에 대한 동경심과 생활의 어려움으로 가출하였다. 뉴욕의 세인트로렌스 호에 급사로 승선해서, 영국의 리버풀까지 여행하고 가을에 돌아왔다.

1841년 21세 때 포경선 아큐슈네트 호의 선원이 되어 뉴베드포드를 출항해서 대서양과 태평양의 항해를 하며 여러 가지 모험을 겪었다.

1844년 24세 10월에는 보스톤에 도착해서 린싱버그의 모친 곁에서 집필을 시작하였는데, 아버지의 친구 매사추세츠의 재판장

딸과 결혼해서 장인의 보조로 근근이 살아갔다.

1847년 27세 때 작가로 데뷔를 하였지만, 생계를 위해 세관에 취직하였다.

1851년 32세 10월에 런던에서 〈고래〉 초판이 발행되었고, 한 달 뒤에는 뉴욕에서 다른 이름 〈모디딕〉으로 출간하였다. 내용은 이러하다. 포경선의 유일한 생존자 이슈멜이 고래와 싸운 일을 회상하면서 썼는데, 때는 1820년 11월 20일이었다.

태평양의 한 가운데서 포경선 에섹스 호가 커다란 아주 크면서도 횡포가 심한 흰고래인 향유고래와 부딪치면서 목숨을 건 싸움이 시작된다. 아름다운 서사적인 산문으로 된 선원들의 다양한 모습을 그렸는데, 주인공 이슈멜은 이스마엘이란 뜻으로 이 이야기는 고래에 대한 정보기록이었다. 독자들의 반응은 냉담했었지만, 멜빌이 죽은 지 30년이 지난 1921년에 평론가 웨버가 정열을 다해 평론을 썼다. 그러자 갑자기 인기가 올라가면서 전 세계로 알려졌고, 그 위대성이 인정되었다. 이 작품의 시선은 올지 선장 에이허브의 성격에 집중되어있는데, 뚜렷한 개성과 드라마틱한 파멸에 대한 집념의 구체화를 통해 흡인력을 지닌 작품이라고 평하였다.

1885년 66세 때는 두 권의 시집을 출간하고,

1891년 72세 9월 28일에 사망하였다.

앤 브론테 A. Bronte, 1820~1849

영국의 소설가다.

샬러트 브론테와 에밀리 브론테의 막내 여동생인데, 1월 17일에 태어났다.

1821년 1살 때 어머니는 암으로 사망해서, 이모와 언니들의 보살핌 속에서 자라났다. 아버지는 케임브리지대학을 졸업한 목사였으나, 가난한 성직자여서 집안은 항상 가난하면서 어려웠다.

1846년 26세 때 언니들과 함께 〈커러〉·〈엘리스〉·〈엑센의 시집〉을 발표하였고,

1847년 27세 때는 장편소설 〈애그니스 그레이〉를 발표하였으며,

1838년 28세 때 장편소설 〈와일스펠 홀의 소작인〉을 발표한 다음 1849년 39세 5월 28일에 사망하였다.

도스토옙스키 F. Dostoevsky, 1821~1881

러시아 문학의 3대 거장 중 한 사람으로, 소설가다.

아버지는 모스크바의대를 나와서 모스크바 빈민구제 마린스키 자선병원인 육군병원에서 근무하였다. 매우 근엄해서 가족들에게는 복종을 강요하였고, 신경질적이면서 알콜 중독자였다. 어머니는 부유한 상인의 딸이어서 언제나 밝으면서 명랑하였다. 이 두 사람 사이에서 7남매 중 차남으로 태어났는데, 어머니는 남편의 학대를 받으면서도 도스토옙스키의 교육에 힘썼다.

1834년 13세 때 형과 함께 모스크바의 체크마크 기숙학교에 입학하였는데, 그때부터 푸쉬킨을 탐독하였다.

1837년 16세 때 어머니가 폐결핵으로 사망하였다.

1838년 17세 때 형과 함께 공병학교에 입학해서 고전문학을 탐독하였고,

1941년 20세 때는 소위로 임관하였지만, 아버지도 사망하였다. 아버지의 사인은 여자 농민을 건드렸다는 이유였는데, 사람들은 아버지의 성기를 자르면서 많은 매를 때렸기 때문이었다. 그 일을 알게 된 도스토옙스키는 매우 내성적으로 되면서 정신을 잃기도 하고 발작 증세를 일으키기도 하였다.

1843년 22세 때는 공병제도과에 근무하였고,

1844년 23살 1월에 네바강의 환상이라는 이상한 체험을 하였다.

1846년 25살 때는 공병국을 퇴직하고, 〈가난한 사람들〉·〈백야〉·〈분신〉 등을 썼다. 온갖 정열을 문학에 쏟았으므로, 문단의 총아가 되었다. 그리고 독서 모임인 진보 서클에도 참석하였다.

1848년 27세 때 파리에서는 2월 혁명이 격렬하게 번졌는데, 이를 두려워한 러시아 정부에서는

1849년 28세 4월에 서클 멤버 30명을 체포하였다. 그들 중 도스토옙스키도 있었는데, 도스토옙스키는 처형되기 직전에 황제의 감형 조치로 목숨을 건졌다. 그러나 4년의 시베리아 유형의 감옥살이와 4년간의 사병 근무 병역형을 언도 받았다. 이때 겪은 유형 생활 수기가 〈죽음의 집〉·〈죄와 벌〉·〈백치〉·〈악령〉·〈카라마조프의 형제들〉이라는 범죄소설들을 썼다.

1850년 29세 1월 9일에 도스토옙스키는 유형을 떠났다. 트블

리스크에서 데카브리스트라는 아내로부터 복음서를 받았는데, 이때 받은 복음서를 도스토옙스키는 평생 간직하고 살았다.

1854년 33세 때 시베리아에서 형기를 마치고 국경지대에 배속되어 세관원의 딸과 결혼을 하였다. 그러나 결혼생활이 매우 끔찍했으므로, 도스토옙스키는 간질 발작을 일으켜 아내를 놀라게 하였다.

1858년 37세 때는 8년 동안의 유형을 마친 다음, 상트페테르부르크에서 형 미하일과 함께 시대라는 잡지사를 운영하면서 유형생활의 체험을 〈죽음 집의 기록〉으로 썼다. 이어 〈학대받는 사람들〉을 연재하면서 큰 인기를 누렸으나, 가정은 행복하지 않았다. 왜냐하면 아내에게는 결혼 전부터 끈질기게 따라다니던 정부가 있었기 때문이었는데, 이때 스슬로바가 도스토옙스키에게 접근을 시도하였다.

1863년 42세 5월에 잡지사는 폴란드 문제에 대한 관련 기사가 검열에 걸려서 발행 정지 처분을 받게 되었고, 도스토옙스키는 빚더미에 올라앉게 되었다. 그리하여 도스토옙스키는 애인 스슬로바를 따라서 병상의 아내를 버리고 파리로 갔다. 그러나 스슬로바는 새로 생긴 애인을 따라갔으므로, 도스토옙스키는 혼자서 다시 러시아로 돌아왔다.

1864년 43세 때 아내는 죽었고,

1865년 44세 때 형도 죽었다. 아울러 잡지사는 빚더미에 올라 있었으므로, 도스토옙스키는 다시 바스바덴으로 도망쳤다. 거기에서 상습 도박꾼으로 살다가 사는 것이 너무 힘들었으므로, 잡지사에 구원을 요청하였다. 〈죄와 벌〉을 쓸 터이니 선금을 달라고

해서, 그 돈으로 10월에 귀국하였다.

1866년 45세 때는 한 해 동안 러시아 통보에 〈죄와 벌〉이 연재되었는데, 발표와 함께 대단한 인기를 누렸다. 등장인물은 대학 중퇴자인 라스콜리니코프인데, 철저한 개인주의자로 무신론자였다. 고뇌 끝에 자수하는 라스콜리니코프와는 대립되는 인물이 소냐인데, 작가가 이상으로 하는 복음적인 사랑과 인종의 화신이었다. 그리고 알료나이바노브나는 60세의 노파인데, 고리대금업자로 등장해서 이야기를 엮어나갔다.

1867년 46세 때는 속기사 안나 스니트키나와 결혼을 하였지만, 빚쟁이들에 쫓겨 다시 외국으로 떠돌며 〈백치〉를 썼다. 〈백치〉는 젊은 속기사 아내가 도스토옙스키의 발작과 끝없이 벌이는 놀음 행각을 썼는데, 이글에는 사형집행 직전의 심정 묘사가 들어있다.

이어 〈악령〉도 썼는데, 〈악령〉은 러시아 통보에 1871년 초부터 1872년 말까지 연재되었다. 내용은 1869년 모스크바 데치예프 사건을 다루었는데, 데체예프는 무정부 족의 비밀혁명을 조직했는데, 한 동료가 탈퇴하려 하자 그를 살해해서 연못에 던졌던 사건을 썼다. 지방의 소도시 지주의 아들 니콜라이 스타브로긴은 큰 도시로 나가서 살다가 20대에 청년이 되어서 집으로 돌아왔는데, 미남인데다 우아한 태도 때문에 사람들의 관심을 받았다. 그러나 다른 사람이 보기에 이상한 행동을 하였으므로 요양차 고향을 떠났다가 4년 뒤에 온전한 모습으로 돌아왔다. 이때 표트르 트리피노비치라는 인간이 한 가지 음모를 꾸몄는데, 동네 불량배 다섯 명을 모아서 혁명조직을 만들고 그 사상에 반대하는 샤토르를 살해하라며 지시를 내렸다. 이런 지시를 뒤에서 내린 자는 바로 스타브로긴이라는 내용이었다.

1874년 53세 때 〈미성년〉을 발표하고, 큰돈을 벌어서 빈곤에서 해방되었다. 부인 안나와 함께 살면서 독일·스위스·이탈리아·체코를 전전하며 〈영원한 남편〉을 써서 재산도 많이 늘어났다. 생활이 차츰 나아짐에 따라 친부 살해를 테마로 한 추리소설 기법의 〈카라마조프의 형제들〉을 쓰기 시작하였고,

1879년 58세 1월부터 〈카라마조프의 형제들〉은 러시아 통보에 연재되었으며,

1880년 59세 때 도스토옙스키 최고의 걸작 〈카라마조프의 형제들〉이 탈고되었다. 〈카라마조프의 형제들〉은 국가 문제를 가정사로 변형시켜서 기록한 작품인데, 도스토옙스키는 시베리아 유배 시절에 악화가 된 지병인 간질(측두엽간질의 일종으로 보이며 황홀감을 동반하는 특이한 유형이었다)과 취미로 즐기던 도박이 창작 활동에 큰 영향을 끼쳤다. 그리고 이어서 〈인간의 운명〉을 썼는데, 〈인간의 운명〉은 러시아적 그리스도인을 형상화한 소설이다. 자아 분열을 겪고 있는 인물의 심리 기원과 신흥자본주의 압박 밑에서 신음하는 소시민층의 대변자인 동시에 열렬한 슬라브주의자로, 진보 사회운동을 하다가 탄압받던 경험을 문학 속에 그려 넣었다.

1881년 60세 2월 9일은 음력 1월 28일인데, 폐동맥의 파열로 사망하였다. 도스토옙스키가 20년 동안 쓴 글의 원고지는 약 4만 매에 달하는데, 이토록 의미심장한 사건들을 가지고 자꾸만 변모되게 쓸 수 있었던 것은 문학이 인간을 구원할 수 있다는 불멸의 정신 때문이었다. 따라서 도스토옙스키의 글에는 내가 나임을 증명하려는 독특한 쾌감이 들어있으며, 폐동맥 파열로 사망할 때까

지 60년간을 오로지 글 쓰는 일에만 매달렸었다. 죽음이 임박하자 그는 아내에게 시베리아 유형을 가던 도중에 받았던 복음서 1절을 읽어달라 하였는데, 아내가 읽는 사이에 그 구절을 들으며 눈을 감았다.

헬름홀츠 H. Helmholtz, 1821~1894

독일의 생리학자·철학자·물리학자다.

포츠담에서 8월 31일에 태어나서, 왕립 프리드리히 빌헬름 인스티튜트대학교를 나왔다.

1864년 43세 때 물리학의 열역학 이론을 정립해서 에너지보존법칙을 확립하였는데, 헬름홀츠는 열·운동·전자기 따위의 자연현상을 효과적으로 설명하면서 생리심리학에서 공간의지·시각이론·음향인지 등 생리광학 및 생리음향학에 기여하였다. 그리고 입체망원경과 검안경을 발명하였는데, 그의 저서에는 〈생리광학전서〉와 〈음감설〉이 있다.

헬름홀츠가 지도한 학생은 앨버트 에이브러햄 마이컬슨·빌헬름 분트·빌헬름 빈·윌리엄 제임스·하인리히 헤르츠 등이 있는데, 명사의 밀도가 다른 유체의 경계면에 나타나는 파동을 헬름홀츠가 발견했기 때문이다. 이런 파장을 헬름홀츠파라고 부르는데, 다시 말하면 빨강·초록·파랑의 세 가지 색을 기초감각으로 해서 이에 대응하는 수용기가 망막에 존재한다고 사정하면서 각 수용기의 연합활동으로 여러 가지 색채 감각이 생긴다고 여기는 주장을 한 것으로 유명하다.

1894년 73세 9월 8일에 독일의 베를린에서 사망하였다.

플로베르 G. Flaubert, 1821~1763

프랑스의 작가다.

아버지는 의사였는데, 루앙시립병원의 외과 과장이었다. 장남을 얻고 네 아이를 더 낳았지만, 연거푸 잃어버렸다. 구스타프 플로베르는 다섯 번째로 12월 12일에 태어났다. 그래서 둘째 아들이 되었는데, 아버지는 큰아들만 사랑하였고, 의사의 딸이던 어머니는 막내딸만 아꼈으므로 플로베르는 늘 그늘 속에서 소외당하는 얼간이 취급만 받으면서 자라났다. 소외당한 인간의 존재 확인은 문학뿐이었으므로 항상 음침하면서도 고독한 놀이만 즐겼다.

1831년 10세 때 루시앙 중학교에 입학해서도 친구들과 어울리지 못하고 혼자여서 오로지 문학열에 들떠 소설과 희곡 30여 편의 작품들을 습작하였다.

1832년 11세 때 왕립 콜레주 리세드 루앙의 기숙생으로 있으면서 열정도 없이 학창 시절을 보냈으며, 글쓰기에만 전념하였다.

1834년 13세 때 에르네스트 슈발리에를 만나 그와 함께 육필 간행물을 발간하였는데, 그것은 〈예술과 진보〉였다.

1839년 18살 12월에 플로베르는 부당하게 퇴교당한 급우를 구제하려는 운동에 참가하였는데, 규율위반이라는 이유로 퇴학을 당하였다. 그리하여 홀로 공부해서 바칼로레아 시험을 보았는데,

시험을 잘 보았으므로 부모는 플로베르에게 피레네산맥과 코르시카 여행 경비를 대 주어서 여행하였다. 이때 쓴 〈피레네와 코르시카 여행〉·〈어느 광인의 회고록〉은 사후에 출판되었다.

1840년 19살 때 징병 추첨에서 군대 면제를 받고, 열의도 없이 파리로 가서 파리대학 법학부에 들어갔다. 그러나 흥미를 느끼지 못해 그리스어나 라틴어 공부에만 열중하였다.

1844년 23세 1월에는 심각한 간질증세가 나타나서 법학을 때려치웠다. 그리고 6월부터 쿠루세아 별장에 박혀 글쓰기에만 매달리며 문인들과만 어울렸다.

1846년 25세 1월에는 아버지가 사망하였고, 3월에는 여동생이 산욕으로 사망하였다.

1850년 29세 때 플로베르는 이집트·시리아·팔레스타인·그리스·터키 등을 1년 반 동안 여행하고 돌아왔으며,

1851년 30세 9월 19일부터 루이 부이예와 막심 뒤캉의 응원으로 노르망디에서 있었던 델핀 들라마르라는 여인의 사건에 영감을 받아 〈보바리 부인〉 집필에 들어갔다.

1856년 35세 말에 〈마담 보바리〉를 탈고해서, 라르뷔르파리에 실었다. 〈마담 보바리〉는 플로베르 자신의 변신 작품인데, 부제로는 〈시골 풍속〉이다.

주인공 엠마는 중농 집안에서 태어나 수도원에서 교육을 받은 소설적인 연애나 감격에 찬 생활만 꿈꾸는 몽상적인 여인이다. 처녀 시절의 화려한 꿈은 평범한 의사 샤를르 보바리의 후처로 들어가도록 한 동시에 실망의 나날을 보내게 된다. 아내의 원인 모를 우울증을 고쳐주고자 이사까지 하였지만, 가정파탄이 일어나고

말았다. 엠마는 공증사무소 서기 레옹의 음모에 빠져 연정을 싹트지만, 사랑을 고백하기도 전에 레옹은 공부를 하겠다는 핑계를 대면서 파리로 떠나버린다.

가슴에 구멍만 뚫려진 엠마는 탈출구를 찾고 있는데, 루돌프가 나타난다. 엠마는 다시 황홀경에 빠지면서 자신을 이끄는 길은 연애밖에 없다고 여기는데, 두 사람은 인간이 저지를 수 있는 극치를 누리게 되면서 엠마의 가정은 파탄으로 치닫는다. 어쩔 수 없이 궁지에 몰린 엠마는 루돌프에게 도움을 요청하지만, 효력은 없었다. 그렇다고 사랑하지도 않는 남편에게 자기의 과오를 알리면서 사과까지 하기는 싫었으므로 자살로 생을 마감한다. 아내가 죽은 뒤에야 사정을 알게 된 남편 보바리는 절망의 늪에서 죽음을 맞이하는데, 여성의 비현실적인 공상적 연애와 몽상을 나타냄으로써 인간 사회의 한 단면을 보여준 소설이다.

1857년 36세 4월에는 서점에만 배포하지만, 미풍양속을 해친다는 이유로 법정에 서게 되었다. 그러나 이 작품은 플로베르로 하여금 대작가가 되게 해주었고, 프랑스 사실주의 문학의 대표작으로 문단에서 최고의 찬사를 받았다. 그는 결혼도 하지 않고 오로지 작품만 쓰면서 살았다.

1862년 41세 때 〈살람보〉를 발표하였고,

1869년 48세 때는 〈감정교육〉을 발표하였으며,

1870년 49세 때 겨울에는 프로이센군이 프랑스를 점령해서 쿠루아세 별장을 압류하였다. 그리하여 루앙에 있는 조카딸 카롤린의 집으로 어머니와 함께 피신하였다.

1872년 51세 4월 6일에는 어머니가 사망하였고,

1874년 53세 3월에 극 작품 〈후보〉를 발표하였지만, 실패하였다. 그러나 4월 1일에 〈성 앙투안의 유혹 제3판〉을 완성시켰으며, 1880년 59세 5월 8일에 뇌출혈로 사망하였다.

프린시스 골턴 F. Galton, 1822~1911

영국의 인류학자·통계학자·우생학의 창시자다.

아버지는 버밍엄의 부유한 은행가였고, 어머니는 시인이자 의사였다. 두 사람 사이에서 2월 16일에 태어났는데, 이래스머스 다윈의 외손자였다. 찰스 다윈은 그의 배다른 외사촌 형인데, 찰스 다윈은 골턴보다도 열세 살이나 위였다.

1824년 2세 때부터 글을 읽었고,

1827년 5세 때 그리스어와 라틴어를 유창하게 할 수 있었으며,

1830년 8세 때는 4차 방정식도 풀 수 있던 신동이었다.

1842년 20세 때 서른아홉 살의 물리학 교수 크리스티안 도플러의 강의가 골턴의 마음속을 파고들었는데, 즉 음의 높이와 빛의 색깔은 고정된 게 아니라는 것이었다. 관찰자의 위치와 속도에 따라 달라진다고 하였다. 그것은 트럼프 연주를 할 때 기차가 다가오면 음은 높게 들리고, 멀어지면 음은 낮게 들린다는 것과 같다고 해서 골턴은 생각하였다. 세계의 모든 혼란스럽고 복잡한 현상들은 고도로 조직된 자연법칙의 산물들이라는 것을.

1844년 22세 때 이집트와 수단 여행을 한 다음, 여러 번 아프리카 여행도 하였다. 이때는 사촌 다윈이 남아메리카 원주민을 만나

면서 인류는 공통의 조상을 가지고 있다는 것을 시사하던 때였다.

1860년 48세 중반부터 유전연구에 몰두하기 시작해서, 인간의 변이 측정을 하였다. 그리하여 인간의 유전을 모형화로 시도한 최초의 인물이 되었는데, 골턴은 군인 5,738명의 키와 가슴둘레를 작성해서 분포곡선을 그려가며 조사하였다.

1869년 57세 때 〈유전적 천재〉를 출간하였고,

1880년 68세 중반에는 집안의 기록으로 유전법칙을 조사하였으며,

1883년 71세 때는 〈우생학〉을 창시하였다.

1911년 89세 1월 17일에 사망하였다.

멘 델 G. Mendel, 1822~1884

오스트리아의 과학자다.

하이젠 도르프에서 농부의 아들로 7월 22일에 태어났다.

1834년 12세 1월 6일에는 오스트리아와 헝가리제국의 브륀올뮈트(체코의 올로모우츠)의 철학 연구소에서 2년 동안 공부를 하였고,

1843년 21세 10월에는 실레지아로 와서 모리비아의 브륀(체코의 브르소)에 있는 아우구스티누스회 수도원으로 들어갔다. 세례명 그레고어 질레지아라는 이름을 받았다.

1845년 23세 때 수도사 교육의 일부인 신학대학에서 신학·역사·자연과학 강의를 들었는데, 멘델은 끈기 있고 공손했으며 규칙을 잘 지켰다.

1847년 25세 8월 6일에 요한 신부라는 서품을 받고, 그레고리 요한 멘델이 되었다. 수도사가 되었어도 멘델은 타고난 손재주로 인해 정원사로 일하였으며, 영적인 삶보다는 지적 호기심이 많아서 그리스어 교사가 되려 하였다.

1848년 26세 여름에는 브르노 성당 본부의 신부가 되었고,

1849년 27세 때는 중등 보조교사로 그리스어와 수학을 가르쳤으며,

1850년 28세 때 정규교사가 되려고 빈까지 가서 시험을 치렀지만, 몇 번의 시험에서 모두 낙방이 되자 머리가 아프면서 기분이 나빠져 앓아눕기 시작하였다. 마음의 상처를 다스리기 위해 완두콩 34가지를 심고는 순종완두로부터 시작해서 변종의 변이 점을 찾기 시작하였는데, 당시 독일의 식물학자들이 쓰던 단어는 튀기(잡종)였다.

1851년 29세 때 겨울부터는 신부의 몸으로 있으면서 빈까지 기차를 타고 가서 자연과학 강의를 들었다. 브르노에서 빈까지는 약 150km의 먼 길이었고, 멘델은 야간열차를 타고 4시간을 달려가야 되었다. 장엄하리만치 황량한 겨울의 들판은 장관을 이루었고, 포도밭이랑 푸르스름한 얼음으로 뒤덮인 타이간 운하와 중부유럽의 짙은 어둠 속에 드문드문 나타나는 농가들과 다뉴브강의 섬들은 그의 과학적인 열정에 불을 붙여서 살아 움직이게 만들어 주었다. 다윈은 거시적인 물음에 매달려 있었지만, 멘델은 미시적인 물음에 매달렸다. 다윈과 멘델은 둘 다 정원사이면서 성직자였다. 다윈의 연구는 생물이 어떻게 그 형질들을 수천 대까지 전달될까 하는 것이었지만, 멘델은 한 생물이 어떻게 그 유전정보들을 다음

세대로 전해질 것인가라는 의문을 가지고 있었다.

1856년 33세 때 완두를 이용한 유전법칙 연구에 들어갔고,

1864년 42세 때 모리비아의 작은 수도원에서 완두밭을 만들어서 완두를 재배하였으며,

1865년 43세 때는 완두의 교잡 실험에서 유전단위를 찾아내었고, 독립된 유전 명령을 발견하면서 거기에다 멘델의 개념이란 명칭을 사용하였다. 즉 단백질 속에는 화학 메시지인 암호 유전자가 들어있다는 것을 찾아내었는데, 여기서 염색체란 세포 속에 들어있는 긴 실이다. 그런데 그 안에는 수만 개의 유전자 줄들이 들어있었는데, 사람의 염색체(DNA) 속에는 총 46개가 들어있다는 것을 찾아내었다. DNA 즉 유전자는 단백질을 만드는 주 형태인데, 멋진 집을 짓기 위한 청사진인 미세물질들로 구성되어 있으면서 어떻게 기능하면서 어떻게 성장이 될 것인가를 지시하고 있었다. 그러나 이러함에도 불구하고 후천적인 자극이 없다면, 변이는 절대로 일어나지 않았다. 유전자의 예외성에서 손가락을 베었을 때, 주변의 특정 세포들은 총동원이 되어 상처를 아물게 해주었다. 이리하여 멘델의 논문은 〈식물 잡종을 통한 실험〉이었는데, 이를 발표하였다.

1884년 62세 때 콩팥 기능의 상실로 퉁퉁 부어서 1월 6일에 사망하였다.

파스퇴르 L. Pasteur, 1822~1895

프랑스의 생화학자다. 로베르트 코흐와 함께 세균학의 아버지로 불린다.

프랑스의 동부 돌에서 가죽 무두질을 해오던 집안의 셋째 아들로 12월 27일에 태어났기 때문에 공부는 하지 못하였다. 그러나 남다른 성실함과 끈기가 있어서, 물체를 그냥 놔두면 왜 썩지? 라는 것에 관한 연구를 하였다.

1843년 21세 때 파리 고등사범학교에 입학해서,

1847년 25세 때는 파리 국립고등사범학교에서 생물의 자연발생과 발견을 연구해서 물리학과 화학 박사학위를 받았다. 당시 프랑스의 양조산업은 너무 빨리 쉬는 포도주 때문에 엄청난 손실을 입고 있었는데, 그 원인이 박테리아임을 파스테르는 알아내었다. 그런 연구 끝에 60도의 열을 가하면 포도주는 변질이 되지 않는다는 것을 알아내었고, 이것이 박테리아의 독성만 파괴할 수 있는 〈저온 살균법〉이다. 그리고 파스테르는 여러 질병이 세균이나 박테리아 때문에 발생한다는 사실을 발견해서 탄저병과 닭의 콜레라 원인과 예방법도 찾아내었다.

1848년 26세 때 〈결정체의 비대칭에 관한 연구〉를 발표하였고,

1853년 31세 때 〈결정체에 관한 업적〉으로 레지옹 도 뇌르메달을 수상하였으며, 파리 약학회장 상도 받았다.

1854년 32세 때는 릴대학교 화학 교수 및 과학부의 학장이 되었으며,

1857년 35세 때 〈발효에 관한〉 첫 논문을 발표하였다.

1860년 38세 때 〈발효에 관한〉 업적으로 과학 아카데미에서 실험생리학상을 수상하였고,

1861년 39세 때 〈자연 발생설〉이란 논문을 발표하였으며,

1865년 43세 때는 〈누에병에 대한〉 연구를 시작하였다.

1866년 44세 때 〈포도주의 병과 저온처리에 관한〉이란 책을 저술해서 발표하였고,

1867년 45세 때 소르본대학교의 화학 교수가 되었다.

1868년 46세 때는 뇌출혈로 왼쪽이 마비되었으며,

1877년 55세 때 〈탄저병에 대한 연구업적〉을 발표하였다.

1881년 59세 때 〈광견병에 관한〉 첫 논문을 발표하였고,

1888년 66세 11월에는 파리에다 파스퇴르 연구소를 개설하면서, 질병과 미생물의 연관 관계를 밝혀내었다. 분자의 광학 이성질체를 발견했으며, 저온 살균법·광견병·닭 콜레라 백신도 발명하였다. 그리하여 광견병 예방법과 누에병의 원인, 그리고 그 해결책까지 알아내어 인류에 많은 공헌을 세웠으므로 농민들은 그 고마움의 표시로 동상까지 세워주었다.

1895년 73세 9월 28일에 가족들이 보는 앞에서 사망하였다.

브로카 P. Broca, 1824~1880

프랑스의 외과 의사이고, 신경학자다.

1861년 37세 때 왼쪽 뇌에 위치한 전두엽의 일부 영역인 청각피질과 시각피질의 연결로에서 발음하게 하는 정확한 위치를 찾

아내었다. 그곳의 이름을 브로카영역이라고 이름 붙여서 현재 사용 중에 있다. 브로카영역에 손상이 오면 실어증이 된다.

장 마르탱 샤르코 J. Charcot, 1825~1895

프랑스의 신경학자·정신의학의 선구자인데, 프로이트의 스승이다.

고대 그리스의 철학자 플라톤과 의학자 히포크라테스는 주로 여성들에게 많이 나타나는 히스테리 증세가 자궁에 그 원인이 있다고 생각해서, 17세기 중반까지는 생식기관을 제거하는 것으로 치료하였다. 그러나 샤르코는 당시까지도 불가사의한 질병으로 여기던 히스테리와 간질 발작이 심리 원인에서 기인이 된다고 보아 의식에 심리학을 결합시킨 최면술을 사용해서 이런 병들을 고쳤는데,

1863년 48세 때부터 샤르코는 매주 화요일에 신경 전문의들을 병원으로 초대해서 강의하기 시작하였고,

1878년 53세 때는 프랑스 파리의 살페트리에 병원은 최대 규모의 여성 전문병원이 되었다. 약 4,000명의 여성 환자들과 500명의 의사가 상주하고 있었는데, 이때 샤르코는 열다섯 살의 소녀 어거스틴을 대상으로 연구를 시작하였다. 그리하여 히스테리 발작을 일으킨 각 개인의 행동양식들을 방대한 문서와 사진으로 남겼는데, 끝없이 반복되는 환자들의 경련과 공격성은 일정한 패턴이 있었다. 그것은 긴장성 두통으로 인하여 혀가 마비되어 빠지거

나 복통을 동반한 폭력을 가하며 위협과 황홀감과 헛소리를 해서 행복해하는 얼굴을 짓는 것이었다. 이런 것들은 모두 자궁의 이상 때문은 아니고, 심리적인 원인에서 기인된다는 것을 알게 되었다.

이런 환자들의 괴기한 반응을 보기 위해 샤르코는 최면술을 이용하였는데, 그 결과 이런 것들은 모두 퇴행의 생리 상태인 유아기로 돌아가려는 의도가 들어있기 때문이라는 정의를 내렸다. 그리하여 이 퇴행의 원인을 알면 질환은 치료된다는 것을 알아내었다.

조지프 리스터 J. Lister, 1827~1912

영국의 외과 의사인데, 무균수술법을 개발하였다.

잉글랜드 에식스 지방의 퀘이커교 집안에서 4월 5일에 태어났는데, 아버지는 포도주 상인이면서 짬이 날 적마다 스스로 현미경을 만들곤 하였다.

1846년 19세 때 마취제를 이용한 외과수술을 처음으로 보았고,

1847년 20세 때 런던대학교에서 문학사 학위를 취득하였다. 유니버시티칼리지 런던(UCL)에 있는 동안 무균수술법을 확립시키기 시작하였는데, 즉 혈액이나 염증 등의 응고에 대한 관찰로 현대 외과 수술에 혁명을 가져온 계기가 되면서 의학을 공부하기 시작하였다.

1852년 25세 때 런던대학교를 졸업하고, 에든버러대학교의 외과 교수이던 제임스 사임의 조수로 들어갔다. 거기서 홍채는 민무늬로 이루어져 있으며, 이 근육의 수축과 이완에 따라 눈동자의

크기가 조절된다는 것을 알아내었다. 그리고 이때 사임의 큰딸과 결혼하였다.

1853년 26세 때 왕립 외과 의사회에 들어갔으며,

1854년 27세 때는 스코틀랜드의 에든버러대학교 제임스 사임 임상 수술 교수의 조수가 되면서, 파스퇴르의 논문을 알게 되었다. 그런 다음에 미생물이 감염의 원인일 거라는 추정을 하고 독일 화학자 룽게가 발견한 석탄산 페놀을 소독제로 사용해서 수술 도구들의 살균과 환자의 골절 상처를 소독하는 데 사용해 보았다.

1860년 33세 때 글래스고대학교의 외과 교수가 되었고,

1865년 38세 8월 12일에는 마차에 깔려 정강이의 뼈 부분이 복합 골절된 곳을 수년에 걸쳐서 절단 없이 치료하는 데 성공하였다.

1867년 40세 6월 16일 유방암 투병 중인 40대 여성 이사벨라 팜에게 유방 절제 수술 시에 자신이 개발한 소독법을 도입해 보았다. 전에는 포도주를 사용했었지만, 소독법의 개발로 학술지 란셋을 통해 〈외과 치료에서 무균수술법의 치료〉 논문을 발표하였다. 그 후 리스터는 외과 의사의 영웅이 되었으나, 이 수술 방법이 인정받기까지는 12년의 세월이 걸렸다. 저서 〈방부의 체계에 대한 소개〉를 발간하였다.

1869년 42세 때 에든버러 임상 외과학 교수가 되었고,

1877년 50세에 런던 킹스 칼리지 병원의 외과 교수가 되었으며,

1880년 53세 때 생체 내에 흡수되는 창자 실의 봉합사를 개발하였다. 그리고 외과수술 때 소독의 개념을 최초로 도입한 것으로,

1883년 56세 때는 준 남작 작위를 받았고,

1892년 65세 때까지 대학교수로 재직하다가

1893년 66세 때 아내가 사망하자 대학에서 은퇴하였다.

1895년 68세 때는 왕립외과의사회의 부회장직을 지내다가 왕립학회 회장으로 활동하였다.

1897년 70세 때 의학 분야의 남작으로 처음 승작이 되었고,

1902년 75세 때는 메리트 훈장(OM)을 받았으며,

1912년 85세 2월 10일에 사망하였다.

입센 H. Ibsen, 1828~1906

노르웨이의 사실주의 극작가·시인·현대극의 아버지다.

텔레마르크주 시엔에서 3월 20일에 태어났다.

1836년 8세 때 부유한 상인이던 아버지가 도산하였고,

1843년 15세 때 그림스타라는 작은 읍에서 약제사의 조수가 되었는데, 연상의 하녀에게 아기를 낳게 하였다. 이 무렵부터 입센은 키에르케고르나 볼테르의 작품을 읽기 시작하였으며,

1848년 20세 겨울에는 첫 작품 〈카틸리나〉를 썼다.

1849년 21세 때 친구의 원조로 〈카틸리나〉를 자비로 출판하고는, 수도 크리스티아니아(현재의 오슬로)로 갔다. 이 해에 쓴 〈전사의 무덤 1막〉이 상영되었는데, 의학에 뜻을 두고 저명한 예비학교에 다녔다. 그러나 중도에서 포기하고, 갖가지 저널리스틱한 활동에 종사하면서 조합 운동에도 관여해서 자칫 검거될 뻔하기도 하였다.

1851년 23세 가을에 서해안의 중심도시인 베르겐에 새로 생긴 국민극장의 무대감독 겸 극작가로 초빙되어 6년 동안 극작 수업

을 하였고,

1854년 26세 때는 대표작 〈외스트로트의 잉게르부인〉을 발표하였으며,

1855년 27세 때 〈솔하우그의 축제〉를 발표한 다음에는 덴마크와 독일 등지로 여행하였다.

1857년 29세 때 〈헬겔란르의 용사들〉을 발표하고, 크리스티아나에 신설된 노르웨이극장으로 옮겨갔다. 그러나 경제적으로는 몹시 어려워서 알콜 중독자가 되어 자살을 꾀하기도 하였다.

1858년 30세 때 베르겐에서 사귄 여성 해방운동가 수잔 토레센과 결혼해서 양성평등에 문제를 제기하는 〈헬겔란르의 해적〉을 썼는데, 이 연극은 시대의 거울임을 입증하였다.

1859년 31세 때 외아들 시구르가 태어났고,

1862년 34세 때는 〈사랑의 희극〉을 발표하였지만, 노르웨이극장이 경영난으로 폐쇄하자 연금도 거부당하였다.

1863년 35세 때 〈왕위를 노리는 자들〉을 발표하였다.

1864년 36세 때는 극장에서 준 약간의 여비와 친구 비외른손이 준 돈을 가지고 이탈리아로 가서 독일과 이탈리아에서 극작 생활에만 전념하였다.

1865년 37세 때 극시 〈브랜드〉를 썼고,

1866년 38세 때 〈브랜드〉를 출간하자, 순식간에 여러 판이 팔려 경제적으로 윤택하게 되었다.

1877년 49세 때 〈사회의 기둥〉을 발표하였고,

1879년 51세 때는 〈인형의 집〉을 발표하였는데, 치밀한 구성과 사실적인 대화가 특징이다. 노라는 세 아이의 엄마였고, 남편 헬

메르 토르발을 주인공으로 해서 획기적인 여성해방의 바람을 일
으켰다. 그리하여 최초의 페미니즘연극이란 칭찬을 받았는데, 입
센이 살았던 키롤 거리(현재의 오슬로)는 오늘날 노벨평화상 시상
식이 열리는 곳이 되었다.

   1881년 53세 때 〈유령〉을 발표하였고,

   1882년 54세 때 〈민중의 적〉을 발표하였으며,

   1884년 56세 때는 〈물오리〉를 발표하였다.

   1886년 58세 때 〈로스메스르흘름〉을 발표하였고,

   1888년 60세 때 〈바다의 부인〉을 발표하으며,

   1890년 62세 때 〈헤더라가블러〉를 발표하였다.

   1891년 63세 때 〈조국으로 귀향〉을 발표하였고,

   1892년 64세 때 〈건축가 솔네스〉를 발표하였으며,

   1894년 66세 때는 〈조그만 에이올프〉를 발표하였다.

   1896년 68세 때 〈욘 가브리엘 보르그만〉을 발표하였고,

   1899년 71세 때 〈우리들 사자가 눈뜰 때〉를 발표하였으며,

   1906년 78세 5월 23일에는 병마의 발작으로 인해 일어나 걸을
수도 없게 되자 세상을 떠났다. 장례는 국장으로 치러졌다.

톨스토이 L. Tolstoy, 1828~1910

   러시아의 소설가·시인·개혁가·사상가이며, 사실주의 문학의
대가다.

   레오 톨스토이는 레프 니콜라예비치 톨스토이라고도 부른다.

남러시아의 튤라 근처 야스니야 폴라냐 바르콘스킨 대저택의 지주이자 백작의 네 번째 아들로 9월 9일에 출생하였다.

1830년 2세 때 어머니가 사망해서, 숙모의 손에서 길러졌다.

1837년 9세 때는 아버지도 사망하였고,

1841년 13세 때 숙모까지 사망해서 여기저기 친척 집을 전전하며 자란 탓에, 내성적인 성격의 소유자가 되었다.

1844년 16세 때는 형의 권유로 카쟌대학교의 동양학과와 법과에 다녔지만, 중퇴하고 한때 방탕하게 세월을 보냈다. 그러다가 상트페테르부르크대학교를 마치고 고향으로 돌아와 농사 개량에 힘을 썼지만, 실패하고 다시 상트페테르부르크로 가서 망나니 생활을 하였다.

1851년 23세 때 형의 충고로 코카서스 포병대에 자진 입대를 하였다. 크림전쟁이 끝나자 체제네트인들의 토벌에 참가하였다가, 생명을 잃을 뻔하였다. 다시 상트페테르부르크로 가서 투르게네프와 콘자로즈 등의 문단 대가들과 교류하면서 문학의 길로 들어섰다.

1862년 34세 9월 23일에는 열여섯 살 연하의 18세 소피아와 결혼해서 열세 명의 아이들을 낳았다. 그러나 다섯 명은 죽고 세 명의 딸과 다섯 명의 아들이 있다.

첫째 딸 따찌아나는 그림 그리기를 좋아하였고,

둘째 딸 마리아는 예술적 자질이 풍부해서 톨스토이가 가장 사랑하였으며,

막내아들 이반은 7살 때 죽었다. 어머니같이 여기던 타차나에르콜리스키아도 죽었는데, 아울러 카쟌의 후견인이던 고모까지

사망하였다. 그러나 톨스토이는 생각하였다. '세상에 사는 인간의 사명은 자기의 영혼을 구원시키는 일이다' 이런 생각이 나중에는 톨스토이즘이 되었는데, 그 때문에 톨스토이는 오로지 신의 뜻에만 충실하면서 기성종교를 떠나 악에게는 저항해야 한다는 지론을 가지게 되었다.

1857년 29세 1월부터 6개월간 유럽의 제네바·취리히·프랑크후르트·베를린을 여행하였고,

1860년 32세 때 〈크로이처 소나타〉를 발표하였다. 딴 남자와 사랑에 빠진 부인을 죽인 남자주인공이 그러고도 격정을 가누지 못해 종이에 불을 붙여 태운다는 내용의 이야기인데, 톨스토이는 400ha(1ha=사방 6.5m)의 땅에다 손수 야채를 경작하였다. 이유는 채식주의자였기 때문인데, 부인 소피야 안드레예브나는 그녀의 아버지가 톨스토이와는 잘 아는 사이여서 톨스토이가 가끔 소피야의 집에 놀러 다니다가 결혼하였다. 톨스토이는 눈이 몹시 나빴으므로 아내 소피아가 항상 옆에서 원고정리를 해주었고, 톨스토이에게는 지나친 결벽증이 있었으므로 자신의 일기를 소피야에게 보여주었다. 그런데 소피야는 방탕한 생활을 할 때의 이야기를 읽은 날부터 뚝심을 발휘해서 톨스토이와는 방어선을 긋고 살았다. 이때부터 톨스토이는 지난날들을 참회하면서 대작을 쓰기 시작하였다.

1870년 42세 때 〈전쟁과 평화〉를 썼는데, 실재의 주인공은 뜨르게네프의 아버지다. 이야기는 1805년부터 1820년까지 황제로부터 시작해서 장군과 귀족과 농민에 이르기까지 559명의 인물이 등장해서 러시아의 역사를 거대한 화폭에 담아내었다. 본래 톨스토이는 12월당 혁명 이야기를 쓰려고 그 앞의 시대 배경을 연

구하다가 1812년을 초점으로 삼았다고 전한다.

톨스토이 집안의 둘째 딸 나타샤는 브론스키 집안의 맏아들이 전쟁에서 돌아와 죽은 아내 때문에 슬퍼할 적에 만난 사이이다. 두 사람은 약혼까지 했지만, 안드레이의 아버지가 강력하게 재고 요청을 해서 1년간 유예기간을 갖게 된다. 그 사이에, 잘생긴 바람둥이가 나타나서 나타샤의 순결을 짓밟았는데, 1812년에 전쟁이 터지자 나타샤는 피난길에서 중상을 입은 안드레이를 만난다. 그러나 안드레이는 죽고 말았으며, 그 이듬해에 나타샤는 안드레이의 친구 피에르와 쉽게 결혼한다. 그리고는 오로지 남편과 자식들만 돌보는 부속품으로 만족해하였는데, 그것은 이전의 방탕과 정열이 가정의 소중함을 깨닫게 해주었기 때문이라는 내용이다.

나폴레옹의 숭배자이던 안드레이와 피에르가 전쟁을 경험하면서 깨닫는 과정을 그렸는데, 나폴레옹의 지휘하에 1805년에 프랑스군이 러시아와 전쟁을 벌인다. 안드레이는 이 전쟁이 자신에게 영광을 가져다줄 것이라고 여겼지만, 전쟁이 끝난 후에도 별것이 아니라는 사실을 깨닫고 고향으로 돌아온다. 그러나 아들을 낳던 아내가 숨을 거두는 걸 보고 인생이 끝났다고 여긴다. 한편 피에르는 돈 많은 백작의 사생아였는데, 백작이 죽자 백작의 전 재산을 상속받고 러시아 상류사회의 인사가 된다. 그런데 그의 재산을 탐낸 후견인 쿠란키 공작이 자기의 딸과 결혼시켰는데, 공작의 딸은 바람둥이라서 좋지 못한 소문에 휩싸이게 된다. 결국에는 별거로 들어가면서 피에르는 이때부터 선악의 문제, 삶과 죽음의 문제를 고민하게 된다. 두 사람에게 한 줄기의 빛을 준 사람은 로스토프 백작의 딸 나타샤였다. 그리고 세월이 흘러 1812년에 다시 전쟁이 일어나서 러시아군은 모스크바를 쉽게 내어주었는데, 이에 로스토프 가문에서는 부상병들의 이동을 돕는다. 이때 나타샤는 죽음 직전의 안드레이를 정성껏 간호했지만, 세상을 떠나고 만다. 그리고 피에르는 모스크바에 남아서 나폴레옹의 암살 기회를 노리다가 포로가 되었는데, 포로가 된 다음에야 영웅은 한 사람이 아니라 소박한 농민들이 역사의 주체라는 것을 깨달으면서 피에르는 나타샤와 결혼하는 것으로 소설은 끝난다. 이어 〈안나 까레니아〉도 썼는데, 이 소설에서는 육체와 정신의 사랑 관계를 논하였다. 발랄한 용모를 갖춘 안나는 스무 살 연상인 까레닌과 결혼한다. 그러나 나이가 많은 남편과의 부조화 때문에 우연히 만나게 된 젊은 귀족 장교 브론스키와 사랑에 빠지게 된다. 브론스키는 19세기 짜르 치하의 전형적인 귀족이어서 안나가 자기에게 사랑을 바랐지만, 사회적 출세 지향의 욕망 때문에 안나에게 싫증을 내게 된다. 그러자 안나는 수치의 단계를 넘어 격렬한 질투심을 불러일으킨 나머지 자신에 대한 혐오감 때문에 철도에서 투신함으로써 비극적인 삶을 마감한다는 내용이다. 육체의 사랑을 지배하는 섭리로 인해 결혼에서 조화를 이루지 못한 나머지 비극을 초래하는 여인상을 창조해 내었다. 당시 제정 러시아의 상류사회 도덕적 부재를 나열함으로써, 증오만 남게 되는 할 수 없는 인간적인 고뇌를 부각시켜 놓았다.

그리고 〈이반 리치히의 죽음〉을 썼는데, 이 소설은 철저한 고독이 주제다. 정말로 외로운 죽음에 대한 것을 썼는데, 진실을 외면한 죽음은 크나큰 고독이 따른다는 것이다. 긴 침대의 등받이 쪽으로 얼굴을 돌린 채 이반 리치히가 씹어야만 했던 고독을 적었는데, 복잡한 도시에서 친구들과 가족이 있음에도 불구하고 느껴지는 고독은 바다보다 깊고 땅보다도 더 넓어서 그 어느 곳에서도 찾아볼 수 없는 고독이라고 하였다. 이반의 주위에는 그를 사랑해 줄 만한 사람이 단 한 명도 없었는데, 이반의 가장 큰 고뇌는 거짓말이었다. 단지 아플 뿐이고, 죽음과는 거리가 먼 병이라면서 의사를 믿고 요양만 하면 깨끗이 털고 일어날 수 있다는 것이었다. 그러함에도 불구하고 사람들이 아닌 척하는 거짓 때문에 외롭고 쓰디쓴 고독만을 맛보게 된다는 내용이다.

1886년 58세 때는 〈어둠의 힘〉을 썼는데, 이 소설에서는 실화를 바탕으로 해서 러시아 농민들의 음산한 삶을 그렸다. 아울러 〈교육의 열매〉에서는 시골 귀족의 무의미한 삶을 풍자했으며, 〈산송장〉에서는 기독교적 자기희생과 결혼법에 대한 문제를 최상의 리얼리즘으로 인간의 심리분석과 개인이나 역사 사이의 모순을 분석해서 썼다.

1893년 65세 때는 모스크바의 겨울 저택에서 톨스토이의 문제작 〈부활〉을 썼는데, 〈부활〉은 〈전쟁과 평화〉의 삼분지 일밖에 안 되는 분량이다. 〈안나 카레리나〉의 반밖에 안 되는 적은 분량이지만, 톨스토이는 이 소설을 오랜 기간을 두고 이년에 세 번씩이나 고쳐 정성을 들여 정리한 평생의 걸작이다. 본래 제목은 〈일요일〉이었지만, 한국에서 번역할 때 〈부활〉로 고쳤다. 자신의 자전적인 면이 들어있는 이 소설은 작가이자 변호사이던 A.F.코니가 들려준 형사재판의 이야기에서 그 힌트를 얻어 이야기를 만들었다.

핀란드의 한 별장지기 딸 열여섯 살의 소녀 로잘리아는 갓 대학을 나온 지주의 아들에게 정조를 유린당한다. 그로 인해 주인집에서 쫓겨난 로잘리아는 마침내 매춘부로 전락해서 살인 절도 협의를 받게 된다는 이야기인데, 형사사건 이야기에다 자기의 생각을 덧붙여서 썼다. 부활의 주인공 네프르도프는 톨스토이 자신의 분신이고, 사치스러운 귀족 생활에 젖어있던 네프르도프는 지방 재판소의 배심원이 되어 법정에 나가 로잘리아의 분신인 캬츄샤를 만나게 된다. 네프르도프가 보기에 캬츄샤는 무죄였지만, 유죄론자들의 앞에서 옹호하는 발언은 하지 못한다. 사람들에게 캬츄샤와의 관계가 알려지면 어쩌나 하는 염려 때문이었는데, 결국 카츄샤는 시베리아 유형 언도를 받게 된다. 죄악감에 시달리던 네프르도프는 감옥까지 찾아가서 용서를 빌지만, 네프르도프를 만난 캬츄샤는 냉대한다. 그 후 네프르도프는 그때까지 지속되던 유부녀와의 관계를 끊고 공작의 딸 미씨와도 헤어지면서 토지 사유의 악습까지 벗어버리게 된다. 그리고 캬츄샤에게 결혼 신청을 하는 동시에 황제로부터 특사가 내렸다는 소식을 알려주지만, 캬츄샤는 시몬슨과 더불어 유형 생활을 계속하겠다고 한다.

이에 네프르도프는 사회구조의 불합리 속에 고통받는 사람들에게 봉사해야 한다는 생각을 굳히게 되는데, 즉 일하지 않는 지주가 농민을 착취하는 토지 사용의 문제와 인간이 멋대로 인간의 운명을 좌지우지하려는 재판제도의 문제, 그리고 참된 자기희생 정신으로 살면서 사회를 변혁시키려는 정치법의 문제와 유럽을 여행하면서 본 충격적인 사건의 야만적인 행동 등으로 인함이다. 그것은 러시아와는 달리 파리에서 시행된 루이16세가 길로틴에 의해서 공개 처형되는 장면에서 본 강렬한 인상이, 문명이 진보하면 할수록 인간의 생활은 왜곡되어 영혼을 좀 먹게 된다는 사실을 알게 된 점이었다. 정부의 보호 아래 있는 공창제도의 문제와 강제적인 무위도식으로 인간을 더 타락시키는 감옥 제도의 문제, 그리고 복음서의 자유로운 해석을 죄악시하는 교회 문제들이 모두 집대성하였다.

톨스토이는 인간의 형식적인 것을 부정하면서 거짓과 허위와 가식과 기만을 벗겨내고자 인간의 심리분석을 이용하여 개인과 역사 사회의 모순을 최상의 리얼리즘으로 성취시켰다. 이외에 〈바보 이반〉·〈사람은 무엇으로 사는가〉·〈참회록〉·〈그렇다면 우리는 무엇을 할 것인가?〉·〈하나님 나라는 당신 안에 있다〉·〈사랑이 있는 곳에 하나님도 있다〉·〈불을 놓아두면 끄지 못한다〉·〈세 명의 은둔자 이야기〉 등을 썼다.

톨스토이는 여름이면 고향 저택인 뚤라에서 보냈고, 겨울에는 모스크바에서 살았다. 톨스토이는 여름 저택과 겨울 저택을 오가며 평생을 부호로 살았는데, 무심코 아내에게 들려준 과거 여자의 이야기 때문에 소피아의 구박을 견딜 수 없던 톨스토이는 1910년 82세 10월 28일에 우연히 집을 나가 부인 몰래 자기의 저작권 전부를 막내딸 알렉산드리아에게 넘겨준 다음, 야스다야 폴라나에서 남쪽으로 200km 떨어진 랴잔 우랄철도의 작은 간이역에서 쓰러졌다. 이 소식을 듣고 가족들과 제자들이 달려갔을 때, 톨스토이는 역장의 관사에서 11월 7일 새벽에 급성폐렴으로 사망하였다.

그의 유해는 생전의 유언에 따라 묘비도 십자가도 없이 뚤라 농장의 자작나무 숲에 조용히 묻혔는데, 톨스토이는 죽는 날까지 아주 검소하게 살았다.

케쿨레 F. Kekule, 1829~1896

독일의 유기화학자다.

고전 유기화학 구조론의 기초를 확립시켰고, 벤젠의 고리구조를 밝혀내었다.

다름슈타트의 체히 귀족 가문에서 9월 7일에 태어났고, 기센대학교의 건축학과에 들어갔다. 그러나 화학에 흥미를 느껴서 당대 최고의 화학자이던 리비히의 지도를 받으면서 화학자가 되었다.

분자의 구조 연구는, 원자와 원자가 결합해서 분자를 이루는 것을 일컫는다. 이때 원자가란 몇 개의 원자가 결합할 수 있는지를 가르치는 숫자를 말하는데, 수소의 원자가는 1이고 질소의 원자가는 3이며 탄산가스의 원자가는 4다. 그리고 탄소 원자의 원자가도 4임을 밝혀냈는데, 이것들은 서로 고리를 만드는 데 사용된다.

그 후 케쿨레는 마차를 타고 가다가 꿈을 꾸었다. 뱀이 자신의 꼬리를 물고 늘어지는 꿈이었는데, 이 꿈을 바탕으로 해서 벤젠은 육각 고리구조로 되어있다는 것도 알아내었다.

1896년 67세 7월 13일에 사망하였는데, 케쿨레는 독일의 빌헬름2세 황제로부터 폰 슈트라도니츠라는 이름과 함께 작위를 받았다.

맥스웰 J. Maxwell, 1831~1879

영국의 이론 물리학자이면서, 수학자다.

빛은 횡파라는 것을 찾아내었는데, 자기장에서 생성된 에너지 파동은 복사되기 때문에 전자방정식을 설정할 수 있다는 정의도 내렸다.

스코틀랜드의 에든버러에서 부유한 가정의 외아들로 6월 13일에 태어났다.

1839년 8세 때 어머니는 위암으로 사망하였고,

1841년 10세 때 숙모의 도움으로 에든버러 아카데미에 입학하였다.

1845년 14세 때 첫 논문 〈핀과 실을 이용한 타원형 곡선의 일반적인 성질〉을 써서 출간하였고,

1847년 16세 때는 에든버러대학교에서 두 개의 과학 논문을 발표함으로써 수학 지도교사이던 윌리엄 홉킨스가 대단한 칭찬을 아끼지 않았다.

"내가 만난 학생 중에서 가장 뛰어난 학생이다."

1851년 20세 때 논문 〈토성의 테에 대한 이론〉은 100년 뒤에 보이저 위성 탐사선으로 증명이 되었다.

1854년 23세 때 케임브리지대학교를 졸업하고, 에버딘의 매리셜 자연 철학 교수를 거쳐서 킹스 칼리지의 자연 철학 교수가 되었다. 이때 〈전자기학에 관한 고전 논문〉 두 개를 발표하였고,

1861년 30세 때 왕립학회 펠로로 선출되었으며,

1865년 34세 때는 은퇴해서 〈전자기론〉을 집필하기 시작하였다.

1871년 40세 때 케번디시 실험 물리학 교수로 선출되었고,

1879년 48세 봄에는 병세가 악화되어 고향으로 돌아갔다가 11월 5일에 위암으로 사망하였다. 그는 생전에서처럼 사후에도 아

무런 공적인 예우도 받지 못하면서 조용히 스코틀랜드의 한 마을 묘지에 묻혔다.

루이스 캐럴 L. Carroll, 1832~1898

영국의 작가·수학자·사진사·성공회의 부제다.

본명은 찰스 럿위지 도지슨인데, 1월 27일에 태어났다.

럭비 고등학교를 졸업하고,

1851년 19세 때 옥스퍼드대학교 크라이스트 처치 칼리지에서 수학과 문학을 공부한 다음에 동 대학의 교수가 되었다. 이때 동료 교수이던 헨리 리델에게는 딸 세 명이 있었는데, 앨리스는 리델의 둘째 딸이다. 어느 날 캐럴은 이 세 명의 아이들을 데리고 나들이를 갔다가 즉석에서 이야기를 만들어서 들려주었다.

주인공 앨리스는 주머니가 달린 조끼를 입고 회중시계를 든 토끼를 발견하였는데, 토끼는 곧 굴로 사라져서 굴로 따라 들어가 보았다. 이상한 나라에서는 몸이 커지게도 할 수 있었고, 작아지게도 할 수 있었다. 그리하여 앨리스는 크로켓 경기장에서 신경질적인 하트 여왕을 만났는데, 여왕은 아무에게나 화를 내면서 별 이유도 없이 목을 자르라고 명령하였다. 이때 하트잭이 여왕에게 재판을 받는데, 앨리스가 재판석의 증인이 되었다. 여왕은 여왕이 만든 타르트를 훔친 죄를 물으면서 하트잭을 사형에 처하라고 하였다. 이에 앨리스가 반대를 하고 나서자 여왕은 앨리스의 목을 베라고 명령한다. 그런데 앨리스의 몸이 갑자기 커져 병사

도 무섭지 않게 되면서 꿈에서 깨어났다는 이야기다. 이 이야기가
〈이상한 나라의 앨리스〉다.

1865년 33세 때 〈이상한 나라의 앨리스〉가 출간되면서, 50개
이상의 언어로 번역되기에 이르렀다. 이어 〈거울 나라의 앨리스〉
·〈실비와 브루노〉·〈스나크 사냥〉도 발표하였으며,

1898년 66세 1월 14일에 사망하였다.

분트 W. Wundt, 1832~1920

독일의 시험심리학자인데, 현대 심리학의 아버지다.

바덴의 네카라우(현재 만차임)에서 8월 16일에 출생하였고, 하
이델베르크대학교·튀빙겐대학교·베를린대학교에서 철학과 생리
학을 공부하였다. 그런 다음에는 생리학적 심리학 연구에만 몰두
하였다.

1862년 30세 때 하이델베르크대학교에서 과학 심리학을 가
르쳤고,

1873년 41세 때부터 〈생리학적 심리학 강요 3권〉을 쓰기 시작
하였으며,

1875년 43세 때 〈국민과 그 철학〉을 출간하였다.

1875년 43세 때부터 라이프치히대학교에서 교수로 재직하기
시작하였고,

1879년 47세 때는 라이프치히대학교에 최초로 〈인간 행동 연
구소〉를 설립하고, 심리학 실험실을 개설하였다. 이때부터 다양한

분야의 방대한 저술 활동을 시작하였는데, 플라톤은 영육 이원론을 주장해서 이데아가 영혼이라고 하였지만, 분트는 행동 연구의 과학적인 분석을 통해 데모크리토스를 주장하였다. 데모크리토스란 만물은 원자의 운동에서 시작된다는 주장이다.

1889년 57세 때 〈철학 세계〉를 출간하였고,

1896년 64세 때 〈심리학 원론〉을 출간하였으며,

1900년 68세 때부터 〈민족심리학 10권〉의 대작을 쓰기 시작하였다.

1911년 79세 때 〈생리학적 심리학 강요 3권〉을 모두 써서 출간하였고,

1918년 86세 때까지 라이프치히대학에서 교수로 재직하였다.

1920년 88세까지 〈민족심리학 10권〉의 대작을 정리하고, 8월 31일에 사망하였다.

노벨 A. Nobel, 1833~1896

스웨덴의 발명가다.

다이너마이트의 발견자로, 사업가인 동시에 평화주의자다.

아버지는 발명가이자 건축가였는데, 그의 셋째 아들로 10월 21일에 태어났다. 그러나 노벨이 태어나던 해, 아버지는 화재로 인한 사업실패로 파산하였다.

1842년 9살 때까지 가난하게 자라나다 러시아와 연합군 사이에 전쟁이 발발하자 무기와 화학 수요의 증가로 엄청난 부자가 되

었다.

1847년 14살 때는 이탈리아의 화학자 소브레조가 다이나마이트의 원료인 니크로 글리세린을 찾아내었는데, 그가 사고로 죽자 노벨은 그 뒤를 이어 연구에 몰두하기 시작하였다.

1867년 34살 때 다이나마이트 발명에 성공해서, 발리스타이트로 진전하였다. 그러나 이것의 사용으로 인해 전쟁에서는 많은 군인이 사망하고 말았다.

1888년 55세 때 친형 루드비그가 죽었는데, 사람들은 알프레드가 죽었다고 착각해서 신문 기사에 게재되었다. 제목은 〈죽음의 상인, 드디어 죽다〉라는 기사의 남발로 노벨은 죄책감을 느끼게 되었다. 그리하여 평생을 독신으로 살면서 20개국 이상에서 80여 개의 기업군 소유자로, 서둘러 노벨 재단을 만들었다. 그 후 노벨은 노벨상 수상자로 명성이 높아졌다.

1896년 63세 12월 10일에 사망하였다.

멘 델 레 예 프 Mendeleev, D. I, 1834~1907

러시아의 과학자로, 원소의 주기율표를 작성하였다.

시베리아의 서쪽에 있는 러시아의 작은 마을 토볼스키 현에서 여러 명의 형제 중 막내로 2월 8일에 태어났다.

1834년 멘델레예프가 태어나던 해 선생님이자 아버지인 이반 파블로비치 멘델레예프는 시력이 상실되어서 어머니는 유리공장을 경영하면서 살림을 꾸려나갔다.

1847년 13살 때 아버지가 사망하였는데, 유리공장에는 화재가 발생하였다.

1849년 15세 때 가정 형편이 어려운 가운데서도 어머니는 과학에 흥미가 많던 멘델레예프에게 공부를 시키겠다는 일념으로 모스크바까지 걸어가서 대학교에 넣으려 하였다. 그러나 거절당하자 다시 상트페테르부르크로 갔다. 거기서도 상황은 다르지 않았다. 어쩔 수 없이 남편 친구의 도움으로 중앙교육 전문학교에 들어가게 되었는데, 입학 후 10주도 안 되어 어머니는 사망하고 말았다. 멘델레예프는 생각하였다. "어머니의 노력이 헛되지 않도록 열심히 공부하자." 그랬지만 결핵에 걸려 수개월 정도만 살 것이라는 진단을 받았다. 그러나 온갖 노력을 해서

1856년 22세 때 상트페테르부르크대학교의 화학과 강사가 되었다가 독일의 하이델베르크대학으로 유학 가서 액체의 열팽창과 표면장력에 관한 연구를 하였다.

1867년 33세 때는 상트페테르부르크대학교의 화학 교수가 되면서 63종의 원소 배열 과정으로 주기율표를 만들었다.

1869년 35세 3월 6일에 러시아 화학회에서는 멘델레예프의 주기율표 논문을 처음으로 공식 발표하였는데, 최초의 주기율표를 만든 셈이었다. 그러나 더 많은 원소가 있다는 생각에서 빈자리들을 남겨 두었다가 새로운 원소들이 발견될 때마다 빈자리는 채워져 나갔다.

1907년 73세 1월 20일에 사망하였다.

토머스 버버리 T. Burbery, 1835~1926

영국의 의료사업가인데, 개발자다.

영국의 어느 작은 마을에서 태어났다. 가난했으므로 어려서부터 포목 상점에서 아르바이트를 하였다.

1853년 18세 때 울 소재를 이용한 방수 코팅 원단을 특허받았고,

1856년 21세 때는 베이상 스토크에서 포목상 가게인 버버리를 설립해서 오픈하였다. 목동이나 농부들이 일할 때 입는 스몰(목동이나 농부가 즐겨 입던 린넨 소재의 옷)을 관찰하면서 그것을 활용하여 신소재를 개발하려고 노력하였다.

1879년 44세 때 이집트의 솜에서 얻은 실에다 방수 코팅을 해서 개버딘이란 천을 개발하였는데, 개버딘은 우수한 통기성과 방수기능이 있는 견고하면서도 내구성이 강한 직물이 되었다.

1899년 64세 때 영국군이 보어전쟁 때 개버딘으로 만든 전투용 코트인 버버리를 입기 시작하였고,

1914년 79세 때 제1차 세계대전이 발발하자 영국군들은 참호 속에서 이 버버리를 입었다. 참호는 적의 공격에 대비해서 만든 방어시설인데, 길게 파놓은 구덩이다. 이 구덩이 속에는 습기가 많은 탓에 가벼우면서도 습기 차단이 잘 되는 이 코트를 참호 코트라 불리기도 하였다.

1926년 91세로 버버리는 사망하였지만,

1940년에 처칠 수상이 버버리를 즐겨 입자 곧 유행하게 되면서, 1955년에는 영국 왕실로부터 왕실 인증마크를 받음으로써 영국을 대표하는 브랜드가 되었다. 그리고 1988년에 개버딘으로 특허

를 획득하였다.

카네기 A. Carnegie, 1835~1919

미국의 철강 재벌로, 카네기재단의 이사장이며 자기계발서의 아버지다.

영국의 스코틀랜드에서 11월 25일에 출생하였는데, 가족과 함께 미국의 피츠버그로 이주하여 방직공장에서 일하였다. 전보 배달원과 전신 기사 등 여러 직업을 전전하다가 철도회사에 근무하기 시작하였는데, 철도의 레일 사업에 관심을 가지고서 제강소의 건설에 착수하였다. 그리고 여러 곳의 부실기업들을 인수해서 큰 부자가 되었는데, 여기에 머물지 않고 계속적으로 철강 주식회사를 세워 철강의 왕이 되었다. 카네기는 마침내 최대 재벌이 되었고, 2,500개가 넘는 공공도서관을 설립하였으며 카네기 홀 자금 지원과 교육문화의 발전, 그리고 세계평화를 위해 헌신하였다.

1919년 84세 8월 11일에 사망하였다.

엘리자베스 폰 비텔스바흐 E.Wittelsbash, 1837~1898

오스트리아의 황제 프린츠 요제프의 아내다.

오스트리아의 수도 빈은 문화와 예술과 역사를 팔아 부자가 된 도시여서, 미술과 건축이 유명하다. 아울러 유명한 음악가로는 모차르트·브람스·베토벤·슈베르트·슈트라우스가 있고, 정신의학자로는 프로이트와 비트겐슈타인이 있으며, 작가로는 호프만·슈탈·츠바이크가 있는 곳이다.

1853년 8월에 당시의 황제 프린츠 요제프는 친언니 헬레나와 정혼을 하고 있었으며, 황실의 휴양지에서 약혼하기로 되어있었다. 그런데 그 삼 일 전에 열여섯 살의 소녀 시씨에게 언니와의 약혼을 파기하고 만난 지 삼 일만에 시씨에게 청혼해서 약혼하였다.

1854년 17세 4월 24일에 시씨와 황제는 결혼하였는데, 이모이자 시어머니 조피는 바이에른의 촌뜨기던 시씨에게 아이들도 만나지 못하도록 하면서 직접 손자들을 길렀다. 그런 탓에 창살 없는 감옥에서 살아야만 되었던 시씨는, 그로 인한 건강 때문에 여행만을 즐겼다. 황제와 동행하는 여행 중에서 맏아들 루돌푸가 빈 근교의 마이어링에서 1889년 1월 30일 아침에 자살하였다. 궁정의 억압적인 분위기와 완고한 아버지 때문이었는데, 아들이 자살한 뒤에도 시씨는 상복을 입고 십 년 동안 여행하였다.

1898년 61세 9월 10일에 스위스의 제네바호숫가에서 이탈리아 출신의 무정부주의자 루이지 루케이에게 칼에 맞아 시씨는 사망하였다. 그러자 빈에 있던 방 2,600개가 있는 합스부르크 왕조의 본궁은 시씨의 호프부르크 박물관이 되었고, 널따란 궁전과 오스트리아 프란츠1세의 동상이 있는 곳에서 황제는 아내의 죽음을 슬퍼하였지만, 사랑 법을 몰라 국사에만 바빴던 황제였다.

윌리엄 페인터 W. Painter, 1838~1906

  미국의 기계 엔지니어였는데, 발명가다.

  볼티모어에서 출생하였고,

  1891년 53세 때 병의 왕관 뚜껑을 발명하였다. 맥주병의 톱니는 모두 21개인데, 더 많아도 안 되고 더 적어도 안 된다. 꼭 21개라야만 잘 닫히고 따기도 쉬웠으며, 밀폐도 잘되어 내용물도 흘러나오지 않는 황금 비율임을 찾아내었다.

록펠러 J. D. Rockefeller, 1839~1937

  미국의 석유왕이다.

  뉴욕에서 탄생하였고, 농산물의 도매업으로 장사를 시작하였다.

  1862년 23세 때는 석유산업에 뛰어들어 클리블랜드 정유소를 개업하였고,

  1870년 31세 때 오하이오주에서 스탠더드 석유회사를 창립하였다. 그 후 뉴욕·피츠버그·필라델피아 등 곳곳에 중요한 정재소를 소유하게 되었으며, 석유를 발굴하여 정유의 판매를 독점적으로 하는 기업협동조직을 만들었다. 그리하여 석유 무역에 커다란 영향력을 행사하였고, 아울러 철광석의 채취와 산림업과 수송업에도 손을 뻗쳐 엄청난 재산을 모았다. 사람들로부터 비난이 거세어지자 막대한 재산을 기부하기도 하면서 시카코대학을 설립하였다. 그 외에 록펠러재단과 록펠러 의학연구소도 설립하는 방식으

로 해서 자기의 재산을 사회에 환원함으로 왕이란 칭호를 받았다.

에밀 졸라 E. Zola, 1840~1902

프랑스 자연주의 문학의 창시자다.

아버지는 이탈리아사람이었는데, 육군 대위로 퇴역한 토목기사였다. 남프로방스 엑스 운하를 건설하는 일에 종사하였고, 졸라는 4월 2일에 태어났으므로 어린 시절을 그곳에서 보냈다.

1847년 7세 때는 아버지가 돌아가시고, 어머니의 따뜻한 배려로 노르트담 기숙학교를 마쳤다. 그리고 엑스 중학교에 진학하였다.

1858년 18세 때 졸라의 일가는 살길을 찾아 파리로 이사를 하였고, 어머니는 입주 가정부가 되었다. 그리하여 졸라는 허름한 다락방에 세 들어 살면서 생루이 고등학교에 다녔다. 장학생이었지만, 몹시 가난했기 때문에 두 번이나 대학 입학 자격시험에 응시했지만 낙방했으므로 스스로 고등학교를 자퇴하였다.

1862년 22세 때 아세트 출판사에 발송 담당사원으로 입사를 하였는데, 얼마 후에는 선전광고부 주임이 되면서 아세트의 충고로 시 쓰기를 포기하였다. 그래서 소설 쓰기를 하였지만, 남들로부터 비난만 받았다. 비난에도 불구하고 졸라는 열심히 소설을 썼다.

1877년 37세 때 〈목로주점〉을 출판해서, 일약 베스트셀러 작가가 되었다. 주인공인 세탁부 제르베르는 모자 직공 랑치에와 파리로 가서 새 생활을 시작하였는데, 랑치에는 다른 여자와 애정행각을 벌이면서 사라지고 만다. 그리하여 오로지 자식들을 위해 세탁

일에 열중하던 제르베르에게 기와장이 쿠포가 나타나서 함께 살게 된다. 행복해지는가 싶더니 어느 공사장에서 다친 쿠포는 술주정뱅이로 변해버린다. 엎친 데 덮친 격으로 쿠포는 돌아다니다가 랑치에를 데리고 와서 한 여자와 두 남자의 기묘한 생활이 시작된다. 윤리적 타락 속에서 세탁소는 날아갔고 집안에는 싸움만 번지게 되자 딸 나나는 가출해버린다. 정신이상이 된 쿠포는 죽었고, 제르베르도 이웃들의 눈에 띄지 않아 문을 열어보니 죽어 있었다. 가난이 원인으로 굶어 죽은 것이었다.

〈목로주점〉으로 인해 경제적인 여유가 생기자 졸라는 세느강변의 메당에 별장을 짓고 매주 목요일마다 자연주의파 작가들과 만나 교류를 시작하였으며,

1879년 39세 때부터 1880년 40세 때까지 총 90회에 걸쳐 일간지 보르테츠에 〈나나〉를 연재한 다음에 단행본으로 출간하였다. 〈나나〉는 〈목로주점〉의 속편이었는데, 주인공 나나는 목로주점의 주요 인물인 알콜 중독자 쿠포와 세탁부 제르베르 사이에서 태어난 천성적으로 음란한 여자였다. 그녀는 육체를 밑천으로 바리에테 극장의 스타로 등장하였지만, 연기력이 형편없는 속물이어서 그녀의 육체에 매료된 남성들을 타락의 구렁텅이로 몰아넣기만 하였다. 돈을 위해서라면 어떤 남자도 가라지 않았고, 나나의 부도덕한 생활은 끝없이 이어지기만 하였다. 이는 졸라가 나나를 한 여성이라기보다는 사회를 붕괴시키는 부패의 요인으로 내세워 정치 현실을 꼬집은 것이었다. 나나는 나폴레옹의 쿠데타와 동시에 태어나 제2의 제정이 붕괴한 1870년대에 죽었다.

1898년 58세 때 졸라는 드레퓌스사건으로 징역형을 언도 받게

되자 영국으로 망명해서 〈루공 마르크 총서 20권〉을 썼다. 이 책은 자연주의 문학의 고전으로 손꼽힌다.

1902년 62세 때 난로의 고장으로 인한 가스중독으로 9월 29일에 사망하였다.

토마스 하디 T. Hardy, 1840~1928

영국의 소설가다.

영국의 남부 도테스터주 근처의 보컴프트에서 석공 2세의 장남으로 6월 2일에 태어났다. 아버지는 하디에게 가업을 계승해 주기를 바랐지만, 독서를 즐겨한 어머니의 영향으로 일찍부터 문학 작품을 접하였다.

1849년 9세 때 도테스터학교에서 라틴어를 배우면서 셰익스피어의 작품을 읽기 시작하였고,

1856년 16세 때는 교회의 건축가 존 힉스의 제자가 되어 그리스어를 배우며 많은 유명 작품들을 읽었다.

1860년 20세부터는 시 쓰기에 몰두하였으며,

1862년 22세 때 런던으로 갔다. 교회당의 설계사 아더 브롬필드 사무소에 조수로 있으면서 불어를 배워 프랑스 소설을 읽기 시작하였다. 그러나 지나친 독서 열로 인해 건강이 나빠졌으므로 고향으로 돌아와 정양 생활을 하면서 소설을 쓰기 시작하였다.

1871년 31세 때 〈최후의 수단〉을 발표해서 소설가가 되었고,

1891년 51세 때는 〈테스〉를 발표하였다. 원제는 〈더 버빌가의

테스〉이고, 부제는 〈순결한 여성〉이다. 이 소설은 고전문학으로 손꼽히는데, 그 내용은 이러하다. 기독교의 신은 사랑을 바탕으로 한 인격적인 것임에 반하여, 운명의 신은 물리적이면서 맹목적이다. 따라서 인간의 비극에 대해 무관심하다는 주제인데, 순결 무궁한 처녀 테스가 운명의 희롱을 받아 교수대의 이슬로 사라지게 되면서 나폴레옹도 그 힘 앞에서는 꼼짝도 할 수 없다는 철학을 일평생 고집하면서 하디는 글을 썼다.

〈테스〉는 빅토리아의 원숙기인 1891년 일을 썼는데, 가난하면서 술주정뱅이 딸로 태어난 테스는 생계의 어려움 때문에 남의 집 하녀로 들어간다. 그리고 주인의 외아들 알렉에게 유린당하게 되었고 집으로 돌아와 아기를 낳았지만, 아기는 죽고 만다. 다시 목장으로 가서 열심히 일하던 중에 성실한 목사의 아들과 진심으로 사랑을 느껴 그와 결혼했는데, 첫날밤에 테스는 과거의 일을 남편 클레어에게 고백하자 클레어는 홀연히 브라질로 떠나가 버린다. 외로움에 처한 테스는 알렉의 유혹에 넘어가 동거에 들어갔는데, 테스를 용서하기로 작정한 클레어가 병이 들어서 쇠약한 몸으로 돌아왔다. 그러자 테스는 알렉을 죽여 버리고 한 주 동안 남편과 함께 살다가 교수형에 처해 진다는 이야기이다. 여기에서 하디는 전근대적 윤리가 지배하던 시대에서 가련한 여인 테스라는 인간상을 창조해 내었는데, 영국의 빅토리아번영은 주드나 테스에게는 겉만 번지르르한 이면을 가지고 있다는 사실을 비판한 소설이다.

결국 정조나 예절은 경제적인 토대 위에서만 지켜지는 것임을 시사하면서 아울러 호색가이던 알렉이 전도사가 된 것은 당시 종교의 위선을 풍자적으로 비판한 사례다. 그리고 테스가 노동을 하기 위해 옮겨지는 장면마다 달라지는 숲이며 목장이나 강과 골짜기 등의 묘사는 톨스토이가 감탄한 명장면들이었다.

* 숭고한 비극의 소설 = 〈테스〉·〈불운아 주드〉·〈귀향〉, 〈캐스터 브리지의 시장〉·〈숲속의 사람들〉
* 비교적 홀가분한 작품 = 〈광란의 무리를 멀리 피해서〉·〈푸른 숲〉·〈그늘 밑에서〉·〈나팔대장〉
* 로맨스와 풍자 = 〈두 개의 푸른 눈동자〉·〈탑 위의 두 사람〉·〈사랑스러운 사람〉
* 탐정 소설적인 희극 = 〈궁여지책〉·〈에델버터의 손〉·〈미온적인 사람〉 등을 썼고,

1905년 65세 때 애버딘대학교에서 명예박사학위를 받았다.

1910년 70세 때는 메르리트 훈장을 받았으며,

1913년 73세 때 케임브리지대학교에서 명예박사학위를 받았다.

1920년 80세 때 옥스퍼드대학교에서 명예박사학위를 받았고,

1825년 85세 때 브리스틀대학교에서도 명예박사학위를 받았다.

1988년 88세 1월 11일 밤 9시경에 심장마비로 사망하였다.

월리엄 제임

1842~1910

~ 펄

3부

W. James,

P. S. Buck, 1892~1973

윌리엄 제임스 W. James, 1842~1910

미국의 철학자·심리학자로, 프래그머티즘 철학의 확립자다.

뉴욕에서 1월 11일에 태어났다.

1855년 13세부터 1860년 18세까지 영국·프랑스·스위스·독일에서 생활하며 유럽의 문물을 만났고 교육을 받았다.

1861년 19세 때는 하버드대학교에 입학해서 화학을 전공하였고,

1864년 22세 때 학부를 졸업하고 하버드 메디컬스쿨로 진학하였으며,

1869년 27세 때 의무박사학위를 받았다.

1873년 31세 때 하버드대학교 메디컬스쿨에서 해부학과 생리학 강사가 되었고,

1875년 33세 때 하버드대학교의 심리학 교수가 되었으며, 기능주의 심리학에 큰 업적을 남겼다. 그리고 하버드대학교에 심리연구소를 설립하였다.

1890년 48세 때 〈심리학의 원칙들〉을 출간하였고,

1902년 60세 때는 〈종교체험의 다양성〉을 출간하였으며,

1910년 68세 때 뉴햄프셔주의 탬워스에서 8월 26일 사망하였다.

브로이어 J. Breuer, 1842~1925

오스트리아의 의사·생리학자다.

프로이트의 선배이자 친구인데, 최면요법으로 히스테리 증세를 치료하였다.

빈에서 1월 15일에 태어났다.

1868년 26세 때 호흡 주기의 연구로 〈힐링 브로이어 반사〉를 출간하였는데, 이 책에는 흡기와 호기의 감각 조절을 기술하였다.

1873년 31세 때 〈내이 반고리관의 감각기능과 평형감각 및 위치 감각관의 관계를 발견〉을 찾아내어 논문으로 발표하였다.

1880년 38세 때는 최면을 통해 히스테리 증상이 완화된다는 것을 알아내었는데, 이때 처녀 환자의 이름은 베르타 파렌하임이었다. 논문 속에는 가명 '안나'라고 기재하였는데, 신경증적 증상은 무의식에서 나오며 그 과정은 의식상태가 되면 신경증적 증상은 사라지게 된다는 결론이었다. 즉 최면요법으로 대화 치료를 하면 마음이 정화된다는 것을 알아내었는데, 정화란 그리스어로 카타르시스다. 세척·배변·정신의 순화라는 뜻인데, 정화 치료란 마음에 담아 둔 것들을 모두 털어냄으로써 억압적인 요소들을 제거해서 치료하는 방법이다.

1895년 53세 때 프로이트와 공동저서 〈히스테리에 관한 연구〉를 출간하였고,

1925년 83세 때 사망하였다.

다니엘 파울 슈레버 D. Schreber, 1842~1910

독일의 정신 장애자인데, 〈한 신경병 환자의 회상록〉을 남겼다.

슈레버는 프로테스탄트 집안에서 2남 3녀 중 차남으로 7월에 태어났다. 그의 집안은 판사·의사·학자·교육가들을 배출한 명문가로, 아버지는 다니엘 고토로프 모리츠 슈레버 박사다. 엄격한 교육이론의 창안자였고, 위생학·정형술·체육·일광요법 등의 엄격한 교육을 슈레버에게 실시하였다.

1884년 42세 때 아버지는 라이프치히대학교의 정형외과 원장이 되면서, 비스마르크 보수당의 후보로 선거에 출마하였다. 이때 슈레버는 법학자이면서 삭소니 지방의 항소심 판사이기도 하였지만, 사회민주당 후보에게 패배하자 첫 번째 정신장애가 나타났다. 두 번씩이나 요양원에서 장기간 입원하였고, 신경과 의사 파울 플렉시히에게 치료를 받았다.

1893년 51세 때 슈레버는 드렌스턴의 항소심 판사가 되었다.

1900년 58세 때는 다시 정신병이 발병해서 금치산자로 선고받았고,

1903년 61세 때 자신은 미친 사람이 아니라는 것을 증명하기 위해 자기가 경험한 망상과 환각을 썼는데, 이 책이 〈한 신경병 환자의 회상록〉이다. 이 책에서 슈레버는 밝혔다. "신은 나에게 신경 언어인 태초의 언어로 말했다." 이어서 인간은 육체와 신경으로 이루어져 있으며 인간의 영혼은 신경 속에 들어있기 때문에, 신은 신경으로만 구성되었다는 결론까지 내렸다.

1910년 68세 4월에 라히프치히 요양소에서 사망하였다.

니 체 F. Nietzsche, 1844~1900

독일의 철학자·시인·음악가다.

작센지방의 소읍 뢰겐에서 전직이 교사이던 루터 목사의 아들로 6월 9일에 태어났다. 니체 아래로는 여동생과 남동생이 있었다.

1849년 5세 때 아버지가 뇌 질환으로 사망하였고,

1850년 6세 때는 세 살 아래의 남동생도 죽었다. 그 후 가족은 할머니가 계시는 나움부르크로 이사해서 할머니·어머니·여동생·고모 두 명을 비롯한 하녀들과 함께 살았다.

1856년 12세 때 할머니가 사망하자, 고향으로 돌아왔다.

1857년 13세부터 가곡과 피아노곡을 작곡하였는데, 〈맨 프래드의 명상곡〉·〈에르마나리히 교양시〉·〈오페라 코지마〉 등이다.

1861년 17세 때 소년학교와 사립학교에 다녔고,

1864년 20세 때는 본대학교에 들어가서 신학과 철학을 공부하였으며,

1865년 21세 때 쇼펜하우어의 글들을 접하게 되면서 많은 감명을 받아 탐닉하다가 철학자가 되었다.

1867년 23세 때 군에 자원입대해서 포병으로 근무하였고,

1868년 24세 3월에는 말을 타다가 가슴에 심한 상처를 입고 제대를 하였다. 10월부터 라이프치히대학교에서 공부를 계속하다가 친구 리츨의 도움으로 스위스 바젤대학교의 고전 문헌 교수가 되었다.

1869년 25세 때 라이프치히대학교에서 시험이나 논문도 없이

출판된 저서로 박사학위를 받았고,

1870년 26세 때는 프랑스와 프로이센에 전쟁이 일어났는데, 이 때 위생병으로 자원입대하였다. 니체는 이때부터 매독에 관심이 아주 많았는데, 니체가 미친 까닭은 매독 때문이라는 소문도 나돌았다.

1871년 27세 때 보불전쟁이 끝났는데, 그 후부터 니체는 각종 질병에 시달렸다.

1872년 28세 때 〈비극의 탄생〉을 출간하였는데, 기독교는 대중을 위한 플라톤사상에 불과하므로 지극히 노예도덕이라고 하였다. 그리고 '형이상학이란 모르는 것을 이해하기 위해 배우는 학문이고, 아폴로 적인 것은 서사적인 것으로 소크라테스 주의다.'라고 하였다. 또한 '이름도 없으면서 욕구만 가진 아름다움에 대한 고조의 갈망이 음악적인 마력이며, 지극히 디오니소스적인 것이어서 이때 비극이 생겨난다.'라고 주장하였다.

1878년 34세 때부터 〈인간적인 너무나도 인간적인 서광〉을 쓰기 시작하였고,

1879년 35세 때 〈인간적인 너무나도 인간적인 서광〉을 출간하였다.

1879년 35세 때는 건강이 악화되어 바젤대학교를 그만두고 산속으로 들어가 요양과 집필에만 몰두하였으며,

1883년 39세 때부터 〈자라투스트라는 이렇게 말했다〉를 쓰기 시작하였다.

1885년 41세 때는 4부로 된 〈자라투스트라는 이렇게 말했다〉를 완성해서 출간하였다.

제1부는 1883년 2월3일부터 13일까지 열흘 동안 썼다. 서른아홉 살 때 제노바 근처의 조용한 산책길에서 떠오른 마음의 표현을 적었는데, 여기서는 정신에는 삼 단계가 있다고 하였다. 이것은 유럽 정신사의 비유였다.

1. 낙타(의무와 금욕)는 존경할만한 것에는 복종하고 적극적으로 배우는 정신을 일컫는다. 계율에 따르는 시대에 봉착해서, 신이 죽었음을 찾아내었다.
2. 사자(사막에서)가 자유를 탈취하는데, 고독을 견디며 스스로 주인이 되려고 노력하는 과정이다. 규율을 벗어나서 내가 원하는 세계로 가려고 하는데, 자율정신 비판과 전후의 시대에서 신의 죽음은 존재가 무의미(무가치)해진다.
3. 어린아이는 초인이다. 절대자는 없고 모든 게 상대적인 진로가 나타난다. 대지에 충실하려는 의지로, 대지는 허위다. 의미가 없는 곳으로, 기독교에서 신이 없다면 신의 나라를 지향하는 시간관념도 있을 수 없다. 그러므로 신은 시간이다.

제2부는 1883년 2주 만에 완성하였고,

제3부는 1884년 1월에 열흘 만에 완성하였으며,

제4부는 1885년 2월에 완성하였다.

여기에서 자라투스트라는 괴로움이라는 의미인데, 이때 니체는 〈신은 죽었다〉라고 하였다. 괴로움 속에는 무용하는 자·디오니소스적 괴물·웃는 자의 왕관인 영원의 회귀·날개를 선호하는 가벼운 자가 있다고 하였다.

1887년 43세 때는 〈즐거운 지식〉과 〈도덕의 계보학〉을 출간하였고,

1888년 44세 때 〈디오니소스 송가〉·〈이 사람을 보라〉·〈반그리스도 또는 안티그리스트〉를 쓴 다음에 정신발작이 일어났다.

1889년 45세 1월에 이탈리아의 트리노 길거리에서 산책을 하다가 쓰러져서 어머니와 함께 예나에 거주하였다. 어머니가 죽자 정신병원에 입원하였고,

1900년 56세 8월 25일 바이마르병원에서 사망하였다. 니체가 죽자 여동생은 아버지의 묘 옆에 묻어주었고, 1901년에 여동생 엘리자베트는 니체가 버린 글들을 모아서 〈권력에의 의지〉를 출간하였다. 이 책은 당대 권위에 도전하는 글들이었는데, 이 니체의 글은 프로이트나 마르크스에게 지대한 영향을 끼쳤다.

앙리 루소 H. Rousseau, 1844~1910

프랑스의 화가다.

가난한 배관공의 아들로 마옌 데파르트망 라발에서 5월 21일에 태어났다. 전문적인 미술교육을 받은 적도 없이 고등학교를 중퇴하였는데, 그 뒤 법률사무소에서 일하였다.

1864년 20세 때 지원병으로 육군에 입대해서 군악대에서 클라리넷연주자로 근무하였고,

1869년 25세 때 부친이 사망한 탓에 제대하고 파리에서 모친과 함께 살며 서기로 일하였다. 그러다가 십 년 아래인 열다섯 살의 크레망스와 결혼해서 7명의 자녀를 낳았지만, 다섯 명은 죽었다.

1871년 27세 때 아내 크레망스의 연고지에서 파리시 임시 세관

직원이 되었지만, 시간이 나는 대로 틈틈이 그림을 그렸고,

1885년 41세 때 살롱 드 샹제리제에 그림 두 점을 출품하였으며,

1886년 42세 때는 앙데팡당전과 살롱 토론에 그림을 출품하였다.

1888년 44세 때는 서른네 살 된 아내가 죽었고,

1891년 47세 때 〈경악(숲속의 폭풍)〉과 〈호랑이와 버팔로의 싸움〉을 그렸으며,

1895년 49세 때 오로지 그림만 그리기 위해 22년간 다니던 세관원의 일을 그만두고 퇴직하였다. 그 후 루소는 연금으로 나오는 50프랑의 돈으로 생활은 불가능했기 때문에, 공예학교에 나가 소묘도 가르치고 화실에 나가 아이들을 가르치기도 하였다.

1897년 51세 때 〈잠자는 집시의 여인〉을 그렸고,

1899년 53세 때는 이년 연상의 미망인 조세핀 누와 재혼하였으며,

1902년 56세 때 〈행복한 쾌르테트〉를 그렸다.

1903년 57세 때 두 번째 아내인 조세핀 누도 죽었고,

1907년 58세 때는 〈뱀을 부리는 여인〉을 그렸다.

1908년 59세 때 〈세브르 다리에서 바라본 광경〉을 그렸으며,

1909년 60세 때 〈시인의 영감〉을 그렸다. 그 후 루소의 마지막 대표작인 〈꿈〉을 그렸는데, 그 붓이 놀랍도록 자유롭고 거침없도록 강력하였다. 한 여인이 붉은색의 소파 위에서 반쯤 누워 잠자는 그림인데, 그림을 그리다가 눈을 뜨니 의자와 함께 밀림의 한가운데 있었다. 푸른 하늘에는 보름달이 걸려있었고, 빈틈이 없도록 빽빽한 열대림에는 풍성한 과일이 주렁주렁 달려있었다. 나뭇

가지에는 기기묘묘한 새들이 원숭이들과 어울려있는데, 여인은 옷도 없었다. 소파 위로는 코끼리들이 무심코 지나갔고, 알록달록한 치마를 입은 흑인 악사가 피리연주를 하는 그림이었다. 연주에 맞춰 핑크색의 뱀이 몸통을 뒤틀었고, 연꽃들 사이에는 암수 사자 한 쌍이 여인을 보고 깜짝 놀란 토끼 눈이 된 그림이다.

1910년 61세로 9월 2일에 사망하였다.

프리드리히 미셰르 J. Miescher, 1844~1895

스위스의 의사이면서 생물학자다. RNA 핵산 분자를 발견하였다. 바젤에서 8월 13일에 태어났다.

1869년 25세 때 독일에 위치하고 있는 큐빙킨대학교의 Felix Hopper-Seyler 연구소에서 DNA를 처음으로 축출하였다.

상처에서 나온 고름 속의 백혈구를 관찰하던 도중, 백혈구의 핵에 인산이 많게 함유된 물질을 뉴클레인이라고 명명하고 RNA 핵산 분자를 찾아내었다. 다른 물질들은 대부분 냉산에서는 용해되지만, DNA와 RNA는 불용성이기 때문에 냉산에서도 용해되지 않고 침전되었다. 그러나 DNA와 RNA는 알카리에 대한 민감성이 틀리다. DNA는 알카리에 둔감해서 그대로 침전되지만, RNA는 인산기를 제외한 염기와 5탄당 부분이 분리되어 용액에 남는다. 즉 RNA는 리보솜을 만나면 단백질이 된다는 것을 알아내었다.

정리하면, 핵산에는 DNA와 RNA가 있다. DNA는 ATGC로 되어있고, RNA는 AUGC로 되어있다. 이것은 옥시리보오스인 RNA가 평소에는 한 가닥으로 있다가 복제가 필요하면 두 가닥이 되면서 티민 대신에 우라실이 된 때문인데, 이것을 밝힘으로 노벨생리의학상을 수상하였다.

1895년 51세 8월 26일에 다보스에서 사망하였다.

프랜시스 에지워스 F. Edgeworth, 1845~1926

영국의 경제학자다.

아일랜드의 에지워스 타운에서 2월 8일에 출생하였다.

1862년 17세 때 더블린의 트리니티 칼리지에서 불어·독일어·이탈리아어·고전을 공부하였고,

1867년 22세 때 옥스퍼드대학교로 유학 가서 2년간 고전 인문학을 수학하였으며,

1873년 28세 때 경제학 박사 학위를 받았다.

1877년 30세 때 〈윤리학의 새로운 방법과 오래된 방법〉을 출간하였고,

1881년 34세 때는 〈수리 정신학〉을 출간하였다.

1883년 38세 때 런던대학 킹스 칼리지 경제학 및 통계학 교수로 임용되었고,

1891년 46세 때 옥스퍼드대 올솔스 칼리지에 정치경제학 교수가 되면서 영국의 경제학회지가 발간한 신문인 이코노미 저널의 초대 편집인이 되었으며,

1926년 81세 2월 13일에 사망하였다.

뢴트겐 W. C. Rontgen, 1845~1923

독일의 물리학자인데, X선을 발견하였다.

렌네프에서 부유한 상인의 아들로 3월 27일에 태어났고, 아펜도른 초등학교에 다니면서 부유하게 자라났다.

1862년 17세 때 혼자 유트레히트에 가게 되었는데, 화학 교사 구닝의 집에서 하숙하였다.

1865년 20세가 되자 유트레히트대학교의 청강생으로 등록했다가, 11월 16일에는 취리히공과대학에 입학하였다.

1969년 24세 때 대학을 졸업하고, 슈트라스부르크대학교·기센대학교·뷔르츠부르크대학교·뮌헨대학교에서 교수를 지냈으며,

1895년 50세 11월 8일에는 진공관인 음극선관에 전류를 흐르게 하는 실험에서 시안화백금(11)산 바륨 조각에서 빛이 나오는 것을 관찰하였다. 그런데 이로부터 음극선 전자관의 유리 벽을 때릴 때 어떤 알려지지 않은 복사선이 방출되는 것을 찾아내었는데, 이 새 복사선은 종이나 알루미늄 등은 쉽게 통과하면서 사진건판에 영향을 주었다. 이때는 반사나 굴절 같은 성질이 나타나지 않았고, 이런 확실한 성질 때문에 X복사선이라는 이름을 붙였다. 처음으로 X선을 이용해서 금속의 내부구조와 아내의 손뼈를 찍는 것으로 X선을 발견하였다.

1901년 56세 때 〈X선의 발견〉으로 노벨물리학상을 받았으며,

1923년 78세 2월 10일에 사망하였다.

엘리 메치니코프 E. Metchnikoff, 1845~1916

러시아의 생물학자·세균학자다.

러시아의 남부 우크라이나의 유대인 가정에서 5월 15일에 출생하였다. 어려서부터 독서광이 되어 많은 책을 읽었는데, 학자가 되라는 어머니의 조언에 따라 하라코프대학교 자연학부에 진학해서 4년 과정을 2년 만에 마쳤다.

국가 장학생으로 독일로 유학을 갔는데, 유대인이라는 이유로 차별이 심해서 이탈리아로 갔다.

1867년 22세 때 박사학위를 받았고,

1870년 25세 때 러시아의 오데사대학교 동물학과 부교수가 되면서 아내를 만나 결혼하였다.

1875년 30세 때 아내가 병으로 세상을 떠나자 자살하려 하였지만, 실패로 돌아갔다. 재혼하였는데, 두 번째 아내는 장티푸스에 걸려서 사망하고 말았다. 이에 자살하려 하다가 생각을 바꾸었다. '죽더라도 의학 발전에 도움이나 주고 가자' 그런 생각에서 장티푸스에 걸린 환자의 피를 자신에게 주사했는데, 의외로 건강해졌다.

1881년 36세 때는 러시아의 알렉산더2세가 암살당하자, 유대인의 박해가 본격화되었다. 이탈리아의 시칠리섬 메시나로 이주해서 '발생학' 연구에 몰두하였는데, 투명 불가사리의 먹이 소화 과정을 관찰하던 도중에 불가사리를 가시로 찌르자 가시 주변에 고름이 생겼다. 그러자 방랑 세포들이 고름들을 둘러싸고 고름들을 먹어 치웠다. 그리하여 이 방랑 세포들을 '식세포'라고 이름 붙이고는 인간 몸의 식세포인 백혈구에 따른 세균 탐식설을 정립해서 의학계에 보고하였다.

1888년 43세 때는 파스테르 연구소를 찾아갔는데, 그러자 파스테르는 메치니코프에게 미생물 연구실 책임자로 앉혀주었다.

1895년 50세 때 건강이 나빠진 파스테르가 죽었는데, 그의 뒤를 이어 메치니코프는 소장이 되었고,

1901년 56세 때 인체 속에는 면역이라는 치유력이 있다는 것을 처음으로 밝혀내었으며,

1907년 62세 때는 〈생명 연장〉이라는 논문에 '독성 균이 독소들을 만들어 수명을 단축시킨다.'라고 썼다.

1908년 63세 때 독일의 코흐 연구소에서 일하던 생화학자 파울 에를리치가 매독 치료제 살바르산 606호를 발견하였는데, 이 사람과 공동으로 메치니코프는 노벨생리의학상을 수상하였고,

1910년 65세 때는 매독 치료제인 염화 제1수은을 찾아내어 전염병의 치료에 공을 세워 인간들이 전염병의 공포에서 해방되게 하였다.

1916년 71세 7월 15일에 사망하였다.

센케비치 H. Sienkiewicz, 1846~1916

폴란드의 역사소설가다.

러시아의 통치 아래 있던 폴란드에서 〈불과 칼을 가지고〉란 소설을 써서 폴란드인들에게 희망을 주었다. 센케비치의 단편소설 〈등대지기〉는 모국어에 대한 그리움이 빼어난 작품인데, 조국을 떠나 40년간 외국으로 방랑하던 노인이 파나마 고도에서 등대지기가 되었다. 사람도 없는 곳에서 한 달에 두 번 정도 식량 보급원이 먹을 것을 가져다주는 그런 곳이었는데, 보급품 속에는 폴란드어로 된 몇 권의 책이 들어있었다. 그 책들 속에 고향이 들어있었다.

1895년 49세 때 〈쿼바디스〉를 써서 노벨문학상을 받았는데, 〈쿼바디스〉는 '주여, 어디로 가십니까'이다. 센케비치는 러시아의 통치 아래 있으면서 모국어도 마음대로 쓰지 못한 탓에, 모국어에 대한 그리움이 많았던 사람이었다.

1916년 70세로 사망하였다.

벨 A. G. Bell, 1847~1922

미국의 발명가로, 전화기를 발명하였다.

영국의 에든버러에서 태어났는데, 아버지는 음성학자였고 할아버지는 화술연구자였다. 이들은 모두 미국으로 이민 갔고, 벨은 아버지의 뒤를 이어 전기통신연구소와 농아학교를 경영하였다.

1873년 26세 때 보스턴대학교의 음성 생리학 교수가 되었는데, 교수 자리에 있으면서 자석을 이용한 전화기를 발명해서 볼타상을 수상하였다. 그 상금으로 볼타 연구소와 농아교육에 전념하였다.

1922년 75세로 사망하였다.

에디슨 T. Edison, 1847~1931

미국의 발명가다.

축음기·백열전구·무성영화 등 미국에서 특허를 받은 것이 1,093개나 된다.

오하이오주 밀런에서 2월 11일에 태어났다.

1862년 15세 때 역장이던 아버지의 추천으로 전기기사로 사회 생활을 시작하였고,

1878년 31세 때 J.P. 모건과 밴더빌트가 연구개발비를 지원해 주었으므로 벨의 실험 기록 노트는 3,400권에 달하도록 많은 연구에 매달렸다. 일본산 대나무로 필라멘트 생산을 해서 전구의 발견에 성공하였다.

1882년 35세 때 뉴욕 최초의 중앙발전소 건설로 각 가정에 백열전구가 등장하도록 하였고,

1886년 39세 때는 무성영화를 제작하였으며,

1893년 46세 때 활동사진으로 극장을 설립하였다.

1891년 84세 10월 18일에 사망하였는데, 그의 명언은 이것이다.

"천재는 1%의 영감과 99%의 노력으로 만들어진다."

베르니케 K. Wernicke, 1848~1905

폴란드의 신경정신과 의사인데, 뇌 속 베르니케영역을 찾아
내었다.

1861년에는 브로카가 인간을 발음하게 하는 정확한 위치를 찾
아내어 브로카영역이라고 이름 붙인 것에 따라, 베르니케는 언어
상실증과 반맹증의 동공 반응을 연구하다 뇌의 왼쪽 측면에 있는
베르니케영역을 찾아내었다. 이곳은 브로카영역과 함께 언어와
관련된 부분인데, 언어의 입력과 발화의 내용을 구성하는 곳이다.
그런데 이 부위가 손상되면 말소리는 듣고 말은 할 수 있으나, 말
의 이해를 하지 못하게 된다는 것도 알아내었다.

1905년 57세 때 사망하였다.

파블로프 I. Pavlov, 1849~1936

제정 러시아의 생리학자인데, 조건반사 개념을 전개하였다.

러시아의 라잔에서 9월 26일에 태어났고, 독일의 라이프치히대
학교와 상트페테르부르크대학교에서 화학과 생리학을 전공하였
다. 그리고 상트페테르부르크의 임피리얼 의학 아카데미에서 의
사자격증을 취득한 다음에 개를 대상으로 소화샘의 생리학을 연
구하다 조건반사 현상을 찾아내었다. 조건반사란, 굶주린 개에게
종소리가 날 적마다 음식을 주어보았다. 그러자 종소리만 들어도
개는 침을 흘렸으므로 인간 행동의 선구적 연구를 해서 대뇌 생리

학 분야를 개척하였다.

1890년 41세 때는 라이프치히대학교와 상트페테르부르크대학교의 생리학 교수가 되었고,

1904년 51세 때 노벨생리의학상을 받았다.

1924년 75세까지 두 대학의 생리학 교수로 재직하다가

1936년 87세 때 소비에트 연방 레닌그라드에서 2월 27일에 사망하였다.

모파상 G. Maupassant, 1850~1893

프랑스의 소설가다.

노르망디에서 평범한 시골 신사와 부유한 귀족의 딸 사이에서 8월 5일에 태어났는데, 부모의 금슬은 좋지 않았다.

1862년 12세 때 부모가 별거에 들어갔기 때문에 모파상은 어머니의 별장에서 자연과 벗하며 남동생과 함께 자유분방하게 자라났다.

1863년 13세 때 이브토신학교에 들어갔지만, 엄격한 종교교육이 싫었다.

1865년 15세 때 중퇴를 하고, 루앙의 리세 국립 중 고등학교에 들어가서 기숙생이 되었다.

1867년 17세부터 어머니의 친구에게 시 창작 지도를 받으면서 시인 루비 뷔의 소개로 플로베르를 알게 되었다.

1869년 19세 때 대학입학 자격시험에 합격해서, 법과로 진학할

예정이었다. 그러나 프러시아전쟁인 보불전쟁이 발발했으므로 유격대의 일원으로 전투에 참가를 하였지만, 프랑스군의 패배로 패잔병이 되었다. 그때의 경험을 쓴 것이 그의 출세작 〈비곗덩어리〉인데, 후퇴 장면을 써서 큰 인기를 얻었다. 이 소설은 자연주의 소설의 백미로, 비참한 심경을 토로한 사회의 밑바닥을 즐겨 폭로하였다.

1871년 21세 때 국방부의 임시 직원이 되면서, 본격적으로 플로베르에게 지도를 받았다. 플로베르의 가르침에는 '생각하는 것보다는 관찰을 해라. 무엇을 말하려고 하든 그것을 나타내는 언어는 단 하나뿐이다. 오직 하나의 동사로는 하나의 형용사만이 성질을 표현하고 있다.'는 것을 강조하는 가르침이었다. 이 무렵, 모파상은 플로베르의 집에서 열 살이나 많은 롤라를 만나 문학에도 열정을 보인 것처럼 세느강에서 보트 놀이를 하거나 여자들과 어울리는 일에도 열을 올렸었다.

1876년 26세가 된 모파상은 심장의 장애를 일으키는 등, 건강이 좋지 않아졌다. 아마도 그의 방종한 생활에서 얻은 매독 때문일 것이라고 연구자들은 추측하고 있다.

1880년 30세 때 플로베르는 죽었지만, 플로베르는 모파상이 쓴 〈비곗덩어리〉를 극찬해 주었다. 이때부터 모파상은 눈이 나빠지면서 신경계통의 병을 자각하는 증상에 시달리기 시작하였고,

1883년 33세 때는 수년간 구상해 온 〈여자의 일생〉을 질 블라스 지에 연재해서 대호평을 받게 되었으며, 이 작품을 톨스토이도 극찬하였다. 객관적으로 바라본 보편적인 여성상을 썼는데, 노르망의 귀족 집안에서 태어난 잔느는 근처의 귀족 청년 쥬리앙과

결혼하였다. 전형적인 초기 자본주의 형 인간 쥬리앙은 결혼 초장부터 하녀 로잘리를 겁탈해서 임신을 시켜 버렸는데, 임신 사실이 탄로되자 법석을 떠는 중에 잔느는 아들 폴을 낳고는 아들에게 유일한 희망을 걸고 살아간다. 그러나 아들 폴은 본격적인 공부를 해야 할 나이에 아버지를 닮아 여자들과 놀아나면서 돈만 요구해 댄다. 그러다가 며느리가 딸을 낳은 뒤에 산욕열로 죽고, 유모도 구할 수 없다는 급보를 받게 된다. 하녀 로잘리를 보내서 손녀를 데려온 잔느는 어린 아기의 눈을 내려다보며 자신이 겪은 생의 환희를 떠올린다. 유복하게 자라 손색없던 신부가 남성에게 지배를 당하는 피할 수 없던 비극들이 이 소설의 원형이다.

남편에게 배신당하고 유일한 삶으로 여기던 자식에게 마저 배반당한 뒤에 손녀를 양육하는데 온갖 정성을 기울이게 된다는 내용이다. 이 소설이 발표된 1883년은 프랑스가 하노이를 점령해서 제국주의의 전성기를 누릴 때였는데, 새로운 자본주의의 변모 앞에서 돈을 모으려 하지는 않고 향락만 일삼는 쥬리앙과 남편의 사랑을 빼앗으면서 자식까지 낳은 하녀가 그녀 곁으로 다시 돌아와 헌신한다. 그리하여 "세상이란 사람들이 생각하는 것처럼 좋지도 나쁘지도 않은 거예요."라는 결정을 내림으로써 모파상의 사고방식이 비관주의를 벗어나게 한 흔적이 있긴 하다. 그러나 결코 결정적인 것은 아니었고, 모파상의 짙은 페미니즘적인 허무와 비관을 문학작품으로 승화시켰다. 이 책은 여성의 운명을 이해하는 필독서가 되기도 하였는데, 〈여자의 일생〉을 출판한 뒤에는 안질·신경통·두통 등 병세는 더욱 악화가 되어서 병마에 시달렸다. 그러나 모친과 함께 온천으로 요양을 떠나서도 모파상은 창작활동을 쉬지 않았다.

1884년 장편 〈벨 아미(멋진 친구, 미모의 친구)〉를 포함한 장편 6편과 단편 300여 편, 그리고 기행문 3권과 희곡집 1권을 완성시켰다.

* 장편 〈벨 아미〉는 전형적인 부르주아의 기생충 적인 처세술을 그렸는데, 노르망디 출신의 자크 뒤르아는 파리에서 철도 국원으로 지내던 중 전우의 소개로 라비프랑세스 지에다 알제리아 용병기의 회상이란 글을 연재해서 사교계의 총아가 된다. 이 무렵에 프랑스는 알제리와 모르코와 인도차이나 등에 식민지 쟁탈전으로 뛰어들어 부를 축적할 때였다. 이때 나이 차이가 많은 남편을 가진 마르레 부인이 접근해서 뒤르아는 사교계의 음탕함 속으로 들어가게 된다. 전우이던 푸레스티애가 폐병으로 죽자 뒤아르는 그 미망인을 꼬드겨서 결혼하고 재산도 갈취한다. 결혼한 후에도 마르레 부인을 주 2회씩 만나면서 창녀와의 관계까지 지속할 만큼 뒤아르는 정력적이었다. 뒤아르는 또 라비프랑세스 지사장 부인을 꼬드겨서 국회의원이나 장관급 인사들을 알게 되었고, 신문은 아예 알제리 정책기관지로 만든 다음 아내를 좋아하던 백작이 죽게 되자 아내와 공모해서 그녀가 백작의 정부였다고 주장한다. 그렇게 해서 백작의 막대한 재산까지 가로챈 다음에 모로코의 개발자금으로 쓴다.

그 후 마지막 공략 지는 지사장의 부인이었는데, 부인을 공략한 뒤 뒤아르는 부인의 딸 쉬자느의 보호자로 자처하면서 쉬자느와 혼인하려 했던 장관 아들과의 결혼까지 무효화시켜버린다. 그런 다음 아내에게는 장관에게 접근하도록 해서 현장을 덮쳐 장관의 정치적 생명을 끊어버리고 아내와도 이혼해 버린다. 모로코에서 막대한 이득을 본 뒤아르는 로비활동을 해서 남작의 지위까지 얻고는 신문사 사장의 딸 쉬자느와 결혼한다. 식장의 축하객들 속에는 첫 여자 마르레 부인이 있었는데, 그녀와의 밀회를 생각하며 신랑 석에 앉는 것으로 이 소설은 끝난다.

1892년 42세 때는 자살미수로 정신병원에 수용되었고,

1893년 43세 때 병원에서 7월 6일에 숨을 거두었다.

이카할 S. Ramon YCaial, 1852~1934

스페인의 신경조직학자이면서, 근대신경과학의 아버지다.

나바라의 페틸라 아라곤에서 5월 1일에 출생하였는데, 어려서는 그림에 관심이 많았다. 그러나 응용해부학 교수이던 아버지를 따라 의학 공부를 하였다.

1873년 21세 때 사라고사대학교 의과대학을 졸업하고, 스페인의 군의관이 되었다.

1874년 22세 때부터는 스페인령이던 쿠바에 파견되었는데, 이때 말라리아와 결핵에 걸려서 많이 시달렸다.

1875년 23세 때 스페인으로 돌아와 다시 사라고사대학교 의학부의 조수로 있었으며,

1877년 25세 때 마드리드대학교에서 의학 박사학위를 취득

하였다.

1879년 27세 때 사라고사박물관의 관장이 되었고,

1883년 31세 때 발렌시아대학교의 해부학 교수가 되었으며,

1887년 35세 때 이탈리아의 해부학자 겸 병리학자인 카밀라 골지를 만났는데, 카밀라 골지는 1870년에 질산은을 사용해서 신경세포를 염색할 수 있다는 것을 발견하면서 '신경그물설'을 주장한 사람이었다. 그런데 카알은 골지염색법은 활용하면서도 신경그물설은 반대하였고, 이를 반박하기 위해 신경세포설을 주장하는 논문 100편 이상을 발표하였다. 그리고 바로셀로나대학교와 마드리드대학교의 조직학 및 병리해부학 교수로 재직하기 시작하였고,

1892년 40세 때까지 교수로 재직하였다.

1899년 47세 때는 스페인 국립위생연구소의 소장이 되었고,

1906년 54세 때 골지와 함께 신경계의 구조연구로 노벨상을 공동으로 수상하였다. 그러나 각자는 상대방의 의견에 서로 반대해서 반박했지만, 훗날 카할이 주장한 신경세포설은 신경조직의 기본원리임이 확인되었다.

1922년 70세 때는 생물조사실험실을 설립하였는데, 나중에는 카할 연구소로 명칭을 바꾸었다.

1934년 82세 10월 17일에 마드리드에서 사망하였다.

베크렐 A. H. Becquerel, 1852~1908

프랑스의 물리학자다.

퀴리 부인의 스승인데, 최초로 방사능을 발견하였다.

베크렐은 몇 대에 걸친 과학자의 집안에서 12월 15일에 태어났다.

1896년 44세 때 서랍 속에 넣어두었던 사진건판을 꺼내다가 깜짝 놀랐다. 분명히 검은 종이에 잘 싸서 두었었는데, 무늬들로 변해 있었기 때문이었다. 그 원인을 찾아보니, 빛을 받은 부분들이 화학작용에 따라 검게 변해 있었음을 알았다. 이어 실험실에 놓아두었던 우라늄 광석 탓임도 알아내었는데, 우라늄에서는 외부의 자극이 없는데도 끝없이 모종의 방사선이 방출되고 있었다. 이것이 훗날에 게르하르트 슈미츠와 마리 큐리가 토륨 광석에서도 우라늄과 같은 성질이 있다는 것을 확인하면서 이 물질을 방사능이라고 이름 붙였다. 그리하여 방사능이란, 불안정한 원자핵이 안정된 원자핵이 되려고 상당한 에너지를 가진 소립자들을 내보내는 능력을 일컫게 되었다. 이들을 높은 에너지의 순서대로 이름을 붙였는데, 이 광선이 알파·베타·감마파다. 이들 방사선은 양날의 칼로, 핵폭탄의 제조에 사용되며 우리 몸속 촬영 도구인 엑스레이로도 이용된다.

1. 알파선 = 알파입자의 흐름을 말하는데, 속도가 느리고 무거워서 다른 입자와의 충돌에서 에너지를 쉽게 잃어버린다. 예로, 헬륨 원자핵에는 양성자 두 개와 중성자 두 개가 있다.

2. 베타선 = 베타입자의 흐름인데, 알파입자보다는 가볍고 속도가 빨라서 에너지손실 확률이 적은 파장이다. 중성자가 양성자로 붕괴가 될 때 방출된다.

3. 감마선 = 전자기파인 빛을 일컫는다. 에너지를 많이 가진 원자핵이 안정된 상태로 붕괴가 될 때 높은 에너지가 방출되는

데, 이것이 광자다. 감마선에는 전파가 없어서 투과율은 높다. 납이나 콘크리트처럼 밀도가 높은 물질이라야 이 감마 파장을 막을 수 있다.

1901년 49세 때 〈방사능의 생리학적 효과〉라는 논문을 써서 의학에 사용되도록 만들었는데, 방사능의 활동량을 나타내는 단위가 베크렐이다. 1초에 방사능의 붕괴가 한 번 일어나는 것을 일컫는데, 기호는 Bq(베크렐)로 물체가 나타내는 방사능의 양을 나타낸다.

1퀴리 = 37,000,000,000베크렐

시버트 = 사람 몸에 피폭된 양.

1903년 51세 때 방사선의 발견으로, 노벨물리학상을 받았다.

1908년 56세 8월 25일에 사망하였다.

시바사부로 k. Shibasaburo, 1853~1931

일본제국의 의학자·세균학자·교육인·기업인이다.

작위는 남작인데, 게이오대학의 창설자다. 일본 세균학의 아버지로 불린다.

1월 29일에 일본에서 태어났다.

1885년 32세 때 독일의 베를린으로 유학하였는데, 세균학의 개척자인 베르트 코흐에게 사사를 받았다. 코흐는 세균학의 시조인데, 결핵균과 콜레라균을 찾아낸 사람이다.

1889년 36세 때 파상풍균의 분리배양에 성공하였고,

1891년 38세 때 혈청치료법을 개발하였다.

1894년 홍콩에서 발생한 흑사병의 병원체인 페스트균을 알렉상드로 예르생과 거의 동시에 찾아내었으며, 파상풍의 치료법을 알아내었다. 아울러 적리균도 찾아내었다.

1901년 48세 때 전염병 연구소와 기타사토 연구소를 설립하고, 디프테리아 항독소 혈청을 발전시킨 결과에서 노벨의학상 후보에 올랐었다. 시바사부로는 각기병은 세균과 무관하다고 주장하였다.

1931년 78세 6월 13일에 사망하였다.

고흐 V. Gogh, 1853~1890

네델란드의 화가다.

후기 인상파인데, 서양미술 중에서 가장 위대하다.

준데르트에서 목사이던 테오도리스 반 고흐의 맏아들로 3월 30일에 태어났는데, 고흐가 태어나기 전에 죽은 형이 하나 있었다. 그리하여 고흐는 항상 자기가 형을 대신해서 살아있다고 생각하고 불행을 자초하면서 살아갔다. 아래로는 여동생과 남동생이 있었는데, 어린 고흐는 곤충에 관심이 많았다. 그리고 독서광이어서 신학 서적과 문학작품을 많이 탐독하였는데, 어머니가 그림 그리기를 즐겨하였으므로 고흐의 재능은 어머니를 닮았다.

1864년 11살 때 고향에서 25km 떨어진 제벤베르헨 기숙학교에서 프랑스어와 영어를 배웠고, 나중에는 독일어도 능수능란하게 구사할 수 있었다.

1866년 13살 때는 더 멀리 떨어진 튈브르흐의 빌헴2세 국립중학교로 진학해서 호세이스마스 밑에서 미술 수업을 받았고,

1868년 15세 3월에 갑작스럽게 자퇴를 하고 집으로 돌아왔는데, 고흐의 집안에는 정신병력이 있었다. 다시 학교에 보내자니 돈이 너무 많이 들어서 보내지 못하였다.

1869년 16세 때 큰아버지의 배려로 헤이그의 구필 화랑에서 일하기 시작하였는데, 큰아버지는 화상으로 크게 성공한 사람이었다. 큰아버지의 상회에서 일하던 중, 밀레의 〈이삭 줍는 사람들〉에 큰 감명을 받았다. 유명한 화상이 되려고 했지만, 하숙집의 딸 외제니 로예를 사랑하다가 실연을 당하였다. 이즈음부터 크게 가치도 없는 그림들을 돈을 위해 감언이설로 팔아야 하는 화상의 생활에 염증을 느끼기 시작하였고, 가난한 노동자들의 현실을 보면서 곧 종교에 심취하였다. 종교적인 열정에 사로잡혀 영국에서 교사 일자리를 구하다가 무급교사가 되었다. 여러 선교단체를 전전하던 중, 토마스 스레이드 존스 목사를 만났다. 목사는 고흐에게 설교하도록 배려를 해주었는데, 안정적으로 목회의 길로 접어들 즈음에 고흐에게는 조울증이 찾아왔다. 이 때문에 잘 나가던 보조 목사의 일도 그만두고 고향으로 돌아왔다. 그런데 아버지는 아들이 광신 목사가 될 것을 두려워해서 로테르담 근처 서점에 취직을 시켜 주었다. 그러나 흥미가 없자, 거기서 쫓겨났다. 다시 집으로 돌아온 고흐는 꼭 목사가 되겠다고 우겨 이모부 목사에게 도움을 요청해서 목사 국가고시 시험공부를 하였다. 그런데 목사의 딸 코르네리아보스에게 사랑에 빠지면서 고흐는 정신착란을 일으켰다.

하는 수 없이 아버지는 고흐를 선교단체에 넣기 위해 백방으로 애를 쓰던 중, 성직자보다는 미술에 더 재능이 있다는 것을 안 선교단체에서 탄광의 무급조수로 일하도록 배려해주었다. 탄광의 열악하고 비참한 환경은 고흐의 신앙을 흔들어놓고 말았는데, 이에 고흐는 스스로 성직자를 포기하고 보리주나로 가서 보리주나 사람들의 비참한 현실을 그리기 시작하였다.

1880년 27세 10월에는 보리주나를 떠나 헤이그의 브뤼셀로 가서 외사촌 화가에게 그림지도를 받았다. 이때에도 고흐는 크리스티네 클라시나 마리아 홀니크이 시엔이라는 매춘녀를 사랑하게 되었는데, 그녀에게는 딸이 하나 있었으며 또 임신 중이었다. 하지만 고흐는 사회에서 버림받으면서 소외된 사람들에 대한 애정이 남다른 데다 고흐 자신이 이런 비극적인 것을 사랑해서 당연히 아버지를 비롯한 친척들이 그녀와의 동거를 반대한 나머지 고흐를 정신병원에 넣으려 하였다. 이를 안 고흐는 분개하면서 기독교 자체에 심한 분노를 느꼈다. 그러자 매춘부 생활로 다시 돌아가려는 시엔과 시엔의 가족들 때문에 큰 양심의 가책을 받고, 고흐는 그녀와 결별하였다. 시엔과 결별한 고흐는 드랜테남부 호헤벤에 도착해서 화가의 길을 모색하면서 가르쳐주는 사람도 없이 혼자서 그림의 기법을 익혀나가다 다시 아버지 밑으로 갔지만, 마음은 편치 않았다.

아버지의 배려로 뒤뜰 헛간을 아뜰리에로 삼으면서 살다가 아버지의 건강이 좋지 않아지자 고흐는 목사관을 나와 뇌넨 성당 관리인 요한네스 스하르라트의 방을 빌려서 그곳에서 그림을 그렸다. 이런 가운데서 마르호트 베르만이란 정신이상의 여자가 고흐를 좋아하기 시작하였는데, 설상가상으로 고흐와의 연애가 양가 집안의 반대에 봉착하자 마르호트는 독을 마시고 신경 발작을 일으켰다. 그리하여 고흐는 뇌넨을 떠나 아히트 호벤에서 그림을 그렸다.

1885년 42세 3월 어느 날, 호르트라는 농부의 집을 지나치다가 그 집으로 들어가니 그때 호르트 가족들은 석유램프 아래에서 감자를 먹고 있었다. 이 광경이 너무 좋아 고흐는 그림을 그리기 시작하였는데, 3월 26일에 고흐 아버지가 뇌졸중으로 갑자기 사망하였다. 장례식날에 나타난 삼촌들이 고흐를 마구 나무랐지만, 사촌 테오만은 고흐를 위로해 주었다. 이런 우울한 심정을 꽃병에 꽃을 꽂고, 아버지의 파이프 담배와 담배쌈지가 놓인 정물화를 그려서 고흐의 대표작인 그림이 완성되었다.

아버지의 죽음 이후 고흐는 창작열이 식어졌고, 색체론을 탐독하다가 〈감자 먹는 사람들〉을 완성 시켰다. 그러나 고흐의 그림들은 여전히 팔리지 않아 고심하였는데, 설상가상으로 매춘부와 이름이 같은 감자 먹는 사람들의 모델인 호르트 가족 중에 결혼하지 않은 딸이 임신하게 되었다. 고상한 차림의 고흐에게 그 죄가 전가되었으므로, 더는 뇌넨에서 인물화를 그릴 수가 없게 되어 연말에 안트웨르펜으로 옮겼다. 아뜰리에에서 화가 공동체를 만들고자 제안을 했지만, 그 제안에 응한 사람은 폴 고갱뿐이었다.

이 두 사람은 사이가 별로 좋지 않았는데, 왜냐하면 밀레의 영향을 받은 고흐는 자연을 있는 그대로 그리는 걸 좋아했지만, 고갱은 기억에 의존해서 창의적으로 그려내는 방식을 선호했기 때문이었다. 두 사람의 관점 차이를 극명하게 드러낸 것은 고흐가 친하게 지내던 카페의 여주인 지누의 초상에서인데, 고흐는 지누의 인간 내면을 포착하려 했던 반면 고갱은 지누를 마치 남자를 유혹하려는 창녀로 그렸다. 그리하여 두 사람의 갈등은 〈해바라기〉에서 폭발하고 말았다. 고흐는 인물들에서 뚜렷한 눈동자를 가지고 있는데, 고갱의 인물들은 흐리멍텅한 모습이어서 고흐는 분노가 폭발하였다.

1888년 35세 12월 23일에는 정신발작을 일으켜서 면도칼로 자기의 귀를 잘라버렸다. 고갱의 회고에 의하면, 고흐는 면도칼을 들고 자신을 노려보며 찌를 듯이 하다가 그냥 나가버렸다고 하였다. 그러나 귀를 완전히 자른 것은 아니었고, 단지 귀 볼만 잘랐단다. 이런 것은 투우장에서 소의 귀를 자르는데 승리의 표상으로 여겨진 탓도 있을 것이었다. 고흐는 아를 시절에 뜨거운 햇살 아래서 모자도 쓰지 않고 그림을 그렸으며, 물감 속의 압센트를 많이 마신 게 스스로 망가진 원인으로 보는 사람도 있다. 이로 인해 아를 시립병원에 고흐는 입원하였다.

1889년 36세 1월 7일에 퇴원을 하였는데, 그 후부터 고흐는 물감이나 석유를 먹으려는 발작 증세를 보였다. 그리하여 아를 시민의 신고로 고흐는 다시 병원에 들어갔다가 고흐의 부탁으로 동생이 5월 8일에 생메리 요양원으로 보내주었다. 거기에서도 처음에는 괜찮게 생각했지만, 불과 두 달도 안 되어 불만을 터트리며 〈별이 빛나는 밤〉을 비롯해서 〈사이프러스 나무〉를 소재로 한 그림들을 그렸다. 사이프러스 나무는 한 번 자르면 다시는 뿌리가 나지 않기 때문에, 죽음을 상징하는 나무였다. 그리고 별 역시도 영원을 상징하는 죽음의 의미였는데, 이때까지 고흐는 동생 테오로부터 경제지원을 받으면서 살았다. 생메리 요양원에서 퇴원하고, 동생 테오의 배려로 파리에서 가까운 오베르 쉬르 아아즈르로 갔다. 그곳은 밀밭과 자연풍광이 좋아서 유명한 화가들이 자주 찾아 그림을 그리는 곳이었다.

1890년 37세 5월에 고흐는 오베르로 갔지만, 7월 29일에 자기의 정신쇠약을 이겨내지 못하고 권총으로 자살하였다.

1891년 2월 25일에 고흐의 죽음에 충격을 받은 아우 테오도도 서른네 살의 나이로 형을 따라 세상을 떠났다. 이 두 형제가 죽은 원인은 아마도 매독일 것이라고들 추측하였다. 당시 매독은 흔한 병이었고, 많은 예술가가 시달리던 병이었다. 정신질환이 시작되면서 자살하기 전까지 십 년 동안 고흐는 그림을 그렸는데, 그의 생전에는 빛을 보지 못하였다. 그러나 1901년 3월 17일 파리에서 작품 71개의 전시회가 열린 뒤로 유명해졌다.

코셀 L. Kosse, 1853~1927

독일의 의학자다.

프로이센의 총영사관이던 아버지와 어머니 크라라 사이에서 9월 16일 로스토크에서 태어났고,

1872년 19세 때 스트라스부르크대학교에서 의학 공부를 시작하면서, 요하네스 프리드리히 미셰르가 명명한 nuclein에서 단백질이 아닌 부분을 분리해서 5염기를 찾아내었다. 5염기는 ACGTU를 일컫는데, A(aderine, 아데닌), C(Cytosine, 시토닌),

G(Guarine, 구아닌), T(Thymine, 타민), U(Uracil, 우라실)이다.

1910년 47세 때는 5염기를 찾아낸 공로로 노벨 생리학상을 수상하였고,

1927년 74세 7월 5일에 사망하였다.

오너스 H. K. Onnes, 1853~1926

네델란드의 물리학자인데, 저온 물리학의 개척자다.

흐로닝언에서 9월 21일에 출생하였고, 흐로닝언대학교 물리학과를 나왔으며,

독일의 하이델베르크로 유학 갔다.

1894년 41세 때 라이든대학교 부속 저온연구소를 창설하고, 액체 공기·액체 수소·액체 헬륨의 제조에 성공하였다.

1913년 60세 때 노벨물리학상을 수상하였고,

1926년 73세 2월 21일에 사망하였다.

프로이트 S. Freud, 1856~1939

오스트리아의 정신과 의사로, 정신분석학의 창시자다.

아버지 제이콥 프로이트(39세)와 어머니 아밀리에 프로이트(19세) 사이에서 장남으로 5월 6일에, 모라비아(당시는 오스트리아이고 현재는 체코슬로바키아)의 프라이베르크(현재는 프리볼)에서 태

어났다. 아버지는 모직물 장사꾼이었고, 프로이트의 이복형은 어머니와 나이가 비슷해서 이미 장성해 있었다. 어머니가 낳은 프로이트의 형제는 7남매였는데, 여동생 다섯 명과 남동생 막내가 있었다. 프로이트가 세 살 때 태어난 바로 밑의 남동생은 태어나서 6개월 만에 죽었다.

1860년 4살 때 아버지가 파산해서 빈으로 이사하였다.

1866년 10살 때는 아버지로부터 충격적인 말을 들었다. 그것은 "산책을 하면서 모욕을 당했지만, 유대인이기 때문에 아무 대꾸도 하지 못했다."라는 말이었다. 그 말을 들은 후부터 프로이트는 한니발 장군을 좋아하게 되었다. 왜냐하면 한니발은 유대인이면서 로마를 정복한 사람이었기 때문이었다. 프로이트는 이때부터 자신을 한니발 장군과 동일시 함으로써, 굴욕감에서 벗어나려 애를 썼다.

1881년 25세 때 빈대학교 의과대학을 졸업하였는데, 비교해부학과 약리학에 관심이 많았다. 6년제인 학교에서 8년 만에 졸업하였고, 빈의 알게마이네 크랑켄하우스 종합병원 내과부장인 마이네르트 교수의 수련의가 되어 정신장애의 원인을 신경학적으로 규명하는 연구를 시작하였다.

1882년 26세 때 프로이트보다 열네 살이나 연상인 브로이어 박사를 만났는데, 브로이어는 프로이트에게 최면술로 카타르시스를 치료한 자기의 경험담을 이야기해주었다. 이때부터 둘은 히스테리 연구와 함께 책을 내기로 합의하였는데, 브로이어의 이야기는 이러하였다. 주인공 여자는 가명으로 안나 오였는데, 그녀는 1859~1936년까지 살았다. 이 여자는 물 공포증 환자여서 6주 동안 물을 마시지 못해 과일로만 수분을 공급받고 있었으므로, 그 증세가 처음 시작된 때를 기억하도록 최면요법을 썼다. 안나 오는 최면 중에 떠오른 기억을 찾아내었는데, 하녀의 방에서 개가 물그릇을 핥아먹는 것을 목격하면서 혐오감이 느껴졌다고 하였다. 그리하여 이 증세는 왜 생겼을까? 처음 증상이 시작된 시점을 찾아서 증세 뒤에 숨어있는 울분을 말하도록 하였는데, 쌓인 울분을 털어내고 나니 놀랍게도 그 공포증은 치유가 되었고 안나 오는 이를 〈대화 기법〉이라는 이름을 붙여주었단다. 이것이 정신분석학의 기초가 되었다.

1885년 29세 때 프랑스로 유학 가서 살베르트리에 병원의 샤르코 교수 밑에서 4개월간 연수하였는데, 샤르코 교수의 치료법은 최면으로 손과 발의 마비가 풀리게도 하고 마비를 일으키게도 하였다. 그것을 본 프로이트는 육체적인 이상이 없어도 정신만으로 마비가 올 수 있다는 걸 알게 되면서, 정신이 육체를 지배한다는 걸 알게 되었다. 아울러 샤르코 교수가 최면을 걸 때, 환자의 의식이 둘로 나눠지는 해리 증상을 보았으므로 이를 의식과 무의식으로 나누었다. 그리고 임상 치료방식을 창안하였는데, 환자와 치료자의 대화를 통해 정신의 병리는 치료된다는 것도 알게 되었다.

1886년 30세 때 프로이트는 결혼하였고, 4월에는 개인병원을 차렸다.

1890년 34세 때까지 전기충격요법·코카인 요법·최면요법·지압테크닉을 사용하였는데, 이때 자유연상법을 개발하였다. 그리고 후반에는 정신분석법도 창안해 내었는데, 이로써 프로이트의 정신분석 기본입장은 유물론적이 되었다. 유물론이란 심리학과 자연과학의 연합인데, 즉 생물학·물리학·해부학·신경생리학이 이들 바탕에 깔려있다.

1891년 35세 때는 〈실어증에 관한 연구〉를 발표하였고,

1893년 37세 때 〈아동의 뇌성마비에 관한 연구〉를 발표하였다.

1896년 40세 때는 〈히스테리 연구〉를 발표하였는데, 프로이트는 스승 마르텡 사르코와는 달리 히스테리는 정신적인 원인을 가지고 있다고 보았다. 그리하여 전기요법의 치료는 일시적인 효과만 있을 뿐, 영속적인 치료는 불가능하다는 결론을 내렸다. 10월에는 아버지가 여든한 살로 사망하였는데, 장례식날에 프로이트는 꿈을 꾸었다. 그것은 프로이트가 열 살 때부터 아버지가 미워져서 아버지가 죽기를 내내 바라고 있었는데, 아버지가 죽자 죽은 아버지에 대한 적대감이 죄책감으로 변하면서 따스했던 어머니를 생각하게 되어 꿈으로 나타났던 것이라는 걸 알았다.

1897년 41세 때 갈등 없는 인간이 되기 위하여 프로이트는 〈자기 분석〉에 들어가면서 〈정신분석〉을 창안해 내었다. 그것은 꿈을 이용한 방법인데, 유년기의 기억들이 잘 떠오르지 않을 때면 어머니에게 물어보곤 했었다. 프로이트가 어렸을 적 시대는 빅토리아 문화가 판을 치고 있었는데, 그 시절에는 겉의 아름다움만 추구해서 여성에게는 코르셋이란 것이 등장하였고, 이 코르셋 때문에 심한 경우에는 내장이 파열되기도 하였다. 그 당시에는 내면의 어두운 부분들을 모르던 때여서 그렇기도 하였다.

1903년 47세 때 슈레버는 독일의 스레스덴 고등법원에서 판사협회 의장까지 했지만, 강박증(편집증)으로 두 번이나 치료소에 입원했었다. 슈레버가 회고록을 발표하였는데, 그 책 속에 들어있는

미친 환자의 기묘한 이야기에 매혹되어 프로이트는 편집증을 정신병의 모델로 삼았다. 그리하여 망상증을 편집증에 포함시켰는데, 그것은 과대망상·피해망상·색광증·질투가 이에 속한다고 보았다. 아버지의 강력한 교육관과 아들의 편집증적 망상이나 신을 향한 슈레버의 울부짖음은 아버지에 대한 반항의 표현으로 보았으며, 이로 인한 프로이트의 노력은 환자 최초의 외상(충격)을 기억해내기에 집중하였다. 그리고 그때 느낀 감정 상태를 말로 하면, 말과 함께 나쁜 감정도 빠져나오게 된다고 생각하였다. 흔히 외상은 증상으로 나타나는데, 과거의 것들은 현재의 것들과 얽히고설키어 있어서 매듭으로 묶여있다고 보았다. 따라서 이를 풀려면 분석가는 환자의 말을 무관심으로 청취해야 한다는 것이다. 그러나 이때는 어디까지나 환자의 입장에 서서 환자의 편을 들어주어야 하므로 귀를 기울여 경청해야 한다고 하였다.

1919년 63세 때는 제1차 세계대전이 끝났고, 한국에서는 3·1 만세 운동이 일어났다. 프로이트의 둘째 딸 소피가 결핵으로 사망하였으며, 소피의 두 살짜리 아들도 결핵으로 사망하였다.

1923년 67세 때 프로이트는 초자아의 양심은 부모의 교육방식이고 본능 욕구는 원시적인 이드로 선천적·체질적·자기보존 욕구라는 단정을 내렸다.

1930년 74세 때 상담이론의 주류는 프로이트의 정신분석에 따르고 있었는데, 상담이란 부적응을 적응으로 바꿔주면서 이질감을 유대감으로 바꿔주는 일이다. 그러나 프로이트의 정신분석은 돈이 너무 많이 들었고, 별 성과도 없었다.

1933년 77세 때 히틀러는 프로이트의 모든 저서를 불태웠고,

1938년 82세 때 프로이트는 고향을 떠나 런던으로 피신하였다. 그것은 유대인이었기 때문이었는데, 프로이트는 지독한 애연가여서 구강암 수술을 30번이나 넘게 받았다.

1939년 83세가 된 프로이트는 9월에 의사 친구 막스 슈어를 설득해서 자살을 돕도록 요구하여 23일에 사망하였다. 미완성원고 〈정신분석개관〉을 남겨 둔 채로.

테슬라 N. Tesla, 1856~1943

세르비아계 미국인 발명가·물리학자·기계 공학자·전기공학자·교류전기의 아버지다.

테슬라가 태어난 곳은, 오스트리아제국 스밀란에서 7월 10일에 태어났는데, 스밀란은 1856년부터 1884년까지 오스트리아제국의 땅이었다. 그러다가 1867년부터 1918년까지 오스트리아 헝가리제국의 땅이 되었다.

1918년 62세 때는 미국으로 이주해서 미국의 교류전기 아버지가 되었는데, 에디슨이 주장한 직류전기(DC)와는 반대로 더 값싸게 전기를 멀리 보내는 교류전기(AC) 시스템을 발명하였다. 그리하여 냉장고와 텔레비전이 활용되기 시작하였고, 현재는 수소 트럭회사를 테슬라라고 이름 지어 운영하고 있다.

이로 인해 19세기에서 20세기 초 전자기학의 혁명적인 발전을 가능하게 해주었는데, 전기 배선의 다상 시스템 교류 모터를 포함한 현대적 교류 시스템의 기초를 마련해 놓아 2차 산업혁명을 선도하도록 하였다.

1943년 86세 1월 7일에 미국 뉴욕주의 뉴욕에서 사망하였다.

버나드 쇼 G. shaw, 1856~1950

아일랜드의 극작가·소설가·수필가·비평가·화가·웅변가다.

더블린의 프로테스탄트 집안에서 두 딸이 있는 막내아들로 7월 26일에 태어났는데, 정부의 인사이던 아버지가 곡물상으로 사업에 손을 댔다가 실패를 해서 집안은 급격히 기울어졌다. 그리하여 가난 때문에 초등학교만 나와 사환으로 일을 하면서 음악과 그림을 배웠고 소설에도 관심이 많았다.

1871년 15세 때 토지 중개사무소에서 근무하였지만, 흥미는 없었다.

1876년 20세 때는 경제적인 이유로, 어머니가 두 딸을 데리고 런던으로 가서 음악 교사가 되었으므로 쇼도 런던으로 갔다. 단기간 에디슨 전화사에 근무하다가 그만두고 각 신문에 원고들을 투고하였다. 그러나 수입이 적어 양친의 도움으로 생활하였다.

1879년 23세부터는 소설을 쓰기 시작하였고,

1883년 27세 때까지 다섯 편의 소설을 썼지만, 출판사로부터 거절을 당하였다. 그리고 네 편만 친구의 잡지에 게재되었다.

1882년 26세 9월에 헨리 조지의 연설을 듣고 사회주의자가 되었는데, 칼막스의 자본론에 크게 감명을 받아 마르크스 연구에 몰두하기 시작하였다.

1885년 29세 때부터 1898년 42세 때까지는 신문과 잡지의 비평란을 담당하여 주로 음악·미술·연극·문학의 서평을 썼고,

1886년 30세 때 〈카셀 바이런의 직업〉을 발표하였다.

1887년 31세 때는 〈비사회적 사회주의자〉를 발표하였고,

1891년 35세 때 〈입세니즘의 진수〉를 쓰기 시작하였다.

1913년 57세 때 〈입세니즘의 진수〉를 발표하였고,

1892년 36세 때 〈홀아비의 집〉을 써서 런던의 로얄티 극장에서 상영되었으며,

1893년 37세 때 〈사랑을 섭렵하는 사람〉을 발표하였는데, 이는 새로운 여성을 다룬 극이었다. 아울러 〈워렌부인의 직업〉은 근대 매춘기업을 폭로하는 글인데, 이것도 발표하였다.

1894년 38세 때는 〈무기와 사람〉으로 극작가의 지위가 굳어졌고, 〈캔디다〉도 발표하였다.

1895년 39세 때 〈운명의 사람〉과 〈새터 데이레뷰〉라는 연극비평을 썼는데, 이 글들은 최고의 수준을 과시하게 되었다. 〈예술의 정기〉도 발표하였고,

1897년 41세 때 〈악마의 제자〉를 발표하였으며,

1898년 42세 때 〈완전한 바그너파〉와 〈시저와 크레오파트라〉를 발표하였다.

1903년 47세 때 〈인간과 초인〉을 발표하였고,

1905년 49세 때 〈바버러 소령〉을 발표하였으며,

1913년 57세부터 〈하트 브레이크 하우스〉를 쓰기 시작하였다.

1916년 60세 때 〈하트 브레이크 하우스〉를 발표하였고,

1923년 67세 때 〈성녀 조앤〉을 발표하였으며,

1925년 69세 때 노벨문학상을 탔다.

1928년 72세 때는 〈지적인 여성을 위한 사회주의 자본주의 안내서〉를 발표하였고,

1938년 82세 때 미국에서 아카데미 각색상을 받았으며,

1950년 94세 11월 2일에 사망하였다. 쇼의 묘비명에는 이렇게 적혀있다.

"우물쭈물하다가 내 이럴 줄 알았지."

존 톰슨 J. Thompson, 1856~1940

영국의 물리학자다.

아버지는 제본소의 직원이었고, 톰슨은 12월 8일에 태어났다. 집안이 너무 가난해서 견습공도 될 수 없었다. 그러나 케임브리지 대학교 트리니티 칼리지에 장학생으로 들어가서 수학을 공부하였다. 덤벙대는 성격 때문에 실험은 모두 제자들이 하였지만, 사람들에게 호감을 주는 성품이어서 다른 사람에게 영감도 주는 능력이 있었다.

1897년 41세 때 기체에 따른 전기전도에 관한 음극선의 실험으로 전자가 있다는 존재를 찾아내었고,

1899년 43세 때 전자의 질량과 전하량 측정에 성공하였으며,

1912년 56세 때는 양극에 작은 구멍 여러 개가 뚫린 방전관을 이용해서 만든 양극선으로 다양한 원소들로부터 원자를 분리하는 실험에 성공하였다. 그와 함께 전자와 동위원소를 발견하였으며,

이것들을 활용해서 질량분석법을 개발하였다.

1906년 50세 때는 위의 공로로, 노벨물리학상을 받았고,

1940년 84세 8월 30일에 사망하였다.

헤르츠 H. R. Hertz, 1857~1894

독일의 물리학자인데, 전자기파의 발견자다.

함부르크에서 2월 22일에 출생하였는데, 기독교로 개종한 유대인 가정에서 아버지는 변호사였고 어머니는 의사의 딸이었다. 어려서부터 과학에 재능을 보였고, 학창 시절에는 아랍어와 산스크리트어를 배웠다. 드레스덴대학교·뮌헨대학교·베를린대학교에서 과학과 공학을 전공하고 전자기학도 연구하였다.

1880년 23세 때 박사학위를 받았고,

1883년 26세 때 킬대학교에서 이론 물리학 교수가 될 때까지 헬름홀츠 밑에서 공부하였으며,

1885년 28세 때 칼수르에대학교의 정교수가 되어, 전자기파를 발견하였다. 라디오파를 만드는 장치를 헤르츠라고 부르는데, 이는 헤르츠가 전자기파를 찾아내서 붙여진 이름이다. 이때의 헤르츠는 주파수의 표현 단위로, 1초 동안의 진동 횟수를 가리킨다. 훗날에 이탈리아의 발명가 마르코니가 전자파를 무선 송수신하는데, 성공하였다.

1888년 31세 때 전자파 방사의 존재를 생성 검출하는 헤르츠의 공명자를 이용해서 전자기파의 존재를 확인하였고, 포물면 거울

을 사용해서 맥스웰 방정식 이론의 정확성을 입증하였고,

1894년 37세 1월 1일 본에서 만성 패혈증으로 사망하였다.

오이겐 블로이어 E. Blenlea, 1857~1939

스위스의 정신의학자인데, 융의 스승이다.

취리히에서 4월 30일 태어났고, 취리히대학을 졸업하였다. 프로이트의 책을 접하면서 정신의학 연구를 시작하였다.

1885년 28세 때 뮌헨의 블부르헐즐리 실험실에서 의료 보조원이 되었고,

1886년 29세 때 레이나우 병원의 원장이 되었으며,

1898년 41세 때는 취리히대학교의 강사가 되었다.

1908년 51세 때 〈정신분열증〉이란 용어를, 〈조현병〉이란 단어로 바꾸었다. 그리하여 조현병의 개척자가 되었는데, 이전에는 그리스어 분열(Schizo, 치매)이라는 용어로 사용했었다.

1939년 82세 7월 15일에 사망하였다.

소쉬르 F. Saussure, 1857~1913

스위스의 언어학자인데, 구조주의의 선구자다.

스위스의 서부 제네바시에서 11월 26일에 태어났는데, 9남 3녀 가운데 장남이었다. 오래된 가문의 자손으로, 많은 자연과학자

가 배출된 집안이다. 특히 음악에 조예가 깊던 어머니의 감수성을 소쉬르는 닮았다.

1871년 14세 때 〈인도 유럽어의 비교〉라는 논문을 썼고, 독일 라이프치히대학으로 유학 가서 〈인도 유럽어 원시 모음 체계에 관한 논고〉를 발표하였다. 이 속에는 인도 유럽어의 모음 체계 가운데 가장 복잡한 'a'의 교체가 어떻게 일어나는지를 설명해 놓았다.

1881년 24세 때는 〈산스크리트어 절대 속격의 용법〉을 발표하고는, 파리로 갔다. 파리의 고등 연구 실습원에서 십 년 동안 강의를 하면서 에콜 데 로트 제튀드 고등사범학교에서 강사로 일하였다.

1891년 34세 때 프랑스 정부로부터 레지옹 도뇌르 훈장을 수여받았고,

1892년 35세 때 다시 고향 제네바로 돌아왔다.

1901년 44세 때부터 제네바대학교에서 산스크리트어 교수와 일반언어학 교수를 하였으며,

1913년 56세 때는 교수직을 그만두었다. 스위스의 북부 보 주 뷔폴랑 르샤토에서 폐질환으로 2월 22일에 사망하였는데, 소쉬르 자신은 출판에 대해 매우 인색해서 그의 사후에 제자 샤롤 바이와 알베르 세슈가 소쉬르의 강의 노트들을 간추려 출판한 것이 〈일반언어학 강의〉다. 이 책 속에는, 언어의 세계가 들어있다. 언어의 세계에는 랑그와 빠롤이 있는데, 랑그는 개인의 언어 스타일이고 빠롤은 그 의미를 일컫는다. 만일 장미라는 추상의 세계가 여기에 있다고 하자. 장미라는 발음의 음성은 들리는 대로 흉내를

내는 것이고, 우리는 청각의 영상인 관념으로 알아낸다. 빠롤에서 장미는 빨간색을 나타내는 정열을 의미한다고 보면 된다. 이들 기표와 기표의 사이에서 기의가 나타나는데, 기표는 청각적인 시간 선상의 전개다. 음에는 그 길이가 있는데, 이 시간 선상의 전개에서 장미라는 말은 나라마다 달리 나타난다. 따라서 기표는 기호의 표면적인 측면이 되고, 기의는 기호의 내용적인 측면이다. 그리하여 입에서 나오는 말이나 글자는 기호인데, 기호는 절대로 현실에 존재하는 특정 지시대상을 가리킬 수가 없다. 다만 장미라는 기호를 보고 실존의 지시대상이 아닌 개념 즉 기의를 떠올려 맞추는 것이다. 그러니까 장미라는 기호는 실재의 장미와는 다르게 생겼다. 그리하여 장미라는 글자 자체는 기표이게 되고, 이 글자를 보면서 떠올리는 장미의 모습이 기의라고 하였다.

조반니 세간티니 G. Segantini, 1858~1899

이탈리아의 화가다.

이탈리아 북부 아르코의 가난한 집안에서 1월 15일에 태어났는데, 당시 이 지역은 오스트리아의 영토였다. 조반니가 태어날 즈음에 형은 불에 타서 죽었는데, 그것에 충격을 받은 어머니는 우울증이 심해져서 조반니를 돌보지 않았다. 그리하여 어려서부터 굶주림 속에서 허덕였다.

1865년 7살 때 어머니가 사망하자 아버지는 조반니를 이복 누나에게 맡기고, 어디론가 사라졌다. 그러나 이복 누나 역시도 조반니를 돌보지 않았으며, 호적 신고도 하지 않았다. 따라서 조반니는 오스트리아인도 아니고 이탈리아인도 아닌 무국적자로 떠돌이 생활을 하였다.

덕분에 조반니는 읽을 줄도 몰랐다. 하지만 그림에는 천재적인 재능이 있었으므로 밀리노의 명문이던 브레라 미술학교에 들어갈 수 있었다. 학교에서도 레슨은 받지 못하면서 자기만의 방식으로 그림을 그렸다.

이즈음 학교에서 밀라노 명문가의 아들인 카롤로 부가티를 만났는데, 그는 부유하면서 아주 세련되었고 매우 친절하였다. 조반니를 데리고 고급식당과 갤러리와 라스칼라 극장으로 데리고 다녔으므로, 조반니는 이때 세상의 아름다움에 눈뜨기 시작하였다.

그 후 부가티의 여동생 루이자 비테를 만나 연인이 되었고, 집안의 반대를 이기고 결혼까지 하였으나 조반니는 무국적자여서 법적으로는 부부가 되지 못하였다. 그리하여 둘은 알프스 산속으로 들어가서 그림을 그렸다.

비테는 조반니의 네 아이를 낳았는데, 밤마다 조반니에게 명작소설을 읽어주면서 글을 가르쳐주어서 편지도 쓸 수 있게 되었다.

1895년 37세 때 베네치아의 비엔날레에서 이탈리아 국가상을 받았고,

1896년 38세 때 빈 분리파 전시회에 초대되어서 분리파 의장의 극찬을 받았으며,

1899년 41세 때는 파리 세계 박람회에 스위스 대표로 선발되어서 그림을 그리던 중 급성복막염으로 쓰러져서 9월 28일에 사망하였다. 그러나 조반니의 사후에는 19세기의 가장 위대한 화가

중의 한 명으로 인정을 받게 되었다.

피에르 자네 P. Janet, 1859~1947

프랑스의 심리학자·정신 병리학자·정신과 의사다.

역동적 심층 심리학자인데, 정신 노이로제에 관한 이론을 전개하면서 〈무의식〉이란 용어를 처음으로 만들어내었다.

자네는 5월 30일에 파리에서 태어났고, 에콜 노르말 고등사범학교를 졸업하였다. 그리고 파리대학교 의과대학에서 공부를 하였다.

1889년 30세 때 파리의 살베르트리에 정신병원에서 J. M. 샤르코에게 사사를 받으면서 심리학 실험실에서 근무하였다. 〈무의식〉의 개념을 세우고서 히스테리에 관한 연구를 하였는데, 이때 노이로제에 관한 이론을 전개하였고 정신쇠약의 개념도 세웠다. 무엇을 해도 느낌은 없으면서 내성만 있는 상태를 〈무의식〉이라고 일컫는데, 이런 것은 심리가 긴장을 중시하면서 의식을 협소화시켰기 때문이라고 하였다. 긴장이 생겨나는 정신 종합설을 제청하면서 〈정신 자동성〉이란 책을 출간하였다.

1902년 33세 때 콜레주 드 프랑스의 심리학 교수로 근무하였고,

1903년 34세 때는 〈강박현상과 정신쇠약〉을 출간하였다. 여기에서 정서적인 쇼크로서의 기억은, 머릿속 어딘가에 남아있으면서 정신질환의 원인이 된다고 하였다. 이것들은 정서적이면서 능

동적인 정신의 힘에서 찾았는데, 따라서 노이로제 환자는 정신의 집중에서 충분한 정신의 힘이 결여가 된 상태라고 보았다.

1936년 77세 때까지 콜레주 드 프랑스의 심리학 교수로 재직하였고,

1947년 88세 2월 24일에 사망하였다.

베르그송 H. Bergson, 1859~1941

프랑스와 폴란드의 철학자다.

폴란드계 프랑스인으로, 프랑스에서는 베르그손이라고 부른다. 베르그송은 프랑스의 파리에서 10월 18일에 태어났는데, 폴란드계 유대인 아버지와 영국계 유대인 어머니 사이에서 7남매 중 둘째였지만 장남이었다. 아버지는 작곡가여서 경제적으로는 어렵게 살았다.

1868년 9세 때 프랑스에서 교육환경이 좋기로 유명한 리베보나 파르트 고등학교에 입학하였고,

1869년 10세 때 가족들은 모두 런던으로 이주하였다. 그리하여 기숙사에서 살았다.

1878년 19세 때 프랑스의 전국 학력 경시대회에서 라틴어 작문·불어 작문·영어·기하학·수학에서 1등을 차지해서, 파리 고등 사범 학교에 입학하였다. 여기에서 샤르트르·자크 데리다·장조게 등을 접하게 되었으며,

1881년 22살 때는 철학 교수 자격시험에 2등으로 합격해서, 앙

제 고등학교의 철학 교수가 되었다.

1892년 33살 때는 열네 살 연하인 루이즈 뇌뷔르제와 결혼하였고,

1893년 34세 때 딸 잔느를 낳았는데, 벙어리였다. 베르그송은 이 딸로 인해 〈물질과 기억〉이란 책 속에 3페이지를 쓰기 위해 5년 동안 병리학 공부하였으며, 이 책을 통해 매우 유려한 문체와 이해하기 쉬운 비유들을 사용하여 대중적으로 인기가 높아졌다.

물질과 정신 관계를 규명하는 책으로, 물질은 운동하는 이미지들의 총체라 하였고 빛이 물질이라고 하였다. 그러면서 자연은 자신이 가지고 있는 빛으로 스스로를 빛낸다고 하였으며, 과거와 현재를 종합하는 연속체제라고 하였다. 그리하여 이미지는 현실에서 주어진 그대로를 움직일 뿐 그 속에 지속되는 물질의 잠재력은 없다고 하였는데, 여기에서 움직이는 이미지는 스크린·텔레비전·컴퓨터·동영상·광고판 등이 있다. 그리고 전통적인 이미지란 원본의 복사본인 대체물 또는 본뜬 것이라고 정의하였고, 현재는 감각들의 움직임이라고 하였다. 아울러 과거는 정지된 흔적 또는 응축물이라고 하면서 과거가 미는 힘을 가지고 미래로 나간다고 하였다.

1928년 68살 때는 그간의 공로와 꾸준히 받아오던 문장력을 인정받아 노벨문학상을 수상하였는데, 베르그송은 말하였다. 문체란 음악적인 흐름인데, 아주 간단하면서도 적절한 표현을 써야 한다. 그러기 위해서는 매사를 충실하게 묘사하라고 하였다.

1932년 73세 때 〈생의 철학〉과 〈도덕과 종교의 두 원천〉을 출간하고,

1941년 81세 1월 4일에 파리에서 폐렴으로 사망하였다.

체홉 A. Chekhov, 1860~1904

러시아의 단편소설 작가이면서, 희곡 작가다.

프랑스의 모파상과 미국의 오헨리와 함께 세계 3대 단편소설 작가 중 한 사람인데, 아버지는 폭군이었다. 걸핏하면 매로 사람을 다스렸는데, 그 아버지의 슬하에서 셋째 아들로 1월 17일에 태어났다. 이때는 러시아에서 혁명 주의가 판치던 시절이었으므로, 형들은 아버지에 반기를 들고 술로 방황하면서 집을 멀리하였다.

1876년 16세 때 아버지가 파산하고 빚쟁이들에게 쫓겨 모스크바의 빈민굴로 야간도주를 하였으나 체홉은 그 누구도 원망하지 않으면서 열심히 공부해서 의사가 되었다.

1880년 20세 때 잠자라 지에 단편소설 〈갈매기〉로 데뷔하고는, 〈벚꽃 동산〉·〈개를 데리고 다니는 부인〉·〈6호실〉·〈황혼 속에서〉를 발표하였다. 그리고 희곡 〈이바노프〉를 발표하였는데, 극작으로는 〈다섯 푼짜리 사랑 이야기〉를 발표해서 유명해졌다. 체홉의 대표 명작은 〈갈매기〉다. 〈갈매기〉는 꺾인 꿈과 사랑의 이야기인데, 어느 호수의 별장에 열 명의 등장인물이 엇갈린 사랑과 인생 이야기를 펼치는 줄거리로 되어있다.

1884년 24세 때는 의과대학을 졸업하고 병원을 개업하였지만, 경제난으로 인해 소설을 써서 생계를 유지해 나갔다. 그리고 6개의 단편을 실은 단편 소설집 〈멜포메네〉를 출간하였고,

1888년 28세 때 푸쉬킨상을 수상하였다.

1889년 29세 6월에는 형이 폐결핵으로 죽었고, 체홉 자신도 두 번이나 각혈을 해서 놀랐다.

1890년 30세 때부터 각국으로 여행을 다녔는데, 이 해에는 대기근이 심해서 굶어 죽는 사람들이 속출하였다.

1892년 32세 2월에는 모스크바 근교에 집을 구입하고 논밭을 사서 식구들을 모두 이곳으로 이주시킨 다음에 구제사업을 펼쳤다. 체홉은 농민들에게 말하였다. "나는 의사니까 아프면 언제든지 오세요." 그렇게 하면서 7년 동안 작가·의사·상담사 역할을 해주었다. 당시 셸리미히코비 지역에서는 바이러스균 때문에 2년간 수많은 사람이 죽어 나갔지만, 체홉 시에서는 단 한 사람도 죽지 않았다. 그것은 체홉의 의사라는 열정 때문이었다. 체홉은 차이코프스키 보다 스무 살이나 아래였지만, 둘은 굉장히 친하였다. 차이코프스키는 서른여덟 살에 결혼하였다.

1897년 37세 때 단편소설 〈바냐 아저씨〉를 발표하였는데, 이 소설은 체홉의 4대 희곡 중 전원생활극이란 명제가 붙었다.

주인공 셰레브라코프는 교회의 머슴 아들로 태어나서 관비로 공부하였다. 운 좋게 박사가 되고 교수가 되었으며 또 친임관이 되더니 추밀 의원의 사위까지 되었다. 셰레브라코프는 이래저래 상류 지식인이 되어 만족 된 생활을 할 수 있게 된 것은, 딸 소냐를 낳은 죽은 아내의 오빠 바냐와 소냐의 피땀 어린 헌신과 희생의 삶 덕분이었다. 그런데 셰레브라코프는 스무 살이나 어린 새 아내 실레나와 지내다가 정년을 맞아 시골로 오더니 자기의 땅도 아닌 토지를 팔겠다며 배은망덕의 짓을 벌였다. 이에 바냐와 소냐가 분노하자 자신의 계획을 포기하고 떠나버렸는데, 이때 소냐는 바냐를 향해 위로해 준다. "불쌍한 바냐 아저씨. 아저씨는 한평생 기쁜 일도 즐거운 일도 모르고 지내셨지요." 하면서.

1898년 38세 때 〈갈매기〉가 모스크바예술극장 개관기념작품이 되었는데, 모스크바예술극장은 현재 체홉 기념 모스크바예술극장이 되어있다.

1899년 39세 때 〈귀여운 여인〉을 발표하였는데, 이 소설은 체홉의 단편소설 중에서 가장 널리 알려졌다.

귀여운 여인 올렌카가 불행한 운명 때문에 남자를 종종 바꾼다는 이야기인데, 체홉이 가장 좋아하는 말은 인생이란 스스로 창조하는 것이라고 하였다. 체홉은 인간의 우둔함이나 속물근성을 묘사해서 인생을 보여주었는데, 주인공 올렌카는 그 누구도 사랑하지 않으면 못 견디는 여자였다. 아버지를 사랑했고 숙모도 사랑했으며 여학교 때는 프랑스어 선생도 사랑했었다. 사람들은 그런 올렌카의 티 없는 사랑에 감탄하였는데, 극장의 경영자이자 연출가인 쿠킨은 그런 그녀를 사랑해서 둘은 즐거운 결혼생활을 즐기게 된다. 그러던 중에 남편 쿠킨은 연극이나 배우에 대해 말하곤 하였는데, 올렌카는 그 말들을 모두 사람들에게 되풀이해서 말을 한다.

그러던 어느 날 쿠킨은 출연 교섭을 위해 모스크바로 갔고 남편의 사망 소식이 담긴 전보를 받은 올렌카는 잠을 못 이루면서 장례를 마치면서 통곡하고 슬퍼한다. 삼 개월 뒤, 미사에서 돌아오던 중 목재상 주인 푸스토발로프를 만났고 또 그와 결혼해서 사이좋게 지낸다. 그때도 올렌카는 사람들에게 목재에 관한 이야기를 늘어놓으면서 인생에서 가장 필요하고 중요한 것은 목재라고 한다. 아기자기하게 두 사람은 사랑을 나누었는데, 6년 뒤에 푸스토발로프는 감기에 걸려서 죽고 만다. 장례를 치른 올렌카는 어찌 살아야 하느냐며 또 통곡한다. 육 개월간 수녀 같은 생활을 하더니 이번에는 수의관 스미르닌과의 소문이 떠돌자 올렌카는 또다시 수의관 이야기를 되풀이한다. 둘은 행복한 나날을 보내다가 수의관 수미르딘이 군대에 나간다. 외톨이가 된 올렌카는 야위어지면서 볼품도 없어졌는데, 희망도 없이 늙어가자 칠월 어느 날 수미르딘이 돌아와서 이혼을 요구한다. 수미르딘은 옛 부인과 재결합을 해서 아들 사샤에게 사랑을 쏟으며 즐거운 생활을 하는데, 이때 올렌카의 불행은 주관도 없이 모든 것을 설명할 수 있었다. 의견을 말할 수 있었지만, 여자의 인생은 남자 때문에 창조된 게 절대로 아니라는 것을 몰랐던 것에 있었다.

1901년 41살 때는 여배우 올리기와 결혼하고, 단편소설 〈갈매기〉가 모스크바예술극장에서 상영되어 희곡 작가로서 독보적인 존재가 되었고,

1904년 44살 때 결핵을 앓았는데, 〈벚꽃 동산〉이 무대에 올라 공연이 끝나자 축하 모임에서 기침을 끝없이 하다 7월 15일에 독일의 남부 바덴바덴에서 숨을 거두었다. 그의 유해는 노보데비치 묘지에 안장되었다.

윌리엄 베이트슨 W. Bateson, 1861~1926

영국의 동물학자이고, 유전학자다.

웨이트비 요크셔 해안에서 8월 8일에 태어났는데, 마스터 세인트 존스 칼리지와 케임브리지대학교에서 교육을 받았다.

1883년 22세 때는 럭비학교 케임브리지의 존스 칼리지 자연과학 분야에서 처음으로 BA를 졸업하였고, 미국으로 건너가서 척추동물에 대한 실험실에서 일하였다.

1884년 23세 때 윌리엄 키스 브룩스에서 체사피크 동물학 연구소로 옮겨 발생학에서 형태학으로 전환한 뒤에 영국으로 돌아왔다. 그리고 중앙아시아 서부를 여행하였다.

1886년 25세 때 중앙아프리카 서부의 함수호(짠물의 호수)에 사는 동물들을 관찰하고 〈변이 연구자료〉를 발표하였는데, 이는 다윈의 학설을 비판한 것이었다

1900년 29세 때는 〈멘델의 유전법칙과 그 변호〉라는 논문을 발표하였는데, 이 논문에서는 멘델의 유전법칙을 다시 확인하려는 의도로 〈유전 문제〉라는 책을 발표하였다.

1894년 33세 6월에는 왕립학회 회원이 되었고, 〈변이 연구를 위한 재료〉를 강의하였는데, 동식물에서 갑자기 어떤 특징들이 나타나거나 사라지는 것이 자주 발견됨에서 진화는 일어날 수 없다고 주장하였다. 여기서 돌연변이란 세포가 분열하는 과정에서 유전자가 화학물질이나 방사선 또는 햇빛 등에서 받은 스트레스로 인해 복제가 달리 나타나기 때문이라고 하였는데, 예를 들어 키가 아주 큰 사람은 272cm인 로버트 웨들로우다. 그런데 이 사

람은 선대비대 증이 있었는데, 그것은 뇌하수체에서 성장 호르몬이 과도히 분비되어 여덟 살 때 키가 2m가 넘었다. 그러다가 스물두 살 때 몸을 지탱하려고 지니고 다니던 부목이 발목에 쓸려 세균감염으로 사망하는 것을 목격하였다.

1897년 36세 때 변이 연구에서 몇 가지 중요한 개념 및 방법론적 발전을 보고하였으며,

1899년 38세 때는 왕립원예 협회에서 강의하였다. 멘델의 유전단위 진화연구를 읽고서 더 프리즈의 논문을 발표하였고,

1904년 43세 때 유전학에 대한 다윈의 왕실 메달을 받았으며,

1905년 44세 때는 '유전학'이란 단어를 창안해 내었다. 유전학이란 유전자의 변이를 연구하는 학문이다.

1907년 46세 때부터 멘델에 대한 강의를 시작하였으며,

1908년 47세 때는 케임브리지대학교에서 영국 최초로 유전학 교수가 되었고, 10월 23일의 첫 강연에서 〈유전학의 방법과 범위〉를 다루었다.

1910년 49세 때 존이네스원 연구소로 전환하기 위해 써리의 멜톤팍으로 이사해서 감독으로 일을 하였고,

1913년 52세 때는 유전학 학회를 설립하고 〈멘델의 유전원리〉와 〈유전학의 문제〉를 강의하였으며,

1919년 58세 때 〈최초로 배운 사회 유전학〉에 전념하였다.

1920년 59세 때 영국협회를 설립하였고,

1926년 65세 2월 8일에 갑작스레 죽음을 맞이하였는데, 그의 사후 69년 뒤인 1995년에 베이트슨은 노벨생리의학상을 수상하였다.

오 헨리 O. Henry, 1862~1910

미국의 작가·소설가다.

세계 삼대 단편 작가 중 한 사람인데, 노스캐롤라이나주에서 아버지는 내과 의사였다. 문학적인 재능이 있는 어머니 사이에서 9월 11일에 태어났는데, 본명은 윌리엄 시드니 포터다. 어머니는 폐결핵으로 일찍 세상을 떠났으며, 아버지는 알콜 중독자에다 정신질환자가 되어있으므로 헨리는 열다섯 살까지 정규교육은 받지 못하였다. 대신 점원·잡화상·농장관리인·국유지 관리국 직원 등을 거쳐 은행원이 되었는데, 은행에서 일할 때 계산의 실수로 공금횡령 죄를 언도 받았다. 그리하여 은행을 그만둔 뒤에 공금을 횡령했다는 혐의로 고발당하자 온두라스로 도피하였다.

그 후, 아내가 위독하다는 소식을 듣고 귀국하였는데, 아내가 사망하자 5년 형을 받고 교도소에 수감 되었다. 교도소병원에서 약제사로 일하면서 딸 마가레트의 부양비를 벌기 위해 글을 쓰기 시작하였는데, 헨리는 복역 사실을 숨기기 위해 본명은 숨기고 필명을 사용하였다. 모파상의 영향을 받아 풍자와 애수에 찬 화술로 평범한 미국인의 생활을 그려나갔는데, 헨리는 모범수로 인정을 받아서 3년 3개월 만에 출소하였다.

그 후, 생을 마칠 때까지 장편 〈양배추 왕〉과 작품집 〈4백만〉·〈서부의 마을〉·〈구르는 돌〉과 함께 300편에 가까운 단편을 창작하였다. 헨리가 쓴 〈마지막 잎새〉의 마지막 대목은 매우 유명한데, '창밖의 마지막 담쟁이 잎을 봐. 바람이 불어도 팔랑거리거나 움직이지 않는 게 이상하지 않아? 아, 존시. 저건 베어만 할아버지의 걸작이야. 할아버지는 마지막 잎이 떨어지는 밤에 저걸 걸어놓으셨던 거야.' 이런 반전의 결말이 오헨리 식의 결말이다.

1910년 48세 6월 5일에 사망하였다.

헨리 포드 H. Ford, 1863~1947

미국의 기술자다. 포드 모터 컴퍼니의 창설자로, 자동차 왕이다.

미시간주 디트로이트 서쪽의 웨인에서 농부의 아들로, 7월 30일에 태어났다.

1875년 12살 때 어머니가 위독하다는 소식을 듣고 말을 타고 이웃의 도시로 달려가긴 했지만, 어머니는 이미 숨을 거둔 뒤였다.

1878년 15세 때는 학업을 접고 기계공이 되어 에디슨 회사에 기술 책임자로 일을 하기 시작하였고,

1890년 27세 때 에디슨 조명회사에서 기사로 근무하였으며,

1892년 29세 때는 손재주가 좋아 만들기에 열중하였으므로 에디슨 회사에서 기술 책임자로 있다가 자동차를 만들었다.

1903년 40세 때 퇴사하고는, 포드자동차를 설립해서 기업가로 성공하였다.

1926년 63세 때 〈오늘과 내일〉이란 저서를 출간하였고,

1929년 66세 때 〈나의 산업 철학〉을 출간하였으며,

1947년 84세 4월 7일에 미시간주 디어본에서 사망하였다.

토마스 모건 T. Morgen, 1866~1945

미국의 세포학자인데, 초파리연구자다.

캔터키주 렉싱턴의 명문가에서 9월 25일에 출생하였는데, 아버지는 시칠리아의 영사로 근무하다가 담배공장을 경영하였다.

1882년 16살 때 켄터키대학교에 입학하였고,

1886년 20세 때는 위 대학교에서 수석으로 졸업하고는 존스 홉킨스대학원에서 생물학의 집중 연구를 하였다.

1890년 24세 때 〈바다거미는 거미류에 가깝다〉라는 논문으로 박사학위 취득하였고,

1891년 25세 때 펜실바니아의 브린모어대학교 생물학 교수가 되었으며,

1897년 31세 때는 개구리 알의 발달과정을 보고 〈실험생물학 입문〉을 발표하였다.

1901년 35세 때 동물의 신체가 어떻게 새 조직으로 재생되는지를 정리한 책 〈재생〉을 출간하였고,

1903년 37세 때 〈진화와 적응〉을 출간하였으며,

1904년 38세 때는 결혼해서 4명의 자녀를 두었다. 그리고 콜럼비아대학교로 자리를 옮겼다.

1908년 42세 때 초파리 연구를 시작하였고,

1915년 49세 때 〈멘델유전의 매카니즘〉을 출간하였으며,

1928년 62세 때는 제자 브리지스와 함께 캘리포니아 공과대학 칼텍으로 자리를 옮겨 발생학에서 유전학으로, 유전학에서 발생학의 연구를 거듭하였다. 그 결과에서 우유병에다 썩은 과일을 넣

었더니, 구더기가 생겼다. Y염색체는 X염색체보다 짧으면서 통통하다. 염색질은 유전자가 들어있는 구조물로 단백질과 핵산으로 되어있다. 등을 찾아내었다.

1933년 67세 때 초파리 유전 전달의 메커니즘 발견한 공로로 노벨생리의학상을 수상하였고,

1945년 79세 12월 4일에 사망하였다.

마리 퀴리 M. Curie, 1867~1934

폴란드 출신의 프랑스 과학자다.

여성 최초의 파리대학 정교수가 되었으며, 여성 최초의 노벨상 수상자다.

본명은 폴란드식의 이름인 마리아 살로메아 스크워도프스카인데, 당시에는 폴란드가 프랑스령이어서 프랑스식 이름인 마리 퀴리라고 불렀다. 마리는 러시아령이었던 폴란드의 바르샤바에서 11월 7일에 태어났는데, 어머니는 소녀를 위한 명문 학교의 교장이었다. 그리고 아버지는 홈 실험실 저널과 장비를 가지고 자녀들에게 많은 영감을 주는 화학과 물리학 교수였는데, 위로는 언니가 둘이 있는 막내였다. 어머니는 폐결핵에 걸려 집에서 요양하기 시작을 하였는데, 아버지는 폴란드어로 쓴 학생의 답을 정답처리 했다는 명목으로 학교를 그만두어야만 하였다. 학교에서 나온 아버지는 하숙집을 경영하였는데, 하숙생 중 한 명이 장티푸스에 걸리는 통에 마리의 두 언니가 전염되었다. 다행스레 둘째 언니는

회복이 되었지만 큰 언니 조피아는 열두 살의 나이로 생을 마감하였다.

1877년 10살 때 어머니까지 사망하면서 집안은 몹시 어려워졌으므로, 마리는 가정교사로 일하면서 돈을 모았다.

1890년 23세 때가 되어서야 프랑스의 소르본느대학교로 유학 갈 수 있었으며,

1894년 27세 때 소르본느대학교에서 물리학과 수학석사 학위를 취득하였다.

1895년 28세 때 서른다섯 살의 노총각 피에르 퀴리를 만나 결혼하면서 방사능 연구를 시작하였는데, 마리의 연구를 지켜보던 피에르는 마리의 연구를 도왔다.

1898년 31세 때 방사능물질인 라듐과 플로토늄을 찾아내었고,

1903년 36세 때는 부부가 함께 노벨물리학상을 수상하였으며,

1906년 39세 4월 19일에는 비가 내렸다. 피에르가 마차 바퀴에 머리를 깔려 마흔여섯 살로 즉사한 후 마리는 소르본느대학교에서 역사상 최초로 여성 대학교수가 되었다.

1911년 44세 때는 라듐과 플루토늄 분리로 노벨화학상을 단독으로 수상하였는데, 라듐은 치명적인 독이다. 이것이 골수암이나 백혈병으로 사망에 이르게 하지만, 암 치료제로 사용된다는 것을 남편 피에르 퀴리가 알아냈었다. 라듐 0.1g을 축출하려면 1t의 우라늄 폐광석이 있어야 한다.

1923년 56세 때 프랑스 의학 아카데미회원이 되었고,

1925년 58세 때는 제1차 세계대전 후여서 독립된 모국 폴란드를 방문하였으며,

1934년 66세 7월 4일에 사망하였다.

카롤 란트슈타이너 K. Landsteiner, 1868~1943

미국의 병리학자이면서, 혈청학자다. 미국 지폐의 모델인데, 폐렴구균을 발견하였다.

오스트리아에서 6월 14일에 태어났는데,

1874년 6세 때 언론인이던 아버지가 사망해서 홀어머니의 외동아들로 자라났다.

1885년 17세 때는 빈대학교 의과대학에 입학해서 여러 가지 의학서적들을 접목하면서 연구에 들어갔으며,

1891년 23세 때 졸업하면서 박사학위를 받은 후에 에른스트 루트비히 실험실에서 연구를 계속하였다. 그러면서 취리히의 한취 연구소와 뷔르츠부르크의 에필피셔 연구소 그리고 뮌헨의 밤버거 실험실에서 수년간 공부하였고,

1895년 27세 때 1년간 외과 의사 밑에서 공부를 하였는데, 혈액 속에서는 무엇이 세균을 죽이는지를 연구하였다. 그 무엇을 카롤은 〈항체〉라고 이름 붙였다.

1896년 28세 때 빈대학 위생연구소에서 세균학자 막스톤 그루버 박사의 조수가 되어 3년간 일하였고,

1898년 30세 때 세균학자 안톤 바이크 셀바움 빈 의과대학 병리해부학과 교수를 찾아가서 무급 교수가 되었으며,

1899년 31세 때 병리해부학 교수 자격증을 취득하였다. 그러나

바이크 셀바움 교수의 조교로 일하면서 법의학사가 되었다.

1900년 32세 때 적혈구는 다른 사람의 혈청에 의해 피가 뭉치는 응집 현상을 발견하면서, 단백질의 항체에는 두 가지 항원이 있다는 것을 알아내었다. 그런데 어떤 사람은 A만 있었고, 또 어떤 사람은 B만 있었으며, 또 어떤 이는 이런 것이 하나도 없는 사람도 있었다.

1901년 33세 때는 혈액형을 분류하였는데, 즉 A형·B형·C형이었다. 나중에 C형을 O형으로 바꾸었다.

1902년 34세 때는 그의 제자들이 AB형을 찾아내었고,

1909년 41세 때 법의학사로 10년 동안 일을 하였다. 그동안 3,639구의 시체를 부검하면서 364편의 논문을 발표하였는데, 이들 중 특이한 것은 소아마비는 바이러스성 질병이라는 것과 알레르기 반응은 면역계의 반응이라는 것도 알아내었다.

1914년 46세 때 리처드 루이손이 혈액에 구연산 나트륨을 첨가하면 응고되지 않는다는 사실을 밝혀내면서, 훗날에는 혈액을 보관하였다가 필요할 때 수혈을 할 수 있게 되었다. 제1차 대전 후에 카롤은 오스트리아를 떠나 헤이그의 병원에서 일하였고,

1923년 55세 때 뉴욕의 록펠러 연구소의 초청을 받아 처음으로 개인 연구실을 배정받았으며,

1930년 62세 때는 노벨 의학 생리학상을 받았다.

1940년 72세 때 RH-형이 있다는 것도 알아내었으며,

1943년 75세 6월 26일에 사망하였다.

하버트 조지 웰즈 H. Wells, 1868~1946

영국의 SF 소설가·언론인·사회학자·역사학자다.

잉글랜드 캔트브럼리에서 9월 21일에 태어났는데, 집이 가난해서 정규교육은 받지 못하였다. 잠시 상업학교에 다니다 공부를 접고는 포목점의 점원과 화학약품상 보조 등 여러 직업을 전전하였다.

1885년 17살 때 미드 허스트에서 교육 실습생이 되었고,

1886년 18살 때는 우수한 성적으로 장학금을 받아 런던의 과학 사범학교에 들어갔다. 거기서 유명한 생물학자 T.H.헉슬리에게 삼 년 동안 과학을 배우면서 초기에는 생물학을 공부하였다. 그 후 다윈주의 맥락에서 인종 문제를 고찰해 나갔다.

1889년 21세 때 런던대학교에서 동물학 학사학위를 받았으며, 잠시 과학 교사가 되었었다. 그러나 곧 문필에 뜻을 두고 단편소설을 쓰기 시작하였다.

1895년 27세 때 〈타임머신〉을 발표해서 큰 명성을 얻었는데, 〈타임머신〉은 기계에 의한 시간여행을 다룬 소설이다. 미국영화로, 2002년에 개봉하였다.

1896년 28세 때는 〈모로 박사의 섬〉을 발표하였고,

1897년 29세 때 〈투명 인간〉을 발표하였으며,

1900년 32세 때는 〈사랑과 미스터 루이스 햄〉을 발표하였는데, 힘들게 사는 교사의 이야기를 썼다.

1901년 33세 때 〈달 세계 최초의 사랑〉을 발표하였고,

1904년 36세 때는 〈신들의 양식〉을 발표하였으며,

1905년 37세 때 근대의 유토피아인 〈킵스〉를 발표하였는데, 이 때 예기치 못했던 상속을 받았다. 그 결과로 파멸하는 직물 상 조수의 이야기를 썼다.

1910년 42세 때 〈폴리씨의 내력〉을 발표하였는데, 가게까지 불태우고 자유를 얻으려고 하였다. 그러나 결국에는 포트웰 여인숙에서 잡다한 일을 하는 사람으로 전락 된 알프레드 폴리의 이야기를 썼다.

1911년 43세 때 〈신 마키아벨리〉를 발표하였는데, 섹스 스캔들에서 연루된 정치인의 이야기를 다루었고,

1946년 78세 8월 13일에 사망하였다.

프리츠 하버 F. Haber, 1868~1934

독일의 화학자로, 암모니아를 합성해서 하버법을 개발하였다.

프로이센왕국 브레셀라우(현재 폴란드의 브로츠와프)에서 12월 9일에 출생하였는데, 아버지 지크프리트는 염료와 페인트를 만드는 약품 사업으로 성공적인 입지를 지닌 사람이었다. 그리고 어머니 파울라는 프리츠를 낳은 후 난산으로 인해 3주 후에 사망하였다. 그리하여 프리츠는 이모들과 고모의 손에서 자라났다.

1876년 6세 때 아버지는 헤드위히 함부르커와 재혼을 하였는데, 프리츠는 유대인들이 다니는 요한네움 초등학교에 입학하였다. 아버지와 계모에게서는 세 딸이 태어났다.

1879년 11세 때는 개신교와 유대인이 분반해서 수업을 듣는 김

나지움으로 진학하였고,

1886년 18세 9월에는 김나지움 고등학교에서 라틴어와 그리스어를 배운 다음, 고등학교를 우수한 성적으로 졸업하였다. 그 후 프리드리히 빌헬름대학교로 진학하였다.

1887년 19세 때 여름학기에는 하이델베르크대학교의 보베르트 분젠에게 화학교육을 사사 받았고,

1888년 20세 때 베를린대학교의 샬로텐 부르크 공과대학으로 가서 유기화학을 공부하였으며,

1889년 21세 때 여름학교 제6야전 포병연대에서 군역수행을 하던 도중, 훗날에 아내가 될 클라라 임버마르를 만났다. 클라라는 설탕공장을 운영하던 화학자의 딸인데, 브레슬라우대학교에서 처음으로 박사학위를 받은 여성이었다.

1891년 23세 때 군대에서 전역하고, 샬로텐 부르크의 카롤테오도레 리버만의 제자로 들어가서 피페로날 연구를 하였다. 연구 끝에 〈피페로날 유도체에 대하여〉라는 논문을 발표하였지만, 낙방하고 말았다. 다시 유기화학을 공부하고, 오토비트의 강의를 들으며 염료합성에 대해서도 배웠다. 그리고 프리드리히 빌헬름대학교에서 재심사를 받아 5월에 쿰라우데의 성적으로 박사학위를 받았다.

1892년 24세 때 취리히 연방 공과대학 기능대학의 게오르크 궁게 연구실로 들어갔다가 아버지 회사로 갔다. 그러나 아버지 회사에 손실만 주게 되어 나와버렸다.

1894년 26세 때 예나대학교의 루드비히 크루노의 조수가 되면서 루터교로 개종하였다. 카롤루스 공과대학의 교직원으로 일하

면서 분테 휘하 연구기관에서 시간 강사가 되어 염료 기술에 대한 강의를 시작하였다. 이때 대학 측에서는 프리츠에게 실레지아·작센·오스트리아 등지로 다니면서 고급 염료 기술을 배워오도록 지원해 주었으므로, 이에 프리츠는 발전된 전기 화학 기술까지 배우고 돌아왔다. 그 후부터 전기 화학·열화학·물리 화학 분야에서 뛰어난 성적으로 연구에 매진하였다.

1898년 30세 때 〈이론에 기반한 전기 화학 기술 개론〉을 출간하였고, 카롤루스대학교의 교수가 되었다.

1901년 33세 때는 같은 고향의 화학자이던 클라라 임머바르와 학회에서 재회하게 되어 깊은 사랑에 빠졌고,

1902년 34세 8월 3일에 둘은 결혼을 하였다.

1903년 35세 7월 1일에는 아들 헤르만을 낳았고,

1904년 36세 때는 기체 상태의 질소와 수소를 반응시켜서 암모니아를 만드는 연구에 착수하였고,

1906년 38세 때 카롤루스대학교의 물리 화학 분과 정교수가 되었으며,

1908년 40세 때 낮은 온도와 높은 압력에서 암모니아를 합성하는 데 성공하였다.

1909년 41세 때 화학공업인 바스프와 계약을 맺고, 카롤보슈와 함께 실용화될 공정개발에 착수하였으며,

1911년 43세 때 카이저 빌헬름 물리 화학·전기 화학연구소의 소장이 되었다. 그리고 베를린대학교의 교수가 되었는데, 카롤루스 공과대학의 교직원으로 일하면서 공기 중의 질소와 수소 기체를 암모니아로 바꾸는 하버법을 발명하였다.

공기 중에는 엄청난 양의 질소들이 들어있으나, 두 개의 질소인 원자들이 3중의 결합으로 단단히 묶여있기 때문에 식물들은 이를 섭취하지 못한다. 그러나 번개가 치면 질소 분자가 깨지기 때문에 이를 이용할 수는 있지만, 그 양은 많지 않았다. 식물들은 잎으로 받아들인 공기 중 이산화탄소로부터 산소와 탄소가 공급되면, 뿌리를 통해 흡수된 물에서 수소를 얻게 된다. 이들은 광합성을 해서 탄수화물이 되는데, 그런 탓에 식물에는 질소와 인이 부족하게 된다. 이 부족한 것들을 비료 형태로 만들어서 질소와 인을 공급해줘야 하는데, 인은 인산염이 포함된 암석을 산으로 처리해서 비료를 만들 수 있다. 식물에 필요한 소량의 칼슘도 재를 뿌리면 첨가되는데, 질소는 퇴비나 동물들의 분뇨 또는 칠레 초석($NaNO_2$)을 통해서 얻을 수 있다. 이것이 〈하버법〉인데, 공기 중에서 질소를 채집해서 암모니아합성으로 비료를 만들 수 있다는 것이다.

1912년 44세 때 카이저 빌헬름 협회 물리 화학 및 전기 화학연구소의 초대 회장이 되었고,

1913년 45세 때 〈하버-보슈법〉이라는 대량생산 공정개발에 성공하였으며,

1914년 46세 때 제1차 세계대전이 시작되자 전쟁 지원으로 나서서 화학무기 개발에 앞장섰다. 이는 소금을 분해해서 얻은 염소로, 독가스를 제조하는 일이었다.

1915년 47세 4월 22일에 벨기에의 이프르에서 프랑스군을 상대로 직접 실험해서 오천 명의 프랑스군이 사망하였고, 만오천 명의 가스 중독자가 나오자 이를 말리던 아내 클라라는 직장을 잃었고 우울증에 빠져있다가 프리츠와 말다툼 끝에 5월 2일 마당에서

권총으로 자신의 가슴을 쏘아 자살하였다. 그러함에도 하버는 아랑곳하지도 않으면서 동부전선으로 가서 러시아 군대에게 포스겐 독가스를 살포해서 대량 학살을 저질렀다. 제2차 대전 당시에 유대인과 집시들의 대량 학살에 사용한 독가스도 하버가 만든 지크론 독가스였다.

1917년 49세 10월 25일에는 샬롯 나단과 재혼하였고, 예바 샬롯과 루드비히 프리츠를 낳았다.

1918년 50세 때는 제1차 세계대전이 끝났는데, 독일이 패배하자 하버는 전쟁범죄자가 되었으므로 스위스로 피신하였다.

1919년 51세 때 막스 보른과 함께 이온 결합성 물질의 격자에너지를 측정할 수 있는 〈본 하버 사이클〉을 개발하였고, 비료의 원료인 암모니아 합성법을 개발한 공로로 노벨화학상을 수상하였다. 하버의 공로는 인공 질소 고정법과 염소를 독가스로 쓰는 법의 개발이었다.

1923년 55세 때 독일의 비밀 부서에서 〈치클론 A〉를 개발하였는데, 이것은 물과 반응해야 독성을 가지기 때문에 곡물 유통 시에 벌레를 죽이는 데 사용되었다.

1924년 56세 때 일본 호시의 초대로 일본을 방문하였고, 한국도 다녀갔다.

1927년 59세 12월 6일에는 샤롤 나단과 언쟁 끝에 이혼하고,

1933년 65세 때 독일의 박해를 피해 가족들을 모두 데리고 영국으로 피난을 가서 카이저 빌헬름 물리 화학·전기 화학의 연구소장이 되면서 시민권을 획득하고 거기서 살았다.

1934년 66세 1월 29일에는 궁핍한 생활고로 인해 건강이 나빠

져서 레조 보트로 가던 도중, 바젤의 한 호텔에서 뇌졸중으로 인한 심장마비로 사망하였다. 그의 유언에 따라 화장을 한 뒤에 바젤의 회른리 공동묘지에 안장하였다. 후에 첫 부인 클라라 임버바르의 시체를 이장해서 옆에 나란히 묻었다.

앙드레 지드 A. Gide, 1869~1951

프랑스의 비평가이고, 소설가다.

법학 교수의 아들인데, 파리에서 11월 22일에 태어났다.

1880년 11세 때 아버지가 사망하자, 어머니와 유모는 엄격한 종교적인 계율을 강요해서 지드는 불우한 소년기를 보냈다. 그런 규칙적인 교육 형태가 너무 싫어서 신경 발작으로 인해 허약한 몸이 되었으며, 그로 인해 다니던 학교를 중퇴하였다.

1888년 19세 때부터는 창작에 몰두하기 시작하였는데, 당시 프랑스의 문학사상은 거의 다 유일한 개신교 신자들이었다. 그리하여 지드는 일찍부터 쇼펜하우어·데카르트·니체 등의 철학서를 읽었고, 로마가톨릭과 개신교의 영향을 받으면서 자라났다.

1891년 22세 때 〈앙드레 왈테르의 수기〉를 써서 등단하였으며,

1893년 24세 때는 아프리카 여행을 다녀와서 도덕을 초월한 절대적 자유의 가능성을 시사한 〈교황청의 지하실〉을 발표하였다. 그리고 전적인 자유와 육체적 환락에 대한 경계를 탐색한 소설 〈사울〉을 통해 인간 정신을 탐구하면서 현대성의 특징과 모럴을 제시하였다.

1895년 26세 때는 어머니도 세상을 떠났다.

1909년 40세 때 〈좁은 문〉을 발표하였는데, 〈좁은 문〉의 개요는 종교적 규율이 가져오는 위선과 비극을 썼다.

인간에게 있어서 가장 중요한 것은 자기완성의 도달이라고 하였는데, 신교도였던 아버지와 가톨릭 신자이던 어머니 사이에서 태어난 지드는 언제나 정서로부터 자유로워지려고 애를 썼었다. 그러나 그에서 벗어나지를 못하였다. 지드는 자기보다 두 살 위인 외사촌 마들렌을 사랑하였지만, 첫 번째 청혼에서 거절을 당하였다. 그러나 어머니가 사망한 뒤에 마들렌은 지드와 결혼하였다. 〈좁은 문〉은 지드와 마들렌의 관계에서 첫 번째 청혼에 실패한 뒤에 썼는데, 마들렌도 지드를 열렬히 사랑했었다. 하지만 세속적으로는 결코 이루어질 수 없다고 강조함에서 현세적 사랑의 파탄과 비극의 단면을 보여주려 하였다.

지드는 거의 유일한 기독교 신자였고, 자신의 어린 시절이 행복하지 않았다고 생각하였다. 그리하여 인간의 행복을 억압하는 것은, 인간 자신들이 부과한 도덕과 윤리라고 생각하였다. 소시민 사회의 위선적 순응과 기존 질서를 검토하면서 새로운 질서를 수립하려 하였는데, 이 소설의 주제는 기독교의 이원론적 세계관과 관련된 도덕적 윤리 문제에서 인간의 행복을 억압하는 것은 인간 자신이 스스로 부과한 도덕과 윤리 때문이라고 하였다.

1919년 50세 때 종교적 규율이 가져오는 위선과 비극이 주제인 〈전원교향곡〉을 발표하였고, 〈보리 한 알이 죽지 않으면〉도 발표하였다.

1925년 56세 때는 〈사전꾼들〉을 발표하였으며,

1927년 58세 때 콩고를 기행하고, 소련까지 여행한 후에 돌아와서 〈소련 기행〉을 써서 발표하였다.

1947년 78세 때는 노벨문학상을 받았고,

1949년 80세 때 괴테 협회상을 받았으며,

1951년 82세 2월 19일에 사망하였다.

아들러 A. Adler, 1870~1937

오스트리아의 정신의학자이고, 심리학자다.

빈 근교의 작은 마을에서 헝가리계 유대인 상인의 아들로 6형제 중 둘째로 2월 7일에 태어났다. 어려서는 병약해서 두 번이나 마차에 치인 적이 있었고, 홍역으로 죽을 뻔한 적도 있었다. 그리고 구루병과 폐렴의 발작으로 죽을 고비를 넘겼었다. 그런 과정에서 동생이 죽자 의사가 되려고 결심하였지만, 형과의 사이가 나빴으므로 열등감이 심해 학교 시절의 성적은 매우 낮았으며 수학 성적도 형편이 없었다. 재수를 하기도 하였지만, 이런 열등감으로 인한 불행한 나날 속에서 죽음이라는 끝없는 공포 속에서 어린 시절을 보냈다. 선생님까지도 학업을 포기하라고 권하였지만, 아버지의 끈질긴 격려 덕분에 결국에는 우수한 학생이 되었다. 이때의 기회가 아들러의 심리적 열등감을 극복하는 계기가 되었다.

그리하여 아둘러는 이런 생각을 하게 되었다. 사람에게는 누구나 열등감이 있는데, 열등감이란 다른 사람과 비교하여 개인의 우월 추구에 집착해서 파괴적인 생활양식을 갖게 되면 신경증에 빠지고 마는 일이다. 그리하여 주어진 문제를 해결하지 못하는 약한 사람은 열등감 콤플렉스를 갖게 되는데, 만일 보상될 수 없는 열등감을 과도하게 가지고 있거나 과도하게 보상된 열등감이 있으면 인격에는 왜곡이 생긴다고 보았다. 생을 영위하는 근거의 기본 전제는 가정에 있는데, 가정에서는 타인과의 관계를 맺는 소통이 심리 성숙의 주요 기준이 되며 생활양식의 유형에는 네 가지가 있다고 보았다.

첫째는 지배형인데, 자녀를 지배하려는 독재자형이고,

둘째는 기생형인데, 자녀를 과잉으로 보호해서 의존적으로 성장하게 된다는 것이며,

세 번째는 회피형인데, 자녀의 기를 꺾는 양육방식이다. 매사에 소극적이면서 부정적인 태도를 일관해서 자신감이 없도록 만들어 직면을 회피토록 만드는 유형이다. 그리하여 상처받는 일은 잘하지만, 칭찬이 없을 때 회피가 생겨난다. 그리고 용기 없는 자들은 술이나 담배에 인생을 의지하려 한다.

네 번째는 사회적인 유용형인데, 긍정적인 태도를 가진 사람을 일컫는다. 이런 유형의 사람은 타인과 협동하려는 태도로 임하게 된다.

1891년 21세 때는 빈대학의 의학부에 들어가서 선배인 프로이트의 강연에 매료되었다. 그리하여 프로이트의 문하에서 빈 정신분석학회를 결성하고, 초대 회장직을 맡았다.

1895년 25세 때 빈 의과대학을 졸업하고 의사가 되어 의학부 시절에 친구로 지내던 러시아 여성과 결혼하였다. 친구 중에는 사회주의자가 많았으므로 아들러 자신도 사회주의자가 되었는데,

프로이트가 쓴 〈꿈의 해석〉에 대한 서평도 썼다. 그러나 프로이트의 '범 성욕설'을 받아들이기 어려웠는데, 왜냐하면 무의식에서 억압되는 것은 권력의지라고 생각했기 때문이었다. 그런 이유로 프로이트에 반대하고 나섰다.

1912년 42세 때 프로이트와 분파하면서, '개인 심리학회'를 결성하고 〈개인 심리학〉을 창시하였다. 이어 〈신경쇠약의 특색에 관하여〉란 논문을 발표하였는데, 개인 심리에서 인간이 불행한 이유는 다른 사람이 깔볼까 봐 두려워서 남의 눈치를 보기 때문이라고 하였다. 그리하여 스스로 행복 하려면, 타인의 인정을 갈구하지 말고 미움받을 용기가 필요하다고 하였다. 이때의 용기란 남의 뜻대로가 아닌 자기의 뜻대로 살고자 하는 마음이라고 하면서 〈열등감 콤플렉스〉라는 단어를 고안해 내었다.

1918년 48세 때 제1차 세계대전이 끝나자 빈에서 정신병원을 시작하였는데, 나치가 크게 득세하면서 나치당은 아들러가 유대인이라는 이유로 강제 폐쇄를 시켰다.

1924년 54세 때 〈개인 심리학의 이론과 실재〉를 발표하였고,

1927년 57세 때 미국 콜롬비아대학교의 초빙교수로 유럽과 미국을 여러 차례 강연하였으며,

1934년 64세 때 미국의 롱 아일랜드 의과대학 교수가 되면서 미국으로 이주하였다. 저서는 〈삶의 과학〉·〈의미 있는 삶〉·〈인간 본성의 이해〉 등이 있다.

1937년 67세 5월에 스코틀랜드의 에버딘대학교에 강연차 3주 예정으로 갔다가 강연을 한 다음 심근경색으로 길거리에서 3월 8일에 돌연사하였다.

일본인 철학자 기시미 이치로와 작가 고가 후미타케가 쓴 〈미움받을 용기〉라는 책은 베스트셀러가 되었는데, 아들러의 목적론이 이때부터 각광을 받기 시작하였다.

프루스트 M. Proust, 1871~1922

프랑스의 소설가다.

파리의 교외 오퇴유에서 전염병 예방의학의 권위자이던 아버지와 유대계의 부유한 집안 딸이던 어머니 사이에서 7월 10일에 태어났다.

1873년 3살 때 동생 로베르 프루스트가 태어났는데, 동생은 훗날 의사가 되었다.

1880년 9세 때 천식이 발작되었고,

1882년 11세 때 10월에는 콩도르세 고등학교 5학년에 입학을 하였지만, 병 때문에 다시 쉬었다.

1886년 15세 때 2학년에 다시 들어갔고,

1888년 17세 때는 '라일락'이라는 문예지를 제작하였다.

1890년 19세 때 1년간 지원병으로 근무하다가 11월에 제대해서 부모의 강요로 정치학교의 법학부에 등록하였다.

1892년 21세 때 문예지 '향연'을 창간하였고,

1893년 22세 2월에는 〈비올랑트 또는 사교성〉을 발표하였고, 3월에는 '향연' 마지막 호를 발행하였다.

1894년 23세 때 〈르 골루아〉·〈베르사이유에서의 문학축제〉·〈화

가들의 초상화들〉·〈발다르사〉·〈실방르의 죽음〉을 발표하였고,

1895년 24세 때는 철학사가 되었다. 6월에는 마다린 도서관의 사서가 되었으나 건강상의 이유로 휴가 신청을 내었다.

1896년 25세 때는 〈장 상퇴유〉를 집필하기 시작하였고, 〈즐거운 나날〉을 출간하였다. 〈즐거운 나날〉은 1896년도에 칼만레비지에서 발간된 시와 뉴스들의 모음집이다. 그리고 백색 문예지에 〈모호함에 반대하여〉를 발표하였다.

1899년 28세 때 〈아미생의 성서〉를 번역하기 시작하였는데,

1903년 32세 때는 아버지가 사망하였다.

1904년 33세 때 〈아미생의 성서〉를 출간하였고,

1905년 34세 때 어머니도 신장염으로 사망하였다.

1906년 35세 때 〈참깨와 백합들〉을 출간하였는데, 양친을 잃은 타격으로 생트뵈브에 반대한다는 시를 쓰기 시작하였다.

1909년 38세 때 〈잃어버린 시간을 찾아서〉 집필을 시작하였고,

1912년 41세 때 르피카로지에 〈백색 기사들〉과 〈분홍 기사〉를 발표하였다.

1913년 42세 때 〈잃어버린 시간을 찾아서 1부〉를 출간하였고,

1918년 47세 때 〈잃어버린 시간을 찾아서 2부〉가 출간된 것을 계기로,

1919년 48세 때 콩쿠르상을 받아 유명해졌다. 이 책은 총 7권의 분량으로 방대한 글이었다.

1920년 49세 때 〈잃어버린 시간을 찾아서 3부〉를 출간하였고,

1922년 51세 때는 〈잃어버린 시간을 찾아서 4부〉를 출간하였으며, 11월 18일에는 기관지염을 치료받지 못해 사망하고 말았다.

프루스트의 사후

1923년에 〈잃어버린 시간을 찾아서 5부〉가 출간되었고,

1925년에 〈잃어버린 시간을 찾아서 6부〉가 출간되었으며,

1927년에 〈잃어버린 시간을 찾아서 7부〉가 출간되었다.

1952년에는 〈장 상퇴유〉가 출간되었는데, 이 소설은 19세기 말의 파리에서 사나이다운 남자를 소재로 다루었다. 프루스트가 직접 목격한 드레퓌스사건을 이 책 속에 언급해 놓았다.

러셀 B. Russel, 1872~1970

영국의 철학자·논리학자·수학자·사회사상가·평화운동의 실천가다.

영국에서 총리를 두 번이나 지낸 존 러셀 백작의 손자인데, 맴머드의 명문가에서 5월 18일에 태어났다. 아버지 러셀은 무신론자이면서 아이들의 가정교사 더글러스 스펄딩과 자신의 아내 사이의 정사를 공식적으로 인정했던 사람이다. 러셀에게는 프랭크와 레이첼이라는 두 형이 있었다.

1874년 2살 때 어머니가 디프테리아로 세상을 떠났고, 형 레이첼도 사망하였다.

1876년 4살 때 아버지는 우울증으로 시달리다 사망하였으므로, 조부모 밑에서 자라났다.

1878년 6살 때 할아버지 존 러셀도 세상을 떠났기 때문에 할머니 밑에서 자라났는데, 러셀의 할머니는 공교육을 싫어해서 러셀

을 학교에 보내지 않았다. 대신 가정교사를 들여서 가정교사의 가르침을 받으며 자라났는데, 할머니는 러셀에게 종교 이야기들을 들려주었다. 형 프랭크는 러셀에게 유크리드 기하학을 가르쳐주었는데, 그 덕분에 훗날 많은 도움을 받았다. 그러나 형은 저항적이었으므로 러셀은 항상 감정을 숨기면서 살아야만 하였다.

1887년 15세 때는 기독교 교육이 과연 합당한가를 생각하기 시작하였고,

1890년 18세 때 완전한 무신론자가 되었다. 케임브리지대학교의 트리니티 칼리지에 장학생으로 입학하였는데, 이때는 수학과 철학에서 두각을 나타내기 시작하였다.

1893년 21세 때 최우등으로 졸업하고, 동 대학의 강사가 되었다.

1894년 22세 12월 13일에는 청교도인이던 엘리스와 결혼하였고,

1895년 23세 때 대학의 선임연구원이 되었으며,

1896년 24세 때 〈독일 사회민주주의〉를 출간하였다.

1901년 29세 때 함께 자전거를 타면서 아내 엘리스에게 더는 사랑하지 않는다고 고백한 다음, 별거에 들어갔다.

1903년 31세 때 〈The principles of Mathematics〉를 발간하면서 관념의 실재론을 주장하였고,

1905년 33세 때 철학 저널 마인드지에 에세이 〈on Eenoting〉을 게재하였다.

1908년 36세 때 왕립학회 회원이 되었고, 집합론에서는 역리를 발견하였다. 그리고 〈계형 이론과 환원의 공리〉와 〈기술 이론〉 등을 발표하였다.

1910년 38세 때 〈수학의 원리 1권〉을 A.N.화이트헤드와 공저

로 출간하였고, 케임브리지대학교의 강사가 되었다. 이때 루트비히 비트겐슈타인이 제자로 들어왔다.

1912년 40세 때 〈철학의 제 문제〉를 출간하였고,

1913년 41세 때는 〈수학의 원리 2권과 3권〉을 출간하였으며,

1914년 42세 때 〈외계의 지식〉을 출간하였다.

1916년 44세 때 세계 제1차대전 중이어서 반전운동가로 활약하다가 트리니티 칼리지에서 해고되었다. 그 후에도 미국이 영국 편으로 참전하는 것에 반대 강연을 하다가 6개월 징역형을 받았다.

1918년 46세 때 9월에 석방되었고,

1919년 47세 때 〈수리 철학 서설〉을 출간한 다음, 대학교에 복직되었다.

1920년 48세 때 강사직을 그만두었고,

1921년 49세 8월 26일에는 러시아를 방문하였다. 애인 도라가 임신 6개월이 되었으므로 엘리스와 이혼하고 11월 27일에 도라와 결혼하였는데, 둘 사이에서는 아들 존 콜라스와 딸 캐서린을 낳았다. 그 후 〈정신의 분석〉을 출간하였고,

1922년 50세 때 비트겐슈타인에게 대표작인 〈논리 철학 논고〉를 출간하라고 권유하였으며,

1927년 55세 때 〈물질의 분석〉을 출간하였다.

1940년 58세 때 〈의미와 진실의 탐구〉를 출간하였고,

1944년 62세 때는 귀국해서 케임브리지대학교의 선임연구원으로 강의하였으며,

1945년 63세 때 〈서양 철학사〉를 출간하였다. 원자폭탄의 발명으로 수소폭탄발명을 예언하면서 핵무기 반대운동과 세계평

화를 부르짖었다. 그리고 〈러셀 서양철학〉·〈나는 왜 기독교인인가?〉·〈권력〉·〈기하학 기초론에 관한 이야기〉 등의 저서들을 발표하였다.

1950년 68세 때는 노벨문학상을 받았으며,

1970년 88세 2월 2일에 사망하였다.

아문센 R. Amundsen, 1872~1928

노르웨이의 극지 탐험가로, 인류 최초로 남극점에 도달하였다.

보르게에서 선원의 아들 4형제 중 막내로 7월 16일에 태어났다.

1888년 16세 때 프리티오프 난센이 그린란드를 횡단한 것에 감명받아 탐험가가 되려 하였지만, 어머니의 반대가 완강해서 오슬로대학교에서 의학을 공부하였다.

1893년 21세 때 어머니가 사망하자, 의과대학을 그만두고 노르웨이 해군에 입대하였다.

1897년 25세 때까지 뱃사람으로 일하면서 지구의 자기학을 공부하였다. 벨기에 남극탐험대 일등 항해사로 참가하는 일원으로 발탁되었고, 북극 탐험대를 조직해서 네델란드 헤이그항구를 떠났다. 그런데 빙산에 갇혀 2년 동안 굶주림에 시달렸었는데, 그때는 바다표범을 잡아먹으며 생명을 연명하였다.

1899년 27세 때 빙산을 깨트리고 탈출에 성공한 공로로, 벨지카호의 선장이 되었다.

1903년 31세 때 소형선 이외아호를 타고 대서양·북극해·태평

양까지의 항해에 성공하였고,

1906년 34세 때는 북자극의 위치를 확인하였으며,

1910년 38세 때 대원들을 이끌고 남극점을 향해 출항하였다.

1911년 39세 12월 19일에는 55일 만에 인류 최초로 남극점에 도달하였는데, 이때는 매우 치밀한 계획을 세운 다음에 실행으로 옮겼었다. 즉 식량이 부족해도 살 수 있으면서 몸이 가벼운 개를 이용하고 썰매도 사용하였다. 자신의 복장은 북극 원주민의 조언으로 순록 가죽으로 만든 방한복을 입었다.

1926년 54세 때 엘즈웨스와 노빌레와 함께 비행선을 이용해서 북극점 상공을 통과하는 데 성공하였고,

1928년 56세 때 북극에서 조난된 노빌레 일행을 구하려고 떠났다가 6월 18일에 행방불명 되었다.

엔리코 카루소 E. Caruso, 1873~1921

이탈리아의 성악가였고, 미국의 테너 가수다.

나폴리의 빈민가에서 기계공 노동자의 아들로 2월 25일에 태어났다. 아버지는 음악엔 전혀 관심도 없었으며, 학교에도 보내지 않았다. 그러나 어머니는 노래 부르기를 좋아하는 아들을 격려하면서 교회의 성가대에서 노래하라며 추천해 주었다.

1888년 15세 때 어머니가 사망했으므로, 아버지를 따라 공사장을 전전하다가 군대 복무를 마쳤다.

1891년 18세 때는 노래를 직업으로 선택하기 위해 술집과 식당

들을 전전하며 노래를 불러 생계를 이어나갔고,

1894년 21세 11월 나폴리의 누오바 극장에서 첫 데뷔 무대로 〈파우스트〉를 노래하였다. 이때 지휘자 겸 성악 교사인 룸바르디를 만나 레퍼토리에 맞는 발성 훈련법을 사사 받으며 성악 공부를 하였다.

1897년 24세 때는 나폴리 극장에 섰지만, 야유로 실패하면서 결심하였다. '다시는 나폴리에서는 노래하지 않겠다. 만일 나폴리로 다시 돌아오게 된다면, 그것은 스파게티를 먹기 위해서일 것이다.'

19세기 말에 이탈리아는 유럽의 산업화 경쟁에서 뒤처지며 실업자가 다수 속출했으므로, 카루소는 뼈를 깎는 노력을 해야만 되었다. 그러다가 이탈리아 팔레르모에서 폰키엘리의 오페라 라 지오콘다에 출연해 성공하면서 작곡가 자코모 푸치니를 만나 오디션에서 푸치니 오페라 라보엠의 루돌프 역을 노래하고 많은 찬사를 받았다.

1900년 27세 때는 이탈리아 밀라노의 라스칼라 극장에서 공연하였고,

1902년 29세 때 모나코의 몬테카롤로에서 푸치니 작곡 〈라보엠〉을 소프라노 가수 맬바와 함께 공연해서 성공하였다. 그 후 영국의 런던 코벤트가든에서 공연하였고, 4월 1일에는 밀라노 그랜드 호텔의 객실에서 열 곡의 아리아를 녹음하는 영광도 누렸다.

1903년 30세 때 미국의 메트로폴리탄의 리골레토 오페라에서 초청하여 공연에 성공함으로써 세계적인 테너 가수가 되었고,

1906년 33세 때 미국 뉴욕의 메트로폴리탄 극장에서 공연하였으며,

1910년 37세 때 〈서부의 아가씨〉를 공연해서 세계 초연으로 극찬을 받았다. 극의 느낌에 맞도록 때로는 강하고 우렁차게, 때로는 슬프도록 절규하는 풍부한 표현력과 뛰어난 연기로 실감 나는 노래 덕분에 많은 열광을 받았다. 그 후 레온카발로의 오페라 팔리아치에 나오는 아리아 〈의상을 입어라〉를 공연하였는데, 연인의 변심에 분노하면서 청중을 웃겨야 하는 슬픈 운명을 나타냄으로써 최고의 찬사를 받았다. 그 후 20년간 메트로 공연 863회·음반 266종 발매·음반 판매량 6,000만 장을 팔게 되면서 카루소는 백만장자가 되었다. 카루소를 따르는 스텝 진만 21명이 있었다.

이탈리아의 칸소네 〈돌아오라 소렌트로〉의 가사는 아래와 같다.

아름다운 저 바다와 그리운 그 빛난 햇빛
내 맘속에 잠시라도 떠날 때가 없도다.
돌아오라. 이곳을 잊지 말고. 돌아오라. 소렌트로.

이토록 나폴리의 아름다운 햇살은 따스한 심장을 갖도록 만들어 주었다.

1920년 47세 12월 24일 메트로폴리탄 극장 공연 후, 그동안 누적된 피로로 인해 늑막염과 종양으로 위험한 상태가 되었다가,

1921년 48세 5월에 고향 나폴리에서 요양하며 재기를 꿈꿨지만, 8월 2일에 암으로 호텔 방에서 사망하였다.

샨도르 피렌치 S. Ferenczi, 1873~1933

헝가리의 정신의학자다.

프로이트 초창기 연구에서 공동연구자 중 한 사람인데, 헝가리에서는 성이 앞에 나오고 이름은 뒤에 나온다. 본명은 알렉산더 프랭클이었지만,

1880년 7살 때 아버지가 성을 바꾸어서 샨도르가 되었다.

피렌치에게는 열 한 명의 형제들이 있었는데, 어려서 아버지가 일찍 사망하였다. 그리하여 편모슬하에서 자라났는데, 어머니는 가족 서점을 운영하였다. 너무 엄격하였으며 가정에서는 애정 표현까지 금지한 탓에 독서만 많이 하였다. 그런 덕분으로 어린 나이에 시인이 되었고, 비엔나로 가서 의학을 공부하였다.

1894년 21세 때는 신경학과 정신과전문의 학위를 받았고,

1899년 26세 때부터 '부다페스트 작문'이라는 의학전문잡지에 많은 글을 올리기 시작하면서 정신분석이란 이야기를 꺼냈다.

1907년 34세 때까지 많은 글을 올렸는데, 이때 칼 융으로부터 감동을 받기 시작하면서 가까이 지냈다. 융은 피렌치에게 프로이트를 소개해 주었고, 이후 프로이트와 가깝게 지내면서 많은 편지를 주고받으며 교류하였다.

1904년 31살 때 지젤이라는 여성과 사랑에 빠졌는데, 그녀는 피렌치보다 여덟 살이나 연상인데다 유부녀였다. 지젤의 딸 엘마는 우울증이 심했으므로, 우울증의 치료를 위해 지젤은 딸을 피렌치에게 맡겼다. 그런데 피렌치는 엘마와 사랑을 하기 시작해서 어쩔 수 없이 엘마를 프로이트에게로 보내 치료받도록 하였다.

그 후 피렌치는 지젤의 딸 엘마와 결혼하였고, 정신분석의 기초 이론을 세워나가기 시작하였다. 그리하여 교육은 인간에게 트라우마와 신경증을 남긴다며 이에 대하여 정신을 분석하기 시작하였는데, 상호분석의 실험기술에 많은 관심을 가지면서 〈현실 감각의 발달〉·〈내사와 전이〉·〈성적인 외상에 대한 이론〉 등의 저서를 남겼다.

1933년 60세 5월 22일에 사망하였다.

루시 모드 몽고메리 L. M. Montgomery, 1874~1942

캐나다의 소설가다.

아버지 휴존 몽고메리와 어머니 클라라 울더맥닐 사이에서 11월 30일에 태어났다.

1876년 2살 때 어머니가 폐결핵으로 사망하여서 엄격한 외조부모 밑에서 성장하느라 항상 외로웠으므로 우울증에 시달렸다. 그녀에게는 글쓰기가 언제나 구원의 의식이었다.

1884년 10살 때 〈가을〉이라는 시를 썼고,

1889년 15살 때는 작가로 등단하였으며,

1890년 16세 때 재혼한 아버지의 집에서 살았다. 새어머니 모드는 루시 모드 몽고메리를 하녀처럼 부렸기 때문에 아기를 보느라고 학교도 다니지 못하였다. 하는 수 없이 다시 외가로 가서 복학하여 샬럿타운의 프린스 오브웨일즈대학교와 핼리잭스의 댈 하우지대학교를 졸업하였다. 교원 자격증을 딴 후에 교사와 신문교

정기자 생활을 하였다.

1898년 24세 때 외할아버지가 별세하자, 외조부모가 경영하던 우체국을 돕기 위해 캐번디시로 갔다. 거기에서도 신문과 잡지에 글을 써서 이름이 어느 정도 알려졌고, 데일리 에코의 석간신문 기자가 되었다.

1908년 34세 때는 첫 작품 〈빨강 머리 앤〉을 출판하였는데, 출판사로부터 500달러의 인세를 받았다. 이 작품의 인기가 상승하면서 유명해졌다.

1909년 35세 때 〈빨강 머리 앤〉의 후속 작품 〈에이번 리의 앤〉을 출간하였고,

1910년 36세 때 〈과수원의 세레나데〉를 발표하였으며,

1911년 37세 때 〈이야기 소녀〉를 출간하였다. 외할머니가 별세하자 이완 맥도널드 목사와 결혼하였는데, 목사인 남편은 조울증 환자였다. 신에게 선택받지 못했다는 망상에 시달리고 있었는데, 두 아들을 낳은 것까지 후회하면서 몽고메리의 인기를 시샘하였다. 두 번의 출산과 한 번의 사산, 그리고 두 번의 세계대전과 남편의 신경쇠약·큰아들의 가정불화·출판사와의 소송·비평가들의 조롱 속에서도 몽고메리는 계속 글을 썼다.

1913년 39세 때 〈The Golden Road〉를 발표하였고,

1915년 41세 때 〈레이먼드 앤〉을 발표하였으며,

1917년 43세 때 〈앤 꿈의 집〉을 발표하였다.

1919년 45세 때 〈무지개 골짜기〉를 발표하였고,

1921년 47세 때 〈잉글사이드의 릴라〉를 발표하였으며,

1923년 49세 때 〈귀여운 에밀리〉를 발표한 다음, 캐나다 여성

중에서 처음으로 왕립예술협회의 회원이 되었다.

1925년 51세 때는 귀여운 에밀리의 후작인 〈에밀리 영혼에 뜨는 별〉을 출간하였으며,

1926년 52세 때는 〈The Blue Castle〉을 출판하였다.

1927년 53세 때 〈에밀리, 여자의 행복〉을 출판하였고,

1929년 55세 때 〈Magic for Marigold〉을 출판하였으며,

1931년 57세 때 〈A Tangled Web〉을 출판하였다.

1932년 58세 때 〈은빛 속의 팻〉을 출판하였고,

1935년 61세 때 〈Mistress pat〉을 발표한 다음에 캐나다 프린스 데드워드 아일랜드 주에서 대영제국훈장 4등급(OBE)을 받았다.

1936년 62세 때 〈윈의 월로우스의 앤〉을 출간하였고,

1937년 63세 때 〈언덕 집의 제인〉을 발표하였으며,

1939년 65세 때 〈잉글 사이드 앤〉을 발표하였다.

1942년 67세 4월 24일에 침대에서 숨이 진 채 발견되었는데, 아마도 약을 먹고 자살한 것으로 추정되었다.

몽고메리의 대표작 〈빨강 머리 앤〉은 뉴욕 빙엄턴대학 영문학 교수가 몽고메리평전에 이렇게 썼다. '버림받은 자신의 과거 이야기를 긍정 바이러스로 생애를 재현시켜 만든 희망 아이콘이다'라고.

처칠 W. Churchill, 1874~1965

영국의 총리(수상)다. 제2차 세계대전을 승리로 이끌었다.

처칠이 어렸을 때, 할아버지는 아일랜드의 총독을 지냈으며 아버지는 할아버지의 비서로 일하였다. 어머니 자넷은 미국 여성인데, 이들 사이에서 11월 30일에 태어났다. 어려서는 성적이 좋지 않아 3수 끝에 샌드허스트육군사관학교에 들어갔다. 육군사관학교에 다닐 때 정적과 권력투쟁에 밀린 아버지는 회한의 세월을 보내다가 사망하였고, 처칠은 사관학교에서 독서·수영·승마 등을 익히면서 리더십과 공동체의 규칙 존중을 배웠다.

사관학교를 졸업한 후, 기병 소위가 되어서 보어전쟁에 참전하였다. 인도와 아프리카 등지에서 종군기자로 꾸준한 글쓰기를 하였는데, 그러다 포로로 잡혀 수용소에서 탈출한 뒤 가톨릭 신부로 변장하고 숨어서 오랫동안 지냈다.

1914년 40세 때부터 제1차 세계대전 당시에는 해군 장관을 지내다가 그만두고 육군 소령으로 전쟁에 뛰어들었다. 그러나 영국은 패배의 고비를 마셔야만 하였고, 제1차 세계대전은 계속되었다.

1918년 44세 때 제1차 세계대전은 독일의 항복으로 끝났는데, 처칠은 명대사들을 남겼다.

젊음이 사그라들 때 지혜가 있기를
호랑이 입에 머리를 넣고 어찌 대화를 하나?
전쟁에서 진 나라는 다시 일어설 수 있지만, 항복한 나라는
영원히 일어설 수 없다.
우리는 결코 굴복은 하지 않습니다.

1937년 63세 9월 17일에는 일본이 중국을 침략하였고,

1939년 65세 9월 1일에는 제2차 세계대전이 시작되었는데, 새벽 4시 45분에 히틀러 수하의 독일군이 폴란드 서쪽을 침공하였다. 그리고 17일에는 소련군이 폴란드의 동쪽을 침공하면서 세계대전은 시작되었는데, 그 후 유럽·지중해·아프리카·중동·아메리카·동아시아·동남아시아·태평양·대서양·인도양 등 전 세계로 전쟁은 퍼져나갔다. 이로 인해 연합국이 생겨났고, 독일과 일본제국의 패망과 함께 연합국의 승리로 유엔기구가 창설되기에 이르렀다. 이 전쟁은 인류 역사상 가장 많은 인명피해와 재산피해를 가져온 치욕적인 전쟁이었는데, 이때 영국·프랑스·미국·소련의 연합군이 독일·이탈리아·일본과 전투를 벌였다.

1940년 66세 5월 10일부터 영국의 총리로 일을 하였는데, 5월의 의회 연설에서 "나는 피와 수고와 눈물과 땀 외에는 드릴 것이 없다"라고 하면서 위기에 처해있던 영국을 승전국으로 이끌었다.

1945년 71세 7월 26일에 총리를 그만두었고,

1943년 69세 11월부터 1945년 71세 11월까지는 카이로 선언·얄타회담·테헤란 회담·포츠담 선언 등에 참석하였다.

1945년 71세 1월 1일부터 7월 26일까지는 영국의 군주 조지 6세의 대리청정을 전담으로 수행하면서 보수당과 자유당을 철새처럼 넘나들었다. 1차 대전 때의 쓰라린 패배의 경험을 겪으면서 7월에는 총리직을 사직하였고, 8월 6일과 7일에 미국은 일본의 히로시마와 나가사키에 원자폭탄을 투하함으로써 8월 15일에는 일본이 무조건 항복하여 전쟁은 막을 내리게 되었다.

처칠은 흉악하게 생긴 얼굴에 돈이 많아 보이도록 붉은 복스러운 코와 쌍꺼풀진 눈에다가 입은 일자로 꾹 다물고 있었는데, 이

사람이 '철의 장막'이라는 단어를 만들어냈다.

1946년 72세 3월 5일에는 웨스트민스터대학교에서 명예박사 학위를 수여 받았고,

1951년 77세 보수당에서 정권을 잡자 다시 두 번째로 총리가 되었는데, 처칠은 매일 일기를 썼다.

1953년 79세 때는 일기들을 정리해서 〈처칠 회고록〉을 써서 노벨문학상을 수상하였다. 그리고 6월에는 뇌졸중으로 쓰러졌다가 4주 뒤에 지팡이를 짚고 일어나서 10월 보수당의 전당대회에서 연설하였다.

1955년 81세 때에는 총리직을 은퇴하였고,

1962년 88세 때는 대퇴부에 골절사고를 당해서 입원했다가 퇴원하였으며,

1964년 90세 때 미국 의회가 처칠에게 명예 시민권을 주었다.

1965년 91세 1월 24일에 사망하였는데, 그가 남긴 말은 '모든 게 너무 지루해'였다.

윌리엄 서머셋 몸 W. S. Mougham, 1874~1965

잉글랜드의 소설가이면서 극작가다.

프랑스 파리의 영국대사 외교공관에서 4번째 아들로 태어났으며, 프랑스에서 성장하였다.

1882년 8살 때 어머니가 사망하였고,

1884년 10살 때 아버지도 사망하였으므로, 삼촌이던 사제가 돌

봐주었다. 삼촌 집에 살며 런던의 킹스칼리지에서 의학을 공부하다가 문학으로 전향하였다.

1892년 18세 때부터 메모를 시작하였는데,

1897년 23세 때 빈민가와 런던의 토착민 마을에서 경험한 것을 바탕으로 글을 쓰기 시작하였다.

1898년 24세 때 〈인간의 굴레〉로 등단하였는데, 고독한 청년 시절을 더듬는 정신적인 발자취를 쓴 자전적인 소설로 대작이었다. 불혹의 나이에 접어든 몸이 반생 동안에 누적된 과거의 응어리들을 배설하지 않고는 진정한 정신의 해방을 얻을 수 없다고 생각하였는데, 정신적인 고뇌를 청산하기 위한 카타르시스적인 문학을 하였다.

주인공 플립 케어리는 외과 의사이던 아버지가 패혈증으로 급사하고 어머니도 유산이 되면서 세상을 떠났다. 아홉 살의 필립은 신부이던 숙부네로 가서 살게 되는데, 숙부는 이기적인 동시에 자기중심적이어서 필립은 항상 고독하였다. 열세 살에 왕립학교에 입학하였는데, 절름발이어서 학우들의 놀림 때문에 내성적이면서 자의식이 강하게 자라났다. 열여덟 살이 된 필립에게 삼촌은 성직자가 될 것을 권유하지만, 숙부나 교장의 권유를 뿌리치고 하이델베르크로 간다. 거기에서 청춘을 즐기며 살다가 일 년 후 귀국해서 계리사 사무소에 나가기 시작한다. 그러나 따분함을 참지 못해 화가의 꿈을 안고 파리로 향했는데, 파리에서 필립은 프라이즈라는 여학생을 사귀게 된다.

그녀는 가난에 허덕이다가 목을 매달아 죽어버렸다. 이 년 동안이나 미술 수업을 받았지만, 소질이 없음을 알고는 런던으로 가

서 의학교에 입학한다. 그곳에서 필립은 로저스라는 여급을 알게
되어 바보처럼 애욕에 빠져드는데, 그 여자 때문에 무일푼이 되어
거리를 헤맬 때 노시인이 보내준 페르시아 융단을 보며 인생의 의
미를 알게 된다. 인생도 융단 짜는 것처럼 행복의 척도가 아닌, 죽
음과 더불어 완성되는 하나의 예술작품임을 자각하면서 마음에
평화를 얻는다. 그리고 병원에 함께 있던 아델리의 딸 셀리와 결
혼해서 시골의 조그만 동네 개업 의사가 되어 평범한 생활로 들어
간다는 내용이다.

1903년 29세 때 〈프레드릭 부인〉이라는 희곡을 발표하였고,

1908년 35세 때는 〈재크 스트로〉와 〈달과 6펜스〉를 발표하였
는데, 실제로 몸은 말더듬이었다. 화가 폴 고갱의 전기에서 감명
을 받아 〈달과 6펜스〉를 썼는데, 타이티에서 얻은 경험으로 예술
에 대한 의무를 게을리하는 찰스 스트릭랜드의 삶을 그렸다. 이
작품으로 몸은 엘리자베스2세로부터 훈위 칭호를 받아 영광을 누
렸으며 또 많은 작품이 무대에 올려졌다. 그리고 3편은 영화화되
기도 하였다.

1925년 51세 때 〈인생의 베일〉을 발표하였고,

1944년 70세 때는 〈면도날〉을 발표하였다.

1965년 91세 12월 16일에 프랑스의 니스에서 사망하였다.

융 C. G. Jung, 1875~1961

스위스의 정신의학자이면서, 분석심리학의 창시자다.

융의 집안에는 목사가 많았다. 아버지도 목사였고, 삼촌 두 명도 목사였으며, 외조부와 외삼촌도 목사였다. 그런데 아버지는 짜증이 심하면서 까다로웠기 때문에 이로 인해 어머니는 정서의 장애가 와서 우울증이 심하였다. 이런 스위스의 개혁파 목사의 맏아들로 7월 26일에 태어났는데, 부모의 결혼생활이 평탄치 못해서 유년 시절은 항상 고독하면서 우울하였다.

1884년 9살 때 여동생이 태어났지만, 무관심하면서 내향적인 성격으로 일생을 살았다. 아버지는 보수적인 성직자여서, 항상 자식을 질식하게 했으므로 융은 세 살 적부터 꿈을 꾸기 시작하였다. 자기는 결코 구한 적도 없는데, 수시로 찾아오는 환영들이 머릿속에 나타나서 설쳐대며 무시무시한 장면들을 연출해 내었다. 그리하여 융은 마음속에는 두 개의 주체가 있을 것이라는 생각을 하였는데, 그것은 아픈 열등감과 자신이라고 추측하였다. 이 아픈 열등감을 오래 방치하면 그것들이 요동을 친다는 결론을 내리면서 가문의 전통을 이어받지 않으려고 애를 썼다.

1896년 21세 때는 바젤대학교에서 의학 학위를 취득하였고, 취리히대학교 정신진료소에서 정신분열증 연구로 유명한 블로이어 밑에서 일하였다. 그리고 히스테리와 다중성격으로 잘 알려진 프랑스의 심리학자 피에르 잔과도 함께 공부하였다.

1900년 25세 때 프로이트가 쓴 〈꿈의 해석〉을 읽고, 프로이트와 서신으로 왕래하기 시작하였다.

1905년 30세 때는 바젤대학교에서 정신 병리학을 강의하였는데, 융은 자극에 대한 연상실험에서 프로이트가 언급한 억압된 것들을 입증해서 〈콤플렉스〉라는 용어를 창안해 내었다. 콤플렉스란, 억눌린 정서의 강력한 연상 군을 일컫는데, 이것들이 무엇이든 두려워하도록 하고 쓸데없는 생각에 사로잡히도록 하며 어떤 행동을 하도록 부추긴다고 여겼다. 이로 인해 환청과 환시가 나타나는데, 환청은 잠자던 콤플렉스가 소리를 내는 일이고, 환시는 잠자던 콤플렉스가 형상화를 이룬 것들이라고 하였다.

1907년 32세 때는 프로이트와 공동연구에 들어가면서 프로이트는 융을 후계자로 생각하였다.

1909년 34세 때 프로이트와 미국강연 여행을 하였고,

1911년 36세 때 프로이트의 후원으로 국제 정신분석학회의 회장이 되었지만, 프로이트와는 생각이 달랐다. 프로이트는 성욕 중심설을 주장하였는데, 그것에 불만을 품고 〈무의식의 심리학〉을 발간하면서 정신분석학회를 탈퇴하였다.

1914년 39세 때 프로이트와 결별하고, 사회적으로 고립되자 3년 동안 내적 갈등을 겪었다. 이러한 혼란을 겪으면서 〈꿈의 해석〉을 통한 자기 분석에 들어갔다.

1917년 42세 때 〈무의식의 세계 연구〉로 신화를 이용한 분석인 정신분석학회를 창시하였고,

1919년 44세 때 영국과 알제리 등 각국을 돌면서 강연과 세미나를 자주 벌였다.

1921년 46세 때 〈심리적 유형들〉을 출판하였고,

1928년 53세 11월 초부터 〈꿈의 분석〉을 다루기 시작하였는데, 〈꿈의 분석〉에서 당신 또는 내 안에 있는 또 다른 나 또는 당신이라는 감정이 꿈을 만들어낸다고 하였다. 이 감정들은 축적된 덩어리들인데, 꿈에는 어떤 목적이 들어있다고 하였다. 그리하여

그 목적이 바로 의식하려는 방향으로, 그 방향에는 제약이 없다고 하였다. 다소 속단적일 수가 있어서 경우에 따라서는 잘못된 것일 수도 있다고 하였다.

아울러 꿈은 '나'라는 개인의 의식과 동떨어져 있기 때문에 속이지는 않고 언어로 말하지도 않는다. 다만 여러 의미를 가진 암시로만 지시를 내리는데, 이 암시는 상징기호들로 구성된 화학물질들이다. 이 화학물질들이 만들어내는 꿈은 연극의 전개와 같은데, 이 연극들은 비정상적인 심리를 정상적인 심리로 돌리려는 목적이 들어있다고 하였다.

이때 꿈에서 나타나서 행동하는 것들은 수많은 바이러스의 귀신들이다. 이때 융이 발견한 것은, 깨어 행하는 제한적인 것들인 의식과 의식 뒤에 있는 아픈 부분들의 공포심이 무의식인데, 이 공포의 실체에 대하여 융은 자기의 실체인 열등감으로서의 콤플렉스라고 이름을 붙였다.

이런 아픔의 열등감을 오랫동안 방치하면 의식에까지 침투해서 의식에 교란을 일으키게 되는데, 즉 인격의 해리 또는 빙의라든지 신이 들렸다는 언어를 사용된다. 어떤 경우에는 이런 사람이 되었다가 또 어떤 때는 저런 사람이 되도록 만들어버리는 것들인데, 이런 신경증의 환자들은 억눌려진 심리들을 의식으로 나타내지 못함에서 진실을 속이려 생각하게 된다.

결국에는 그런 거짓으로 인해 인위적으로 정신은 분열되기 때문에 거짓말도 인정해 주어야 한다. 이때 거짓말을 인정해 주지 않으면, 이것들이 마음에 종기(상처)를 만들어서 공상에 빠지도록 한다.

그리하여 신비주의는 이런 은유의 덫들이 너무 많아서 나타난 경우인데, 이때의 아픈 열등감은 콤플렉스라는 자기의 그림자다. 애써 외면하려는 자아로, 창피함이 내적 아픔이다. 융의 아버지는 목사였지만, 목사답지 못한 것에 따른 창피함이 융에게는 있었다. 이런 숨기고 싶은 창피함이 갈등의 원인이라고 융은 생각하였다.

1960년 85세 때 〈인간과 그의 상징〉을 출간하였고,

1961년 86세 6월 6일에 사망하였다.

릴 케 R.M. Rilke, 1875~1926

오스트리아의 시인이고, 작가다.

헝가리제국 보헤미아왕국의 중부 프라하에서 12월 4일에 외아들로 출생하였다. 아버지는 군인 장교였지만, 십 년 만에 청산하고 철도회사의 직원으로 살았다. 어머니는 좋은 가문의 딸로, 허영심이 많았으며 딸만 좋아하였다. 첫딸이 죽자 릴케를 다섯 살까지 여자처럼 길렀다.

1886년 11세 때 아버지의 권유로 육군유년학교에 들어갔고,

1890년 15세 때 육군 고등 실업학교에 진학했지만,

1891년 16세 때 자퇴하고 백부의 집에서 고졸 자격 검정 고시를 치르기 위해 개인 교습을 받았다.

1895년 20세 7월에 고졸 자격시험에 합격하고, 프라하대학교에 입학하였다.

1896년 21세 9월에 문학의 도시인 뮌헨대학교에 들어가서 문

학 활동을 하였는데, 시집 〈가신에게 바치는 제물들〉과 단편소설 〈기수 크리스토프 릴케의 죽음과 사랑의 노래〉를 발표하였다. 그리고 뮌헨에서 만난 여자 살로메에게 감명을 받으면서 함께 러시아를 여행하였으며, 〈나의 축제를 위하여〉·〈사랑하는 신 이야기〉·〈기도 시집〉·〈형상 시집〉을 발표하였다.

1902년 27세 때 늦가을에 파리로 가서 로뎅을 만나 비서로 일을 하였고,

1904년 29세 3월에는 〈말테의 수기〉 집필을 시작하였는데, 말테는 릴케의 분신이자 자화상으로 파리 시절의 불안과 고독한 인간의 발전을 아름답게 서술한 일기체의 소설이다.

1907년 32세 때 예술의 진수를 알게 되면서 〈로뎅론〉을 발표하고, 〈신 시집〉도 출간하였다.

1908년 33세 때 〈신 시집 2부〉를 출간하였고,

1909년 34세 때는 장편소설 〈말테의 수기〉를 탈고하였다. 병이 가져다주는 것은 죽음뿐인데, 죽어가는 사람은 고집을 부리기 마련이다. 그것은 자기를 지키기 위한 마지막 수단이기 때문이라고 하였다.

1923년 48세 때는 스위스의 고성에서 최후를 장식하는 〈두이노 비가〉와 〈오르페우스에게 바치는 소네트〉를 발표하였고, 〈젊은 시인에게 보내는 편지〉도 발표하였다. 〈젊은 시인에게 보내는 편지〉에는 삶·예술·고독·사랑의 문제로 고뇌하는 청년 프란츠 카푸스에게 보낸 열 통의 편지를 수록하였다.

1926년 51세 가을에는 이집트의 여자친구를 위해 장미꽃을 꺾다가 가시에 찔린 것이 화근이 되어 패혈증으로 고생하다 스위스

의 발몽 요양원에서 12월 29일에 사망하였는데,

1927년 1월 2일에 비스프의 서쪽 라론 공동묘지에 안장되었다.

헤세 H. Hesse, 1877~1962

독일계 스위스인 소설가·서정시인·화가다.

독일의 남부에 있는 작은 마을 칼브에서 개신교 선교사인 아버지 요하네스 헤세와 교사이던 어머니 마리 군데르트 사이에서 7월 2일에 장남으로 태어났다. 어머니는 인도에서 태어나 선교사와 결혼해서 인더스강의 오지에서 선교활동을 하다가 남편과 사별한 후, 독일로 온 여자였다. 그리고 헤세의 외조부는 30여 개국의 말을 자유자재로 구사하였으므로 어린 헤세에게는 가장 두려우면서도 신비한 존재로 여겨졌었다. 특히 어머니는 독실한 신자여서 의무감이나 자기중심적인 교육과 더불어 종교적인 신념을 강요하였으므로 어머니가 너무나도 싫었다. 그리하여 어머니가 위독하여도 찾아가지 않았으며, 장례식에도 참석하지 않았다.

1886년 9세 때 헤세의 마음속에는 두 가지 세계가 엉켜져 있었다. 하나는 신앙이 바른 부모의 세계였고, 또 하나는 집에 드나드는 부랑자·주정뱅이·강도 등의 세계였다.

1891년 14세 때는 마을의 브론신학교에 입학했었지만, 반년 만에 도망쳐 나와 자살소동을 벌이는 등 이단아로 변하였다. 이때 신학교를 탈출한 경위를 고스란히 적은 것이 〈수레바퀴 아래서〉다. 고등학교를 졸업하였지만, 뛰어난 성적에도 불구하고 교과서를 팔아 권총을 사는 등의 형편없는 짓거리를 일삼으면서 우울한 노래만 지어 부르며 소일하였다.

1894년 17세 때 어머니의 걱정에 못 이겨 칼브 공장의 견습공으로 들어갔는데, 고되고 슬픈 생활을 하면서 누이로부터 영어를 배웠다. 그 뒤로는 아버지의 많은 장서 속에 들어있는 명작들을 모두 독파하는 문학 수업을 하였는데, 그런 끝에 신이 우리에게 절망을 주는 것은 우리를 죽이기 위함이 아니고 우리 안에 새 생명을 불러일으키기 위함이라는 것을 깨달았다. 이때의 절실한 체험이 〈유리구슬 놀리기〉에 기록하였다.

1895년 18세 10월에 튀빙겐대학교 근처 헤게 하워 서점의 견습 점원이 되면서 마음의 안정을 되찾았고, 시와 산문을 쓰기 시작하였다.

1906년 29세 때 〈수레바퀴 아래서〉를 출간하였다. 주인공 한스 기벤라트는 공부에 특별한 재주가 없었는데, 교장 선생님과 아버지의 강요로 신학교에 입학을 위한 공부에 몰두한 결과 차석으로 입학을 하였다. 그러나 강압적인 신학교에 적응하지 못하고 결국 신경쇠약에 걸려 집으로 돌아오게 된다. 친구 아우구스투스가 일하는 시계 부품 공장의 견습공이 되었지만, 적응하지 못하면서 사람들의 놀림감이 되자 술을 마시고 취한 채 강가를 걷다가 물에 빠져 죽는다. 이때 수레바퀴는 실재의 공간이고, 강압적인 사회체제의 고발과 동시에 어떤 경우에도 나를 잃지 않는 일이 중요하다는 것을 시사하였다.

1911년 34세 때 인도여행을 마친 뒤에는 휴머니즘을 절실히 느끼면서 동방에 대하여 많은 관심을 가지게 되었다.

1916년 39세 때 아버지가 사망하였고, 아울러 아들의 중병과 아내의 정신병 등 많은 위기가 찾아왔다. 그러나 헤세는 정신분석 연구에 심취하면서 그 문제들을 글로 토해내었다. 자아 탐구와 함께 현대문명의 준엄한 비판자가 되어 자아 성찰을 하는 싯다르타와 현대문명을 비판하고 유럽을 탄핵한 황야의 이리라는 두 영혼이 놀아대는 정신과 감각의 세계를 방황하다가 결국에는 어머니의 고향으로 돌아간다는 비교적 승화된 세계를 그린 〈나치스와 골드문트〉를 썼다. 그리고 서구정신과 동양 정신을 승화시켜서 새로운 정신문화를 구상한 작품으로 〈유리알의 유희〉를 발표하였다.

1919년 42세 때 〈데미안〉을 출판하였는데, 〈데미안〉은 제1차 세계대전이 끝난 뒤 재출발을 다짐하던 헤세의 제2처녀작이라고 할 수 있는 작품이다. 헤세 자신은 데미안과 함께 유럽의 문화가 거듭나기 위해 아파야만 했던 진통의 기록이다. 청소년 시절에는 누구나 한 번쯤 자기 위치를 부정하면서 자연과 조화를 이룬 순백의 세계를 동경한다. 그리하여 불완전한 자의식을 추켜세우면서 자기 안의 세계를 만들어 보려는 열망으로 인해 괴로움은 쌓이게 된다. 데미안은 바로 그런 인간 내면의 갈등을 심도 있게 그리는 것으로써 동양철학에 바탕을 두고 심층으로부터 인간의 생명을 구도해보려는 의도가 들어있다.

따라서 이 〈데미안〉은 헤세 문학의 과도기적 작품인데, 그 구성에서 뚜렷이 나타난다. 1장과 2장에서는 그의 초기작품에서 보여주었던 것들과 같은 소년 시절의 이야기처럼 소박하면서도 감상적인 수법으로 그려서 먼 훗날의 인생 흐름을 함축성 있게 암시해

놓았다. 열 살의 소년 싱클레어는 밝고 건강한 가정 속 양친의 신앙과 지성이 조화된 분위기 속에서 성장하다가 점차 또 다른 세계인 어두운 세계로 눈을 뜨기 시작해서 세상에는 선으로서 밝음과 악으로서의 어둠이 함께 존재한다는 것을 알아가는 과정을 그린 성장소설이다.

싱클레어는 열세 살의 클레머라는 소년의 마수에 걸려들면서 거짓말을 하게 되고 결국에는 도둑질까지 하게 되는데, 이런 불량학생으로부터 구원된 것은 얼마 전에 전학 온 데미안 때문이었다. 데미안은 두 개의 세계 즉 카인의 세계와 아벨의 세계를 똑같이 알면서, 그 어느 세계에 속하지 않는 건강한 자아를 가지고 있었다. 그가 싱클레어를 교도하려 하는데, 그 후 서로 다른 학교로 진학해서 싱클레어는 낯선 도시에서 또다시 방황하게 된다. 이때 싱클레어는 데미안과 자주 나누던 이야기들을 떠올리게 되는데, 그 단어는 아프락사스라는 단어였다. 오르간 연주자 피스토리우스가 아프락사스는 신인 동시에 악마라고 알려주었으므로, 싱클레어는 정신적으로 부쩍 성장하게 된다. 이런 방식으로 선과 악의 이분법적 세계를 벗어나 자기 자신만의 세계로 들어서게 되는데, 대학생이 된 싱클레어는 데미안을 다시 만나게 된다.

제1차 세계대전이 발발하자 함께 군대에 입대하였는데, 중상을 입게 된 싱클레어가 데미안의 환상을 보게 된다. 주인공 싱클레어가 데미안을 통해 자기 내면을 파고들어서 자기 자신을 찾아가는 방법을 알게 되는 과정을 그렸는데, 강자들의 세계로 본능적으로 동화되어 자신의 고유한 성질을 잃은 채 이끌리는 것을 경험하면서 거기서부터 벗어나고자 무척이나 애를 쓰게 된다. 그럴 때마다 그는 이상적인 존재이던 데미안을 생각하게 되었고, 대전을 겪으면서 작가로서 마냥 낭만에 취하고 있을 수만은 없었다. 구라파 젊은이들에게 정신을 황폐화로 시켜 버린 전쟁에 정면으로 도전하게 되는데, 데미안은 정신분석적 방법으로 자기 자신의 길을 추구해서 혼자 서게 된다는 이색적인 작품으로 형상화 시키는 것으로 이 소설은 끝난다. 이 작품 속 막스 데미안은 헤세의 친구였고, 에바 부인은 신비에 찬 여인이던 데미안의 어머니였다.

헤세는 세계대전을 일으킨 독일을 비판하다가 스위스로 망명해서 많은 글을 썼는데, 〈나치스와 골드문트〉는 페스트로 죽어가는 수많은 죽음을 보았던 내용을 수록하였다. 그리고 〈동방 여행〉·〈황야의 이리〉·〈그놀프〉·〈7월의 아이들〉·〈공작 나방〉·〈환상 동화집〉·〈게르트 루트〉·〈클링로어의 마지막 여름〉·〈페터 카멘친트〉·〈청춘은 아름다워〉·〈아이의 영혼〉·〈아시시의 성 프란치스코〉·〈향수〉 등이 있다.

1946년 69세 때 노벨문학상을 수상하였고,

1962년 85세 8월 9일에 스위스의 몬타뇰라에서 사망하였다.

싱클리어 U. Sinclair, 1878~1968

미국의 소설가다.

메릴랜드주 볼티모어에서 9월 20일에 출생하였는데, 아버지는 주류판매업자였다. 몰락한 귀족 집안의 사람이었으므로, 항상 가난하였다.

1891년 13세 때 뉴욕으로 이주해서,

1893년 15세 때 소설을 쓰기 시작하였고,

1894년 16세 때는 문필활동을 시작하였는데, 뉴욕의 주립대학교와 컬럼비아대학교 연구과에 진학해서까지도 연재소설을 써서 학비를 충당하였다. 대학 재학 중에는 6편의 소설을 썼지만, 큰 주목은 받지 못하였다.

1906년 26세 때 〈정글〉을 발표하였는데, 이 소설은 미국 26대 시어도어 루즈벨트 대통령의 재임 기간인 1901~1909년까지에 일어난 시카고의 정육 공장 안에서의 비인간적인 식육의 실정 상황을 아주 리얼하게 묘사해서 폭로하였다. 이 소설을 대통령이 읽고 식품위생법과 의약품 관리법이 허술한 것을 알게 되었으며, 미국 식품 의약국인 FDA를 만들도록 했던 소설이다. 그리고 이해 6월에는 식품위생과 약품에 대한 개정이 국회를 통과하였고, 1927년 식품 의약품 및 살충 제국이라는 명칭의 특별법으로서의 집행기관이 구성되었다. 그리고 1938년 식품 의약품 및 화장품에 관한 법률의 제정으로 FDA가 독립된 행정기구로 개편되기에 이르렀다. 이 작품으로 수익이 많아지자 정열적인 사회운동가가 되어서 뉴저지주 잉글우드에서 Helicon Home Colony를 세우고 이상주의적인 공동체를 실험하려 하였지만, 화재가 나서 실패로 돌아갔다.

1917년 39세 때 〈King Cool〉을 발표하였고,

1927년 49세 때는 〈Oil!〉을 발표하였으며,

1928년 50세 때는 〈Boston〉을 발표하였다.

1934년 56세 때 캘리포니아의 주지사 선거에 출마하였지만, 낙

선되었다.

1940년 62세 때는 대작 〈Lanny Budd〉 시리즈 11권을 펴냈는데, 모두 베스트셀러가 되어 21개국에서 출간되었다.

1943년 65세 때 세 번째 작품인 〈용의 이빨〉로 퓰리처상을 수상하였고,

1968년 90세 11월 25일에 사망하였다.

아인슈타인 A. Einstein, 1879~1955

독일 태생의 미국 이론 물리학자다.

특수 상대성 원리 · 일반 상대성 원리 · 광량자 가설 · 통일장 이론의 확정자다.

독일제국의 울름에서 전기회사 사장이던 유대인의 1남 1녀 중 장남으로 3월 14일에 태어났다. 어머니는 독일이었고 두 살 아래의 여동생 이름은 마야다.

1880년 1살 때 아버지와 숙부가 뮌헨에서 전기회사를 설립했으므로 뮌헨으로 이사하였고,

1894년 15세 때 부친의 사업 부진으로 가족 모두가 이탈리아의 밀라노로 갔지만, 아인슈타인은 독일에 홀로 남아 김나지움에 진학하였다. 그러나 유대인이라는 이유와 학생들의 개성을 무시하는 군대식 생활에 적응을 못하다가 신경쇠약에 걸렸다. 그리하여 다시는 독일 땅을 밟지 않겠다는 맹세와 함께 학교를 그만두었다. 그 후 독학으로 취리히 연방 공과대학에 응시하였지만, 낙방 되었

다. 그러나 1년간 재수를 하였고, 그의 뛰어난 수학 성적 때문에 아라우에 있는 자유로운 분위기 속의 고등학교에서 공부하고는 연방 공과대학에 입학하였다.

1900년 21살 봄에 졸업하였지만, 시민권 문제와 유대인들의 배척 문제 때문에 취직이 안 되어서 가정교사와 임시교사 자리를 전전하였다. 아인슈타인은 독일제국 뷔르템베르크 왕국의 국적을 태어날 때부터 1896년까지 가지고 있었다. 그러나 1896년부터 1901년까지는 무국적자로 살았다.

1901년 22세 때 스위스의 시민권을 얻게 되었는데, 친구 수학자인 마르텔 그로스만의 도움으로 베른에 있는 특허 사무소의 심사관이 되었다.

1905년 26세 때 독일의 물리학 연보에 〈빛의 입자성을 증명하는 광전효과에 관하여〉·〈렌덤워크를 통해 본 브라운 운동의 이론적 원리의 설명〉·〈특수 상대성 이론을 소개〉·〈질량 에너지 등가성에 대한〉 등 논문 총 4편을 발표하였고 7월에는 〈분자의 크기에 관한 새로운 규정〉이라는 논문을 발표함으로써 취리히대학에서 박사학위를 받음과 동시에 1905년을 물리학의 해로 지정되도록 하였다.

1911년 32세 때부터 오스트리아 헝가리제국의 국적을 가졌고,

1912년 33세 겨울에는 취리히 연방 대학교의 교수가 되었는데, 아인슈타인은 그의 훈훈한 미모 덕분에 대학 때의 친구 밀레바 마리치오와 결혼해서 두 아들을 낳았다.

1914년 35세 때 제1차 세계대전이 발발하자 혼자서 피난을 떠났는데, 친척 누이 집에 머물다가 둘은 사랑에 빠지고 말았다. 그

러는 사이 독일의 프로이센과학아카데미에 자리를 얻게 되면서 베를린에 눌러앉았다. 논문 〈일반 상대성 이론의 형식적인 기초〉를 발표하면서 독일제국 프로이센왕국의 국적을 가지게 되어 1918년 39세까지 그 국적을 유지하였다.

1919년 40세 때 아인슈타인의 끈질긴 요구로 밀레바가 이혼을 해주어서, 엘자와 결혼하였다. 그러나 그 후로도 아인슈타인은 대여섯 명의 애인들과 1,400여 통의 편지들을 주고받았다. 그리고 런던의 왕립학회가 기니만에 있는 프린시페섬에서 5월 29일에 일식을 촬영하였는데, 아인슈타인이 발표한 논문 〈일반 상대성 이론〉에서의 예측이 검증되면서 아인슈타인의 명성은 오르게 되었다.

1921년 42세 때 〈광전효과에 대하여〉란 논문의 기여로 노벨물리학상을 수상하였는데, 아인슈타인은 생애에 걸쳐 300개 이상의 과학논문을 발표하였다.

1933년 54세 때 미국을 방문하였는데, 그 사이 아돌프 히틀러가 집권하게 되었다는 말을 듣고 독일 영사관으로 가서 독일의 시민권을 포기하였다.

1940년 61세 때 프리스턴 고등 연구소의 교수가 되면서, 미국 시민권을 취득하였다.

1955년 76세 4월 18일에 아인슈타인은 프리스턴대학교 근처에 있는 병원에서 복부 대동맥의 출혈로 사망하였다.

조지 캐틀렛 마셜 J. Marshall, 1880~1959

미국 33대 투르먼 대통령 시절의 국무장관이다.

펜실베이니아주 유니언타운에서 12월 31일에 태어났다.

1901년 21세 때 버지니아 군사 대학을 졸업하고, 육군에서 복무하였다.

1914년 34세 때 제1차 세계대전이 발발하였으므로 필리핀에서 근무하였고,

1917년 37세 때는 소령으로 진급해서 제1보병사단의 작전 교육 참모가 되어 프랑스로 파견 나갔다.

1918년 38세 때 유럽파견군 최고사령부에 있으면서 작전계획 참모로 활약하였는데, 이때 독일의 항복으로 제1차 세계대전은 끝이 났다.

1919년 39세 때 대령이 되어 유럽파견군 총사령관 존 퍼싱 대장의 부관으로 일하다가 육군성과 국방대학원의 교관이 되었다.

1922년 42세 때까지 중국 재무관으로 있었으며,

1936년 56세 때는 준장으로 승진하였고,

1939년 59세 때 제2차 세계대전이 발발하자 소장으로 진급해서 루즈벨트 대통령의 명에 따라 제15대 육군참모총장이 되었다. 그리고 곧 대장이 되어 유럽 진공 작전에 성공하였다.

1943년 63세 때 그 공적으로 타임지의 인물로 선정되었으며,

1944년 64세 12월에는 원수가 되었고,

1945년 65세 12월에 군을 떠나 해리 트루먼 대통령의 명에 따라 중국방문전권대사가 되었다. 중국의 대륙에서 벌어지는 국

민당과 공산당의 국공 전쟁에 따른 미국의 방책에 큰 영향을
주었다.

1947년 67세 때는 국방부 장관으로 취임하였고, 6월 5일에 마
셜 플랜을 발표하였다. 정식 명칭은 유럽부흥계획인데, 서유럽의
총 16개국들에게 1948년부터 1952년까지 총 120억 달러를 지
원하겠다는 계획이었다. 한국 돈으로는 140조 원인데, 경제를 부
흥시키려는 국가에는 대규모의 지원을 하겠다며 하버드대 졸업식
장에서 강연하였다. 구체적인 계획으로는 정유산업·상하수도 설
비·철도부설·운하 건설이었는데, 특히 서독에는 미국이 집중으
로 지원함으로써 1950년에는 고도의 성장과 함께 라인강의 기적
을 이루어야 한다는 요지였다.

1949년 69세 때 미국 적십자사의 총재가 되었다가,

1950년 70세 때 다시 국방부 장관이 되었다.

1951년 71세 때 국방부 장관을 사임하면서 공직에서 물러났으며,

1953년 73세 때 마셜플렌의 입안 및 실행으로 노벨평화상을 수
상하였고,

1959년 79세 10월 31일에 사망하였다.

루신 Leucine, 1881~1936

중국의 문호다.

청나라가 기울기 시작하던 해, 절강성 소흥현 성내에서 9월 25
일에 태어났다. 본명은 저우수런이고 자는 예제인데, 루신의 조부

는 우수한 성적으로 과거에 급제해서 베이찡에서 한림 편수라는 벼슬을 하였다. 한림 편수는 국사를 편찬하는 궁정의 비서와 같은 직책인데, 직업 탓에 항상 병약한 선비였다. 이런 가문의 장남으로 태어났다.

1887년 6세 때부터 글을 배우기 시작하였고,

1892년 11세 때는 본격적인 유교 교육을 받았으며,

1893년 12세 때 증조부가 별세하였다. 조부는 3년 상을 치르려고 집에 왔다가 모종의 사건으로 투옥되면서 집안은 먹구름이 끼기 시작하였다.

1896년 15세 때는 서른여섯 살의 아버지가 사망하자, 입신의 꿈이 막힌 루신은 어머니가 마련해 준 약간의 노잣돈을 들고 난징으로 갔다.

1898년 17세 때 장난세이시 학당에 입학하였고,

1899년 18세 때는 부설 광태루 학당으로 옮겨 근대과학을 배우기 시작하였으며,

1902년 21세 때 일본으로 유학 가서 고오분 학원에서 철학과 문학 서적들을 읽으면서 인간성이나 국민성의 문제를 생각하기 시작하였다.

1905년 24세 때 고오분 학원을 졸업하고, 센다이로 가서 의학 전문학교에 입학하였으나 일본 학생들의 시기와 질투로 인해 자퇴하고 말았다. 그것은 환등 장면에서 중국인이 러시아군의 스파이라며 일본군에게 총살이 집행되는 광경을 보고 치욕을 느껴서였는데, 그런 치욕으로 인해 의학이 중요한 게 아니라 정신의 개조가 중요함을 깨닫고 도쿄로 갔다. 어느 러시아 여성으로부터 러

시아어를 배웠고, 독일어 학교에서 독일어를 배우면서 문학에 깊이 빠져들었다.

1909년 28세 때 가족들의 생계를 책임지기 위해 귀국한 다음에 항로우 사범학교에 취직해서 화학과 생리학을 가르쳤다.

1912년 31세 때 난징에 혁명정부가 들어서면서 교육 총장이 된 고향 선배의 권유로 교육부의 관리가 되었지만, 엉뚱하게도 반동세력의 권력에 농락당하는 현실이 싫어서 동양인들의 숙소에 틀어박혀서 불전과 중국 고전연구에만 몰두하였다.

1918년 37세 4월에 처녀작인 〈광인일기〉를 신청년 제14권 5호에 게재하였는데, 〈광인일기〉는 유교 윤리의 허상과 병리적 허위가 자기를 좀먹고 있어서 자기가 피해자인 동시에 가해자임을 인식하기 위해서는 아무래도 주인공이 미치광이가 되어야 할 것 같다고 적었다. 그러면서 문화혁명과 사상혁명의 선봉에 서기 시작하였고, 그때부터 18년 동안 봇물이 터지듯 쉴새 없이 글을 써서 작가적인 지위를 높였다. 베이징대학교·사범대학교·여자 사범대학교 등에서 문학사 강의를 하였고,

1921년 40세 1월에는 〈고향〉을 발표하였다. 그리고 12월에는 〈아큐 전쟁〉을 발표하였는데, 〈아큐 전쟁〉은 놀라운 반응을 불러일으켰다. 신해혁명인 문화혁명을 소재로 한 다소 긴 중편인데, 날품팔이를 하는 아큐의 일생을 그렸다. 당시 중국에 만연된 숱한 병폐를 발가벗겨 놓았는데, 민족의 치욕은 잊어버리고 병을 앓으면서도 의사는 기피하고 약자에겐 잔인하면서 강자에겐 아첨하는 사람으로 스스로의 책임까지 남에게 미루면서 행복은 환상에 맡긴다는 것이 이 작품세계다. 중국 근대문학의 초기 걸작으로 나약

하면서도 비정한 한 개인을 그려서 인간의 심약한 본성을 냉혹하게 힐책하려 하였다.

　1925년 44세 때 〈고독한 사람〉을 발표하고,

　1936년 55세 10월 19일에 사망하였다.

버지니아 울프 A. V. Woolf, 1882~1941

　영국의 여류작가인데, 의식 흐름 문학의 창시자다.

　본명은 애덜린 버지니아 스티븐으로, 런던에서 1월 25일에 태어났다. 아버지 레슬러 스티븐은 〈18세기에 있어서의 문학과 사회〉라는 책의 작가였고, 어머니는 줄리아 덕위스였다. 그 덕에 어려서는 아버지의 방대한 서재 이용이 가능하였다.

　1895년 13세 때 어머니가 사망하였는데, 이때 울프에게는 정신이상증세가 나타났다.

　1897년 15세 때 킹스칼리지 런던에서 역사와 그리스어를 공부하고,

　1904년 22세 때 아버지도 사망하자 두 번째 정신이상 증세가 나타나 자살소동을 벌였지만, 미수에 그쳤다.

　1912년 30세 때는 레너드 울프와 결혼하였고,

　1915년 33세 때 〈출항〉을 출판하였으며,

　1919년 37세 때는 〈밤과 낮〉을 출판하였다.

　1925년 43세 때 〈델러웨이 부인〉을 발표하면서 큰 인기를 얻었는데, 이 소설은 순간에 받은 인상 속에서 다채롭고도 불가사의한

놀라움에 가득 찬 모습들을 끄집어내어 인상을 강하게 부각시켰다. 주인공 클레리사 델러웨이는 쉰두 살의 중년 부인이었고, 하원의원의 아내였다. 런던의 사교계에서 재색을 겸비한 여자였는데, 6월 어느 날 하루의 시간도 채 안 되는 시간 속에서 과거의 회상을 통해 현재와 융합되어 숱한 사람들의 경험과 인상들이 열거되는 작품이다. 작품의 전반에 흐르고 있는 절대적인 물리적 시간은 과거·현재·미래가 질서 있게 움직이는 역사적 시간이면서 언젠가는 죽음을 맞이하게 될 시간임을 시사해놓았다.

　1927년 45세 때 〈등대로〉를 발표하였고,

　1928년 46세 때는 〈울랜드〉를 출판해서 호평을 받았다.

　1929년 47세 때 〈자기만의 방〉을 발표하였고,

　1931년 49세 때는 〈파도〉를 발표하였으며,

　1937년 55세 때 〈세월〉을 발표하였다.

　1938년 56세 때는 〈3기니〉를 발표하였고,

　1941년 59세 3월 28일에 우즈 강변으로 산책을 나간 뒤 행방불명이 되었는데, 이틀 후에 시체가 발견되었다. 자살의 원인은 허탈감과 환청 그리고 어려서 오빠들로부터 받은 성적 학대와 정신이상의 발작에 대한 공포심으로 추정하고 있다.

루스벨트 F. D. Roosevelt, 1882~1945

미국의 32대 대통령으로, 4번이나 대통령을 지냈다.

뉴욕주 북부의 하이드파크에서 1월 30일에 태어났는데, 아버지 제임스 루스벨트는 델라웨어 허드슨 철도의 부사장이어서 매우 유복한 지주였다. 그 덕분에 학교는 다니지 않으면서 가정교육과 여행으로 견문을 쌓았다.

1896년 14살 때 기숙학교에 입학해서 공부하였고, 하버드대학교에서 3년간 사학을 전공하였다. 그런 다음 컬럼비아대학교 로스쿨에서 법률 공부를 한 뒤에 변호사 자격증을 취득해서 법률회사에 취직하였다.

1905년 23세 3월 17일 시어도어 루스벨트의 조카이자 자신에게는 13촌의 친척인 엘리너 루스벨트와 결혼하였고,

1910년 28세 때 더치스 카운티에서 민주당 후보로 출마하여 뉴욕주 상원의원에 당선되었으며,

1913년 31세 때 제1차 세계대전이 일어난 당시에는 해군부 차관보를 역임하면서 이 시기에 제3의 미국혁명으로 불리는 뉴딜 정책을 시행하였다.

1918년 36세 때 미국은 경제 대공황에서 탈출하면서 세계의 경제는 호황을 누리게 되었는데, 뉴딜의 3R 정책이란 구제·부흥·개혁이다.

1920년 38세 때는 오하이오주지사이던 제임스 콕스와 러닝메이트로 민주당 부통령 후보로 지명되었지만, 선거에서 참패하였다. 그리고 1920년 말부터 미국의 경제는 다시 침체가 되었는데, 주식시장의 붕괴와 함께 소비가 둔화되어 상품들은 창고 속에 쌓였고 은행은 파산지경에 이르렀다.

1921년 39세 8월 어느 날 캐나다의 캄포벨로 별장에서 쉬다가 찬물에 빠져 소아마비 진단을 받았는데, 이로 인해 반신불수가 되

어 통증에 시달리며 살았다.

1924년 42세 때 뼈를 깎는 재활 훈련 끝에 다른 사람의 부축 없이 걷게 되자 다시 정계로 복귀하면서 사람들로부터 찬사를 받았다.

1928년 46세 때는 민주당의 일원으로 뉴욕주지사에 당선되었고,

1930년 48세 때 큰 표 차로 재선되었는데, 이때는 대공항 시대여서 산업 보험과 자연보호 관련의 일자리들을 창출해 내었다.

1931년 49세 때 미국의 대공황으로 전 세계의 실업자 수는 오천만 명으로 증가하였는데,

1932년 50세 1월에 미국의 제32대 대통령에 당선되었다. 이때 미국의 무역은 60% 이상이나 감소 되어있었다.

1933년 51세 3월 4일 대통령에 취임하면서 대공황에 대한 뉴딜정책을 수립하였다. 즉 은행의 파산을 막기 위해 은행들을 휴업 시켰고, 테네시계곡의 개발공사로 일자리들을 창출해 내었으며, 이어 수정자본주의로 전환하면서 테네시강 개발공사로 대형 댐을 건설하는 것으로 고용을 늘여나갔다. 그리고 정부가 농업생산에 개입해서 농업조정법을 시행해야 한다고 주장하면서, 산업부흥법으로 정부가 가격을 결정해서 노약자에게 연금을 지급하는 정책을 써야 한다고 하였다.

1936년 54세 때 대통령 재선으로 당선되었는데,

1940년 58세 때는 1939년에 발발한 제2차 세계대전의 여파로 미국법 3선의 금지률을 깨고 3선에도 성공하였다.

1941년 59세 때는 일본 진주만을 공습하고는, 일본에 다시 선

전포고까지 하면서 태평양전쟁으로서의 제2차 세계대전에 끼어들었다.

1944년 62세 때 미국의 4선 대통령에 당선되었고,

1945년 63세 2월 전쟁의 막바지에서 영국의 처칠 수상과 소련의 스탈린과 함께 전후처리문제를 위한 해결책을 갖기 위해 얄타회담에서 4월 25일에 국제연합을 창설하겠다는 계획서를 의회에 제출하고 휴식을 위해 가있던 웜스프링스 별장에서 4월 12일에 뇌출혈로 사망하였다.

멜라니 클라인 M. Kiein, 1882~1960

오스트리아와 영국의 심리학자다. 아동 분석으로 유명하며 대상관계이론의 창시자다.

빈에서 3월 30일에 태어났는데, 아버지는 모이스 라이첸드로 랍비였지만 유대교를 버리고 치과의사로 살았다. 외할아버지도 유대인의 랍비였는데, 아버지는 마흔 살이 넘어서 15년 연하의 여인과 사랑에 빠져 아기를 낳았다. 어머니 리부자 도이치는 아름다운 용모에 생활력도 강해서 경제적으로 어려워지자 장사를 시작하였는데, 네 명의 아이를 낳았다. 그들 중 막내딸이 클라인이다.

1887년 5살 때 바로 위의 언니 시도나가 아홉 살로 결핵성임파선염으로 사망하였고,

1900년 18세 때 아버지도 사망하였다.

1901년 19살 때 오빠의 소개로 아르투어 클라인과 약혼을 하였고,

1902년 20살 때는 아르투어와 결혼하면서 가고 싶던 의대의 꿈도 접고 시골에서 살았다. 20대 초반에는 오빠 엠마누엘이 죽었고, 그 후 클라인은 세 명의 아이를 낳았다.

1910년 28세 때 부다페스트로 이사를 하였는데, 이때 프로이트의 저작에 매료되었다. 〈꿈의 해석〉을 읽고, 프로이트의 직계 제자 페렌찌에게 정신의 개인 분석을 받았다. 페렌찌의 제안으로 정신분석원리와 그 기법들을 가지고 아동 치료에 적용해서 프로이트의 개념들을 확장 시키면서 완성 시켜 나갔다.

1914년 32세 때 어머니가 클라인과 함께 살다가 사망하였는데, 어머니는 죽음을 두려워하지 않으면서 담담히 받아들여 클라인에게 큰 감동을 주었다.

1917년 35세 때 프로이트를 만났으며,

1919년 37세 때까지 부다페스트에서 살았다.

1920년 38세 때 칼 아브라함을 만나 소아 분석에 관심을 가지게 되었고,

1921년 39세 때는 아브라함이 사는 베를린으로 이사해서 베를린 정신분석 연구소에서 일하였으며,

1922년 40살 때 아르투어와 이혼하였다.

1924년 42세 때는 우울증이 와서 아브라함에게 개인 분석을 받았으나 도중에 아브라함이 사망해서 14개월 만에 분석은 중단되었다.

1925년 43세 때 어니스트 존스의 초청으로 영국에서 3주간 강의를 하였고,

1926년 44세 때는 런던으로 이주하였다. 어니스트 존스의 밑에서 영국의 가장 중요한 정신 분석가로 성장하였는데, 클라인의 학파는 현재 영국의 정신분석학계에서 가장 영향력 있는 학회로 발전하였다.

개념의 도입

부분 대상으로는 좋은 젖가슴과 나쁜 젖가슴이 있다.

편집에서는 분열적 태도와 우울한 태도가 있으며 투사적 동일시가 있다.

외로우면서도 비극적인 인생을 산 여자 프로이트의 딸 안나 프로이트와는 앙숙 관계로 있으면서 정신분석학회에서 두 사람은 양대 산맥을 이루었다. 클라인은 안나보다 열세 살이 어렸다.

1927년 45세 때는 영국으로 이주하였고,

1938년 56세 때 제2차 세계대전의 발발로 프로이트 가족들은 모두 런던으로 이주하였다.

1955년 73세 때 〈대상관계이론〉을 창시하였는데, 클라인이 치료하던 환자 딕은 매사에 무관심하면서 공부도 못하였다. 그것은 탐구 의욕의 상실 때문이라고 생각하였다. 어려서 두려움이 심하면 대체 능력으로서의 상징화를 시키지 못하게 되므로, 보고 싶은 어머니의 육체로만 눈을 돌리게 된다. 어린이 분석은 일주일에 5회로 하는데, 시간은 50분이면 족하다. 어머니로부터 매 맞은 아이는 분석가에게 화풀이를 해댄다는 것이다.

1960년 78세 9월 22일에 영국에서 사망하였다.

제임스 조이스 J. Joyce, 1882~1941

아일랜드의 소설가·시인·극작가다.

더블린에서 남쪽으로 약 4km 떨어진 라스가에서 첫 번째 아들로 2월 2일에 태어났는데, 세금징수원이던 아버지는 매우 가부장적이면서 예민했으므로 정서적으로는 불안하였다. 정치에는 관심이 많았지만, 거의 밑바닥에서만 전전하였다. 어머니는 과보호적인 성격이어서 제임스를 포함한 15명의 자녀를 낳아 가톨릭 신앙으로 자식들을 키우려고 애를 썼다. 그러나 다섯 명은 죽었고, 열명만 남았다.

1888년 6세 때 가톨릭 예수회가 운영하는 사립 기숙학교 클롱고우스 우드 칼리지에서 교육을 받기 시작하였는데,

1893년 11세 때 아버지가 실직해서 학교에는 다니지 못하게 되었다.

1895년 13세 때 다시 학교에 들어가서 공부를 하였지만, 가세가 기울어져서 네 번씩이나 이사하였다. 아버지는 알콜 중독에 빠지면서 폭력까지 휘둘러댔지만, 조이스는 학교에서 모범생이었다. 방황하는 십 대의 청소년으로 가정이 불우해질수록 기독교에 매달리는 어머니를 보면서 신앙에 대한 회의가 생겼고, 이런 모습을 그린 것이 〈젊은 예술가의 초상〉이다. 이러한 형편 속에서도 아일랜드 전국 학생 작문 경시대회에 나가 우수상과 함께 장학금도 받아왔다.

1900년 18세 때 유니버시티 칼리지에 입학하였는데, 여기서 영어·이탈리아어·프랑스어·문학·역사를 공부하였다.

1902년 20세 때는 문학사 학위를 받았고, 의학을 공부하려고 파리로 갔지만 어머니가 위독해져서 다시 더블린으로 돌아왔다. 8월에는 어머니가 돌아가셨고, 학교 강사나 가정교사를 하면서 짧은 산문·대화적인 사건들에 대하여 스케치한 것을 토대로 에피파나라는 문학 기법을 발전시켜 나갔다. 에피파나는 평범한 말이나 행동에서 갑자기 나타나는 사물의 본질에 대한 정신의 계시를 의미하는데, 이때부터 조이스는 "예술가란 경험의 일상적인 망들을 영속적 생명력을 가진 빛으로 바꾸는 상상력의 사제다."라고 생각하기 시작하였다. 이런 생각들은 병증이었는데, 엿들은 실재의 대화 파편들이 훗날 그의 저작에 예고도 없이 재삽입이 되곤 하였기 때문이었다.

1904년 22세 때 〈예술가의 초상〉을 잡지에 게재하려 하다가 거절당하자, 이를 자전적인 소설 〈스티븐 히어로〉로 고쳤으나 끝내 출간하지 못하였다. 이때 한 호텔의 종업원이던 스무 살의 노라 바이클을 만나 동거에 들어갔고, 아들 조지와 딸 루시아를 낳았다.

1914년 32세 때 단편집 〈더블린 사람들〉을 썼는데, 〈더블린 사람들〉은 더블린에 살고 있던 중산층들의 욕망과 환멸을 스케치로 묘사한 단편 15개가 유기적으로 연결된 소설집이다. 그런데 더블린 사람들의 방해로 출간을 못 하다 나중에 출간하였다.

1915년 33세 때는 제1차 세계대전을 피해 파리로 이주하였는데, 모더니즘 문학의 대표작인 〈율리시즈〉를 연재하면서 눈병을 앓기 시작하였다. 조이스는 성인이 되어 대부분의 시간들을 아일랜드 밖에서 보냈지만, 정신세계는 항상 더블린에 머물고 있었다.

1916년 34세 때 〈젊은 예술가의 초상〉을 출간하였는데, 조이스의 작품들은 대부분 고대의 신화에 바탕을 두고 있다. 이 작품 역시도 다이달로스 신화를 안다면 이해가 쉬울 것이다. 젊으면서 자신이 강하고 때로는 지적으로 오만한 심미주의자 스티븐 더덜러스의 성격묘사로 이 소설은 시작되는데, 스무 살 된 더덜러스는 자신의 신화적인 이름을 쫓아 창조적인 예술가가 되기 위해 파리로 향한다. 모두 5장으로 되어있는데, 이 작품의 구조는 성장 과정에서 닥친 가정이나 종교나 조국에 대한 갈등에서 온 반발들이 의식의 흐름에 잘 표현되어 있다. 아울러 주인공이 예술에 종사하기로 결정되는 사건은 4장에 있으며, 5장에서 전통의 인습에서 벗어나 최후의 해방을 선포하는 것으로 끝난다.

1922년 40세 때 〈율리시즈〉를 출간하였고,

1923년 41세 때부터 〈피네건의 경야〉를 집필하기 시작하였는데, 이 작품은 세상에서 가장 난해한 작품이다. 이에 대하여 융은 맥락 없는 말과 관념들을 결합시킨 조이스의 작가적 광증이 만들어낸 결과라고 해서 조이스는 술에 빠져들었다. 그리하여 무기력증·우울증·신경쇠약들을 겪어야만 하였는데, 이로 인해 부인 노라는 두 번이나 조이스를 떠났다가 돌아왔다.

1931년 49세 때 이들은 정식으로 결혼하였고,

1939년 57세 때 〈피네건 경야〉를 출간하였는데, 말년에 조이스는 녹내장과 류머티즘 관절염으로 고생을 하였다. 아울러 딸 루시아는 정신분열증에 걸렸다.

1941년 59세 때 조이스는 십이지장 수술 후 합병증으로 스위스의 취리히에서 1월 13일에 사망하였는데, 그의 사후 1944년에

〈스티븐 히어로〉가 출간되었다.

카프카 F. Kafka, 1883~1924

오스트리아 헝가리제국의 유대계 소설가다.

보헤미아왕국의 수도 프라하 빈 근처 클로스토너이 부르크에서 독일어를 사용하는 유대계 중산층 가정의 장남으로 7월 3일에 출생하고 성장하였다. 당시 보헤미아왕국의 수도에서는 체코어를 사용하고 있었는데, 아버지는 잡화상을 경영하면서 시오니즘을 기대하고 있었다. 아주 괴팍해서 불안정적인 성격이었으므로 제대로 하는 일은 없었다.

1908년 25세 때 법학박사 학위를 취득하고, 노동자 산재 보험 회사에 입사하였다.

1911년 32세 때 독립하였는데,

1913년 34세가 되자 폐결핵 증세가 나타났다.

1918년 39세 때 14년간 재직하던 보험회사를 절망과 불면의 신경쇠약으로 그만두었고,

1924년 41세 6월 3일 호프만 요양소에서 사망하였다. 카프카는 죽어가면서 친구에게 유언을 남겼는데, "내가 쓴 모든 글은 다 소각시켜 줘." 그러나 친구 막스 브로트는 카프카의 모든 글을 출판해서 문학사에 카프카의 이름이 남겨지도록 하였다.

〈성을 향하여〉는 국가 체제의 과도한 관료화를 풍자해 놓아 기괴한 관료주의를 만들어냈다. 비난하는 자들은 자기의 길을 막는

원수들·중대장·아비·아내가 있고, 영원한 유대인 토지 측량사는 최후의 심판 날까지 유랑을 계속해야 할 운명을 지닌 유대인을 일컬었다. 집의 가장 외딴방에 갇혀서 지내야 하는 우울증을 앓고 있는 집주인은, 이런 환경 속에서 오두막의 창문까지 눈이 쌓여 나지막한 지붕을 짓누르고 있는 곳에 집이 있어서 이런 상황에서 벗어나고 싶다는 소망만 존재하고 있었다. 여기서 쿨람은 망상 이미지다. 눈으로 직접 본 것과 소문으로 들은 것들에 왜곡이 가해지면 부수적인 이미지가 형성되면서 착각이나 환상으로 나타나게 된다. 그런데 그 이미지들은 늘 가변적이다. 그리고 성은 머릿속의 냉정한 차가움으로, 마을은 온통 눈으로 덮여있는 모습을 하고 있다. 하나님의 도성은 비밀스러우면서도 매혹적인 장소인데, 성령의 세례란 디오니스적 축제를 일컫는다.

〈변신〉은 독일의 세일즈맨 그레고르가 어느 날 잠에서 깨어나자 한 마리의 괴이한 갈색의 벌레가 되었다는 이야기다. 그는 결근까지 하면서 해고당할 것을 두려워하는데, 지배인이 그의 결근이 수금 대금의 횡령 때문이라 생각해서 집으로 찾아온다. 그레고르가 변명하기 위해 벌레의 모습으로 지배인과 가족 앞에 나타나자 지배인은 도망가고 부모는 통곡하면서 졸도해 버린다. 그레고르는 고독과 불안으로 인해 날이 갈수록 열등감·불면증·식욕부진에 시달리다 죽고 만다. 이 소설은 꿈속을 방황하고 있는 것과 같은 착각에 빠져서 신을 부정하는 세계 속의 비참함을 그렸다. 사람이 언제 어떤 모습의 절망적인 세계에 유폐될지 모를 소시민의 생활을 상징적으로 보여준 작품인데, 순간적인 상황에서 끝없이 보호색을 강요하는 이 시대에 자기 양심을 지키며 자기 본연의 색채로 살아가기란 여간 힘든 일이 아니라는 것을 썼다. 왜냐하면 능수능란한 카멜레온이 추앙받는 세계가 바로 현대이기 때문이라는 것이었다.

데이비드 허버트 로렌스 D.H. Lawrence, 1885~1930

영국의 소설가·시인·문학 평론가다.

이스트우드에서 아버지는 광부였고, 어머니는 전직 여교사였다. 둘 사이에서 2남 3녀 중 셋째 아들로 9월 11일에 출생하였는데, 어머니는 문학을 좋아하였다. 청교도여서 교양 없는 무식한 남편을 경멸했기 때문에 부부싸움이 잦았다. 어머니는 남편의 폭음과 성격 차이의 보상심리를 로렌스에게 쏟아부었는데, 이때의 상황들이 〈아들과 연인〉에 잘 나타나 있다.

1893년 8세 때 보바르국민학교에 입학하였고,

1898년 13세 때 노팅검 고등학교에 장학생으로 들어갔지만,

1901년 16세에 졸업할 때는 19명 중에서 15등으로 떨어졌으므로 학교를 졸업하고 의료기구 점에 취직하였다. 그러나 폐렴에 걸려 거기를 그만두었는데, 이때 둘째 형은 폐렴으로 죽었다.

1902년 17세 때 이스트우드국민학교의 임시교사가 되었다.

1906년 21세 때 노팅엄대학교에 입학하면서 소설을 쓰기 시작하였고,

1910년 25세 10월에는 어머니가 쉰여덟 살을 일기로 암에 걸려 세상을 떠나자 〈아들과 연연〉을 쓰기 시작하였다. 〈아들과 연

인〉은 자전적인 소설이다. 부부관계가 원만하지 못한 어머니가 아들에게 애정을 쏟는 일을 다루었는데, 이때는 로렌스의 신변에 큰 사건이 터졌다. 바로 노팅엄대학교의 위클리교수 부인이자 1남 2녀의 어머니인 프라다를 사랑하게 되어서 결혼까지 하였지만, 아들은 결혼 후에도 정신적인 사랑을 어머니에게 쏟아부었다. 아내에게는 육체적인 관계만 유지하게 된다는 이야기인데, 이런 일들은 자신의 정신에 분열을 가져와 끝내 그 사랑은 파탄으로 치닫게 된다는 불완전한 양성의 관계를 기록해 놓았다.

어머니로부터 과잉보호를 받고 자란 남성의 전형을 나타낸 소설인데, 주인공 모렐부인은 대대로 내려온 독실한 청교도 집안에서 자라났다. 젊었을 적에는 장래가 촉망되는 존 필드와 가까이 지냈지만, 뜻밖에도 그는 돈 많은 어느 미망인과 결혼을 해버리고 말았다. 그때 상처를 받게 된 모렐은 죽을 때까지 성서를 보관하고 살아가려던 결심 끝에 성탄절 연회에서 만난 월터모렐과 결혼을 하게 된다. 그러나 열 살 때부터 강에서 일해온 모렐은 술주정꾼인데다 거짓말쟁이라서 집안의 분위기는 엉망이 되어버린다. 이에 사색과 명상의 문화적인 요소를 지닌 부인은 모든 관심을 맏아들 윌리암에게 쏟았는데, 아들이 런던으로 가서 취직하더니 연애 사건을 일으켰다. 그와 동시에 런던에서 폐렴으로 죽어버리자 모렐부인은 애정의 상대를 둘째 아들 폴에게로 돌린다.

열네 살이 된 폴은 의료기구 제조회사에 취직하였는데, 직장에서 폴은 한 살 아래의 소녀 미리엄과 가까이 지내게 된다. 둘의 사랑이 깊어지자 다른 여자에게 아들을 빼앗겼다는 위기를 느낀 모렐부인은 강력하게 반대에 나섰으므로 폴은 미리엄과 헤어질 수밖에 없어졌다. 대신 직장동료이던 크레이어 부인과 육체적인 사랑만 나누게 되지만, 크레이어 부인은 다시 남편에게로 돌아가 버린다. 고독해진 폴은 어머니마저 암으로 세상을 떠났으므로 어두운 방에서 슬피 외치는 것으로 소설은 끝난다. 이때의 어머니는 창조자인 동시에 보호자였으며 영혼의 안식처였다.

작가 자신의 소년 시절을 반영시킨 이런 모자 관계는 바람직한 남성상에 부정적인 영향을 끼친다는 것을 암시해 주었다. 이런 상황에서 탈출은 빠를수록 좋은데, 폴은 어머니가 죽은 뒤에야 그것을 실행할 수 있었다고 썼다. 〈아들과 연인〉을 발표하고 로렌스는 〈침입자〉를 발표하였다. 그리고 〈침입자〉의 인세를 받아 여섯 살 연상의 프라다와 독일로 사랑의 도피행각을 떠났다.

1913년 28세 때 독일에서 첫 시집 〈흰 공작〉을 3월에 출판하였고, 5월에는 〈아들과 연인〉을 런던에서 출판하였다. 그런 다음 프라다와 함께 이탈리아를 거쳐 바이에른으로 갔다가 다시 런던으로 돌아왔다.

1914년 29세 때 프라다는 남편과 이혼하고, 로렌스와 결혼하였다.

1915년 30세 때 〈무지개〉를 출판하였는데, 〈무지개〉는 성의 탐구에서 이성보다는 피가 살을 만든다고 하면서 성 철학을 구체화시켜 놓은 작품이다.

1916년 31세 때는 콘 월주에서 살았는데, 프라다는 독일인이었음으로 간첩 혐의를 받게 되었다.

1917년 32세 때 제1차 세계대전이 일어나자 프라다는 간첩 혐의에 쫓겨서 프라다와 함께 런던으로 갔다.

1918년 33세 때 독일의 항복으로 전쟁은 끝이 났고,

1919년 34세 때까지 이들은 손발이 묶인 채로 전쟁이 끝날 때까지 지내야 하였다. 이때의 체험을 쓴 소설이 〈캥거루〉에 자세히 언급되어 있다. 집단 히스테리에 걸린 시기였는데, 이상한 악몽을 꿈꾸는 공포를 진저리나게 맛보았다고 하였다.

1920년 35세 때 〈연애하는 여성들〉을 발표한 다음, 로렌스는 뜨내기처럼 세계 곳곳을 전전하며 수많은 작품을 썼다.

1921년 36세 때 〈정신분석과 무의식〉을 발표하였고,

1922년 37세 때 〈무의식의 환상〉을 썼으며,

1927년 42세 때 독감에 걸려 객혈을 하기 시작하였다.

1928년 43세 때는 〈채털리 부인의 연인〉을 발표하였는데, 채털리 부인 코니의 남편은 전쟁에서 부상을 입어서 절름발이와 성불능자가 되었다. 정신생활의 우위만 주장하는 남편에게 혐오를 느낌 코니는 장원의 산지기가 전쟁 출정 중에 아내를 빼앗긴 멜러즈와 눈이 맞아 사랑의 불꽃을 틔운다. 이때의 부드러움은 남녀 양성의 성행위를 통해서 생기는데, 성행위는 가장 귀중한 감정이다. 이 결합이야말로 이상적인 남녀 관계임을 로렌스는 시사하고 있다. 다시 말하면, 섹스는 신비가 아닌 신성이라고 주장하면서 원색적이면서도 노골적인 성애를 그려 외설 시비로 세계를 떠들썩하게 하였다.

1930년 45세 2월에 남프랑스에 있는 결핵 요양원에 입원했다가 3월에는 근처에 있는 별장으로 옮겼다. 그러나 2일에 사망하였으며, 로렌스의 무덤은 부인 프라다와 함께 뉴멕시코의 카이오와 목장에 있다.

카렌 호나이 K. Horney, 1885~1952

독일 함부르크 출신의 정신과 의사 겸 미국의 정신 분석가다.

최초의 페미니스트 정신과 의사로, 페미니스트 심리학의 창시자다.

함부르크에서 9월 16일에 태어났고,

1909년 24세 때는 결혼하면서 입양아 오스카 호니를 만났으며,

1913년 28세 때 푸라이 부르크 괴팅겐 베를린대학교에서 의학을 전공하였다. 대학을 졸업한 다음 부모가 죽자 장기간 우울증을 앓게 되었는데, 칼 아브라함으로부터 치료를 받으면서 정신분석에 대한 훈련이 시작되었다.

1915년 30세 때 독일 정신분석학회의 비서관이 되었고,

1920년 35세 때는 당시 설립된 베를린 정신분석연구소의 창립 맴버가 되어 여성 심리학에 대한 이론적 논문을 쓰기 시작하였다.

1932년 47세 때 초기 신 프로이트 수정주의자 중 한 명이 되어서 프로이트의 견해를 페미니즘적 시각으로 비판하기 시작하였다. 이로 인해 프로이트주의자들의 비난과 나치즘의 부상으로 딸과 함께 미국으로 이주하였다.

1937년 52세 때까지 여성 심리학에 대한 이론적인 공헌 논문들을 여러 차례 발표하였는데, 신경증은 부모가 걱정을 다루는 방식에 따라 생겨난다고 주장하였다.

1952년 67세 12월 4일 사망하였다.

샤갈 M. Chagall, 1887~1985

　제정 러시아에서 태어난, 프랑스 화가다.

　샤갈은 러시아제국의 리오즈나에서 유대인계의 가난한 집안 9 형제 중 맏이로 7월 7일에 태어났는데, 아버지는 청어 상인 밑에서 일을 하였고 어머니는 집안에서 야채를 팔았다.

　1906년 9살 때 상트페테르부르크로 이사하여 명문 예술학교에서 공부하였으며,

　1908년 11살 때부터 짜반체바 미술학교에서 레온 박스트에게 공부를 하였는데, 박스트는 파리로 이사하였다.

　1909년 12살 때 애인 벨라를 만났는데, 벨라의 집안은 부유한 유대인인지라 샤갈을 프랑스의 파리로 보내서 공부하도록 도왔다.

　1910년 13살 때 파리로 유학 가서 우수한 화가들이 가르치는 라 팔레트에 등록하고 많은 그림을 그리기 시작하였다.

　1913년 26세 9월에는 베를린에서 개인 전시회를 열었는데, 〈내 약혼녀에게〉·〈골고다〉·〈러시아 암소, 그리고 다른 것들에게〉들을 전시하였다.

　1914년 27세 6월에는 허바스발엔 스르륨 갤러리에서 성공함으로써 베를린으로 이사하였다. 그리고 애인 벨라와 결혼을 하기 위해 러시아로 갔는데, 제1차 세계대전이 발발해서 국경은 봉쇄되었다.

　1915년 28세 때 벨라와 결혼해서 첫 딸 이다를 낳았고,

　1917년 30세 때는 10월 혁명으로 인하여 러시아에 묶여있다가 고향을 포기하고,

1922년 35세 때 베를린을 통해 가족들을 데리고 파리로 갔다.

1923년 36세 때는 프랑스로 귀화하였는데,

1939년 52세 때 카네기상을 수상하였고,

1941년 54세 때 제2차 세계대전이 일어나 나치의 탄압을 피해 가족들을 데리고 미국으로 갔다.

1944년 57세 때 아내 벨라가 병으로 사망하자 실의에 빠진 샤갈은 아홉 달 동안 그림을 그리지 못하였다.

1947년 60세 때는 프랑스의 지중해 연안에서 명작들을 그렸는데,

1950년 63세 때 프랑스 국적을 취득하였고,

1952년 65세 때 60세가 된 유대인 여성 발렌티나 바바브로드스키와 재혼하였다.

1960년 73세 때 에라스무스상을 수상하였고,

1964년 77세 때 앙드레 말로의 요청으로 파리의 오페라극장 오페라 가르니에 궁의 천장화를 완성하였다. 아울러 여러 성당 안의 스테인글라스 작업도 하였다.

1966년 79세 때 17점의 연작인 〈성경의 메시지〉를 프랑스 정부에 기증하였고,

1973년 86살 생일인 7월 7일에는 니스시에서 샤갈미술관을 개관해 주었는데,

1985년 98세 3월 28일에 사망하였다. 샤갈의 묘지는 이후 주변 생폴의 유대인 묘지에 안장되었다.

비트겐슈타인 L. Wittgenstein, 1889~1951

 오스트리아와 영국의 철학자다.

 논리학·수학철학·심리철학·언어철학을 다룬 분석철학자다.

 가족은 유대인들의 후예였지만 유대교는 믿지 않았으며, 기독교 신자였다. 아버지는 맨손으로 자수성가한 오스트리아의 철강산업 건설자여서 성처럼 커다란 대리석의 저택에서 형 4명과 누나 3명이 있는 8남매의 막내로 헝가리제국 빈에서 4월 26일에 출생하였다. 그러나 아버지는 자식들이 학교에 가는 것을 허락하지 않으면서 자기처럼 기술이나 배우라고 다그쳤다. 어머니는 가톨릭 신자여서 아이들은 모두 가톨릭을 믿었는데, 어머니는 악보를 보자마자 하나도 틀리지 않고 연주할 줄 알았다. 그리하여 어린 시절 비트겐슈타인의 집에는 일급 음악가들이 드나들면서 연주를 하였지만, 아버지는 예술을 기분전환 이상의 것으로는 생각하지 않았다.

 비트겐슈타인의 집에는 그랜드 피아노가 일곱 대나 있었는데, 당시 오스트리아 빈에는 매력적인 예술의 도시여서 자살률이 아주 높았다. 그것은 풍요가 가져다준 정신의 위기 탓이었는데, 거기에다 아버지의 다그침으로 인해 자식들은 하나둘 자살하고 말았다. 큰형 찬스는 음악가 지망생이었지만, 스물여섯 살 때 큐바의 바다 위 배에서 사라졌다. 둘째 형 루돌프는 베를린의 대학생으로 있으면서 공무원이 되려다가 음독자살하였다. 그리고 셋째 형 쿠루트는 제1차 세계대전 때 투항을 거부하고 권총으로 자살했으며, 비트겐슈타인의 바로 위 형 파울은 두세 마디만 듣고도 작곡가·작품·악상을 알아낼 정도의 귀재여서 자살한 1961년 전까지는 유럽에서 유명한 음악가로 활약하였다. 이러한 환경 속에서 비트겐슈타인은 어린 시절에 겪은 긴장의 스트레스가 많았으면서도 집에서는 단기교습을 받으면서 자라났다.

1904년 15살 때는 실업학교에 입학하였는데, 비트겐슈타인은 기계 기술에 능했으므로 빈대학교에 들어가서 물리학자가 되고 싶어 하였다. 그러나 볼트만의 자살에 충격을 받고,

1907년 18살 때 베를린 공대로 가서 헤르츠로부터 물리학을 배웠다.

1909년 20살 때 영국의 고등 기상대에서 연구하다가 두 달도 못 돼서 영국의 맨체스터 빅토리아대학교로 옮겼는데, 그곳에서 제트엔진 연구로 과목을 바꾼 다음 항공학과 관련된 논문 〈제트추진 프로펠러설계〉로 공학박사 학위를 받았다. 하지만 다시 프로펠러 연구로 전환을 했다가 수리논리학으로 관심을 돌렸다.

1912년 23세 때 공학을 포기하고 케임브리지로 가서 러셀과 함께 논리학을 공부하였고,

1913년 24세 때 아버지가 사망하자 많은 유산의 상속을 받아, 오스트리아의 예술가들과 작가들에게 기부하였다.

1914년 25세 때 노르웨이의 피요드르 해안 끝에 있는 스크욜낸 인근 마을의 작은 집에서 은둔생활로 들어가 논문을 작성하였는데, 이때 라이너 마리아 릴케와 게오르크트라클은 자살하였다.

1915년 26세 때 버틀런트 러셀의 수학 원리를 읽고는, 1년간의 은둔생활을 끝냈다. 예나대학의 수학 논리학자 프레게를 찾아갔지만, 프레게는 감당이 되지 않는다며 러셀을 찾아가라고 하였다.

그리하여 러셀의 제자가 되었는데, 러셀로부터 수학·논리학·철학을 공부하고 케임브리지대학교의 교수가 되었다.

1916년 27세 때는 제1차 세계대전이 일어나자 즉시 지원군이 되어 6월 11일에는 포병으로 입대하였다. 러시아 전선의 곡사포 연대에서 영국의 포병으로 맹활약을 한 공로로 은공 무공훈장을 받았고,

1918년 29세 때 대위로 승진해서 이탈리아 티롤 남부 산악의 포병연대에 배속되었다. 6월에는 검의 무공훈장을 받았고, 11월에 트랜트 근처에서 이탈리아군의 포로가 되었다. 그런데 그의 배낭 속에는 〈논리 철학 논고〉라는 완성된 원고가 들어있었는데, 비트겐슈타인은 이탈리아 중부 카지노에 수감 되었다. 그의 논문들은 모두 러셀에게로 전해졌다.

1919년 30세 때 비트겐슈타인의 이름으로 출간되었고,

1920년 31세 때 전쟁이 끝나자 케임브리지대학교 교수사회의 위선이 싫어 교원 양성소를 거쳐 초등학교의 임시교사가 되었다.

1922년 32세 때 6년간 연구해서 완성한 〈논리 철학 논고〉를 출판하였는데, 이 책은 당시 유일한 철학서로 '언어의 의미는 사용함에 있다'라는 낱말의 은유적 관계를 분석해서 논리실증주의를 개척하였다. 제1차 세계대전 중에 집필하면서, 일정량의 원고가 모이면 스승 버트런트 러셀에게와 무어에게 보내졌으며 1918년에 완성을 하였다. 그러나 초판은 전쟁이 끝난 1922년에 출간하였다.

비트겐슈타인의 의견에 의하면 기존의 철학은 말할 수 없는 것을 말하려 함에서 문제가 발생 된다고 하면서 '철학은 금고의 열

쇠와 같다' 하였다. 다이얼의 모든 숫자가 들어맞아야 문이 열리듯, 철학도 마찬가지라는 것이었다. 철학이 어려운 이유는 한 개념을 가지고 철학자들마다 각각 달리 표현하기 때문인데, 그것은 언어의 사용법을 모르기 때문이라고 하였다.

일반지식은 명제화 된 언어를 통해서 다가오는데, 이를테면 이 색이 붉다는 것을 우리는 언어를 통해 배웠기 때문에 알 수 있다는 것이다. 따라서 고통이라는 개념을 가르쳐 준 것도 언어이고, 이런 식들의 일반관념은 모두 개별화된 경험이 아닌 언어로 습득된 것들이라고 하였다. 그런 탓에, 언어 자체는 진리가 아니다. 현실의 그림일 뿐이어서 명제는 언어의 그림일 뿐이며, 우리가 생각하는 현실의 모델이라고 하였다. 즉 언어로 규정된 명제를 통해 우리는 현실로 접근하는데, 명제는 세계의 골격만 묘사할 뿐 세계 전체를 그대로 반영하지 않기 때문에 정확한 인식을 위해서는 명제를 실증적으로 검토해야 한다며 철학은 뇌를 정리 정돈하는 학문이라고 하였다.

또한 고백은 마음의 죄책감을 끄집어내는 행위를 말하고, 신경질적인 성격은 스스로 얽매어있기 때문이라고 하였다.

비트겐슈타인이 언급한 유명한 말들은 다음과 같은 것들이 있다.

러시아어는 듣기에 아주 아름다운 언어다.
꿈은 억압에 따른 두려움의 표현이다.
필체 속에는 놀라운 에너지가 들어있다.
문체는 그 사람의 얼굴이다.

비트겐슈타인 L. Wittgenstein, 1889~1951   **449**

괴물이란 자기 내면에서 익숙해진 특성들인데, 고집이라고
부르는 성격이다. 이것은 극복의 과제다.
천재는 이해심이 많은 사람인데, 천재들은 괴물들까지 이해
한다.

1926년 37세 4월에는 열한 살의 소년을 심하게 때렸다는 이유
로 고발을 당해서 교직 생활을 그만두고 퀴텔도르프 자비의 형제
수도회에서 정원사가 되었다. 이때부터 비트겐슈타인은 누나 그
레텔을 위해 새집을 지어줄 구상을 하였는데, 2년 동안 자신의 설
계로 스톤 브로우그 하우스를 지었다. 이 집을 짓는 일에 온통 매
달려서 창틀·문·난방기까지 일일이 살펴서 지었지만, 이 집은 제
2차 세계대전이 끝난 뒤에 러시아군의 병영으로 사용되었다가 현
재는 불가리아대사관으로 사용하고 있다.

1929년 40세 때 케임브리지대학교에서 철학박사 학위를 받았
고, 트리니치 칼리지에 교수로 부임하였다. 그러나 동성애의 경향
때문에 독신으로 살았다.

1930년 41세 때 성공회의 사제가 되려고 신학을 공부하였지만,
그만두었다.

1931년 42세 때부터 뉴캐슬과 머타이어 타이트필의 실업자들
과 다양한 프로젝트에서 일하였고,

1933년 44세가 되자 의학을 공부하기 시작하면서, 1922년 33
세 때부터 1933년 44세 때까지 〈철학적 탐구〉를 완성하였다.

1934년 45세 때 친구이던 키니스가 쓴 〈러시아에 대한 간략한
소개〉라는 책을 읽고 소비에트 생활에 매료되어 러시아어를 배우

기 시작하였고,

1935년 46세 때 여름에는 러시아를 방문해서 레닌그라드와 모스크바를 여행하였으며,

1936년 47세 때부터 1937년 48세까지 스키너와 함께 노르웨이에 머물렀다.

1939년 50세 때는 의사자격증을 취득하였는데, 케임브리지대학교의 무어교수가 사임하자 후임자로 임명되어 영국 시민권을 획득하였다. 7월에는 빈을 방문하였는데, 아돌프 히틀러가 비트겐슈타인의 가족들을 혼혈로 인정해서 살아남게 되었다. 가족들의 재산은 금 1.7t(약 60억 달러)이 나치에게로 넘어갔다.

1941년 52세 9월에 가이스 병원에서 약품 관리인으로 일하였고,

1942년 53세 때는 교수가 되었으며,

1944년 55세 때 빈에서는 기록물들과 건축물들이 무차별적으로 불태워졌는데, 그것은 1939년 50세 때부터 시작되어 1945년까지 진행된 제2차 세계대전 때문이었다. 전쟁 중에도 비트겐슈타인은 톨스토이의 책 〈믿음 안의 찬송〉을 갈리시아 루마니아왕국의 서점에서 구입하고는 어디든 가지고 다니면서 읽었다. 그 때문에 비트겐슈타인은 '찬송과 함께 하는 사람'이란 별명이 붙었다.

1947년 58세 때 정신의학을 전공하면서 교수는 사임하고 더블린의 로즈 호텔에서 집필 전념에 들어갔다.

1949년 60세 때 제자이던 노먼 말콤이 더블린으로 찾아갔을 때, 비트겐슈타인은 이미 병이 들어있었다. 미국으로 데려갔지만, 병세는 더 악화가 되어서 다시 런던으로 돌아왔다. 이때는 전립선암이 골수에까지 퍼져있었다.

1950년 61세 때 누나가 사망하였고,

1951년 62세 초에 비트겐슈타인은 노먼 말콤에게 유언장을 작성해 달라고 부탁하였다. "내 마음속 호르몬들은 모두 소진되었어. 더 이상은 고통뿐이다."라는 말을 남기고 4월 29일에 사망하였다.

〈철학적 탐구〉는 생시에는 출판하지 않았지만, 사후에 출판되었다. 이 책 속에 철학이란 학문에서 사용되는 언어를 연구하는 학문이라고 정의하였는데, 언어가 있기 전에 생활양식이 있다. 따라서 언어는 뜻이 아니고 사용의 본질이며, 같은 언어를 사용한다는 것은 공통된 본질이 있다는 뜻이다. 우리가 현실에 접근할 수 있는 것은 언어 때문인데, 언어를 사용한다는 것은 삶의 형태에 참여하는 일로 규칙을 따른다는 의미다. 그리하여 언어를 배운다는 것은 삶의 형태를 배우는 일이다.

생각은 영상으로 그려보는 일이고, 문장은 기호로 조작된다. 다시 말하면 기호로 변환시키는 일이 언어다. 생각은 언제나 직진만 하기 때문에 생각을 바꾸려면 언어를 바꾸어야 한다.

눈은 외부 색들을 받아들이는 기관이고, 의인화란 사물을 쉽게 이해하려는 방식이며, 의미의 부여에서 생활방식에 따라 의미도 달라진다. 즉 어떤 사람은 포옹하는 것을 사랑이라 생각하고 또 어떤 사람은 끈질긴 집착을 사랑이라 여기며 소유물로 생각하는 것을 사랑이라 여기기도 한다.

무엇을 어떻게 생각하느냐에 따라 기분도 달리 나타나는데, 만일 아무것도 생각하지 않는다면 기분도 생겨나지 않는다.

기억이 언어로 변화되는 과정에서 상상이라는 추측이 생겨나는데, 상상이란 자기 나름의 조작이다.

똑같은 말이라도 생각은 다 같지 않다. 왜냐하면 말에 의미가 있는 게 아니고 그때마다 각자가 달리 의미를 부여하기 때문이다. 따라서 충분히 이야기를 나누지 않으면 같은 말을 써도 충돌은 피할 수 없다.

말이나 생각은 언어 속에 들어있다. 말의 입력에서 유아 시절에 꺼림칙한 상황 속에서 입력된 언어들은 그때의 상황적인 느낌들이 그대로 들어있다. 따라서 말이라는 개념 속에는 그 시대의 문화·풍속·유행·가치관·정치 규범들이 모두 들어있다. 만일 그 느낌들로부터 벗어나고 싶다면, 말을 재조명해서 새로운 형태로 바꾸면 된다고 하였다.

네루 J. Nehru, 1889~1964

인도의 정치가이고, 독립운동가다.

일라하바드의 부유한 집안에서 11월 14일에 태어났는데, 아버지는 명성이 있는 변호사였다.

1905년 16세까지 영국인 가정교사들에게서 교육을 받았고,

1912년 23세 때는 런던에 있는 이너템플에서 법학을 전공하였으며,

1916년 27세 때 카말라 카울과 결혼해서 외동딸인 인디라 프리야다르시니를 낳았는데, 훗날에 인디라는 인디라 간디가 되어서 인도의 총리를 지냈다.

1919년 30세 때 기차여행을 하는 도중에서 우연히 영국의 레지널드 다이어 준장의 이야기를 듣게 되었는데, 다이어 준장은 무장인도인 관중들에게 10분 동안 연속적으로 총을 쏴서 379명을 살해하였다. 최소 1,200여 명에게 상해를 입혔다는 암리트라르대학살에 대한 말이었는데, 이 말을 듣고 간디는 영국과 싸우기로 결심하면서 인도의 국민회의당에 입당하였다.

1921년 32세 때 자유를 위한 네루의 요구를 거부하고, 영국 정부는 네루를 투옥 시켰다. 제1차 세계대전이 끝나자 영국은 인도를 독립시켜준다고 하더니만, 5년의 긴 전쟁이 끝나도 식민지 강화 통치법안을 만들어서 더더욱 강하게 갈취해갔다. 이에 네루가 이끄는 국민회의파들이 전국을 돌며 영국에 협력하지 말 것을 호소하였다. 이로 인해 네루는 24년 동안 아홉 번의 징역살이를 하면서, 감옥에서 마르크스주의를 공부하였다.

1928년 39세 때 인도의 국민회의 총재가 되었고,

1929년 40세 때 국민회의 의장이 되었으며,

1930년 41세 11월에는 런던에서 인도 공무원들이 원탁회의를 시작하였는데, 네루는 감옥에서 딸에게 편지를 보내기 시작하였다.

1931년 42세 때 부친은 사망하였고, 영국과의 협상은 결여가 되었다.

1932년 43세 초순에 네루와 간디는 다시 투옥되었고,

1933년 44세 때는 그동안 딸에게 보낸 편지 196통들이 역사이야기로 변해서 책으로 엮어졌다. 이것이 〈세계사 편력〉인데, 네루의 가장 대표적인 저서가 되었다.

1939년 50세 9월에는 제2차 세계대전이 발발하였는데, 영국의 총독 린리스고 경은 더 강경하게 나왔다. 그러던 중 미군에 의한 일본의 진주만 공격이 일어나기 3일 전에 네루는 석방되었다.

1946년 57세 때 〈인도의 발견〉이라는 책을 출간하였고,

1947년 58세 8월에 새로운 무슬림 국가인 파키스탄이 생겨남에 따라 인도는 자동 적으로 힌두교국가가 되었다. 영국군이 물러나자 네루는 인도의 초대 총리가 되었는데,

1964년 75세 5월 27일에 심근경색으로 사망하였다.

보리스 파스테르나크 B. L. Pasternak, 1890~1960

소련의 시인·소설가다.

모스크바에서 아버지는 화가였고, 어머니는 피아니스트였다. 둘 사이에서 장남으로 2월 10일에 태어났는데,

1901년 11세 때 모스크바 제5고등학교에 입학해서 그리스어와 라틴어를 교육받았으며,

1903년 13세 때는 작곡 공부에 주력하였다.

1907년 17세 때 상트페테르부르크의 문학 서클에 참가하였고,

1912년 22세 때는 첫 시집 〈구름 속의 쌍둥이〉를 집필하였으며,

1914년 24세 때 〈구름 속의 쌍둥이〉를 출간하였다.

1917년 27세 때 상트페테르부르크에 혁명이 발발하자 다시 모스크바로 돌아갔으며,

1918년 28세 때의 내란 중에는 문교부 사서로 근무하였다.

1921년 31세 때 어머니가 심한 심장병을 앓았으므로, 식구들은 모두 독일로 이주하였다.

1923년 33세 때 결혼을 하였고,

1924년 34세 때는 첫아들 에프게니아를 낳았는데, 스탈린의 전체주의 확립으로 문학인들은 침묵을 강요당하기 시작하였다.

1931년 41세 때 부인과 이혼하면서 아들과도 헤어졌고,

1934년 44세 때는 소련 내의 모든 문학단체에 해산명령이 내려졌으므로, 모스크바 근교의 시골집에서 번역으로 소일하며 지냈다.

1938년 48세 때는 당과 작가 동맹에서 축출당하였고,

1945년 55세 때 아버지가 사망하였다. 시집들을 출판하며 〈의사 지바고〉를 집필하기 시작하였는데, 〈의사 지바고〉는 한 인간의 생애를 통해서 그가 살았던 시대와 역사뿐 아니라 삶은 무엇을 뜻하며 인간이란 존재가 지닌 다각적인 면모가 어떤 의미를 지니고 있는지를 파헤쳤다. 이 작품에는 문학의 고전적 개념으로서의 서사시가 지닌 모든 요소를 다 갖춘 대작인데, 러시아의 거친 격동기의 시대적 역사적인 배경을 바탕으로 전쟁과 혁명과 사랑과 죽음에 대한 인간 영혼의 이야기를 그렸다.

주인공 지바고는 이 세상에 태어난 인간은 조금의 선행밖에 할 수 없다고 생각하는 방관자의 입장인데, 의사이자 시인인 유리 지바고는 1905년 혁명 전야의 청년 시대부터 1929년 모스크바 가두에서 심장마비로 죽을 때까지 그의 생애를 응축시켜서 표현하였다. 러시아에서 일어난 공산혁명 속에서 한 인텔리가 당한 비극적인 운명을 서사시적으로 썼는데, 부유한 실업가의 아들로 태

어난 유리 지바고는 어릴 때 양친을 잃었다. 숙부의 양육을 받으며 성장을 하였는데, 철학자이던 숙부는 그에게 깊은 종교적인 영향을 주었다. 그러나 의과대학을 나온 지바고는 자유주의 교수 딸 토냐 그로베코와 결혼하였고, 제1차 세계대전을 맞아 군의관으로 종군하게 된다. 전선에서 과거가 어두운 간호사 라라 안티로바를 만나는데, 그녀는 자기를 버리고 전선으로 간 남편의 뒤를 쫓아 종군간호사가 된 여자였다.

1917년에 혁명이 일어나자 지바고는 가족이 기다리는 모스크바로 돌아와서 가족을 데리고 굶주림을 면하기 위해 처가의 연고가 있는 우랄지방으로 떠난다. 도중에 지바고는 적군에 연행되어 심문을 받게 되는데, 그 심문자는 바로 라라의 남편 스트렐리니코프여서 지바고는 무사히 석방될 수 있었다. 스트렐리니코프는 불우한 가정에서 태어나 온갖 고생으로 공부해서 적극적인 활동가가 되었고, 혁명에 대한 광신자의 입장에 처해 있었다.

목적지에 도착하지만, 혁명이 휩쓸고 간 그곳도 말은 아니게 되어있었다. 지바고는 도청 소재지 도서관에서 우연히 라라를 만나게 되어 비극적이지만 시적인 사랑을 하다가 빨치산에 납치되어 군의 노릇을 하게 된다. 얼마 후에 그곳을 탈출해서 와보니 가족은 모두 모스크바로 떠난 뒤였고, 그를 기다리고 있는 사람은 라라뿐이었다. 두 사람은 불안과 공포 속에서도 깊은 사랑을 나누지만, 빨치산에서 탈출했다는 죄목으로 지바고는 지명수배를 받게 된다. 이때 코라롭스키가 나타나서 라라를 유혹하는데, 라라와 그녀의 어린 딸의 안전을 위해 지바고는 라라를 속여 그와 함께 떠나도록 하고서 혼자 우랄에 남는다.

어느 날 지바고가 은신하고 있는 집으로 라라의 남편이 찾아왔는데, 그는 적의 군장교였지만 이제는 반역자가 되어 쫓기는 신세가 되어있었다. 이런 극적 만남 후에 라라의 남편은 권총으로 목숨을 끊어버렸고, 그 후 지바고는 천신만고 끝에 모스크바로 돌아갔다. 그러나 가족들은 모두 국외로 추방된 뒤여서 하인의 딸을 아내로 맞아 실의와 허탈 속에서 세월을 보내게 된다. 어느 날 전차를 타고 가다가 내려서 포도 위에 쓰러져 숨지고 마는데, 이때 지바고와 라라의 사랑이 원시적인 감동을 전해준다. 이 장면을 통해 지바고는 사랑이란 끝없이 절망하면서도 새로운 생명을 잉태하는 무서운 힘임을 절감하게 되었다는 내용이다.

1953년 63세 때 스탈린은 사망하였고, 파르테르나크는 괴테의 〈파우스트 1부〉 번역을 마쳤다.

1957년 67세 때 소련당국에서는 〈의사 지바고〉에 대한 출판 금지명령을 내렸으므로, 11월 15일에 이탈리아의 밀라노에서 출판하였다.

1958년 68세 때 10월 23일 그의 유일한 장편소설 〈닥터 지바고〉가 노벨문학상을 탈 수 있도록 결정을 보았지만, 소련당국의 제재로 문학상 수상은 포기하였다.

1960년 70세 5월 30일에 사망하였다.

드골 C. De Gaulle, 1890~1951

프랑스 총리인데, 페탱의 부관이었다. 레지스탕스 운동가·군사

지도자·정치인·작가다.

　제2차 세계대전의 발발은 1939년 9월 1일에 독일이 폴란드를 침략하면서 시작되었는데,

　1940년 5월에 독일은 프랑스에게 전격전을 시작하자고 하였지만, 6월 22일에 총리이던 페탱은 독일과 휴전조약을 맺었다. 페탱은 제1차 세계대전 때 파리의 동쪽 요새 베르됭을 독일군으로부터 지켜낸 공으로 전쟁영웅이 되어 국가 원수의 자리에 올라있었다. 그 후 독일에 협력해서 수많은 프랑스의 노동자들을 독일로 보냈는데, 7만 명이 넘는 유대인들까지 독일로 보냄으로써 페탱은 민족의 반역자가 되었다. 그러자 페탱은 방송으로 독일과 휴전 의사를 내비쳤다. 이에 부관으로 있던 드골은 영국의 BBC방송에 등장해서 말하였다. "프랑스 국민은 전투에서 졌을 뿐, 전쟁에 진 것은 아니다." 이 호소문을 발표하고는 망명정부를 세우면서 저항 운동을 이끌기 시작하였다.

　1941년 51세 6월 22일에는 독일이 소련을 침공하였다. 이때 프랑스 공산주의자들은 대거 레지스탕스에 합류하였는데, 레지스 탕스는 불어로 저항이라는 뜻이다. 제2차 세계대전 당시 나치 점령에 저항해서 프랑스에서 일어난 지하운동 단체의 이름인데, 유모차에 흉기·폭탄·비밀지령 등을 싣고 다니면서 임무를 수행한 사람들을 일컫는다.

　1942년 52세 때 독일이 강제로 군을 징발하자, 드골은 산속으로 피하여 유격대원이 되었다.

　1944년 54세 8월에는 프랑스가 독일에서 해방되자 페탱은 사형선고를 받았지만, 종신형으로 살았다.

1945년 55세 6월에 드골은 임시정부의 주석이 되었고,

1946년 56세 1월에 그만두었다.

1958년 68세 6월 1일에는 총리가 되면서 전권을 행사하였다.

1959년 69세 1월 8일에 제18대 대통령에 취임하였고,

1965년 75세 때는 재선에 당선되었다.

1969년 79세 때 지방제도 및 상원 개혁에 관한 투표에서 패하였고,

1970년 80세에 11월 9일에 사망하였다.

허먼 밀러 H. J. Muller, 1890~1967

미국의 유전 생물학자인데, 초파리 유전학을 연구하였다.

뉴욕에서 12월 21일에 출생하였고,

1918년 28세 때 컬럼비아대학교에서 T. 모건에게 사사를 받기 시작해서,

1920년 30세 때까지 사사를 받았다.

1925년 35세 때 텍사스대학교에서 생물학을 가르치기 시작하였으며,

1932년 42세 겨울에는 베를린의 카이저 빌헬름 연구소로 가서 공산주의자가 되었다.

1933년 43세 때는 소련에서 많은 제자를 길러내었고,

1936년 46세 때까지 미국의 텍사스대학교에서 생물학을 가르쳤다.

1937년 47세 때 뤼셍코와 논쟁이 시작되어 소련을 떠나 영국의 에든버러대학교로 갔다.

1940년 50세 때까지 에든버러대학교에 있었고,

1945년 55세 때 미국의 인디애나대학교의 교수가 되었는데, 모건 학파의 일원으로 초파리와 달맞이꽃을 재료로 멘델리즘을 확립하고 특히 X선에 따른 인공돌연변이 유발 요소를 결정한 공로로,

1946년 56세 때 노벨생리의학상을 수상하였다.

초파리에 X선을 쬐었더니 다 죽었다. 조사량(照射量)을 줄였더니 불임이 되었다.

1926년 겨울 적은 양의 방사선을 초파리에 쪼이면서 수컷의 X선 쪽에 암컷을 교배했더니 우유병에서 구더기가 생겼다. 그리하여 방사선 에너지에는 초파리의 돌연변이를 높이는 효과가 있다는 것을 찾아내었고,

1967년 77세 4월 5일에 사망하였다.

데이비드 사노프 D. Sarnoff, 1891~1971

미국 방송산업의 개척자다.

러시아의 민스크 지방에서 2월 27일에 출생하였다.

1900년 9세 때는 유대인들의 박해를 피해서 미국으로 이민갔다. 그러나 아버지가 사망하였으므로, 신문팔이·심부름꾼·짐꾼·유대 회당에서 예배 때 노래하는 아르바이트를 하면서 살았다.

1906년 15세 때 전보 배달부를 하면서 독학으로 모스부호를 배운 다음, 무선회사의 사환이 되었다.

1908년 17세 때 무선 기사가 되어서 선박과 해안전신소에서 근무하였고,

1912년 21세 4월 14일 타이타닉호가 침몰 된 것을 SOS로 최초 목격하고 그 소식을 세계에 전하였다. 타이타닉호는 유명인사 2,200명을 태우고 바닷속으로 침몰하였다.

1915년 24세 때는 라디오 뮤직박스에 대한 계획서를 경영 측에 제출하였지만, 무시당하였다.

1919년 28세 때 무선통신 전자제품 회사이던 마르코니사에서 영업부장이 되었고,

1920년 29세 때 인류 최초로 라디오 중계방송을 감행하였으며,

1921년 30세 7월 2일에는 세계 해비급 타이틀전 때 권투를 생중계한 공로로, 총지배인이 되었다.

1922년 31세 때 라디오 협회인 RCA에서 라디오를 대량으로 보급하면서 단번에 250만 대가 팔려나갔다.

1926년 35세 때 미국의 NBC방송국을 설립하고, 라디오방송을 시작하면서 NBC의 회장이 되었다.

1930년 39세 때 RCA사장이 되었다가 회장으로 승진하였고,

1939년 48세 때 텔레비전 수상기를 만들어서 세계 박람회에 선을 보여 텔레비전 시대가 열리게 하였으며,

1945년 54세 때 시그널 군대의 예비역 준장이 되었다.

1971년 80세 12월 12일에 사망하였다.

해리 스택 설리번 H. Sullivan, 1892~1947

신 프로이트 경향의 미국 정신과 의사이면서 정신 분석가다.

뉴욕의 노 리치에서 가톨릭 신앙의 아일랜드 출신으로, 자원이 거의 없는 가정에서 2월 21일에 태어났다.

1909년 17세 때 코넬대학교에 등록하였지만, 정신병의 발발로 그만두었다.

1911년 19세 때 시카고대학교 의과에 다시 입학하였고,

1914년 22세 때 제1차 세계대전이 일어났으므로, 육군 의료봉사단 재향군인회의 의사로 충돌에 참여하였다.

1917년 25세 때 의학과 외과를 졸업하였고,

1921년 29세 때 워싱턴의 세인트 엘리자베스병원에서 일하기 시작하였으며,

1922년 30세 때 정신과 의사가 되었다.

1926년 34세 때 어머니가 사망하자 조지 미스로부터 많은 개념들을 습득하였고,

1930년 38세 때는 뉴욕으로 이사를 하였다.

1933년 42세 때 윌리암 알튼 화이트화운데이션을 창립하였고,

1936년 45세 때 워싱턴 스쿨 병원을 창설하였으며,

1938년 47세 때 〈정신의학〉을 발표하면서 〈상호 개인적인 정신의학 이론〉을 발간하였다. 설리번은 정신분열증 환자와 작업하면서 상호 개인적인 관계와 사회관계에 기초한 관계 이론을 전개해 나갔으며,

1940년 49세 때 세계 보건기구와 유네스코에서 일하였고,

1949년 57세 1월 14일 파리에서 뇌졸중으로 사망하였다.

펄 벅 P. S. Buck, 1892~1973

미국의 소설가다.

웨스트 버지니아주 힐드보로에서 중국의 선교사인 아버지와 어머니 사이에서 6월 26일에 출생하였다. 펄은 태어난 지 석 달 후에 중국으로 가서 양쯔강 연안의 전장이라는 소도시에서 살았는데, 그곳에서 중국인 유모 왕노파로부터 중국말을 배웠고 중국의 전래 이야기들을 들으며 자라났다. 아울러 중국인 옷을 입고 중국인 학교에 다녔으며 중국인들의 서적들을 탐독하였다.

1910년 18세 때는 미국으로 가서 버지니아의 랜돌프 메콘 여자대학교에서 심리학을 전공하였는데, 수석으로 졸업을 하였지만 아픈 어머니를 위해 다시 중국으로 갔다.

1917년 25세 때 농업전문가이던 존 로싱 벅과 결혼하였고, 화북에서 살았다.

1922년 30세 때 남경으로 가서 선교사로 일하며 난징대학의 교수가 된 남편과 함께 영어를 가르쳤다.

1930년 38세 때는 처녀작 〈동풍 서풍〉을 발표하였는데, 펄 벅이 글을 쓰게 된 동기는 큰딸 캐롤이 정신지체아여서다. 자라지 못하는 아이에게 고백처럼 이야기를 들려주려는 의도였고, 또 한 가지는 1900년에 일어난 의화단사건과 1927년에 발생한 중국의 국민 정부군이 난징으로 쳐들어왔을 때 온 가족이 몰살당할뻔한 일 때문이었다.

이어 〈대지〉도 발표를 하였는데, 〈대지〉는 퓰리처상과 미국 문예 아카데미로부터 하웰즈 상을 받았다. 농부왕릉이 역사의 격변 속에서 소농과 도시빈민을 거쳐 대지주가 되는 과정을 그린 장편소설이다.

1932년 40세 때 〈대지〉의 후속편인 〈아들들〉을 발표하였고,

1934년 41세 때 남편과 이혼하고, 출판사 사장이던 월시와 재혼을 하였다.

1935년 42세 때 〈대지〉의 후작으로 〈분열된 가정〉을 발표하였고,

1938년 45세 때는 미국 여류작가 중 최초로 노벨문학상을 수상하였다.

1964년 72세 때 펄벅재단을 설립하였고,

1967년 75세 때는 재산 모두를 재단에 기부하면서 세계평화를 위해 활동하였다.

1973년 81세 3월 6일에 사망하였다.

프릿츠 펄스
~마크

4부

F. Perls, 1893~1970

M. Manson, 1984~

프릿츠 펄스 F. Perls, 1893~1970

독일 태생의 유대계 정신과 의사인데, 게슈탈트 치료의 창안자다.

베를린의 유대인 빈민가에서 7월 8일에 출생하였는데, 본명은 프리드릭 살로몬 펄스다. 위로는 엘사와 그레테라는 누나들이 두 명 있었고, 아버지 네이든은 집을 종종 비우는 와인 판매원이었다. 어머니 아말리아는 하급 중산층 가정의 출신이었는데, 그녀는 펄스에게 예술에 대한 깊은 관심을 가질 수 있게 해주었다.

1906년 13살 때는 베를린의 몸슨 김나지움에서 중등교육을 받다가 학교에서 쫓겨났다. 이유는 성격이 너무 거칠어서였는데, 그에 대한 벌로 아버지는 사탕 가게에서 견습생이 되도록 하였다. 그러나 아스카니체 김나지움 인문주의 중심학교에서는 예술에 대한 사랑을 키워주었는데, 연극 감독 맥스 레인하드를 만나 죽을 때까지 그와의 인연을 계속하는 인내심도 보였다.

1914년 21세 때 제1차 세계대전이 일어났는데, 당시에는 적십자 자원봉사자가 되어서 봉사를 하는 동안 삶의 공포와 죽음의 공포로 인해 깊은 인상을 받기도 하였다.

1920년 27세 때 베를린의 프레드릭 빌헬름대학교에서 의사면허를 받았고, 나중에는 심리학 공부도 하였다.

1921년 28세 때 의학박사 학위를 받았고,

1925년 32세 때부터 정신분석 수련에 들어갔으며,

1926년 33세 때 프랑크 푸르트에서 유명한 신경 정신의학자 쿠르트 골드슈타인을 만나 유기체이론을 접하면서 깊은 감명을 받았다. 그 후 프랑크 푸르트·비엔나·베를린을 전전하면서 오토페니켈·헬레도이치·허쉬만·클라라 하펠 등으로부터 지도 감독을 받았다.

1927년 34세 때 게슈탈트 심리학 이론을 연구하던 정신과 의사 커트 골드 스타인의 조수가 되려고 프랑크 푸르트로 갔는데, 거기에서 로라 포너스 라우라를 만났다.

1928년 35세 때는 베를린에서 전임 치료사가 되었고,

1929년 36세 때 로라와 결혼하였는데, 로라의 나이는 스물네 살이었다.

1930년 37세 때 유진 하닉과 윌하임 라이시와 함께 정신분석을 하였고,

1932년 39세 때 정신분석의 수련을 마쳤으며,

1934년 41세 때는 히틀러 탄압을 피해 남아프리카로 가서 정신분석학회를 창립하였다.

1936년 43세 때 마리엔 바드(현재 체코)에서 개최된 세계 정신분석학회에서 〈구강적 저항〉이라는 이론을 발표하였지만, 프로이트에게 거절당해 정신분석으로부터 멀어졌다.

1942년 49세 때 아내 포너스 라우라 펄스와 함께 〈Ego, Hungry and Aggression〉이란 책을 발표하면서 프로이트 학파와는 결별

하게 되었고,

　1946년 53세 때 미국으로 이주하였으며,

　1950년 57세 때 〈게슈탈 치료〉라는 용어를 만들었다.

　1951년 58세 때 히리피와 굿맨과 공저인 〈게슈탈트 텔라피〉를
출판하였고,

　1960년 67세 때는 이 책이 점차적으로 인정되면서 사람들로부
터 많은 관심을 끌기 시작하였으며,

　1964년 71세 때 에살렌 연구소와 연결이 되어서

　1969년 77세까지 거기서 생활하다 3월 14일에 사망하였다.

바흐찐 M. M. Bakhtin, 1895~1975

　러시아의 사상가·문학 이론가·인문학자·철학자다.

　모스크바 남부 오룔에서 11월 17일에 태어났고,

　1907년 12세 때부터 칸트·니체·키르케고르의 철학서들을 탐
독하면서 뻬뜨로그라드대학교(전에는 상트페테르부르크대학)에서
역사와 문학을 청강하였다.

　1920년 25세 때 바흐찐 서클을 결성하였고,

　1928년 33세 때 '부활'이라는 비 합법적 우익지식조직에 관여했
다는 혐의로 체포되었다.

　1929년 34세 때 〈도스토옙스키 창작의 제 문제〉를 출간하였고,

　1930년 35세 때는 카자흐스탄으로 추방되어 스탈린 치하에서
박사학위 논문을 집필하기 시작하였으며,

1934년 39세 때까지 꾸스따나이(카자흐스탄)에서 유형살이를
하였다.

1936년 41세 때는 메드베제프의 추천으로 모스크바교육대학에
서 근무하기 시작하였고,

1940년 45세 때 〈도스토옙스키 창작의 제 문제〉를 박사학위 논
문으로 제출하였으며,

1963년 68세 정년 이후 〈도스토옙스키 시학의 제 문제〉를 개정
판으로 출판하면서 바흐찐은 재평가되기에 이르렀다.

1965년 70세 때 〈프랑수아 라블레의 작품과 중세 및 르네상스
의 민중문학〉을 출판하였고,

1975년 80세 3월 7일에 사망하였는데, 바흐찐이 사망 후에 심
사·재심사·조건부 승인·국외 출판을 거쳤다. 그러다가 1980년
에 들어서면서 본격적으로 주목을 받게 되었는데, 이 책의 이름은
〈라블레론〉이다. 우회적으로 소설을 가지고 정치를 비판하였는
데, 1986년에 베어롱은 〈라블레와 바흐찐〉이란 책으로 바흐찐을
비판하였다.

안나 프로이트 A. Freud, 1895~1982

지그문트 프로이트의 딸이고, 아동 정신분석의 선구자다.

빈에서 1895년 12월 3일에 태어났는데, 1946년 51세가 될 때
까지 오스트리아의 국적을 가졌었다. 그 후 1982년까지는 영국의
국적을 소유하였다.

1965년 30세 때 〈유년기의 정상성과 병리〉를 출간하면서, 〈아동 발달 이론〉을 창시하였다. 그리고 아동 치료기관인 햄스테드 클리닉을 설립하였는데, 현재는 안나 프로이트 센터로 이름을 바꾸었다.

안나 프로이트는 프로이트의 제자인 동시에 학문적인 동지인데, 아버지의 뒤를 이어 〈자아의 본질에 대한 연구〉를 하였다. 아동 정신분석가들을 양성하면서 훈련을 시켰는데, 프로이트 말년에는 프로이트의 간호와 비서 일을 맡으면서 평생 결혼도 하지 않고 독신으로 살았다.

1982년 86세로 8월 9일에 사망하였다.

장 피아제 J. Piaget, 1896~1980

스위스의 철학자·자연과학자·발달심리학자·아동심리학자다.

유아들의 언어학습에 대한 발생적 인식론을 주장함으로써 구성주의 인식론의 위대한 선구자가 되었다.

프랑스어를 사용하는 지역인 뇌샤텔에서 8월 9일에 태어났는데, 아버지 아르투어 피아제는 뇌샤텔대학의 중세문학 교수였다.

1907년 11살 때 〈알비노 참새에 대하여〉라는 소논문을 썼고, 뇌샤텔대학교에서 자연과학 박사학위를 받았다. 프랑스 파리로 이주해서 알프레드 비네가 운영하는 남학교에서 아이들을 가르치며 취리히대학교에서 공부하였고,

1921년 25세 때 다시 스위스로 가서 제네바에 있는 루소 연구

소에서 일하였다.

1923년 27세 때는 자신의 학생이던 발렌티 샤네트와 결혼하였고, 세 명의 자녀를 낳았다.

1929년 33세 때 제네바대학교의 심리학 교수가 되면서 제네바 국제 교육국 국장으로 취임하였는데, 이때부터 인지발달 이론의 정립에 들어갔다.

피아제의 이론

* 감각운동기 = 출생 직후부터 2세까지
* 전 조작기 = 2세부터 7세까지 운동기능의 습득기
* 구체적 조작기 = 7세부터 11세까지는 보존기능 습득기
* 형식적 조작기 = 11세 이후

1968년 72세 때까지 제네바 국제 교육국의 국장 직위에 있었고,

1975년 79세 때까지는 제네바대학교의 심리학 교수로 재직하였으며,

1980년 84세 9월 16일에 사망하였다.

로만 야콥슨 R. Jakobson, 1896~1992

미국 언어학자다. 슬라브어학자·문예 이론가·구조주의의 시조인데, 유럽 구조주의 언어학운동의 주요 창시자다.

아버지는 예술가·화가·작가들의 계약 전문 변호사였고, 야콥슨은 모스크바에서 10월 11일에 태어났다.

1900년 4살 때부터 글을 읽기 시작하였고,

1903년 7살 때는 러시아어·프랑스어·슬라브어·게르만어까지 완벽하게 구사할 수 있었으며, 그로 인해 10개 국어를 자유자재로 구사할 줄 아는 천재 언어학자가 되었다.

1915년 19세 3월에는 모스크바 언어학회의 창립에 참여해서 문학작품 속의 시를 가지고 분석에 들어갔다. 왜냐하면 시에서는 언어가 언어 자체를 강조하기 때문이었고, 언어의 정수는 시라고 생각해서였다.

공산주의를 세우기 위한 스탈린이 숙청에 들어간 10월 혁명이 일어나자 문학작품 자체에 관련된 시학 연구에 들어갔는데, 이는 모스크바 언어학회와 레닌그라드 형식주의 학파들이 합쳐져서 언어 자체를 위한 언어연구와 자율적인 표현형태를 연구하기 위함이었다.

1920년 24세 때 모스크바 고등연극학교에서 러시아어 교수로 있다가 체코의 프라하로 이주하였다. 그리고 체코 구조주의에서 중요한 이론가가 되었는데, 야콥슨은 시를 가지고 구조주의를 밝히려는 연구를 하였다.

1926년 30세 때 음운론의 원리를 연구하기 위해 트루츠베초코이와 함께 프라하 언어학회를 창설하고, 프라하 언어학 서클의 부회장이 되었다.

1928년 32세 때 프라하학파의 동료이던 니콜라이 S·투르츠베초코이·S.I.카르체프스키·스위스의 언어학자 페르디낭드 소쉬르의 고전적인 구조주의 입장과 완전히 결별하고, 절친이던 트루츠베초코이와 함께 기능적 구조주의를 정립하였다. 투르츠베초코이는 눈이 멀어 있어서 구술로만 참여하였다.

1933년 37세 때 체코슬로바키아의 브르노에 있는 지금의 푸르키네대학교(당시는 마사리코바대학교)와 관련을 맺기 시작하였고,

1934년 38세 때 러시아대학의 언어학 교수가 되었으며,

1936년 40세 때 체코의 중세문학 교수·덴마크의 코펜하겐대학교·노르웨이의 오슬로대학교·스웨덴의 웁살라대학교의 객원교수로 지냈다.

1939년 43세 때 제2차 세계대전에 발발하자 나치 정권의 박해를 피해 스칸디나비아를 거쳐 미국으로 이주하였는데, 프랑스의 망명정부 인문과학 고등연구원으로 있으면서 〈아동 언어연구〉와 〈실어증과 일반 음운법칙〉을 썼다.

1941년 45세 때 뉴욕으로 가서 컬럼비아대학교에 재직하게 되었고,

1943년 47세 때는 1942년 46세 때부터 하던 강의들을 묶어 출간하였으며,

1949년 53세 때 하버드대학교의 교수가 되어, 슬라브어·슬라브 문학·일반언어학을 가르쳤다.

1952년 56세 때 〈성 분석 서설〉을 쓰기 시작하였고, 〈언어분석 서설〉을 발표하였다. 〈언어분석 서설〉은 C.군나르·M.판트·모리스와 함께 쓴 책인데, 언어음의 변별적 특징을 분석한 선구적인 저서다.

1956년 60세 때 모리스와 함께 〈언어의 기본원리〉를 발간하였고,

1957년 61세 때는 MIT 초빙교수가 되었으며, 미국 언어학회 LSA 회장이 되었다.

1962년 66세 때 〈성 분석 서설〉을 7권까지 발간하였고,

1967년 71세 때부터 음운연구와 낱말·언어·시·문법·슬라브 서사 연구·언어의 관계·전승에 관한 연구서인 〈선집 6권〉을 쓰기 시작하였으며,

1971년 75세 때 원고들이 완성되어 출간하였다.

1979년 81세 때는 린다 R.워와 함께 쓴 〈언어의 소리 형태〉를 출판하였고,

1982년 84세 때 국제 문헌학의 언어학상과 헤겔상을 수상하였으며,

1992년 94세 7월 18일에 사망하였다.

베러톨트 브레히트 B. Brecht, 1898~1956

독일의 시인·작가·연출가인데, 서사극과 소격효과라는 두 개념으로 현대의 서구연극이론과 연극사에서 확고한 위치를 다졌다.

바이에른주 아우크스 부르크에서 1월 10일에 출생하였고,

1914년 16세부터 1918년 20세까지의 제1차 세계대전 당시에는 뮌헨에 있는 병원에서 일하다가 위생병이 되어 육군병원에서 근무하였다. 전쟁이 끝난 후에는 극작가와 연출가로 시작해서 100회가 넘는 공연을 베를린에서 하였다.

1918년 20세 때 처녀작 〈바알〉을 작성하였고, 〈한밤의 북소리〉 또는 〈밤의 북〉은 그의 출세작이 되었다. 그리고 〈도시의 정글〉 또는 〈까라부인의 소총〉도 발표하였고,

1920년 22세 때부터는 마르크스주의를 받아들여 좌파 작가가 되었으며,

1923년 25세 때는 〈바알〉을 연출하였다.

1933년 35세 때 극우 정당인 나치스의 집권에 따라 국회의사당 방화사건 누명을 쓰고 덴마크로 망명하였다.

1938년 40세부터 1940년 42세까지는 1920년부터 1930년까지 구상했던 작품 〈사랑은 상품〉을 다시 집필해서 〈사천의 선인〉으로 발표하였다. 이 작품은 브레히트의 가장 성공적인 작품인데, 비유극이다. 중국 사천을 배경으로 한 연극으로, 인간 본성에 대한 성찰로 유도하였다.

중국 사천의 떠돌이 물장수 왕이 선인을 찾기 위해 지상에 내려와 그에게 관심을 보인 인간은 가난한 창녀이던 센테 뿐이었는데, 센테는 담배 가게를 마련해서 이웃사랑의 계명을 실천하려 한다. 그러나 이기적인 신객들과 집주인 때문에 가게는 파산 직전에 이르게 된다는 내용의 이야기다.

1940년 42세 때 제2차 세계대전에서 '빨갱이 잡기'가 시작되자 스위스로 망명하였고,

1949년 51세 때 아내이면서 여배우인 헬레네 바이틀을 중심으로 한, 극단 베를리너 앙상블을 결성하였다. 그리고 연극론인 〈소사고 원리〉를 출간하였는데, 이것은 소격 효과기법이다. 생 소화 효과라고도 부르는데, 낯설게 하기 효과를 일컫는다. 이 소격효과의 기법이 〈브레히트 서사극 이론〉이 되면서 유명해지자 베를린으로 거주지를 옮겼고, 그의 망명 생활은 끝이 났다.

1956년 58세 1월 8일에 사망하였다.

레마르크 E. M. Remarque, 1898~1970

독일의 소설가다.

독일의 서부 베스트팔렌주의 오스마 브뤼크에서 6월 22일 태어났는데, 집안은 모두 독실한 가톨릭 신자들이었다.

1916년 18세 사범학교 재학 중에는 제1차 세계대전에 참가해서 여러 번 죽을 고비를 넘겼다. 이때의 경험을 쓴 소설이 〈서부전선 이상 없다〉이다.

1924년 26세 때 본명은 에리히 파울 레마르크였지만, 개명하였고,

1929년 31세 때 〈서부전선 이상 없다〉를 출간하였으며,

1931년 33세 때 〈귀로〉를 출판하였다. 그런데 히틀러의 나치당이 정권을 잡자 신변에 위험을 느껴서

1932년 34세 때는 스위스로 망명하였다.

1933년 35세 때 히틀러의 기세가 더욱 강해지자 긴장감이 높아졌고,

1937년 39세 때는 〈세 사람의 전우〉를 출판하였다.

1939년 41세 3월에는 체코슬로바키아와 독일이 합병되었으므로 프랑스로 망명하였는데, 이때 전쟁의 비극소설인 〈사랑할 때와 죽을 때〉를 쓰기 시작하였다.

1941년 43세 때 〈너의 이웃을 사랑하라〉를 출판하였고,

1946년 48세 때 〈개선문〉을 출판하였는데, 〈개선문〉은 자전적인 소설이다. 1938년과 1839년 제2차 세계대전 당시 파리의 개선문 근처가 배경인데, 이곳에는 유럽의 각국으로부터 피난민들

이 몰려들어서 불안한 생활을 하고 있었다. 주인공 라비크도 한때는 베를린의 유명한 외과 의사였지만, 나치의 강제수용소에 잡혀 갔다가 도망을 나와 파리로 밀입국하였다. 경찰을 피해 가며 진료를 할 수밖에 없었는데, 무능한 프랑스의 외과 의사가 환자를 마취시켜 놓으면 혼수상태의 환자에게 수술을 해주고 환자가 깨기 전에 돌아가야 하는 유령 의사로 살았다.

소설은 라비크가 세느강 다리 위에서 애인의 죽음으로 실의에 빠진 조앙을 만나는 것으로 시작하는데, 이들은 쉽게 사랑에 빠진다. 하지만 독일의 강제수용소에서 그를 고문하고 아내를 죽인 하케를 죽이는 게 목적이었으므로 라비크는 조앙을 사랑하지만, 고의로 냉정하게 대한다. 그러던 끝에 라비크는 하케를 교외의 숲으로 유인해서 살해한 뒤 도망자가 되어 3개월가량 쫓겨 다닌다. 그사이 조앙은 프랑스의 배우와 동거에 들어갔고, 조앙은 라비크의 출현으로 인해 질투를 느낀 동거 남자의 권총에 맞아 입원하게 된다. 수술을 위해 마취된 조앙은 수술은 하였지만, 이미 때가 늦어 죽음으로 치달을 때 라비크는 그녀에게 사랑을 고백한다. 라비크는 복수를 완벽하게 하였지만, 그녀의 죽음으로 인해 허무감에 휩싸여 자진해서 강제수용소로 들어간다는 내용이다.

1947년 49세 때 미국으로 망명해서 시민권을 취득하였다가,

1948년 50세 때 스위스에 정착하였다.

1952년 54세 때 〈생명의 불꽃〉을 출판하였고,

1954년 56세 때는 〈사랑할 때와 죽을 때〉를 출판하였으며,

1957년 59세 때 〈검은 오벨리스크〉를 출판하였다.

1958년 60세 때 미국의 배우 플레트 고다드와 재혼하였고,

1961년 63세 때 〈하늘은 은총을 베풀지 않는다〉를 출판하였으며, 1964년 66세 때 〈리스본의 밤〉을 출판하였다.

1970년 72세 때 〈약속의 땅〉을 출판하고, 9월 25일에 사망하였다. 그의 사후 1971년에 유고작 〈그늘진 낙원〉이 출판되었다.

가야바다 야스나리 川端康成, 1899~1972

일본의 소설가다.

오사카부 오사카시 기타구의 차화성에서 6월 14일에 태어났는데, 아버지는 의사 에이키치였고 어머니는 겐 누나 와가코였다.

1901년 3살 때 아버지가 폐결핵으로 사망하였으므로, 외가가 있는 오사카부 니시라리군 도요사토무라로 옮겨갔다.

1902년 4살 때 어머니도 폐결핵으로 사망해서, 외조부모를 따라 마시마군 도요카와무라로 옮겨 성장하였다.

1906년 8살 때 도요카와 심상 고등소학교에 들어갔는데, 9월에 외할머니도 사망하였다.

1909년 11살 7월에 따로 살던 네 살 위의 누나도 폐결핵으로 죽었고,

1913년 14세 때 오사카 부립 아바라키 중학교에 수석으로 입학하였는데, 소학교 때는 화가가 되고 싶었다. 그러나 2학년이 되자 소설가를 지망하였다.

1914년 15세 5월에 외할아버지도 사망해서, 도요사토무라 구로다 집에서 살게 되었다. 이때 쓴 일기들이 〈16세의 일기〉로 발

표되었다.

1916년 17세가 되자 기차 통학이 어려워서 중학교의 기숙사로 들어갔고, 교한 신보에 단편소설 〈분쇼세카이〉를 투고하였다.

1917년 18세 5학년 때는 기숙사의 실장이 되었는데, 이때 쓴 일기가 〈소년〉이라는 소설의 소재가 되었다.

1918년 19세 3월에 중학교를 졸업하고 도쿄로 상경해서 사촌 형의 집에 살면서 예비학교에 다녔다. 제1고등학교 1부 영문과에 들어갔는데, 이즈 여행을 하면서 떠돌이 예인과 만나 교류한 경험이 훗날에 〈이즈의 무희〉 소설 모티브가 되었다. 이때부터 유가시마 온천여관을 드나들기 시작하였는데, 야스나리는 작은 키에 11관(1관: 4,175g, 약 43kg)의 몸무게를 가지고 중노동을 하면서 살았다.

1920년 21세 때 고등학교를 졸업하고, 동경제국대학교 문학부 영문과에 입학하였다.

1921년 22세 때는 국문과로 전과해서 동인지 신사로를 발행하면서 소설 〈초혼 제일 경〉을 발표하였다. 이 소설로 인정을 받아 문단에 데뷔함으로써 작품의 수입으로 살아가게 되었다.

1923년 24세 때 분게이 슌주 동인이 되었고,

1924년 25세 때 도쿄대학교를 졸업한 후에 동인지 분게이지다이라는 문예시대를 요코미쓰 리이치와 함께 창간하였으며,

1925년 26세 때 〈이즈의 무희〉를 출간하고, 〈설국〉도 출간하였다. 〈설국〉은 일본어로 유끼꾸니인데, 30대 후반에 쓴 연작 형태인 7회분의 작품이다. 남자주인공 사마무라 고마꼬의 비극을 동양적이면서 일본적인 비애로 그렸는데, 핵심 주제는 기억·망

각·소멸이다. 소멸이 갖는 인과는 바로 죽음이 아닌 망각이라고
하였다.

1928년 29세 때까지 유가시마 온천여관을 드나들었고,

1937년 38세 때는 〈설국〉이 일본의 문예 간담회상을 수상하
였으며,

1944년 45세 때 〈고향〉과 〈석일〉로 기쿠치상을 수상하였다.

1945년 46세 4월에는 가미카제를 취재한 다음에 〈생명의 나무〉
를 집필하기 시작하였으며, 〈천 마리의 종이학〉과 〈산소리〉를 발
표하였다.

1948년 49세 때 일본의 펜클럽 4대 회장이 되었는데, 〈천 마리
의 종이학〉·〈산소리〉·〈잠든 미녀〉·〈고도〉 등 일본의 미를 표현
하는 작품들을 발표하였다.

1968년 68세 때 노벨문학상을 수상하였고,

1972년 73세 4월 16일에 사망하였다.

장 물랭 Moulin, jean, 1899~1943

프랑스 레지스탕스 운동가·정치가·국민의 영웅이다.

프랑스의 남부 베지에서 좌파 성향의 역사 교수 아들로 6월
20일에 출생하였다.

1918년 19살에 징집되어 군대에 입대하였다가 제1차 세계대전
이 종결되자 몽펠리에대학교에서 법학을 전공하였다.

1922년 23살 때는 공무원이 되었고,

1930년 31살 때 가장 젊은 군수가 되었으며,

1937년 38살 때 가장 젊은 외르에르 주지사가 되었다.

1940년 41세 때는 제2차 세계대전이 발발했는데, 프랑스를 침공한 독일군이 외르에르를 점령하였다. 그리고 나치군들은 일반인들의 만행을 눈감아 달라고 하였으나 이를 거부하자 독일군들에게 고문을 당하였다. 출옥 후 레지스탕스에 적극적으로 참여해서 운동가들의 의견을 모아 화합에 노력한 결과로, 샤를 드골의 인정을 받아 레지스탕스 비밀 단체장이 되었다.

1943년 44세 5월 27일에는 레지스탕스 전국 위원회의 초대 의장이 되었는데, 주민의 밀고로 6월에 독일군에게 체포되어 감옥을 돌고 돌면서 온갖 고문을 당하였다. 베를린으로 이송 도중 극심한 고문으로 인해 7월 3일에 사망하였는데, 그의 업적이 인정되어 1964년도에는 시체도 찾지 못한 채 프랑스의 국립묘지 팡테옹의 지하에 안치되었다. 그리고 1994년에는 장 물랭의 업적을 기리기 위해 장 물랭 박물관이 몽파르나스에 설립되었다.

헤밍웨이 E. M. Hemingway, 1899~1961

미국의 육군 상사로 예편한 소설가·저널리스트다. 제1차 세계대전 뒤에 인간의 정신이 무너지고 황폐했던 시기의 대표적 작가다.

일리노이주 오크파크에서 의사인 아버지 밑에서 육 남매의 둘째로 7월 21일에 태어났지만, 장남이었다. 아버지는 매우 활동적인 인물이어서 낚시와 사냥과 권투를 즐겼고, 어머니는 여섯 남매 중의 장녀였고 성악가였다. 여름에는 일가가 모두 미시간주에 있는 워툰호반 별장에서 낚시와 사냥을 즐겼으며, 아버지는 항상 헤밍웨이를 데리고 인디언 부락으로 회진을 다니곤 하였다.

1909년 10세 때 어머니는 헤밍웨이에게 첼로를 가르쳤다.

1913년 14세가 된 헤밍웨이는 권투를 배우기 시작하였고, 고등학교에 진학해서는 각종 스포츠에 열광적인 기질을 발휘하였다. 그러면서도 단편소설과 저널리즘을 담당하던 여교사의 권유에 따라 단편소설 쓰기를 지도받았다.

1917년 18세 4월에 고등학교를 졸업하였는데, 그 무렵에 제1차 세계대전이 일어나서 참전하려 하였다. 그것은 대학진학에 뜻이 없었기 때문이었지만, 권투로 다친 눈에 시력이 나빠져서 군대입대의 신체검사에서 낙방하고 말았다. 7월에는 학교를 마치고 습작에 몰두하다가 숙부의 추천으로 신문사의 기자가 되었다.

1918년 19세 5월 16일에 이탈리아 전선의 야전병원에서 적십자의 구급차 운전병을 모집한다는 사실을 알고, 자원입대해서 전장에 배치되었다. 그러나 한 달도 못 되어 다리에 박격포 포탄에 맞아 쓰러지고 말았는데, 270여 개의 포탄 파편으로 인해 헤밍웨이는 열 번 이상의 수술을 받아야만 되었다. 하지만 오른쪽 다리의 통증으로 인해 지팡이를 항상 짚고 다녀야만 하였다. 이때 간호사 아그네스 본 쿠로프스키와 사랑에 빠졌었는데, 이 경험을 쓴 이야기가 〈무기여 잘 있거라〉다.

내용은 제1차 세계대전에 참전한 미국인이 영국 간호사와 사랑에 빠지지만, 아내와 아이가 목숨을 잃었다는 내용으로 전쟁의 참상을 쓴 반전 소설이다.

1919년 20세 1월 4일에 제대한 헤밍웨이는 친구의 소개로 주간지의 기자가 되었고,

1920년 21세 5월에는 집으로 돌아왔지만, 어머니와의 불화로 인해 시카고로 갔다. 시카고에서 편집일을 보며 작가와 화가들에 대한 동경심이 생겼다.

1921년 22세 12월에는 다시 집으로 돌아와 토론토 데일리스타지에 취직하였는데, 스타 위클리지의 해외특파원으로 프랑스 파리로 갔다.

7년간의 예약으로 프랑스 파리에 거주하면서 거투르드 스타인을 만났는데, 그녀는 작가이자 예술가들의 후원자였다. 헤밍웨이는 그녀가 운영하는 살롱에서 여러 유명한 작가들을 만나 문학 지도를 받았다.

1922년 23세 때 그리스와 터기의 전쟁이 발발해서 헤밍웨이는 전쟁의 상황을 취재하기 위해 소아시아로 갔는데, 이때의 경험이 〈킬리만자로의 눈〉과 〈무기여 잘 있거라〉에 재현되었다.

1926년 27세 때 첫 장편소설 〈태양은 다시 떠오른다〉를 발표하면서 그 서문에 '잃어버린 세대'라는 표현을 처음으로 서문에 적었고,

1928년 29세 때 집으로 돌아왔다.

1936년 37세 때는 스페인에서는 쿠테타가 발생하였는데, 2월에 공화정부가 수립되면서 군부인 프란시스코 프랑크와 파시스트의 세력이 반기를 들고 일어났다. 7월에는 또 스페인에서 내란이 일어났는데, 이에 정부군은 공화파에 4만 달러를 모금해서 보냈다.

1937년 38세 때 신문연합의 특파원이 되어 스페인으로 가서 일 년 동안 게릴라부대의 일원으로 활동하였다. 이런 노력에도 불구하고 파시스트 쪽의 승리로 끝났는데, 이때의 경험을 쓴 소설이 〈누구를 위하여 종을 울리나〉다. 미국 대학교수 로버트 로던이 스페인 내전의 반 프랑코라인 게릴라부대에 참가한 이야기인데, 죽음의 문제를 다룬 20세기 미국 문학의 걸작이다. 제목은 17세기의 시인이던 존 던의 서사시에서 인용된 문구로, 존 던은 영국 성공회의 성직자다. 그의 시는 이러하였다.

세상 누구도 온전한 섬은 아니다.
모든 사람은 대륙의 한 조각이고, 본토의 일부다.
…중략…
그러니 저 소리가 누구의 죽음을 알리는 종소리인지 알려면
사람을 보내지 마라. 그것은 그대의 죽음을 알리는 종소리
이니.

당시에 영국에서는 누군가 죽으면 교회당의 종을 쳤다. 그래서 종소리가 들리면 귀족들은 하인들에게 시켰단다. 누가 죽었는지 알아 오라고.

스페인의 마드리드 북쪽에 있는 한 다리의 폭파 명령을 받고 새 삶에 대한 열망이 살아야 할 목적이 된 경우인데, 개인은 전체의 한 부분이기 때문에 개인의 죽음은 인류의 손실이라는 이야기다. 여기에서 누구를 위하여 종은 울리느냐는 의문을 제기하고 있는 이 소설의 배경은 스페인의 내란을 다루고 있다.

1936년 전체주의 독재를 꿈꾸는 프랑코의 군부(국민당파)와 맞서서 조던과 게릴라부대의 합세로 미국 청년 로버트 조던은 상부의 밀명인 파다라마산맥에 위치한 교량 폭파 의무를 맡고 유격대의 일원으로 적지에 침투한다. 산속에 있던 게릴라부대와 합류하였는데, 조던은 스페인의 처녀 마리아와 사랑에 빠지게 된다. 임무 수행 때까지 겨우 나흘 동안 연인들은 열렬히 사랑을 나누지만, 교량이 폭파될 때 로버트는 말의 발굽 끝에 깔려 중상을 입게 된다. 전우들을 후퇴시킨 로버트는 기관총을 쥐고 내습하는 적을 기다리면서 숨을 거두는 것으로 끝난다.

그런데 세계를 아름답게 만들기 위해 전쟁에 뛰어든 젊은이들의 진한 동료애와 용기, 그리고 그들이 보여준 희생은 결코 헛되지 않다는 것을 헤밍웨이는 이 작품을 통해 나타내고 있다. 이런 청년들의 희생에도 스페인의 내전은 국민당파의 승리로 돌아가서 1975년까지 스페인은 독재정권의 통치 아래 놓여있었다.

1939년 40세 9월에는 제2차 세계대전이 일어났고,

1944년 45세 때 미국은 노르망디 상륙작전에 참전하게 되었는데, 헤밍웨이는 종군기자로 노르망 작전에도 참전하였다. 이 작전은 미국과 영국 등 연합군이 프랑스에서 독일군을 몰아내기 위한 작전인데, 2차 세계대전의 흐름을 바꾼 역사적인 작전이었다.

1948년 49세 때는 이탈리아 북부의 마조레 호수 근처에서 살았는데, 어느 호텔의 바에서 제2차 세계대전 때의 참전용사 아르날도 작페레를 알게 되었다. 둘은 어느 날 만나서 제1차 세계대전 때 적십자 요원으로 참전했던 경험을 가지고 밤새껏 이야기를 나누었다.

1949년 50세 때는 네 번째 부인이던 메리와 북이탈리아에서 머

물렀고,

1951년 52세 때 말부터 낚시경험담을 토대로 〈노인과 바다〉를 쓰기 시작하였다. 이 작품은 삶과 죽음의 경계선에서 희생과 용기를 그렸다.

1952년 53세 9월에는 전쟁이 모두 끝났다. 쿠바로 돌아온 즉시 〈노인과 바다〉를 라이프지에 전제한 다음에 곧 단행본으로 출간하였는데,

1953년 54세 때 풀리쳐상을 수상하였고, 여름에는 아내와 함께 스페인을 거쳐 아프리카 수렵 여행 중에 우간다의 마치슨 폭포 근처에서 비행기 사고가 나서 두개골이 파괴되고 내장기관이 다쳤다.

1954년 55세 때는 〈노인과 바다〉로 노벨문학상을 타게 되었지만, 수상식에도 참석하지 못하였고,

1961년 62세 때 고혈압과 당뇨병으로 아이다호의 수렵지 산장에서 요양하다가 엽총으로 자살하였다.

호르헤 보르헤스 J. L. Borges, 1899~1986

아르헨티나의 소설가·시인·평론가인데, 라틴 아메리카 문학의 대표적 거장이다.

부에노스아이레스에서 변호사의 아들로 8월 24일에 출생하였는데, 영국 출신 친할머니의 영향으로 어려서는 조지로 호칭 되었다. 영국인 가정교사에게 기초교육을 받았는데, 모국어이던 에스파냐어와 영어의 이중언어를 쓴 덕분에 영어권에 대한 문화 애착

심이 강해졌다.

1908년 9세 때 오스카 와일드의 동화 〈행복한 왕자〉를 번역해서 에스파냐 신문에 투고하였고,

1914년 15세 때는 아버지와 보르헤스의 시력이 약화 되었으므로 시력 치료를 위해 유럽으로 여행을 떠났다. 스위스와 이탈리아에 머물면서 프랑스어와 라틴어를 공부하였고,

1919년 20세 때는 에스파냐에 살면서 모국어인 에스파냐어에 대한 구사 능력을 향상시켰으며,

1921년 22세 때는 7년간의 유럽 여행을 마치고 아르헨티나로 돌아온 보르헤스는 간결성과 압축성을 강조한 울트라이스모운동을 아르헨티나 문단에 전파하였다.

1923년 24세 때 첫 시집 〈부에노스아이레스의 열기〉를 출간해서 좋은 평을 받았다. 그러나 부친의 눈 치료를 위해 다시 유럽으로 떠났다.

1924년 25세 때 고향에 돌아와서는 여러 신문과 잡지에서 편집자 일을 하며 컬럼들을 기고하였고,

1927년 28세 때는 보르헤스도 안과수술을 받기 시작하였으며,

1935년 36세 때 최초의 단편집 〈불한당들의 세계〉를 출간한 다음, 극심한 불면증과 더위로 인해 권총 자살을 시도하다가 불발하고 말았다.

1937년 38세 때 부친의 실명으로 가세가 기울자 부에노스아이레스 소재인 미겔카네 시립도서관에 사서로 취직하였고,

1938년 39세 때 부친은 사망하였다. 시력이 약한 보르헤스는 창문에 부딪혀서 한 달 가까이 병석에 누워있었는데, 이 시기에

소설을 구상하였다.

1939년 40세 때 단편소설 〈피에르 메나르, 돈키호테의 작가〉를 수르지에 발표하였고,

1940년 41세 때 아르헨티나에는 정치적인 격변이 일어났으며,

1941년 42세 때 〈끝없이 두 갈래로 갈라지는 길들이 있는 정원〉이란 제목의 단편 소설집을 간행하였다.

1943년 44세 때는 후안 페론이 쿠데타를 일으켰고,

1944년 45세 때 위의 단편 소설집 증보판을 모은 제목 〈픽션들〉이 간행되면서 명성이 올라갔다. 〈픽션들〉 속에는 1941년에 마르텔 플라타에서 쓴 〈바벨의 도서관〉이란 단편소설도 들어있는데, 분량은 약 7페이지 정도밖에 안 되는 짧은 소설이었다. 그러나 대단한 상상력을 지니고 있어서 이로 인해 훗날에 나온 〈장미의 이름〉에 큰 영향을 주었다. 디스크 월드의 보이지 않는 대학의 도서관과 메트로 2033의 도서관도 이 작품의 영향을 받아 썼다고 전해진다.

1946년에 47세 때 페론이 대통령에 당선되자 반대편에 있던 보르헤스는 도서관의 사서로 일하다가 동물시장의 가축 검사관으로 발령을 받게 되었으므로 이에 사직서를 내고 나와버렸다. 실직자가 된 보르헤스는 문학강연을 시작하였고,

1949년 50세 때 단편집 〈알렙〉을 발간하였으며,

1952년 53세 때 산문집 〈또 다른 심문〉을 발간하였다.

1955년 56세 때는 쿠데타가 일어나서 새 정권이 들어섰는데, 새 정부의 배려로 국립도서관장이 되었다.

1958년 59세 때까지 여덟 번의 안과수술을 받았지만, 결국에는

실명이 되고 말았다.

1961년 62세 때 사무엘 베케트와 공동으로 제1회 출판인협회 작가상을 수상하였고,

1967년 68세 때 열 살 연하의 엘사 아스테테 미얀과 결혼하였으나

1970년 71세 때 이혼하였다.

1973년 74세 때 페론이 다시 권좌에 올랐으므로, 보르헤스는 국립도서관의 관장 18년의 임기를 다 마치고 퇴임하였다.

1975년 76세 때 어머니가 아흔여덟 살로 사망하자 38세의 연하 비서 마리아 코다마를 의지하며 살아갔는데,

1985년 86세 때 말에는 강연차 유럽으로 갔다.

1986년 87세 1월 26일에 스위스의 제네바 한 병원에 입원한 다음 4월 22일에 비서 코다마와 혼인신고를 하였는데, 이는 전처에게 재산 상속이 될 것을 염려해서였다. 그리고 6월 14일 제네바에서 간암으로 사망하였는데, 그의 시체는 그곳의 한 묘지에 안장되었다.

마가렛 미첼 M. Munnerlyn, 1900~1949

미국의 소설가다.

미국의 남부 조지아주 어틀렌타시 케인거리 296번지에서 11월 8일에 출생하였는데, 아버지는 변호사이자 어틀렌타의 역사학회 회장이었다. 그리고 유우진 미첼인 오빠도 변호사였다.

1905년 5세 때는 그림으로 된 동화책을 즐겨서 읽었고,

1907년 7세 때 초등학교에 입학하였다.

1911년 11세 때는 말을 타다가 떨어져서 왼쪽 발에 부상을 입었고,

1918년 18세 때 워싱턴의 신학원을 졸업하고 스미드대학 의학과에 입학하였다.

1919년 19세 때 어머니의 사망으로 인해 학업을 중단하고, 집안일을 도맡아 하였다. 그로부터 그 일이 가장 큰 충격이자 피해자라고 여기게 되었다.

1922년 22세 9월에는 베린케이어프숀과 결혼하였지만, 12월에는 어틀렌타 저널사에 입사해서 기자가 되었다. 그 후 별거에 들어갔다가 이혼하였다.

1925년 25세 때 조지아 전력회사 선전부장이던 존 로버트 마쉬와 재혼하였고,

1926년 26세 때 남편의 권고로 〈바람과 함께 사라지다〉를 쓰기 시작하였다.

1933년 33세 때 탈고하였는데, 〈바람과 함께 사라지다〉는 급변하는 미국의 사회상을 묘사한 작품이다. 남북전쟁에 패전한 조지아주를 배경으로 스카알렛 오하라가 자기의 운명을 개척해 나가는 모습을 세밀하게 그렸다.

1936년 36세 6월 30일에는 맥일란 출판사에서 〈바람과 함께 사라지다〉를 출판하였는데, 캐나다 지사에서 발매를 시작하자 하루 70,000부 내지는 100,000부가 팔렸다. 총 1,000,000부를 돌파하면서 29개국 언어로 번역되어 퓰리처상을 수상하였다.

1938년 38세 때 칼 포텐 포커 기념상과 금패를 수여 받았고,

1939년 39세 때 빅타 플레밍 감독이 〈바람과 함께 사라지다〉를 영화화해서 아카데미상 10개 부분을 수상하였으며,

1949년 49세 8월 16일에 자동차 사고로 사망하였다.

라이너스 폴링 L. C. Pauling, 1901~1994

미국의 화학자다.

헤만 헨리 윌리엄 폴링과 루시 이사벨 멜레 달링 사이에서 장남으로 2월 28일에 태어났는데, 폴링은 외할아버지 칼과 친할아버지 라이너스의 이름을 따서 라이너스 칼이라고 이름을 지었다. 폴링이 태어났을 때는 포틀랜드에서 부모와 함께 단칸방의 아파트에서 살았다.

1902년 1세 때 여동생 파울이 태어나자 아버지는 가족을 데리고 살렘으로 가서 제약회사의 외판원으로 일하였고,

1904년 4세 때는 동생 루실이 태어났으므로, 오스웨고로 이주해서 아버지가 개인 약국을 개업하였으며,

1905년 5세 때 콘돈으로 다시 이사하였다.

1909년 9세 때 친할아버지 라이너스가 사망하자, 캘리포니아에서 철물상의 점원으로 일하였다. 중학교를 마친 다음 이곳저곳으로 전전하다가,

1917년 17세 9월에 오리건주 농업대학으로부터 입학 허가 편지를 받아서 10월에 입학하였다. 그리고는 여러 곳을 다니면서 아르바이트로 생계를 유지해 나갔다.

1922년 22세 때 오리건주 주립대학교를 졸업하고 화학공학 학사학위를 받았는데, 아더 아모스 노이즈 교수에게 발탁되어 칼텍 대학원 과정에 진학하였다.

1925년 25세 때는 물리학과 수리물리학으로 박사학위를 받았고,

1939년 39세 때 〈화학 결합의 본질과 그것을 이용한 복잡한 물질들의 구조 규명에 관한 연구〉를 출간함으로써,

1952년 52세 9월 16일에 노벨화학상을 받았다.

1962년 62세 때 핵무기 통제와 핵실험 반대운동에 참가한 공로로 노벨평화상을 수상하였으며,

1994년 94세 8월 19일 캘리포니아주 빅서의 저택에서 7시 20분경 전립선암으로 사망하였다.

라캉 J. M. E. Lacan, 1901~1981

프랑스의 철학자·정신과 의사·정신분석학자다.

파리의 중산층 집안에서 4월 30일에 출생하였고, 파리의 고등사범학교에서 철학을 배웠다.

1920년 19세 때는 마르고 너무 허약해서 군역도 면제받았다. 의과대학에 입학해서 의학과 정신 병리학을 배웠는데, 이때부터 파리의 문학과 예술의 아방가르드에 적극적으로 참여하였다. 제임스 조이스와 샤를 모라와도 만남을 가지면서 이들의 작품에 대한 펜이 되었다.

1927년 26세 때 파리대학교 의학부를 졸업하고, 정신과 수련의

가 되었다.

1930년 29세 때는 파리 초현실주의 운동에 참여하면서 피카소의 개인 치료사가 되었고,

1931년 30세 때 정신과전문의 면허를 취득하였으며,

1932년 31세 때는 〈편집증과 성격 사이의 관계에 대하여〉라는 논문을 발표하였다. 아울러 프로이트의 논문 〈질투·피해망상·동성애에서의 신경증 메커니즘〉을 번역해서 출간하였다.

1936년 35세 때 국제 정신분석학회에 가입하였고,

1938년 37세 때 체코에서 열린 제14차 IPA(국제 정신분석 학술대회) 학회에서 〈거울단계 이론〉 논문을 발표하는데, 할당된 시간 전에 끝내지 못해 발표는 중단되고 말았다.

1950년 49세 때는 미국에서 주조를 이루던 〈자아 심리학〉에 반기를 들고는 프로이트로 돌아가자는 기치를 내세웠고,

1953년 52세 때 국제 정신분석학회를 탈퇴하였다. 그 후 프랑스 정신분석학회를 창설하면서 자신의 세미나를 통해 프로이트의 저서를 독창적으로 해석하였다. 자신의 학교까지 설립하면서 분석가 훈련을 실시하였는데, 우리 안에 간직하고 있는 무궁무진한 비밀을 탐구하려면 언어가 형성되는 과정을 연구하면 된다는 결론을 내렸다. 그런 연구에 몰두하기 시작해서 〈정신분석에서 말과 언어의 기능영역〉이란 논문도 발표하였다.

1957년 56세 때 〈무의식에서 문자의 심급 혹은 프로이트 이래의 이성〉이란 논문을 발표하였고, 〈무의식의 형성〉이란 세미나를 열었다. 코미디에서 자아의 근본적인 긴장은 거울단계에서 구성되며 웃음으로 방출된다고 하였는데, 두 인물 사이의 긴장은 웃음

의 근원을 제공한다고 주장하였다.

1958년 57세 때는 〈치료의 방향과 그 능력의 원리〉 논문을 발표함으로써 정신분석에서 가장 중요한 요소는 끝없이 말을 하도록 권함으로 그가 말하는 것으로 분석하면 된다는 결론도 내렸다.

1963년 62세 때 국제정신분석학회에서 라캉을 교육분석가의 목록에서 제외시킬 것을 요구하고 프랑스 정신분석학회에서도 탈퇴하였다.

1964년 65세 때는 파리에서 〈프로이트 학회〉를 창설하고,

1966년 65세 때 논문집 〈에크리〉를 간행해서 갑자기 유명해져서 구조주의 대표학자로 부상되었다. 에크리는 프랑스어로 '작품'이란 뜻이다.

1969년 68세 때는 〈정신분석〉에 열중하였고,

1978년 77세 때까지 〈정신분석〉을 하였으며,

1979년 78세 때까지 세미나를 계속 개최하였다.

1981년 80세 때 파리시에서 9월 30일에 사망하였다.

앙드레 말로 A. Malraux, 1901~1976

프랑스의 작가·정치가다.

파리의 유복한 가정에서 11월 3일에 태어났는데,

1905년 4세 때 부모가 이혼하면서 외가에서 성장하였다. 부친은 은행가였지만, 파산해서 자살하였다.

1909년 8세 때는 조부도 자살하였으므로, 동양어 학교에서 산

스크리트어와 중국어를 배웠다.

1919년 18세 때 리세 콩고르세 고등학교를 졸업한 다음, 대학 입학 자격시험을 포기하고 동양어 학교에서 월남어와 중국어를 배우면서 고고학과 동양학을 공부하였다. 그리고 도서관과 미술관을 꾸준히 드나들면서 문학계나 미술계 인사들과 교류하면서, 고서의 복제출판사에 근무하였다.

1923년 22세 때는 결혼을 하였는데, 부인과 함께 인도차이나반도의 고고학 조사에 참여해서 캄보디아 유적들을 밀반출하려다 체포되었다. 삼 년의 형 선고를 받았는데, 이때의 경험을 쓴 소설이 〈왕도로 가는 길〉이다.

1925년 24세 때 광둥에 국공합작 정부가 성립되자 정부의 의원이 되었고,

1926년 25세 때 귀국해서 에세이집 〈서유럽의 유혹〉을 발표하였으며,

1927년 26세 때 중국 국민당에 참가했다가 장제스의 공산당 탄압 사건으로 국민당과 결별하였다.

1928년 27세 때는 지난 삼 년간의 굴욕을 씻기 위해 인도차이나에 있을 적에 프랑스가 식민지에 가한 횡포를 막으려다 도산하고 말았다. 그 후 중국의 광둥과 홍콩의 무장봉기에 참여한 체험을 토대로 아시아의 삼부작인 〈정복자〉를 썼고,

1930년 29세 때 〈왕도로 가는 길〉을 출간하였다.

1933년 32세 때는 〈인간의 조건〉을 써서 출간하였는데, 이 작품으로 콩쿠르상을 받았다. 이 사건의 배경은 1927년 3월부터 4월까지 중국 상하이에서 일어난 일이 배경인데, 한 인물의 위대함

은 언어나 사유가 아니라 행위 특히 죽음을 맞는 모습에서 드러난다고 믿으면서 죽음으로써 인간의 조건을 뛰어넘고자 했던 주인공을 통해 인간의 가능성과 위대함을 이야기하려 하였다.

1935년 34세 때는 〈모멸의 시대〉를 발표하였고,

1937년 36세 때 〈희망〉을 발표하였는데, 히틀러 정권이 탄생하자 반파시즘운동에 참여해서 지휘했던 경험을 썼다.

1943년 42세 때 〈알덴 부르크의 호두나무들〉을 발표하였고,

1945년 44세 때는 〈희망〉 작품이 인정을 받아 영화화됨으로써 루이들 쥐크상을 수상하였으며,

1959년 58세 때 문화부 장관이 되었다.

1967년 66세 때 〈반 회고록〉·〈신들의 변모 2권과 3권〉·〈덧없는 인간과 문학〉을 발표하고,

1976년 75세 11월 23일 파리 근교의 한 병원에서 사망하였다.

디즈니 W. Disney, 1901~1966

미국 만화영화의 아버지다.

일리노이주 시카코에서 12월 5일에 태어났는데, 부모는 영국령이던 캐나다에서 이민 온 아일랜드계 빈농이었다.

1911년 10세 때 생계 문제로 미주리주의 마르센으로 이사하였지만, 농사의 실패로 농장을 팔았다. 그리고 캔자스시티로 갔으나 가세가 너무 어려워서 신문보급소를 경영하는 부모를 도와 낮에는 신문 배달을 하였고, 밤에는 자기가 좋아하는 그림을 그리며

만화가를 꿈꾸었다.

1917년 16세 때 제1차 세계대전 중에는 적십자사 트럭 운전 수가 되었는데, 전쟁이 끝나자 캔자스시티 광고업계에서 컷아웃 애니 제작에 착수해서 셀룰로이드로 〈빨간 모자〉를 만들어서 팔았다.

1922년 21세 때 천재이던 친구 어브아이웍스와 함께 래프오 그램사를 세우고 〈신데렐라〉와 〈잭과 콩나무〉등 명작동화 단편 애니 6개를 제작하였다. 그 후 혼자 뉴욕으로 가 배급업체에서 팔았지만, 도산하고 말았다. 돌아와서 형 로이와 디즈니 브라더스 스튜디오를 세우고 실사 애니 합성 영화 〈앨리스 코미디 시리즈〉를 제작해서 성공하였다. 그러자 친구 어브를 다시 불러 작화를 그리도록 맡겼다.

1927년 26세 때 대형영화사인 유니버설 픽처스의 발주로 〈오스왈드 래빗〉이 인기가 올라가자 배급사 유니버설 픽처스에 그 캐릭터를 빼앗기고 말았다.

1928년 27세 때는 두 번 다시 하청을 받지 않기로 결심하고 어브와 함께 〈오스왈드 래빗〉을 손봐서 〈미키 마우스〉와 〈미친 비행기〉를 선보였다. 그 중 〈미키 마우스〉가 성공하였으므로, 〈도널드 덕〉과 〈구피〉 등 인기 캐릭터를 내세운 애니의 제작으로 큰 성공을 거두었다.

1930년 29세 때 어브와 헤어지고 팻 파워즈와도 대립이 생겼으므로 배급사를 컬럼비아 픽처스로 옮겨 최초의 컬러 애니 〈꽃과 나무〉를 제작하였고,

1932년 31세 때 유나이티드 아티스트로 배급처를 옮긴 다음, 중편 애니 〈아기 돼지 삼 형제〉를 만들어 히트하였으며,

1937년 36세 때 장편 만화영화 〈백설 공주와 일곱 난쟁이〉를 제작해서 흥행성적 8백만 불의 소득으로 우량기업이 되었다. 버뱅크로 스튜디오로 옮겨 종업원이 1,000여 명이나 되는 큰 기업으로 성장시켰다.

1940년 39세 때는 〈피노키오〉를 제작하였고,

1941년 40세 때 〈덤보〉를 제작하였으며,

1942년 41세 때 〈밤비〉를 제작하였다.

1950년 49세 때는 〈신데렐라〉를 제작하였고,

1951년 50세 때는 〈이상한 나라의 엘리스〉를 제작하였으며,

1953년 52세 때 〈피터 팬〉을 제작한 뒤에 독자적인 배급사 브에나비스타를 세웠다.

1955년 54세 때 〈디즈니랜드〉를 제작하였고,

1964년 63세 때는 애니메이션과 실사를 합성한 영화 〈메리 포핀스〉를 제작함으로써 아카데미 시상식 작품상 후보에 올랐다. 그 후 〈정글북〉을 제작하던 도중, 폐암이 생겨 버뱅크 조셉 병원에서 폐 절단 수술을 받았으며,

1966년 65세 12월 15일, 생일이 지난 열흘 만에 사망하였다. 디즈니의 유언은 살아있는 것처럼 기억되기 위해 장례식은 치르지 말라 하였는데, 시신은 화장해서 글렌데일의 포레스트 쫀 공동묘지에 안장되었다.

밀턴 에릭슨 M. H. Erickson, 1901~1980

미국 당대 최고의 최면술 전문가이고, 심리학자다.

네바다주 광산촌에서 아홉 명의 자녀 중 세 번째로 12월 5일에 태어났는데, 할아버지는 노르웨이에서 이주해 온 시카코 정착민이었다. 아버지 알버트가 열두 살 되던 해에 사망하였는데, 그 후 아버지는 생계를 위해 위스콘주 농장에서 일꾼이 되었다가 농장주의 딸과 결혼하였다. 그리고 돈을 벌기 위해 네바다주에서 광산을 운영하였으나 신체에 마비가 와서 파산하고 말았다.

1904년 3세 때는 위스콘으로 다시 돌아가서 아버지가 농장을 경영하였는데, 에릭슨은 선천적으로 색맹인데다 음치였고 읽기 장애자였다. 그러나 어린 동생의 성장 과정을 보면서 걸음걸이와 균형 잡는 법칙을 터득하였고, 소리만 듣고도 누구인지 정확하게 알아낼 줄 알게 되었다.

1918년 17세 때 갑작스레 전신마비가 왔는데, 움직일 수 있는 것은 귀와 눈뿐이었다. 이때 의사가 진단을 내렸다. "오늘 밤을 넘기기 힘들 것입니다." 그 말을 듣는 순간 살고자 하는 의욕이 용솟음쳐서 '하루만 더 석양의 노을을 바라볼 것이다.'라는 각오로 혼수상태에 들어갔다. 그러자 강한 소망의 의지로 인해 미세한 움직임들을 불러오도록 만들어 주었고, 조금씩 움직여지기 시작하였다.

1919년 18세 때 에릭슨은 지팡이를 짚고 일어날 수 있게 되었는데, 그때 에릭슨은 생각하였다. '한계는 극복될 수 있다'라는 신념이 찾아왔다.

1921년 20세 때 고등학교를 졸업하고, 위스콘 주립대학교에서 의학을 공부하면서 건강을 위해 카누 여행을 떠났다.

1927년 26세 때 헬렌 휴튼과 결혼하고, 세 자녀를 낳았다.

1930년 29세 때는 대학교를 졸업하고 코로라도 종합병원 정신과에서 인턴과정을 이수하면서 의학박사 학위와 심리학석사를 동시에 취득하였고,

1932년 31세 때부터 매사추세츠주의 웰체스터 주립병원에서 정신과 의사가 되었고,

1934년 33세 때 논문 〈실험적 최면의 부정적 효과의 가능성〉을 발표하였다.

1936년 35세 때는 웰체스터 주립병원을 그만두고,

1937년 36세 때는 헬렌 휴튼과 이혼하였다. 그리고 미시칸주 시립병원에서 정신과 과장이 되면서 동시에 대학 강사가 되었다.

1938년 37세 때 동료의 부인이던 엘리자벳과 재혼하였는데, 재혼함에 따라 자녀는 여덟 명으로 늘어났다.

1941년 40세 때 정신과 교수가 되면서 사회복지학과와 임상 심리 전공대학원을 다녔다.

1949년 48세 때는 마비 증상이 재발하였고,

1950년 49세 때 아리조나주 파닉스로 이주하였다. 아리조나 정신병원에서 일 년 동안 근무하면서 최면 심리 임상 연구에 들어갔다.

1959년 58세 때 임상 및 실험적 최면학회 초대 회장이 되었고,

1960년 59세 때는 〈The American of clinical Hypnosis〉의 편집장이 되었으며, 자녀가 여덟 명이 있는 집에서 상담을 시작하였다. 이로 인하여 가족 상담의 기회가 생겼으며, 가난한 자들에게는 돈을 받지 않았다.

1972년 71세 때 임상 실무에서 은퇴하고 집에서 세미나를 개최하였으며,

1979년 78세 때 제자들은 피닉스에서 에릭슨 제단을 설립하였는데,

1980년 79세 3월 25일에 사망하였는데, 12월에는 제1차 에릭슨적 최면과 심리치료에 관한 국제 학술대회를 개최하였다. 이때 20여 개국에서 2,000명의 전문가들이 참석하였다.

하이젠베르그 W. K. Heisenberg, 1901~1976

불확실성 원리를 발견한 양자역학의 창시자로, 독일의 물리학자다.

뷔르츠 부르크에서 카스파트 하이젠 베르크와 안니 베크라인의 아들로 12월 5일에 태어났다.

1920년 19세 때 뮌헨 루트비히 막시밀리안대학교와 괴팅겐 게오르크 아우구스트대학교에서 물리학과 수학을 공부하였고,

1922년 21세 6월에는 닐스 보어의 양자역학에 대한 강의를 듣고서 깊은 감명을 받았으며,

1923년 22세 7월 23일에 뮌헨대학교에서 박사학위를 받았다.

1924년 23세 때 괴팅겐대학교에서 교수 자격증을 획득하였는데, 9월 17일에는 록펠러재단으로부터 연구비를 지원받아 코펜하겐대학교를 방문하였다. 코펜하겐대학교에서 닐스 보어를 만나함께 연구에 들어갔다.

1925년 24세 5월 1일에는 괴팅겐으로 귀환해서 6개월 동안, 막스 보른과 파스쿠알 요르단과 함께 〈양자역학의 행렬적 형식〉을 개발하였고,

　1926년 25세 5월 1일에 코펜하겐에서 보어의 조수이자 대학 강사로 활동하게 되었다.

　1927년 26세 때 핵은 중성자와 양성자로 구성되어 있다는 〈불확실성 원리〉를 개발하고, 출판하면서 라이프치히대학에서 물리학과 교수가 되었다가 학과장이 되었다.

　1932년 31세 때 제임스 채드윅이 중성자를 발견하자, 하이젠 베르크는 〈원자핵의 중성자와 양성자 모형에 관한〉 논문을 발표함으로써 노벨물리학상을 수상하였다.

　1939년 38세 때는 핵분열을 발견하였는데, 하이젠 베르크는 독일 원자력 프로젝트에서 중심 역할을 하게 되었다.

　1940년 39세 때 제2차 세계대전이 끝나자 연합군은 핵물리학자들을 모두 체포하였는데, 하이젠 베르크도 체포되어 조사를 받았으며,

　1946년 45세 때 막스 플랑크 연구소의 소장이 되었다.

　1947년 46세 때부터 1948년 47세 때까지 〈초전도체에 관한 논문〉 3편을 썼고,

　1957년 56세 때는 서독의 첫 원자로 기획에 참여하였으며,

　1958년 57세 때 독일 연구 협회 회장·핵물리학 위원회 회장·알렉산더 폰 훔볼트 재단 이사장으로 일하였다.

　1970년 69세까지 막스 플랑크 연구소의 소장 일을 하였고,

　1976년 75세 2월 1일에 신장암으로 하이젠 베르크 뮌헨의 집

에서 사망하였다.

칼 로저스 C. Rogers, 1902~1987

미국의 심리학자로, 인본주의 심리학자다. 사람 중심의 상담 창시자다.

시카코의 외곽 오크파크에서 6남매 중 넷째로 1월 8일에 태어났고, 위스콘신 매디슨대학교의 농업학과를 졸업하였다.

1922년 20세 때 국제 기독교 프로그램에 참여해서 중국에 다녀온 뒤, 목사가 되기로 작정하면서 뉴욕의 유니온 신학교에 들어갔다. 그러나 신학도 마음에 맞지 않아 컬럼비아대학교 교육대학원으로 옮겨 심리학을 전공하였으며,

1928년 26세 때 석사학위를 받았다.

1931년 29세 때는 박사학위를 받았고,

1935년 33세 때부터 로체스터대학교에서 강의를 시작하였다.

1939년 37세 때 〈The clinical Treatment of the problem child〉를 출판하였고,

1940년 38세 때 로체스터대학교를 그만두고, 오하이오 주립대학교의 교수가 되었다. 이때 〈인간중심의 치료〉를 개발해서 인간성 심리학을 개척하였는데, 개인은 스스로 자신을 이해할 수 있으며 스스로 문제해결 능력이 있다고 하였다.

1942년 40세 때 〈Counseling and psychotherapy〉를 출판하였으며,

1945년 43세 때는 카운슬링 센터 건립을 위해 시카고대학교의 교수가 되었다.

1947년 45세 때 미국의 심리학회 회장이 되었고,

1951년 49세 때 〈내담자 중심의 심리치료〉를 시작하였는데, 이 때 성격에 대한 체계적인 이론을 제시하였다. 초점은 내담자의 주관적인 경험을 중시하는 방법인데, 내담자는 자신을 인식해야 하며 상담자는 공감을 해줘야 한다고 하였다. 따라서 인본주의 상담자는 주도권을 잡는 것을 피하고 내담자가 무엇을 할 때까지 기다리도록 훈련을 시켜야 한다고 하였다. 다시 말하면, 내담자를 존중하면서 들어줘야 한다는 것이었다.

1987년 85세 2월 4일에 사망하였다.

스타인백 J. E. Steinbeck, 1902~1968

미국의 소설가다.

캘리포니아주 샐리너스에서 아버지는 독일계 이민자의 후손으로 군청의 회계 담당관리인 회계사였고, 어머니는 전직 초등학교 교사였다. 이들 사이에서 외아들로 2월 27일에 태어났고, 살리나스 고등학교를 졸업하였다. 그 후 스텐퍼드대학교의 영문학과에 들어갔으나 작가가 되려 결심하고는 중퇴하였다.

1925년 23세 때 뉴욕으로 갔고,

1926년 24세 때는 아메리칸지의 기자가 되었으며,

1927년 25세 때 다시 고향으로 돌아와서 창작에 몰두하였다.

1935년 33세 때 〈또띠야 마을 이야기〉를 발표하였고,

1936년 34세 때 〈의심스러운 싸움〉을 발표하였으며,

1937년 35세 때 〈생쥐와 인간〉을 발표하였는데, 1929년 미국의 대공황 당시에 조지와 레니라는 떠돌이 일꾼들의 고독한 삶을 그렸다. 그리고 〈빨간 망아지〉를 발표하였는데, 이 책은 〈선물〉·〈높은 산맥〉·〈약속〉의 제목이 붙은 3부작이다. 셀리너스 집안의 농장이 무대가 되면서 외아들 조디의 성장과정을 그렸다.

〈선물〉

조디는 아버지로부터 가빌란이란 이름의 빨간 망아지를 선물받는다. 그러나 밖에서 비를 맞은 가빌란은 산으로 도망을 쳤고, 맹금 콘도르가 가발란의 시체를 뜯어 먹고 있었다. 이에 조디는 콘도르를 공격한다는 내용이다.

〈높은 산맥〉

기타로라는 이름의 파이사 노인이 이야기의 중심인물인데, 파이사란 스페인 사람과 아메리카 인디언의 혼혈인종이다. 선의의 원시인으로 스타인 백이 즐겨 등장시킨 인물인데, 이 노인에게 아버지는 냉대하지만 조디는 말 상대자가 되면서 이성을 알아가는 장면을 그렸다.

〈약속〉

조디는 이제 어른스러워져서 이기주의에서 애타주의로, 천진함에서 경험의 세계로 가 있는 모습이 나온다. 조디는 파이사 노인에게 레모네이드를 만들어주는데, 자기 생활에만 열중하던 조디가 남의 일에 마음 쓰는 어른 세계로 들어갔다는 상징적인 표현을

기록하였다.

1939년 37세 때는 〈분노의 포도〉를 출간하였는데, 〈분노의 포도〉는 미국 현대 서사시다. 미국 경제구조의 모순 때문에 고통받는 노동자들의 가난한 삶을 사실 그대로 묘사하였다.

천재지변과 함께 닥친 자본주의의로 인해 농토를 빼앗긴 오클라호마 농민들의 고통스러운 삶을 그렸는데, 이는 성서에서 출애굽기에 비유된다. 시대의 경제공항 뒤에 밀어닥친 불황기 때의 시대적인 독특한 분위기를 연출해서 구체적인 체험과 자세한 메모가 바탕이 되었다.

일천만 명의 실업자와 기아와 다름없는 빈민굴에서의 삶. 거기에 겹친 맹렬한 먼지바람과 가뭄이 휩쓸어 온다. 때를 같이해서 상업자본주의에 혈안이 된 대 토지회사는 은행을 끼고 기계농사법을 도입해서 트랙터를 들이댐으로써 일가는 쫓겨나 서쪽 캘리포니아로 떠나는 과정에서 할아버지와 할머니는 지쳐서 죽고 만다.

그러나 그렇게 찾아간 땅은 천국은 아니었고, 노동력이 남아돌아서 임금은 깎였다. 쉬지 않고 일해도 입에 풀칠하기도 힘들 정도였는데, 이렇게 시달리는 오우키들은 차츰 분노하기 시작한다. 캘리포니아의 비옥한 땅에는 포도가 주렁주렁 탐스럽게 열렸지만, 농민의 가슴에는 분노의 열매들이 주렁주렁 열렸다는 내용이다. 이 〈분노의 포도〉는 영화로 만들어지면서 원작료 75,000달러를 받을 정도로 히트하였고,

1940년 38세 때 풀리처상을 수상하였다. 그리고 아메리카 북셀러즈상도 수상하였다.

1945년 43세 때는 〈빨강 망아지〉에다 〈지도자〉를 더 추가시켜서 옴니버스 형식의 단행본으로 다시 출간하였고,

1952년 50세 때 〈에덴의 동쪽〉을 발표하였는데, 〈에덴의 동쪽〉은 고향 셀리너스 계곡과 자신의 가족사를 반영시킨 작품이다.

1962년 60세 때 〈찰리와의 여행〉 등 많은 책을 출판하고, 노벨문학상을 수상하였다.

1968년 66세 12월 20일에 심부전증으로 뉴욕에서 사망하였다.

조지 오웰 G. Orwell, 1903~1950

영국의 반공소설작가다.

인도에서 태어났고, 언론인이었다. 본명은 에릭 아서 블리어인데, 오웰은 영국령이던 시절의 인도 비하르주 벵갈에서 6월 25일에 태어났다. 누나 마로리가 위로 있었고, 여동생 에이브릴이 있었다.

1908년 5세 때 헨리온 템즈 수녀원의 부속학교에 입학하였고,

1911년 8세 때 세인트 시프리언즈 스쿨에 입학하였는데, 이 학교에 다니면서 지역신문에 두 편의 시를 써서 기고하였다. 그리고 할로우 스쿨에서 역사 장학생 2등급으로 선정되어 입학하게 되었으며,

1917년 14세 1월에는 웰링턴 스쿨로 옮겼는데, 5월에 이튼 스쿨에서 입학 허가서가 왔으므로 이튼 스쿨로 갔다. 이튼 스쿨에서 프랑스어를 배웠고,

1922년 19세 10월에는 경찰이 되기 위해 버마로 가서는, 만살레이에서 훈련을 받았다.

1924년 21세 때 미야웅미아에서 근무를 시작하였는데, 년 말에는 경찰서의 부서장이 되었다.

1925년 22세 때 버마에서 두 번째로 큰 감옥인 형무소에서 근무하며 카지 렌두프 소르지와 결혼하였고,

1926년 23세 때는 외할머니가 사는 모율메인으로 옮겼는데, 카타로 발령을 받아서였다.

1927년 24세 때는 뎅기열에 걸려서 병 치료를 위해 영국으로 돌아왔고,

1929년 26세 2월에는 파리의 큰 병원에 입원했다가 퇴원하였다. 년 말에는 투옥 경험을 하기 위해 술을 마시고 길거리를 배회하다 투옥되었다.

1931년 28세 때 버마에서의 경험담들을 살려 첫 수필집 〈스파이크〉와 에세이집 〈교수형〉을 발표하였고,

1932년 29세 때 〈유치장〉을 써서 뉴아델피에 기고하였으며,

1933년 30세 때 〈파리와 런던의 밑바닥 생활〉을 출간하였다.

1934년 31세 때 소설 〈버마 시절〉을 출간하였고,

1935년 32세 때 〈목사의 딸〉을 출간하였으며,

1936년 33세 때 수필집 〈코끼리를 쏘다〉를 출간하였다.

1937년 34세 때는 논픽션 〈위건 부두로 가는 길〉을 출간하였고,

1938년 35세 때 〈카탈로니아 찬가〉를 출간하였는데, 이 책은 1936년 7월부터 1939년 4월까지 벌어진 스페인의 내전에 참전

한 다음 공화파 의원에 지원 입대했었는데, 그때의 경험을 르프르타주 형식으로 쓴 글이다.

1945년 42세 때는 〈동물농장〉을 출간하였는데, 이 소설은 소련의 공산주의를 풍자한 소설이다. 명료한 문체로 사회의 부조리를 고발하였는데, 전체주의에 대한 비판과 민주주의를 지지하는 내용의 소설이다.

1946년 43세 때 〈빈자가 죽는 법〉을 출간하였는데, 이 소설은 코신 병원에서 있었던 일들의 기록물이다.

1949년 47세 때 〈1984〉를 출간하였는데, 프로레타리아의 유토피아를 내건 전체주의의 독재 참상을 썼다. 사회주의의 스트롱맨은 러시아 대통령인 푸틴과 중국의 국가주석인 시진핑으로 삼았는데, 그 배경은 오세아니아라는 가상의 초국가다. 현실통계를 조작해서 과거사 기록을 현재에 짜 맞추었는데, 그러함에도 예전보다는 살기 좋다는 식으로 세뇌시킨다는 이야기의 기록이다.

1950년 48세 1월 21일에는 그동안 앓아오던 결핵으로 사망하였다.

존 폰 노이만 J. V. Neumann, 1903~1957

헝가리 출신의 미국 수학자다.

게임이론의 창안자인데, 양자역학에도 공헌하였다.

인공지능이란 개념의 창시자로, 화학·물리학·생물학·컴퓨터공학·경제학·통계학에도 유능하였다. 아울러 원자폭탄과 수소폭탄

개발에 결정적인 역할도 하였다.

형가리의 부다페스트에서 부유한 금융가 가정의 맏아들로 12월 28일에 태어났는데, 할아버지는 7개 국어를 능수능란하게 할 수 있었다. 아버지 막스도 개인 교습을 통해 라틴어·영어·수학을 공부하면서 7개 국어를 익힌 사람이었다.

1911년 8세 때 영재들이 다니는 김나지움에 입학하였는데, 김나지움에는 학생 70%가 유대인이었다. 이때 노이만은 미적분도 풀었다.

1913년 10세 때 아버지 노이만 믹스가 프란츠 요제프1세로부터 귀족 작위를 받았으므로, 노이만의 이름 앞에는 귀족을 뜻하는 폰이 들어가게 되었다. 아버지는 항상 가정적이었는데, 가족들이 함께 모여 식사를 할 때도 자식들과 많은 이야기를 나누었다. 이로 인해 아이들의 단어습득을 식사 자리에서 많이 배우게 되었다.

1914년 11세 때는 유진 위그너(1963년도에 노벨물리학상을 수상)에게 집합론과 정수론을 가르쳤고,

1915년 12세 때 대학원 수준의 함수론까지 독파하였으며,

1920년 17세 때부터는 논문을 쓰기 시작하였다.

1921년 18세 때 부다페스트대학교에 들어가서 수학을 전공하면서, 취리히의 스위스 연방 공대로 가서 화학공학도 공부하였다.

1926년 23세 때 부다페스트대학교에서 수학박사 학위를 받았고, 베를린대학교에서는 최연소 수학 교수가 되었다.

1928년 25세 때 〈실내 게임이론〉을 출간해서, 게임이론의 창시자가 되었다. 그리고 〈양자역학의 수학적 기초〉를 출간하였고,

1929년 26세 때 미국 프린스턴대학교에서 초빙하여 객원교수

가 되었으며,

1932년 29세 때는 프린스턴고등연구소의 최초 종신교수가 되었다. 이때부터 순수수학 논문 60편을 발표하였고, 응용수학 논문 60편과 물리학·경제학 등 다양한 논문 30편도 발표하였다.

1943년 38세 때 핵무기를 개발하는 맨하탄 프로젝트에 참여하였고, 동료 모르겐슈 테른과 함께 〈게임이론과 경제형태〉라는 책을 출간하였다. 이후 수소폭탄 실험에 참가하였는데, 실험 때 수소폭탄이 피폭되어 골수암과 췌장암에 걸렸다.

1957년 54세 2월 8일에 사망하였는데, 노이만의 사후에 〈컴퓨터와 뇌〉라는 책이 출간되면서 후학들에게 방향성을 제시해 주었다.

스키너 B. F. Frederic, 1904~1990

미국의 영문학자이면서, 심리학자다. 행동주의를 확장시켰다.

펜실바니아주 서스퀘해나에서 3월 20일에 출생하였는데, 아버지는 법률가였다. 젊어서는 성직자가 되려고 뉴욕의 해밀턴대학교에 들어갔다.

1926년 18세 때는 영문학 학위를 받았지만, 작가로서의 재능이 없다는 것을 알고 하버드대학교의 심리학 대학원으로 옮겼다.

1931년 27세 때 박사학위를 받았고,

1936년 32세 때 대학에서 연구원으로 남아있으면서, 미네소타대학과 인디애나대학교에서 가르쳤다.

1948년 44세 때는 교수가 되었는데, 〈웬던 투〉라는 소설을 발표하였다. 이 소설은 자신의 조작적 조건형성원리에 기초한 이상사회를 묘사하였는데, 즉 자극과 반응이 연결되는 방법은 조작적 조건형성을 통해서라는 거였다. 다시 말하면 행동은 그 결과로 결정된다는 것인데, 행동이 먼저 발생 된 다음, 그 결과로 자극이 따른다는 것이다. 이것이 행동주의자인데, 반응과 자극의 학습원리다.

1958년 54세 때 하버드대학교에서 심리학과 교수로 재직하였고,

1968년 64세 때 미국 국립과학 협회에서 공로상을 받았으며,

1971년 67세 때는 골든메달을 받았다.

1974년 70세 때까지 하버드대학교 심리학과 교수로 재직하면서 조작적 조건화 상자라는 스키너 상자를 알아내었다고,

1990년 86세 때 미국 심리학회에서 평생 공로상을 받은 다음, 8월 18일에 사망하였다.

줄리어스 오펜하우머 J. Oppenheimer, 1904~1967

미국의 핵물리학자·이론 물리학자·원자폭탄의 아버지다.

뉴욕의 부유한 유대인 사업가 아들로 4월 22일에 태어났고, 하버드대학교를 졸업하였다. 그런 다음 영국과 독일로 유학을 갔다.

1927년 23세 때 독일의 괴팅겐대학교에서 박사학위를 취득하였고,

1929년 25세 때 미국으로 돌아와서 캘리포니아대학교와 캘리

포니아 공과대학에서 많은 연구자를 양성시켰으며,

1936년 32세 때 위의 두 대학교의 교수가 되었다.

1938년 34세 때 독일에서는 핵분열실험에 성공하였는데, 우라늄을 충돌시키면 연쇄 핵분열이 된다는 것을 알아내었다. 이때 원자핵이 분열할 때 어마어마한 에너지가 나왔다.

1939년 35세 때 〈중성자성 이론과 변의 중력 붕괴이론〉이란 논문을 발표하였고,

1940년 36세 때 로스앤젤레스의 국립연구소 소장이 되었으며,

1941년 37세 때는 미국의 원자폭탄을 만들기 위해 맨해튼 계획을 수행하면서 세계에서 최초로 원자폭탄 제조 감독 지도자가 되었다.

1943년 39세 때 로스알라모스 연구소 소장이 되었고,

1945년 41세 때는 원자폭탄의 아버지가 되어, 국가의 영웅이란 칭호를 받았다.

1950년 46세 때 수소폭탄 제조에 많은 사람이 반대해서 모든 공직에서 쫓겨났고,

1967년 63세 2월 18일에 사망하였다.

빅터 프랭클 V. E. Frankl, 1905~1997

오스트리아의 신경학자·심리학자로, 로고테라피의 창시자다.
빈의 유대인 공무원 가정에서 3월 26일에 출생하였고,
1923년 18세 때 김나지움을 졸업하고, 빈대학교에서 의학을 공

부하기 시작하였다.

1924년 19세 때 오스트리아 사회주의 고등학생을 위한 사회민주주의 청년운동회의 회장직을 맡았고,

1928년 23세 때부터 고등학생을 위한 무료상담 프로그램을 작성하였으며,

1930년 25세 때까지 상담하였다.

1933년 28세 때 빈에 있는 스타인호프 병원 정신과와 신경외과에서 레지던트로 일하였고,

1937년 32세 때 비엔나 알서스트라세 32/12 신경정신과 병원을 설립하였으며,

1938년 33세 때 나치가 오스트리아를 인수하자 유대인이라는 이유로 치료행위를 금지당하였다.

1940년 35세 때 로스차일드 병원에서 정신과를 담당하였고,

1941년 36세 12월에는 탈리 그로저와 결혼하였으며,

1942년 37세 9월 25일 부모와 아내와 함께 나치 테레시엔 슈타트로 추방을 당하였는데, 그곳에서도 종합의사 일을 하였다.

1943년 38세 7월 29일에는 레오백의 도움으로 테리지엔슈타트에 있는 과학회를 위한 비공식행사를 주최하면서, 〈몸과 영혼〉·〈영혼의 의학 치료〉·〈수면과 수면장애〉에 대해 공개 강의를 하였다. 이때 아버지가 폐렴과 폐부종으로 사망하였다.

1944년 39세 10월 19일에는 식구들과 함께 아우슈비츠수용소로 이송되었는데, 여기서 어머니와 동생은 사망하였다.

1944년 10월 25일 다아우(테레지엔슈타트)로 이송되어, 5개월간 수감 되어있었다.

1945년 40세 3월에 투르크하임 수용소로 옮겨졌는데, 거기서 아내는 사망하고 여동생만 살았다.

1945년 4월 27일에는 미군에 의해 해방되기까지 감옥에 갇혀 있으면서도 의사로 일하였으며,

1946년 41세 때 〈죽음의 수용소〉를 출간하였는데, 빅터 프랭클은 홀로코스트의 생존자였다. 여러 곳의 수용소를 전전하면서 살아남은 일을 이 자서전에 기록하였다.

1997년 92세 9월 2일에 사망을 하였는데, 프랭클이 남긴 저서는 다음과 같은 것들이 있다.

〈로고 테라피〉란 의미를 통한 치료요법이다. 경험에서 도출해낸 교훈의 요약서로, 미래에 대한 기대는 살아서 아직도 할 일이 있다는 기대감이 있기 때문에 그 속에서 삶의 의지를 불러일으키게 한다는 것이다. 역설적인 반전의 수법으로 첫째 평소와 반대되는 일을 해라. 둘째 농담을 즐기면서 글씨를 쓸 때는 아무렇게나 써라. 셋째 잠을 자지 않으려고 애를 써라. 등을 적어넣었다.

〈삶의 의미를 찾아서〉는 시련을 통한 인간승리의 승전가를 기록하였고,

〈의미를 향한 소리 없는 절규〉에는 생존 의지를 다지는 것이 인간다움이라고 하였으며,

〈심리의 발견〉에서 스스로는 목표 의지와 자긍심을 가져야 한다는 것을 쉬운 예와 유머를 곁들여서 독자 스스로가 심리치료를 할 수 있도록 적은 책이다. 지난 20년간의 강의한 것들에다 의견을 더 곁들여서 썼다.

사르트르 J. P. Charles, 1905~1980

프랑스의 실존주의 철학자·사상가·작가다.

파리에서 6월 21일에 태어났는데, 태어난 지 15개월 만에 해군 장교이던 아버지가 인도차이나전쟁에서 얻은 열병으로 사망하였다.

1915년 10세 때까지 외할아버지 샤롤 슈바이처(노벨상을 받은 알베르트 슈바이처의 백부) 슬하에서 자라났는데, 샤르트르는 선천적으로 근시와 사시가 있었다. 그런데다 파리의 부르주아지 집안의 엄격한 교육은 매우 낯설었다.

1917년 12세 때 어머니가 공장장이던 조세프와 결혼을 하였으므로, 어머니를 따라서 라조셀로 전학하였다. 그러나 잘 적응도 하지 못하면서 가끔 어머니의 돈을 훔친 것 때문에 외할아버지로부터 외면당하였다.

1922년 17세 때는 리세 루이그 그랑에서 국립고등사범학교 에콜 노르말 쉬페리에르에 입학하기 위해 2년 동안 준비과정을 하였는데, 이때 니장과 친해졌다. 그리고 이즈음에 단편소설 〈병든 사람의 천사〉를 발표하였으나, 고등사범학교에는 불합격되었다.

1924년 19세 때는 재수 끝에 국립고등사범학교에 수석으로 입학해서 철학·사회학·심리학을 전공하였고, 레이아몽 메를로 퐁티와 교제하면서 니장과 함께 야스퍼스의 〈정신 병리학 총론〉 프랑스어 번역본을 교정하였다.

1928년 23세 때 아그레가시온 1급 교원 자격 철학 시험에 사르트르는 낙제하였고, 폴 니장은 합격하였다.

1929년 24세 때 다시 아그레가시온 1급 교원 자격 철학 시험에 응시해서 수석으로 합격하였고, 차석이던 시몬 느 보봐르와 계약 결혼을 하였다.

1930년 25세 때 사범학교를 최우수 성적으로 졸업하고, 군에 입대하였다. 기상관측병으로 18개월간 복무하다가 독일군에게 포로로 잡혔으나 극적으로 풀려나면서 제대하였다.

1931년 26세 때 파리 근교에서 고등학교 교사가 되었는데, 이때 20페이지 분량의 〈진리의 전설〉을 집필하였다. 그러나 설득력의 부족으로 출판은 거절당하였다.

1932년 27세 때 베를린의 프랑스 문화원 강사로 있던 레몽아론으로부터 후설의 현상학에 관해 들었으며,

1933년 28세 때 프랑스 문화원의 장학생이 되어 현상학을 좀 더 깊이 연구하기 시작하였고,

1935년 30세 때 〈상상력에 관한 실험〉을 위해 친구 의사 라갓슈에게 메스모 주사를 맞았다. 이때 온몸에 게와 낙지가 감싸고 도는 듯한 환각을 겪었고, 이로 인해 반년간 우울증 증세로 괴로워하였다. 이후부터 갑각류에 대한 공포가 지속되었으며, 파리로 돌아와서 다시 교직 생활을 하며 작품을 쓰기 시작하였다.

1936년 31세 때는 단편소설 〈벽〉을 썼고, 〈자아의 초월성〉과 〈상상력〉을 발표하였다.

1938년 33세 때 소설 〈구토〉를 출간하였는데, 〈구토〉에는 형이상학적인 이질감인 부조리한 감정들을 표현해 놓았다.

1939년 34세 때 〈벽〉을 발표하였는데, 제2차 세계대전이 일어나자 군에 소집이 되었다가 독일군의 포로가 되었다.

1940년 35세 때는 〈상상계〉를 발표하였는데, 상상이란 이미지가 의미로 나타낼 때 표상이라는 기호로 나타내진다고 하였다. 그러나 이때 기호는 표상 전체를 모두 나타내기 힘들므로, 기호로부터 떨어져 나간 기호의 잔재들이 우리 안에 떠돌게 된다고 하였다. 이들은 이미지 자체는 확실한 덩어리로 전하려고 하지만, 지각이란 해석체는 그렇게 하지 못함에서 착각이나 착란이라는 아날로공으로 나타나게 된다고 하였다. 그리하여 이 아날로공은 근원의 결핍이나 결핍을 채워주는 참여문학이게 된다고 하였다.

현재에는 존재하지 않지만, 의식이 지향하는 바에 따라 아날로공으로서의 상상 의식은 되면서 이것이 바로 이미지화된 의식이라고 하였다. 이것은 허구적인 의식이지만, 지향하는 것이 있어서 샤르트르는 아날로공이라고 명명해 놓았다. 예를 들어 죽은 사람의 사진을 볼 때 지금 그가 옆에 없음에도 불구하고 있는 것처럼 생각하는 것·즉 부재하지만, 실재 대상을 지향하는 의식이 상상이라고 하였다. 실재에는 없어도 있다고 가정하는 것으로, 예술이나 특히 조형예술과 문학에서의 서사적인 이해가 이미지적 사고의 본질이라고 하였다. 만든 형상에 의미를 부여하고 생동감 있게 생명력을 불어넣어 작품을 창조하면, 이는 허구적인 대상으로 되어서 감상자들에게 특별한 인식 대상이 된다는 것이다.

1941년 36세 때는 가짜 신체장애 증명서를 만들어, 수용소에서 석방되었다.

1942년 37세 때 대독 저항단체를 조직하려 레지스탕스 활동을 하면서 알베르 카뮈를 알게 되었으며,

1943년 38세 때 희곡 〈파리떼〉·〈닫힌 방〉·〈출구는 없다〉·〈무

덤 없는 사자〉·〈공손한 창녀 또는 존경할만한 창녀〉·〈더러운 손〉·〈악마의 신〉·〈네크라소프〉·〈알토나의 유폐자들(감금자)〉을 발표하였고, 철학서 〈존재와 무〉도 발표하였다.

1945년 40세 10월에 잡지 〈현대〉를 창간하였고,

1946년 41세 때 〈실존주의는 휴머니즘이다〉를 발표하였으며,

1948년 43세 때 〈문학이란 무엇인가〉를 발표하였다.

1949년 44세 때는 〈자유의 길〉을 발표하였고, 이어 〈상황 1-X〉·〈보들레르〉·〈성자 주네배우와 순교자〉·〈집안의 천치, 1부~3부〉도 발표하였다.

1960년 55세 때는 베트남전을 반대하는 평화운동을 실천하면서 〈변증법적 이성 비판〉을 발표하였고,

1964년 59세 때 〈말〉을 출판해서 노벨문학상 수상자로 올랐지만, 수상은 거부하였다. 말이란, 주체를 벗어나 주체와 대립하는 노동이라고 정의하였다.

1971년 66세 때 〈플로베르 평전〉·〈집안의 천치, 1권과 2권〉을 출간하였고,

1973년 68세 때는 갑작스러운 실명으로 저술 활동을 중단하였다.

1980년 75세 4월 15일에 사망하였다.

세베로 오초아 S. O. Albornoz, 1905~1993

스페인의 분자생물학자다.

아스티리아스에서 9월 24일에 출생하였고, 마드리드 콤플루텐세대학교에서 의학을 공부하였다.

1929년 24세 때 박사학위를 취득하였으며, 그 후 하이델베르크에 있는 카이저빌헬름 의학연구소에서 연구하다가 옥스퍼드대학교와 뉴욕대학교로 가서 연구하였다.

1945년 40세 때는 뉴욕대학교 의과대학의 생화학부교수가 되었고,

1946년 41세 때 약리학 교수가 되었으며,

1954년 49세 때 생화학교수가 되었다.

1955년 50세 때 물체의 에너지 대사 과정에서 고에너지인 인산이 담당하는 작용에 관한 연구를 하다가 RNA 합성을 촉진하는 기능을 지닌 효소를 발견하였다. 이는 DNA의 유전정보들이 RNA를 통해 특정한 단백질로 발현되는 과정을 이해하는데 중요한 계기가 되었는데, 이 효소를 이용하여 시험관에서 RNA를 합성하는 데 성공하였다.

1959년 54세 때 콘버그와 함께 RNA를 생성하는 효소 리보솜을 발견함으로써 노벨의학상과 생리학상을 받았으나 나중에 밝혀진 바에 의하면 효소는 RNA 분해에만 관여하고 생성에는 관여하지 않는다는 것이었다. 즉 리보솜 효소는 RNA만 분해한다.

1963년 58세 때 파울 카러 황금 메달을 받았고,

1979년 74세 때 미국의 국가 과학상을 받았으며,

1993년 88세 11월 1일 스페인의 마드리드에서 사망하였다.

샤뮤얼 베케트 S. Beckett, 1906~1989

프랑스의 소설가·극작가다.

아일랜드의 더블린에서 4월 13일에 태어났는데, 그의 본명은 샤뮤얼 바클릿 베켓이다.

트리니티대학교를 졸업하고 프랑스로 갔는데, 프랑스에서는 에콜 노르말 쉬페리외르에서 영어 강사로 일하였다. 그러나 다시 아일랜드로 돌아가서 모교의 프랑스어 강사가 되었다.

1938년 32세 때 프랑스어로 된 삼부작 소설 〈몰로이〉·〈말론은 죽다〉·〈명명하기 힘든 것〉으로 문단에 데뷔한 다음, 〈고도를 기다리며〉를 발표하였다. 이 소설로 프랑스 문단과 극계에서 호평을 받았다.

제임스 조이스와 마르셀 프루스트의 영향을 받아 프랑스로 건너가서 전위적인 소설과 희곡을 발표하였고,

1961년 55세 때는 〈구두점 없는 산문 또는 어떤 식으로 그것이〉를 발표하였으며,

1963년 57세 때 〈아, 아름다운 나날〉을 발표하였는데, 〈아, 아름다운 나날〉에는 세계의 부조리와 그 속에서 의미 없이 죽음을 기다리는 절망적인 인간의 조건을 극히 일상적인 언어로 허무하게 묘사해 놓았다.

그 후 독창적인 희곡 〈승부의 끝〉·〈마지막 테이프〉·〈행복한 나날〉을 발표하였으며, 독백체의 희곡으로는 〈내가 아니다〉를 발표하였다.

1969년 63세 때 신선한 문체와 뛰어난 연극적인 감각으로 노벨

문학상을 받았고,

1989년 83세 12월 22일에 사망하였다.

조지핀 베이커 J. Baker, 1906~1975

프랑스의 가수·댄서·배우·민권운동가·레지스탕스다.

미국 미주리주 세인트루이스의 빈민가에서 6월 3일에 출생하였는데, 모나코인이었다.

1925년 19세 때 파리로 진출하였고,

1937년 31세 때 프랑스인과 결혼하면서 프랑스 국적을 취득하였다.

1939년 33세 때 제2차 세계대전이 발발하자 레지스탕스에 가입해서 가수와 첩보활동을 하였고,

1945년 39세 때 종전 후에는 민권운동가로 활약하였으며,

1975년 69세 4월 12일에 사망하였는데, 유해는 모나코에 묻혔었다. 그러나 2012년 11월 30일에 프랑스의 파리 팡테옹 국립표지에서 안장식을 거행하였다.

에른스트 루스카 E. A. F. Ruska, 1906~1988

독일의 물리학자인데, 전자현미경의 발견자다.

1925년 19세 때 뮌헨 공과대학에 다니다가,

1927년 21세 때는 베를린 공과대학으로 옮겼다.

1931년 25세 때 최초로 전자렌즈인 전자 자석을 만들어서 자기 코일이 전자렌즈의 역할을 할 수 있다는 것을 입증하였다.

1933년 27세 때 베를린 공과대학에서 몇 개의 코일을 연이어 사용하여 최초로 전자현미경을 제조하는 발명으로 박사학위를 받았다.

극히 작은 물체의 상은 빛의 파장으로 결정되는데, 이때는 0.0005mm까지만 관찰된다. 그러나 원자는 이보다 10배가 더 작은데, 루스카는 세계 최초로 빛 대신 전자를 이용하였다. 전자는 짧은 파동을 가진 파장을 일컫는데, 이때 전자가 빨리 움직이면 파장은 짧다. 그러나 현미경의 배율은 높아지는 것을 알아내어 적당히 만든 짧은 코일에 전류를 흘리면 렌즈가 빛을 굴절하듯이 전자도 굴절되었다. 이것을 형광판에다 사진 필름으로 기록할 수 있는데, 여러 개의 코일을 사용하면 빛보다 훨씬 짧은 파장도 잡아낼 수 있었다.

1937년 31세 때는 지멘스 라이니거 베르케사의 연구원으로 들어갔고,

1939년 33세 때 최초로 상업용 전자현미경을 내놓았다.

1955년 49세까지 지멘스사에서 근무하며 프리츠 하버 연구소 내의 전자 현미경연구소장으로 있었고,

1959년 53세 때 동 연구소의 연구교수가 되었으며, 베를린 공과대학의 교수로도 재직하였다.

1986년 89세 때 노벨물리학상을 수상하였고,

1988년 82세 5월 27일에 사망하였다.

존 보울비 | J. Bowlby, 1907~1990

영국의 심리학자·정신과 의사·정신분석학자다.

아동 발달에 관한 연구로, 〈애착 이론〉을 창시하였는데, 런던에서 2월 26일에 태어났다. 형제와 자매들이 6명이나 있었지만, 부모들은 애정 표현을 모르면서 삶의 즐거움도 모르는 차가운 사람들이었다. 그러나 보울에게는 사랑이 넘치는 유모가 있었고, 더 자라나서는 내나 프랜드라는 총명한 가정교사가 있어서 다행이었다.

외과 의사이던 아버지의 뜻에 따라 보울비는 케임브리지대학교의 의과에 들어갔으나, 3학년이 되자 발달심리학에 더 관심이 많아지면서 의학을 그만두었다. 얼마 후에 다시 의학 공부와 함께 정신분석학의 훈련을 받았고,

1950년 43세 때 〈애착 관계 이론〉을 전개 시키기 시작하였으며,

1963년 56세 때 아동 지도 활동에 전념하면서 제2차 세계대전 후에 고아원이나 탁아소에서 자란 아동들을 대상으로 관찰을 해나가기 시작하였다. 그런데 이들은 타인과의 친밀한 관계가 지속되지 못한다는 것을 알아내면서 〈애착 관계〉 이론을 세웠다. 즉 어머니와 아이의 관계에서 분리·상실·애도·우울증에 관한 연구를 하였고,

1990년 84세 9월 2일에 사망하였다.

모리스 메를로 퐁티 M. Ponty, 1908~1961

프랑스의 실존주의 철학자이고, 대표 이론가다.

라로셸 근처 로쉬드르 뒤르메르의 유복한 가톨릭 집안에서 3월 14일에 태어났는데, 퐁티는 어머니가 외도해서 낳은 아들이었다.

1930년 22세 때 프랑스의 인문학적 천재들이 다니는 파리 사범 고등학교를 졸업하였는데, 이때 장 폴 사르트르를 만났다. 철학 교수 자격을 취득하고, 여러 곳의 중고등학교를 전전하면서 학생들에게 철학을 가르쳤다. 이 시기에 레비스트로스·보부아르·아롱·바타이유·라캉 등과도 교류하였다.

1939년 31세 때 제2차 세계대전의 발발로, 보병에 근무하면서 하이데거의 〈후설 현상학〉에 관심을 가지기 시작하였다.

1942년 34세 때 〈행동의 구조〉를 출간하였고,

1944년 36세 때 리옹대학교의 교수가 되었으며,

1945년 37세 때 500쪽 분량에 달하는 〈지각의 현상학〉을 출간하였다.

1947년 39세 때 〈휴머니즘과 테러〉를 출간하였는데, 이 책에는 소련의 사회주의를 옹호하는 글들이 실려 있다.

1948년 40세 때 〈의미와 무의미〉를 출간하였는데,

1950년 42세 때는 〈의미와 무의미〉의 출간 여파로, 북한은 남한을 침공하였다. 이에 퐁티가 스탈린을 반대하고 나서자, 사르트르는 스탈린을 옹호함으로써 둘은 싸우다가 결별하고 말았다.

1955년 47세 때 〈변증법의 모험〉을 쓰기 시작하였고,

1962년 54세 때 완성을 시켰으며,

1961년 53세 3월 3일에 데카르트의 〈광학〉 책을 읽다가 심장마비로 급사하였다.

레비스트로스 C, Levi-Strauss, 1908~2009

프랑스의 인류학자·구조주의 철학자다.

벨기에 브뤼셀에서 부모는 프랑스 국적을 가진 유대인이었다. 아버지는 인상파 화가였지만, 그림이 잘 팔리지 않아 포목 공예나 가구공예를 만들어 팔아서 생계를 유지해 나갔다. 스트로스는 11월 28일에 태어났다.

1914년 6세 때 제1차 세계대전이 일어나자 아버지는 징집되었으므로 레비스트로스는 유대교의 랍비이던 외할아버지댁에서 자라났다.

고등학교 시절에는 막스 주의를 배웠고, 파리대학교 법학부와 소르본대학교에서는 법학과 철학을 공부하였다. 메롤로 퐁티와는 우정을 맺으면서 같은 조로 활동하였는데, 심리학과 정신분석학에도 재미를 붙였다. 장자크 루소의 저작들도 탐독하면서 최연소 철학 교수 자격시험에 합격하였다.

1934년 26세 때 브라질 상파울루대학교에서 사회학과 교수가 되었고,

1939년 31세 때 제2차 세계대전이 일어나자 프랑스에는 나치 독일이 점령하였는데, 나치들은 유대인들을 박해하였다. 그 박해를 피해 미국으로 망명하였는데, 당시 미국의 록펠러재단에서는

유럽학자들의 구명 계획을 벌이고 있었다.

1940년 32세 때 뉴욕시 사회연구학교의 객원교수가 되었다.

1941년 33세 때 전쟁이 끝나자 프랑스로 돌아가서 언어학자 야콥슨과 공동으로 〈문화인류학〉을 연구하기 시작하였다. 이때 철학에 대항하는 인간 과학으로서의 인류학을 끌어들여 구조주의를 탄생시켰는데, 수시로 변하는 인간의 현상 뒤에 숨은 인간의 근본적 내적 원리를 집요하게 탐색하기 시작하였다.

1945년 37세 때부터는 미국 국립도서관의 자료들을 토대로 〈친족의 기본구조〉를 썼고,

1948년 40세 때 〈친족의 기본구조〉 논문으로 박사학위를 받았으며,

1950년 42세 때는 파리대학교의 민족학 연구소장이 되었다.

1955년 47세 때 산문 기록인 〈슬픈 열매〉를 발표하였고,

1958년 50세 때 프랑스 콜레주 드 프랑스의 인류학 정교수가 되었으며,

1962년 54세 때는 〈오늘날의 토테미즘〉과 〈야생의 사고〉를 출간하였다.

1964년 56세 때 〈날 것과 익은 것〉을 출간하였고,

1965년 57세 때 〈꿀에서 재까지〉를 출간하였으며,

1967년 59세 때 몬트리올에서 열리는 세계 박람회에서 에드몽 자베스·장 폴 사르트르·알베르 카뮈와 함께 프랑스 4명의 작가로 선정되었다.

1968년 60세 때 〈식사 예절의 기원〉을 출간하였고,

1971년 63세 때 〈벌거벗은 인간〉을 출간하였으며,

1983년 75세 때 〈먼 시선〉·〈달의 이면〉·〈신화학〉을 출간하였다.

1993년 85세 때 〈보다·듣다·읽다〉를 출간하고,

2009년 91세 10월 31일에 사망하였다.

자크 모노 J. L. Monod, 1910~1976

프랑스의 생화학자·분자생물학자·철학자다.

파리에서 2월 9일에 태어났는데,

1965년 55세 때 〈효소의 유전적 조절작용과 바이러스 합성에 관한 연구〉로 프랑수아 자코브와 앙드레 르보프와 함께 노벨생리의학상을 수상하였다. 그리고 전령 RNA 존재를 규명하면서, 파스테르 연구소의 소장이 되었다.

1970년 60세 때 〈우연과 필연〉이란 책을 출간하였는데, 인간은 우주에서 우연의 산물이라고 주장함으로써 인기가 상승하였는데,

1976년 66세 5월 31일에 칸에서 사망하였다.

이상 Lee Sang, 1910~1937

일제 강점기 한국의 시인·소설가·건축가다.

본명은 김해경이고, 본관은 강릉 이씨다. 경성 북부 순화방 반정동 4통 6호에서 아버지 김영창과 어머니 박세창의 2남 1녀 중 장남으로 9월 23일에 태어났다. 누이동생의 이름은 김옥희였고, 남

동생의 이름은 김윤경이다.

아버지는 궁내부의 활판소에서 일하다가 손가락이 절단되었으므로, 퇴직하고는 집 근처에서 이발관을 운영하였다.

1913년 3살 때 큰아버지에게 소생이 없었으므로, 큰아버지의 양자가 되어 친자식처럼 길러졌다.

1917년 7살 때 신명 학교에 입학하였는데, 이때 화가 구본웅과 동기생이 되어 오랜 친구로 지냈고,

1921년 11세 때 조선 불교 중앙교육원에서 경영하던 동경학교에 입학하였으며,

1922년 12세 때 동광학교는 보통학교와 합병되었으므로, 보성고보로 편입하였다. 재학 중에 미술에 관심이 있었으므로 화가 지망생이 되었다.

1925년 15세 때는 교내 미술 전람회에서 유화 〈풍경〉이 입선되었고,

1926년 16세 3월에는 보성고보를 졸업하고, 경성 고등공업학교 건축부에 입학하였다.

1929년 19세 때 건축과를 수석으로 졸업하고, 학교의 추천으로 조선 총독부 내무국 건축과의 기수가 되었다.

1930년 20세 때 장편소설 〈12월 12일〉을 조선지에 연재하기 시작하였고,

1931년 21세 6월에는 조선 미술 전람회에서 서양화 〈자상〉이 입선되었는데, 이때 폐결핵에 걸렸다.

1932년 22세 때 단편소설 〈지도의 암실〉을 조선지에 발표한 다음에 단편소설 〈휴업과 사정〉도 발표하였다.

1933년 23세가 되자 폐결핵으로 인해 기수직을 물러나서 황해도의 배천온천에서 요양하였다. 이곳에서 기생 금홍을 알게 되었는데, 금홍이를 서울까지 데리고 와서 종로 1가에다 제비 다방을 개업시켜 주었다. 그리고 동거에 들어갔으며, 그 후 〈꽃나무〉와 〈이런 시〉를 발표하였다.

　1935년 25세 때 제비 다방의 경영난으로 폐업하고, 금홍과도 결별하였다.

　1936년 26세 때 구본웅의 알선으로 창문사에 근무하면서 〈시와 소설〉 동인지를 창간하였다. 단편소설 〈지주회시〉와 〈날개〉를 발표하였고, 이어 연작시 〈역단〉을 발표하였다. 소설 〈위독〉을 조선일보에 연재하였고, 6월에는 변동림과 결혼하였다. 그리고 10월에 도일하였다.

　1937년 27세 때는 일본의 심사문학에다 단편소설 〈동해〉와 〈종생기〉를 발표하였는데, 2월이 되자 사상혐의로 경찰서에서 한달 정도 조사를 받았다. 조사를 받던 도중 폐결핵이 악화되자 보석으로 출감하고, 동경제국대학 부속병원에 입원하였다. 그러나 4월 17일에 사망하였는데, 사망하자 부인 변동림이 유해를 화장시켜서 미아리 공동묘지에 안장시켰다.

　그 후 1977년에 문학사상 출판사에서 이상문학상을 제정하여 매년 시상을 하고 있으며, 2008년에는 현대 불교 신문사와 계간 〈시와 세계〉에서도 이상문학상을 제정하여 매년 수상자를 배출하고 있다.

앨런 튜링 A. M. Turing, 1912~1954

잉글랜드의 수학자·암호학자, 논리학자, 컴퓨터과학의 아버지다.

잉글랜드의 런던 마이다 베일에서 6월 23일에 태어났는데, 어려서는 2% 부족한 학생이었다. 그러나 어려운 수학 문제를 푸는 특출난 재능이 있었다. 필체는 엉망이었고 단순한 계산은 잘 틀리면서 말 더듬이였는데, 두각을 나타내기 시작한 것은 케임브리지 대학교의 킹스칼리지 시절이었다. 인도에서 지내던 부모가 귀국하여 가정이란 울타리 속에서 지내기 시작할 때부터였다.

1934년 22세 때 원시 컴퓨터 튜링머신 〈범용 튜링머신기〉를 발견하고, 이를 사용해서 컴퓨터공학의 이론적인 토대를 마련하였다.

1938년 26세 제2차 세계대전 당시에는 영국 정부의 암호학교 수학 팀장이 되어 독일 암호를 해석하였는데, 당시 독일에서는 〈에니그마〉라는 암호 기계를 사용하였다. 에니그마는 그리스어로 된 수수께끼였는데, 비스마르크 격침도 암호의 해석으로 가능하였다. 이런 이유로 학계에서 주목을 받기 시작하였고, 미국 프리스턴대학교의 초청으로 박사과정을 수료하였다. 최초의 컴퓨터 콜로서스를 제조하였으나 영국 정부의 비밀로 인해 '에니악'에게 공식적인 최초 컴퓨터 자리를 내주게 되었다.

1939년 27세 제2차 세계대전 발발 후에는 프레츨리 파크에 있는 과학자들의 특급 비밀회의에 참석해서 암호를 해독하는 봄베 (Bombe, 튜링이 제작한 암호 해독기)라는 암호 해독 장치를 착안

설계한 공로로 대영제국훈장을 받았고,

1940년 28세 때는 전쟁 후 세계 최초의 내장형 프로그램방식 전자식 디지털 컴퓨터 제조에서 자동 계산 기계에 대한 정밀한 설계를 구상하기 시작하였으며,

1951년 39세 때 인공지능의 연구 중, 동성애자라는 낙인을 받았다.

1954년 42세 6월 7일에는 청산가리를 주입한 독 사과를 먹고 자살하였다.

알베르 카뮈 A. Camus, 1913~1960

프랑스의 피에 누아르 작가·저널리스트·철학자다.

프랑스령의 알제리 몽도비에서 프랑스계 알제리 이민자였다. 가난한 농가의 아들로 11월 7일에 출생하였는데, 아버지는 포도주 저장 지하창고의 노무자였다.

1914년 2살 때 아버지는 제1차 세계대전이 발발하자, 마르스 전투에 소집되었다가 전사하였다. 어머니는 스페인 여자였는데, 문맹인데다 귀머거리였다. 그리하여 외할머니와 형과 두 명의 외삼촌과 함께 살았다.

1923년 10세 때 벨크루 공립 국립학교에 들어갔지만, 어머니가 하인이라는 이유로 몹시 부끄러워하였다. 그런 중에서도 고학으로 중학교와 알제리대학교 문학부와 철학과를 다녔고,

1930년 17세 때는 중퇴하고 가정교사·자동차 수리공·기상청

의 인턴 등 잡다한 일을 하면서 살았으며,

1933년 20세 때 결혼하였다.

1934년 21세 때는 이혼을 하였는데, 그 후 연극에 관심이 있어서 무대에 선 적도 있다. 축구팀에서 골키퍼로 활약하기도 하였는데,

1935년 22세 때 공산당의 회교도 해방운동에 공명 되어 입당하였지만, 곧 당의 정책 변경에 환멸을 느끼고 탈당하였다. 학업을 위해 각종 아르바이트에 종사하면서 〈플로티노스와 성 아우구스티누스를 통해 본 헬레니즘과 그리스도교에 관한〉 논문을 써서 철학학사 과정을 마쳤다. 그러나 17세 때 앓았던 폐결핵이 재발해서 교수자격 시험은 포기하였고, 대신에 자동차 부품 판매원·선박 중개인·측우소의 직원으로 있다가 알제시 지방 신문기자가 되었다.

1936년 23세 때 노동극단을 창설하고 〈아스튀리의 반란〉을 공동으로 집필하였고,

1937년 24세 때 최초의 에세이집 〈폴리〉를 발표하였는데, 백여 페이지 정도의 수필집이다. 여기에 죽음이 몸부림으로 짓눌려버린다고 썼다.

1938년 25세 때 에세이집 〈결혼〉을 발표하였는데, 무대는 티파자 해안이었다. 카뮈는 이곳에서 늘 명상에 잠기곤 하였다.

1940년 27세 때 파리의 신문계로 진출해서, 파리스와르지 기자로 스카우트되었다. 이때 재혼을 해서 캐서린과 잔이라는 쌍둥이를 낳았는데, 6월에는 독일군이 프랑스로 침입했으므로 알제리로 돌아갈 수 없게 되었다. 오랑 시의 한 사립학교에서 교편을 잡

고 동지들과 함께 '자유 프랑스'를 위한 투쟁을 전개해 나갔는데, 이때 카뮈의 처녀작 〈행복한 죽음〉을 발표하였다. 유희를 일종의 멋 부리기로 여긴 메르또는 자기 부인이 아닌 다른 여자와 관계를 맺는다. 메르또가 처음으로 사귄 여자는 불구인데다 부도덕해서 살해하게 되지만, 도무지 죄의식도 느끼지 않았다는 내용의 이야기다.

1942년 29세 때 소설 〈이방인〉과 〈시지포스의 신화〉를 발표하였는데, 〈이방인〉은 식민지 출신의 무명 청년 카뮈에 관한 이야기다. 알제리는 빛의 세계인 바다의 표상이고, 인간의 괴로움은 어둠의 세계로 감옥을 의미한다. 뫼르소라는 것은 카뮈가 창조해 낸 부조리한 인간의 전형으로 등장하는데, 끔찍한 불가항력 앞에서 아무리 무서워도 끝까지 버텨야 한다는 내용의 이야기다. 인간의 세계는 결국 부조리의 세계라는 것인데, 현대의 사회기구 속에 내포된 모순과 현대인의 생활감정 속에 있는 부조리 의식을 극명하게 표현해 놓았다. 요양원에서 거행되는 어머니의 장례식에 참가했다가 의도되지 않은 일로 메리몽의 일에 끼어들어 우연히 아라비아인을 권총으로 쏴서 죽이고 사형선고를 받는 과정을 기록하였다. 재판을 받아 사형수가 된 인간의 심리를 아주 흥미롭게 그렸다.

1944년 31세 때 희곡 〈오해〉를 발표하였고,

1945년 32세 때 희곡 〈카리쿨라〉를 발표하였으며,

1947년 34세 때 소설 〈페스트〉를 발표하였는데, 이 소설로 카뮈의 명성이 가장 높아졌다. 1940년도에 프랑스의 식민지던 알제리의 해안가 도시 오랑에 무시무시한 페스트가 창궐하기 시작한다.

의사 베르나르 리외는 자신의 진찰실을 나오다가 쥐 한 마리가 죽어 있는 것을 목격하는데, 그 뒤 곳곳에서 쥐들이 건물 밖으로 나오다가 피를 토하며 죽어 있는 것을 보게 된다. 그러자 오랑 시의 사람들은 고열에 시달리며 고통을 호소하고 죽어갔다. 리외는 페스트가 돌기 시작했다는 것을 당국에 알려 신속한 대책을 세워 달라며 요구를 하였지만, 당국은 이를 무시하면서 더 많은 사람이 페스트에 감염되도록 내버려 두었다. 사태가 커지자 정부는 오랑 시 전체를 격리 조치하는데, 오랑시의 사람들은 페스트에 걸리지 않았어도 도시 밖으로 나갈 수 없게 되어 꼼짝없이 앉아 죽음을 기다려야만 되었다. 오랑시를 취재하러 왔다가 발이 묶인 기자 랑베르는 무슨 수를 써서라도 오랑시를 탈출하려고 애를 쓰지만, 신부 파늘루는 오랑 시민의 죄악에 대한 하나님의 징벌이라는 설교를 한다.

　범죄자 코타르는 다른 사람들도 언제 페스트에 걸릴지 모른다는 두려움을 안고 살아가는데, 공포에 떨고 있는 고약한 상황의 몇 달이 지나자 사람들은 힘을 합치기 시작한다. 죽음의 공포 앞에서 무너지기보다는 당당히 맞서 싸우기로 결의하고 보건대에 참여함으로써 삶을 긍정하고 사랑을 실천하는 모습에서 호평을 자아낸다.

　이 소설은 제2차 세계대전 후에 최고의 걸작으로 뽑혔는데, 이 작품에서는 인생의 부조리에 대한 집단반항이 묘사되고 있다. 히틀러의 폭력 앞에 인간을 지키기 위한 피비린내 나는 절망적인 투쟁을 그렸는데, 여기에서 나타나는 페스트는 전쟁을 위시해서 우리를 부정토록 하는 모든 폭력의 이름이다. 비록 이 소설은 해피엔딩으로 끝났지만, 전쟁의 종결은 평화가 아니다. 어쩌면 진정한 평화란 세상에 없을 것인데, 왜냐하면 우리에게는 언제든지 설명할 수 없는 부조리의 세계가 있고 또 그것을 은폐하려는 유혹과 폭력이 있기 때문이라고 하였다.

1949년 36세 때는 폐결핵이 재발해서 2년간 은둔생활로 들어갔고,

1951년 38세 때 〈반항적인 인간〉이란 논문을 발표하였는데, 이 논문을 둘러싸고 사르트르와 격렬한 논쟁이 벌어졌다.

1957년 44세 때 단편 소설집 〈적지와 왕국〉을 발표하였는데, 이 속에는 단편소설 〈손님〉이 들어있다. 외딴 고원의 작은 학교에 재직 중인 다루에게 손님이 찾아오는데, 그는 늙은 군인을 포승줄로 묶어서 끌고 왔다. 그리고는 죄수를 도시의 관할 재판소에 인계하라는 명령을 하고는 떠나가 버리는데, 살인자라고 불리는 사내는 기회가 있어도 도망가지 않고 권총을 줘도 쏘지 않았다. 그리하여 다루는 갈등하기 시작하는데, 다음 날 다루는 식량과 여비라고 주면서 멀리 떠나 살라고 당부해서 보냈다는 이야기다. 이 해에 카뮈는 노벨문학상을 수상하였다.

1960년 47세 1월 4일에 노벨문학상을 수상한 뒤에, 집필하던 파리의 별장으로 가던 도중 교통사고로 사망하였다.

프린시스 크릭 F. H. C. Crick, 1916~2004

영국의 생물학자로, DNA 구조 모형을 규명하였다.

노샘프턴서 주에서 6월 8일에 탄생하였고, 유니버시티 칼리지 런던(UCL)에서 물리학을 전공하였다.

1939년 23세 때 제2차 세계대전이 터졌으므로 군에서 레이더 및 어뢰 연구를 하던 중, 연구실의 천정에 폭탄이 떨어져서 연구실은 박살 나고 말았다.

1940년 24세 때는 모리스 윌킨즈의 강의와 사진에 매료되었으므로, 시카고대학교에서 생물학과 조류학을 공부하였다. 그리고 나폴리 동양학 연구소로 옮겼는데, 이곳은 보봐리와 모건이 성게 연구를 하던 곳이다. 그 후 케임브리지대학교의 캐번디시 연구소로 옮겼고,

1951년 35세 때는 박사학위가 없어서 퍼르츠 연구실에서 연구하던 중, 미국에서 유학 온 젊은 생물학자 제임스 D. 왓슨을 만나 교류하기 시작하였다. 1928년생인 스물세 살의 제임스 왓슨은 이 해 봄에 생물학자가 되었는데, 반바지 차림으로 양말을 무릎까지 올려 신고 셔츠 자락을 나풀거리며 수탉처럼 머리를 흔들면서 나타났다. 이들은 공동연구에 들어갔는데, 이때까지 왓슨은 핵산들이 매우 불안정한 구조라는 생각을 하고 있었다.

1953년 37세 2월 28일 아침에는 핵산에서 A와 T를, C와 G를 짝지어보았다. 그러자 둘의 모양이 똑같다는 것을 찾아내었는데, 이에 왓슨은 모든 생물의 대상들은 쌍으로 이루어져 있다는 것을 알아내었다. 아울러 염기 DNA는 생물이 아니라는 것도 밝혀내었는데, 왜냐하면 DNA는 35도 내지는 45도에서 화학반응이 일어났다. 이때는 단일고리 자력 RNA가 그 합성역할을 하였다. 그 후 두 사람은 DNA의 완전한 모형을 찾아내는 데 성공하였는데, 즉

DNA X선 결정화에 근거해서 DNA는 폴리뉴클레오티드의 두 가닥 사슬 또는 가닥들이 서로 감기면서 이중의 나선구조를 이루고 있었다.

이 기계적인 설계로 이루어진 염기의 가닥들은 두 개의 폴리뉴클레오니드로 사슬이 코일처럼 꼬여있는 200nm의 직경들이 이중의 나선구조로 되어있다는 것을 사진 촬영으로 알아내었다. 이 이중의 나선구조를 크릭선과 왓슨선이라고 이름을 붙였는데, 이들은 상보적으로만 결합한다는 것도 알아내었다. 이 가닥들에서 아데닌(A)은 반드시 티민(T)과만 결합해서 AT가 되고, 구아닌(G)은 반드시 시토닌(C)과 수소결합을 한다는 것이었다. 그리고 DNA 속의 세 염기는 함께 읽히면서 단백질 아미노산 하나가 생겨나는데, 이때의 단백질이 뇌 속에서 신경전달물질을 받아들이는 수용체가 되었다. 이것을 문장으로 나타내면 ACT(트레오닌)-CAT(히스티틴)-GGT(글리신 또는 글라이신)인데, 이들은 칼륨 이온·칼슘 이온·포도당들이었다. 각종 아미노산을 합성시키는 효소들로, 염기 RNA다. 단백질의 고리 전령이라고도 부르는데, 염기 RNA는 AUGGGCC다. 정리하면 DNA는 ATGC의 4개의 염기로 되어있고, RNA는 AUGC의 4개의 염기로 되어있었다.

DNA에서 RNA가 되면, 티민의 5번 탄소가 우라실과 결합하면서 메틸기(-CH3)가 유리된 상태의 형태 구조가 된다. 그리하여 핵산에는 DNA와 RNA가 있는데, DNA는 두 개의 상보적인 핵산 사슬이 이중의 나선 형태를 가지고 있으며, RNA는 한 개의 사슬로 되어있다. 그러다가 DNA의 복제과정에서 다른 사슬을 만드는 주형 가닥으로 사용된다. 아울러 핵산은 뉴클레오티드인데, 당·

인산·염기로 구성된 긴 선형의 중합체다. 핵산의 사슬에 따라 존재하는 염기들의 순서에 유전정보들이 들어있는데, 당은 인산으로 연결된 골격이다. 이것이 구조적인 기능을 한다.

1953년 37세 4월 25일에 과학 네이처지에 〈DNA 이중나선구조에 관한〉 논문을 발표한 다음, 둘은 헤어져서 크릭은 케임브리지대학교 분자생물연구소와 소크 생물학 연구소에서 연구 활동을 이어나갔다.

1962년 46세 때 모리스 윌킨즈가 Photo51이라고 불리는 X-ray를 이용해서 회전 이미지로 촬영하여 위의 사실을 확증함으로써 크릭과 왓슨과 윌킨즈 세 사람은 공동으로 노벨 생리 의학상을 수상하였고,

2004년 88세 7월 28일에 사망하였다.

케네디 J. Kennedy, 1917~1963

미국의 35대 대통령이다.

매사추세츠주 브루클라인 빌지가 83번지에서 9남매 중 둘째 아들로 5월 29일에 태어났다. 19세기 후반에 닥친 아일랜드의 대기근을 피해서 미국으로 이주한 가톨릭 신자의 집안이었는데, 아버지는 주식·영화사업·기업 M&A 등의 사업으로 부호가 되었다.

1940년 23세 때는 하버드대학교에서 국제관계학을 전공하였고,

1941년 24세 12월 7일에 태평양전쟁이 발발해서 해군으로 복

무하였으며,

1950년 33세 때 민주당의 정치인으로 두각을 나타내었다.

1960년 43세 11월 8일에는 미국의 역사상 최연소 대통령에 당선되었는데, 뉴 프론티어로 개혁정책을 썼다. 즉 사회복지의 충실·인종 차별폐지·고도 경제성장의 실현·흑인 민권운동·큐바 미사일 위기 극복·베트남 전쟁에 개입 등의 많은 일을 하였다.

1963년 46세 11월 22일 부인 재클린과 함께 재선을 위해 텍사스주의 민주당 회의에서 갈라짐을 고치기 위해 달라스로 갔다가 리무진을 타고 가던 중, 리 하비 오스월드의 총에 맞아 암살당하였다.

리처드 파인만 R. P. Feynman, 1918~1988

미국의 물리학자다. 양자역학 구조를 밝혀 노벨상을 수상하였다.

뉴욕시 퀸즈의 파 락어웨이에서 5월 11일에 태어났는데, 부모는 모두 유대인이었다. 그러나 유대교의 의식은 따르지 않았으며, 아버지는 어린 파인만에게 옳은 답을 얻는 것보다 질문을 통해 생각하는 방법을 가르쳤다. 그리하여 어린 시절의 파인만은 라디오 수리에 관심이 많았고, 기계를 다루는 데도 재능이 많았다. 대학 입학 전에는 스스로 고안해 낸 수학 기호들을 사용하기도 하였다.

1935년 17세 때 파 락어웨이 고등학교를 졸업하고, MIT에 입학하였다.

1939년 21세 때는 MIT를 졸업하였는데, 제1차 세계대전이 발발하였다.

　1941년 23세 때 미국의 원자폭탄 계획인 맨하탄 프로젝트의 일원으로 활약하였고,

　1942년 24세 때는 프리스턴대학교에서 박사학위를 취득한 다음, 코넬대학교의 이론 물리학 조교수로 재직하게 되었다.

　1950년 32세 때 캘리포니아 공과대학의 교수가 되었고,

　1959년 41세 12월 29일 〈파인만의 상상〉이란 제목으로 미국 물리학회가 주최해서 열린 캘리포니아 공과대학에서 강연하였다. 그것은 인체 안으로 기계를 넣어 치료하게 될 것이라는 내용이었는데, 바닥에는 풍부한 공간이 있다는 강연이었다. 과학자는 합리적인 사고의 가치를 가르치는 사람들인데, 우리 눈의 해상력은 0.2mm이고 머리핀의 지름은 약 1.6mm라면서 점 하나의 넓이에는 원자가 천 개 들어갈 수 있다고 하였다. 이들 원자를 다시 배열하면 손톱 크기보다 작은 소형모터를 만들 수 있다면서 태아의 턱뼈에서는 신경섬유가 나온다고 하였다.

　1965년 47세 때 J.S.슈윙거와 도모다가 신이치로와 함께 노벨물리학상을 공동으로 수상함에 따라 나노기술의 아버지가 되었고,

　1985년 67세 때는 미국 특유의 독창적인 인물이 되면서 〈파인만씨, 농담도 잘하시네〉를 출간하였으며,

　1988년 70세 2월 15일에 사망하였다.

김기영 Kim ki young, 1919~1998

대한민국 영화감독이다.

일제 강점기 경성부에서 10월 10일에 태어났고, 평양에서 성장하였다.

1940년 27세 때 서울의대에 지원하였지만, 낙방하였다. 재수를 하면서 일본으로 건너가 연극과 영화에 관심을 가지게 되었고,

1941년 28세 때는 서울대학교 치과대학에 입학해서 의학 공부를 하면서도 연극에 참여하였으며,

1949년 32세 때 육군 중위로 임관하였다.

1950년 33세 때는 6·25 한국전쟁에 참가하였고,

1951년 34세 때 육군 대위로 진급하면서 미군정보부 정치선전용 영화제작에 끼어들었으며,

1954년 37세 때 육군 대위로 예편하였다.

1955년 38세 때 버려진 미군 영화 작업용 장비를 가지고 두 편의 영화를 제작해서 성공함에 따라 자신의 프로덕션 회사를 설립하였다. 영화 제목은 〈주검의 상자〉와 〈양산도〉였는데, 〈주검의 상자〉는 인간 심리를 냉혹하게 분석하면서 사디즘적인 파괴력을 표현해서 한국 컬트 영화의 창시자가 되었고,

1956년 39세 때 〈봉선화〉를 발표하였으며,

1957년 40세 때 〈황혼 열차〉와 〈여성 전선〉을 발표하였다.

1958년 41세 때 〈초설〉을 발표하였고,

1959년 42세 때 〈십 대의 반항〉을 발표하였으며,

1960년 43세 때는 〈하녀〉와 〈슬픈 목가〉를 발표하였는데, 〈하

녀〉는 중산층의 가정을 무대로 해서 하나의 주제를 가지고 절정을 향해 계속 달려가는 모습을 그렸다.

1961년 44세 때 〈현해탄은 알고 있다〉를 발표하였는데, 이 영화는 제목도 좋았고 주제도 좋았다. 일본군에 매를 맞고 있는 학도병의 이야기를 그려서 만민의 심금을 울렸는데, 한운사의 연속방송을 각색해서 감독한 영화다. 태평양전쟁 때 한국의 학도병이 체험한 일본 군국주의의 실상을 적나라하게 묘사해 놓았는데, 아련히 떠오르는 추억들이 극의 재미를 가미하였다. 일본군의 권력남용 횡포성이 빚어내는 사디즘의 집단 수용소를 그렸는데, 조센징이라는 민족차별에 관한 이야기다.

주인공 아로운(김운하)은 운전병으로 탄약(폭탄, 소이탄)과 시민들의 시체를 바닷가의 시체 처리장으로 실어나르는 운반을 하면서 똥 묻은 구두까지 핥아야 하는 신세가 되었다. 시 직원들은 시체 위에 석유를 뿌리고 태워버렸는데, 이때 불탄 악취들의 흑연이 하늘을 덮는 가운데 온갖 학대를 받게 된다. 청순한 처녀 공미도리(수자)와의 민족을 초월한 사랑 때문에 이 둘은 결혼을 하게 되지만, 전쟁 말기 미군의 맹렬한 폭격으로 일본군들은 처참히 몰살당하고 그 시체들 속에서 살아남아 벌떡 일어나는 아로운의 광경은 참으로 감동적이다.

1963년 46세 때 〈고려장〉을 발표하였고,

1964년 47세 때 〈아스팔트〉를 발표하였으며,

1966년 49세 때 〈병사는 죽어서 말한다〉를 발표하였다.

1968년 51세 때 〈여〉를 발표하였고,

1969년 52세 때는 〈렌의 애가〉와 〈미녀 홍 낭자〉를 발표하였으며,

1971년 54세 때 〈화녀〉를 발표하였다.

1972년 55세 때 〈충녀〉를 발표하였고,

1974년 57세 때 〈파계〉를 발표하였으며,

1975년 58세 때 〈육체의 약속〉을 발표하였다.

1976년 59세 때 〈혈육애〉를 발표하였고,

1977년 60세 때 〈이어도〉를 발표하였으며,

1978년 61세 때 〈살인 나비를 쫓는 여자〉와 〈흙〉을 발표하였다.

1979년 62세 때는 〈수녀〉와 〈느미〉를 발표하였고,

1981년 64세 때 〈반금련〉을 발표하였으며,

1982년 65세 때 〈화녀 82〉와 〈자유 처녀〉를 발표하였다.

1984년 67세 때 〈육식동물〉과 〈바보 사냥〉을 발표하였고,

1995년 78세 때 〈죽어도 좋은 경험〉을 발표함으로써 멜로드라마의 전생 시대를 창조해 내었다.

1998년 81세 때 베를린 국제 영화제의 미니 회고전에 초대되었는데, 2월 5일에 화재로 인해 자택에서 부인과 함께 사망하였다.

프랭크 하버트 F. P. Herbert, 1920~1986

미국의 과학소설가다.

워싱턴주 타코마에서 10월 8일에 출생하였다.

1939년 19세 때 나이를 속여가며 글랜데일 스타 신문 관련 일을 하였고, 제2차 세계대전 기간에는 미국 해군에서 사진사로 복무하였다.

1941년 21세 때 플로라파 컨슨과 결혼해서 딸 하나를 낳았고,

1945년 25세 때는 이혼하였다. 전쟁 후에는 워싱턴 주립대학교에 다녔다.

1946년 26세 때 작문 시간에 비벌리 앤 스튜어트를 만나 6월 20일에 워싱턴 주 시애틀에서 결혼식을 올렸으며,

1947년 27세 때 아들 브라이언 하버트가 탄생하였다. 시애틀 스타지와 오레곤 스타이츠맨사에서 기자로 일하였고,

1950년 30세 때 과학소설을 읽으면서, 과학소설에 관심을 가지기 시작하였다.

1955년 35세 때 첫 장편소설 〈The dragon in the sea〉를 발표하였는데, 이 소설은 20세기의 잠수함을 배경으로 한 인간의 광기와 이성 문제를 탐색하는 소설을 썼다.

1959년 39세 때는 잡지의 기사 〈듄〉에 대한 자료수집을 시작하였는데, 그 동기는 오리건주 사막언덕에 관한 잡지 기사의 집필을 위해서였다. 그러나 조사 중에 방대한 자료들로 인해 한 기사로는 부족하다 생각되어 이 자료들을 가지고서 소설을 쓰기로 생각을 돌렸다.

1965년 45세 때 6년 동안 자료를 수집한 뒤에 〈듄〉을 완성하였는데, 자료들이 너무 방대한 탓에 두 개의 부분으로 나누어서 연재하고는 네뷸러상 최고의 소설로 수상하였다.

1966년 46세 때는 휴고상을 수상하였고,

1969년 49세 때 교육 저자의 일을 하였으며,

1970년 50세 때 워싱턴 주립대학교에서 일반교양 관련의 강사일을 하였다.

1972년 52세 때 교육 저자의 일을 끝내고, 베트남과 파키스탄에서 사회학과 생태학 관련 컨설턴트가 되면서 전업 작가로 전향하였다.

1973년 53세 때 텔레비전 더 틸러스의 촬영감독이 되었다가,

1974년 54세 때는 아내 버빌리가 암에 걸려 수술을 받았다. 그후 〈듄 이야기〉의 후속인 〈듄의 메시아〉·〈듄의 아이들〉·〈듄의 신황제〉·〈빌랜섬〉을 발표하였으며,

1984년 64세 때 아내 버벌리가 사망하였다.

데이빗 린치가 〈듄〉을 영화화해서 명성이 올라갔고, 이어 〈듄의 이단자〉를 발표하였다. 이해 말에 테레사 새컬도르와 재혼하였는데,

1986년 66세 2월 11일에 위스콘신주 메디슨에서 췌장암으로 사망하였다.

미우라 아야코 Miura Ayako, 1922~1999

일본의 소설가다.

일본 홋가이도 아사히가와에서 홋타 테츠지와 키사의 다섯 번째 아이로 4월 25일에 태어났다. 태어난 곳은 중일전쟁으로 인해 급성장된 탄광 거리였는데, 그곳에는 조선인 가족들이 많았다. 이런 환경 속에서 부모와 9남매가 함께 성장하였다.

1935년 13세 때 여동생 요코가 요절하였고,

1939년 17세 때 아사히가와 시립 여학교를 졸업하였는데, 탄광

의 거리에 있는 우타시나이 소학교의 교사가 되었다. 그러다가 아사히가와 시내에 있는 소학교로 옮겨갔다.

1946년 24세 때까지 이곳에서 재직하였는데, 아침 다섯 시에 출근해서 7년 동안 열심히 학생들에게 사랑을 나누어 주어야만 하였다. 아울러 교과서에까지 허리를 굽혀 인사를 해야만 되었고, 책장이 구겨지면 다리미질을 해야하였으며 평소에는 덮개를 씌우도록 강요를 당하였다. 그러나 패전 후에는 교과서가 먹칠을 당하였는데, 이때 회의가 찾아왔다. 그리고 3월에는 폐결핵이 발병해서 교사직을 그만두고 요양하고 있던 중에 척추 카리스(골양)가 발병해서 처음 6년간은 움직일 수도 없었다.

1952년 30세 때부터는 깁스한 상태에서 누워 대소변을 보아야만 되었고, 거울을 보며 밥상에서 식사하기 시작하였다.

1954년 32세 때는 투병 8년 동안 소꿉친구이자 애인이던 의학도 생인 마시카와 다다시의 인도로, 기독교에 입문해서 세례를 받았다. 그러나 마시카와는 사망하고 말았다.

1955년 33세 때 기독교 잡지인 '무화과'를 통해 두 살 연하의 미우라 미쓰요를 만나 교제를 나누기 시작하였고,

1959년 37세 때 둘은 결혼을 하였다. 아사히가와시 영림서의 산림 공무원이던 남편의 박봉으로 인해 아야꼬는 잡화상을 경영하면서 글을 쓰기 시작해서 여러 잡지에 투고하였다.

1964년 42세 때 아사히 신문에서 주최한 일천만 앤의 고료 장편소설 모집에 공모한 〈빙점〉이 당선되면서 소설가가 되었는데, 신문연재 338회분이다.

〈빙점〉의 무대는 아사히가와 미혼린 스트로브스 소나무(가문비

나무) 숲속인데, 네 원수를 사랑하라는 말씀의 실천을 위해 딸을 죽인 범인의 자식을 데려다가 아내에게 기르도록 하는 데서 비극은 시작된다. 상냥한 아내 나쓰에는 남편의 병원에서 근무하는 총각 의사 무라이와 불륜을 저지르고 있을 때, 세 살 난 루리코가 유괴로 살인이 되었다. 병원장 게이조는 아내로 하여금, 양녀 요코를 애지중지 기르게 하다가 나중에는 살인자의 딸이라고 밝힘으로 나쓰에에게 보복을 한다. 그러자 딸을 죽인 살인범의 딸이라는 것을 알게 된 나쓰에는 요코를 몹시 구박하기 시작한다. 그러다가 아들의 친구 기다하라가 요코를 몹시 사랑해서 결혼 신청을 하자 나쓰에는 요코의 행복까지 막으려고 요코의 출생 비밀을 기다하라에게 털어놓는다. 큰 충격을 받은 요코는 자살을 결심하고 약을 먹은 다음에 사죄의 마음으로 루리코가 죽은 그 강가의 흰 눈이 무릎까지 쌓인 숲길을 걸어간다. 그때서야 요코가 원수의 딸이 아님을 남편 게이조가 밝히는데, 이로 인해 나쓰에는 죄책감에 눈물을 펑펑 쏟아낸다. 사나흘간 혼수상태에 빠져있던 요코의 얼굴에 생기가 돌면서 소설은 끝나는데, 아내의 배신에 아내를 괴롭히기 위해 그런 거짓말을 한 쓰지구찌 게이조라는 인물을 통해 미우라 아야꼬는 인간이란 서로 간의 이기심으로 인해 서로 상처를 입히면서 배신·증오·원망을 하게 되고 그런 사람들의 중심에는 죄의 근본이 있다는 걸 나타내려 하였다.

표면에는 나타나지 않았지만, 내면 깊숙이 숨어있는 빙점의 무서운 것들, 이런 죄악들을 용서해 줄 수 있는 것은 하나님의 사랑뿐이라는 것을 나타내려 하였다. 스물여덟 살의 미모 주인공 나쓰에를 통해 인간의 약점인 죄의 문제를 추구해 보려고 한 야심작이다.

1966년 44세 때는 〈양치는 언덕〉을 발표하였고, 〈길은 여기에〉·〈잔영〉·〈구약성서의 입문〉·수필집 〈사랑하며 믿으며〉·단편집 〈병 들었을 때에도〉·남편과 합동 집 〈함께 걸으면〉 등을 발표하였으며,

1982년 60세 때 직장암 수술을 받았다. 이후부터는 남편의 대필로 작품 활동하기 시작하였는데, 〈이 질그릇에도〉·〈사는 것, 생각하는 것〉·〈죽음의 저쪽까지〉·〈하늘의 사다리〉·〈총구〉 등 96편의 소설을 남겼다.

1984년 62세 때 〈미우라 아야코 작품집〉 전 18권을 간행하였는데, 말년에는 파킨슨병에 걸려 투병하였다.

1999년 77세 때 다장기부전증으로 10월 12일에 사망하였다.

모리스 할레 M. Halle, 1923~2018

미국의 언어학자로, 생성음운론의 대표적인 석학이다.

발트해 연안의 라트비아 공화국 리예파야에서 7월 2일에 출생하였는데, 본명은 모리스 핑코비츠다. 이 이름은 라트비아어다.

1940년 17세 때 부모를 따라 미국으로 이주하였고,

1941년 18세 때 뉴욕의 시립대학교 공학과에 입학하였으며,

1943년 21세 때는 공학 전공을 마치고 군대에 입대하였다.

1946년 24세 때 제대를 하고, 시카고대학교에 입학하였다.

1948년 26세 때 언어학 석사학위를 받은 다음, 컬럼비아대학교

에서 로만 야콥슨의 제자로 공부하였다.

1951년 29세 때 매사추세츠 공과대학(MIT)에서 교수가 되었고,

1955년 33세 때 하버드대학교에서 박사학위를 받았다. 그리고 미국 언어학회의 회장이 되었는데, 할레는 독일어·이디시어·라트비아어·러시아어·영어에 능통했었다. 그리하여 생성음운론 분야에서 선구적인 연구를 시작하였다.

1966년 44세 때 공직에서 은퇴한 다음에 저술 활동을 시작하였고,

1968년 46세 때 야콥슨의 제자이던 노엄 촘스키와 함께 쓴 〈영어의 음성체계〉를 출판하였으며,

2018년 95세 4월 2일 새벽 3시 45분에 사망하였다.

잉바르 캄프라드 I. Kampard, 1926~2018

스웨덴의 기업인으로, 이케아 창업자다.

아군나리드의 엘름타리드 농장에서 3월 30일에 태어났는데, 캄프라드는 난독증 환자였고 몹시 검소하였다.

1931년 5살 때 고모의 도움으로 스톡홀름에서 산 성냥 100갑을 고향마을에서 팔아 이익을 남겼고,

1938년 12살 때는 우유배달 트럭을 얻어타고 다니면서 펜과 지갑을 팔았으며,

1940년 14살 때 자전거를 타고 다니면서 직접 잡은 생선·시계·크리스마스 카드·펜 등을 팔았다.

1943년 17살 때는 한 평도 안 되는 허름한 우유통 보관창고에서 양말·넥타이·액자·시계·생필품을 파는 잡화상을 개업하였고,

1948년 22살 때 가구와 가정용품에 집중하면서 수공예로 만든 가구도 팔기 시작하였으며,

1951년 25살 때부터는 본격적으로 가구만 팔았다. 우편 판매를 위해 카탈로그도 제작하였고, 조립식 가구를 만들어 저렴하게 팔았다.

1953년 27세 때 알름홀트라는 작은 마을에서 이케아 전시매장을 개업하였는데, 이케아라는 말은 잉바르(Ingvar, 이름)·캄프라드(Kamprad, 성)·엘름타리드(Elmtayd, 고향의 농장 이름)·아군나리(Agunnary, 고향마을의 이름) 의 앞 글자들을 딴 것이다.

2011년 85세 때는 세계에서 162번째로 부자가 되었고,

2018년 92세 1월 27일에 사망하였다.

푸코 M. Foucault, 1926~1984

프랑스의 철학자로, 후기구조주의의 대표자다.

프랑스 중서부 소도시 프아티의 유복한 부르주아지 가문에서 3남매의 둘째로 10월 15일에 태어났다. 아버지는 외과 의사였는데, 아들이 자신의 뒤를 이어가기만을 바랬다. 그러나 푸코는 아예 철학에만 관심을 두었다.

1944년 18세 때 바칼로니아 시험에 합격하였고,

1945년 19세 때 고등사범학교(ENS) 준비반에서 낙방하였다.

그리하여 푸아치를 떠나 에콜 노르말 쉬페 리외르 국립사범대학교로 가서 철학을 공부한 다음, 유럽 각지를 다니면서 정신의학 연구에 몰두하기 시작하였다. 관심 분야는 광기·범죄·성적 금기 등에 대한 문화를 심층적으로 탐색하는 일이었다.

1946년 20세 때 파리 앙리4세 고등사범학교 입학시험에 4등으로 합격하였는데, 이 학교에서 모리스 메를로 퐁티와 루이 알튀세의 강의를 들으면서 그들의 영향을 받았다.

1948년 22세 때 소르본대학교에서 철학 공부를 하였고,

1950년 24세 때 심리학을 공부하면서 잠시 프랑스의 공산당에 입당하였다가,

1951년 25세 때 프랑스의 공산당에서 탈당하였다. 그리고 교수 자격시험에 합격하여 알튀세의 추천으로 고등사범 학교에서 심리학 교수가 되었다. 그러나 그 분야에는 관심이 없었으므로 그만두고 스웨덴과 폴란드에서 프랑스 문화원의 직원으로 일하였다. 그후 독일 함부르크로 가서 프랑스 문화원의 원장이 되었다.

1952년 26세 때 정신 병리학에 대한 학위를 받았고,

1954년 28세 때는 〈정신병과 심리학〉을 출간하였으며,

1961년 35세 때 〈광기의 역사〉를 출간하였다.

1963년 37세 때 〈임상의학 탄생〉을 출간하였고,

1966년 40세 때는 〈말(언어)과 사물〉을 출간하였는데, 이 책은 내적 금지의 연구서로 문화의 심층구조를 탐색해 놓았다. 그후 튀니지대학교(후에는 카르다고대학교)에서 철학 강의를 하였다.

1967년 41세 때 튀니지에서 일어난 반정부 운동에 참가하면서 체포된 학생들을 보호하기 위한 노력을 하였고,

1968년 42세 때 프랑스 파리로 와서 파리 제8대학교의 전신인 뱅센느대학교의 철학과 학과장이 되었는데, 이때는 유명한 좌파 교수들을 채용하였다.

1969년 43세 때 〈지식의 고고학〉을 출간하였다. 고고학은 역사적인 시기들과 인과물도 없이 단절된 학문이라고 하였는데, 한 시대가 어떤 특정 법칙이나 관계를 진리로 생각했는지를 파헤치는 일이었다. 따라서 고고학은 해석과목은 아니고, 다른 숨겨진 언표의 집합인 담론들을 찾아내는 일이라고 하였다.

그 후, 파리 제8대학교를 설립하면서 콜레주 드 프랑스 교수가 되어 〈사유체계의 역사〉에 대한 강의를 진행하였다. 인간 정체성의 모든 측면은 권력관계를 산물로 인식하고 있다는 것인데, 여기서 권력이란 사회 전체에 퍼져있는 힘의 흐름을 말한다. 인간의 생각을 구조화시키는 것으로, 지배와 반드시 연관된 것은 아니고 다만 사회적인 현상에 불과하다는 것이었다.

1971년 45세 때는 〈담론의 질서〉를 출간하였는데, 담론이란 언어들의 집합이다. 〈푸코의 계보학〉을 말하는데, 〈푸코의 계보학〉에서 권력과 지식에 관한 이론서다. 인물 간의 관계를 밝히는 작업에 보조 수단으로 사용된다고 하면서, 사물은 어떤 본질도 갖고 있지 않으면서 오로지 육체에 질서를 부여하는 것이 목표라고 하였다.

1973년 47세 때 〈이것은 파이프가 아니다〉를 출간하였고,

1975년 49세 때는 〈비정상인들〉과 〈감시와 처벌〉을 출간하였다. 〈감시와 처벌〉은 계보학적 방법을 적용한 감옥의 역사에 관한 연구서로, 푸코의 대표적인 작품이다. 정체성의 측면은 권력관계

의 산물인데, 권력이란 힘의 흐름이라고 하였다. 사회 전체를 아우르는 힘으로, 이것이 우리들의 생각을 구조화시킨다고 하였다.

1976년 50세 때는 〈사회를 보호해야 한다〉와 〈성의 역사 1, 지식의 의지〉를 출간하였고,

1982년 56세 때 〈주체의 해석학〉과 〈자기의 테크놀로지〉를 출간하였으며,

1983년 57세 때 〈비판이란 무엇인가? 자기 수양〉을 출간하였다.

1984년 58세 때는 〈성의 역사 2, 쾌락의 활용〉과 〈성의 역사 3, 자기 배려〉를 출간하였고, 6월 25일에는 파리 제13구에 있는 피터에 살페르라 병원에서 에이즈의 합병증으로 사망하였다. 그가 사망하고 34년만인 2018년에 〈성의 역사 4, 육체의 고백〉이 출간되었다.

시드니 브레너 S. Brenner, 1927~2019

남아프리카공화국의 생물학자인데, 전령 RNA를 찾아내었다.

하우텡주 제미스턴에서 1월 13일에 태어났고,

1947년 20세 때 요하네스버그의 위트 웨스트대학교로 들어갔으며,

1951년 24세 때 화학학사·과학·해부학·의학·생물학의 석사과정을 마쳤다.

1954년 27세 때 영국의 옥스퍼드대학교에서 박사학위를 받았는데, 장학금으로 세포가 어떻게 만들어지며 사멸하는지의 과

정을 연구하였다. 그리고 미국 UC버클리에서 연구원으로 재직하였다.

1960년 33세 때 영국 케임브리지대학교의 분자생물연구소(MRC)에 입성해서 고등동물의 세포분화와 기관발달을 둘러싼 근본 의문을 풀려고 선형동물인 C엘레간스를 선택하였다. C엘레간스라는 세포는 발생과정이 짧으면서 길이는 약 1mm 속에 세포수는 천 개가 있고, 색깔은 투명하다. 이 C엘레간스를 가지고 세포의 죽음 메커니즘을 찾아내려고 연구에 몰두하였는데, 이때 전령 mRNA의 존재를 확인하였다. mRNA의 뉴클레오티드의 순서가 단백질 속 아미노산 서열을 결정한다는 사실을 입증하고, 이곳에서 20년간 근무하면서 분자생물학의 기틀을 마련해 놓았다.

1974년 47세 때 에틸 메틸 설포네이트(EMS)라는 화합물이 C엘레간스에 돌연변이를 일으킬 수 있다는 것을 입증하였다. 그리고 제자 설스턴과 함께 세포자살에 관여하는 유전자 돌연변이 nuc-1의 존재를 최초로 찾아내면서 C엘레간스의 유전자 지도를 완성시켰다. 이때 mRNA와 tRNA도 존재한다는 것을 발견하는 계기를 마련하였다.

1980년 53세 때부터는 싱가포르 과학기술처에서 연구개발의 자문위원이 되어 인간의 게놈 계획을 세우기 시작하였고,

2002년 73세 때 제자이던 미국의 생물학자이면서 유전학자인 H.로버트 호비츠와 영국의 분자생물학자이면서 유전학자인 존 E.설스턴과 함께 세포의 사멸을 조절하는 핵심 유전자를 구명해 내었다. 이때 세포의 죽음이라는 세포의 자살 메커니즘을 처음으로 제기하면서, 이를 이론적으로 규명해서 에이즈 등 각종 난치병

을 치료하는 계기를 마련한 공로로 노벨의학상을 공동으로 수상하였다. 그리고 MSI 소장과 솔크연구소의 석좌교수가 되었고, 캘리포니아대학교의 겸임교수로 지냈다.

2019년 92세 4월 5일에 사망하였다.

마르케스 G. Marquez, 1927~2014

콜롬비아의 소설가·저널리스트·정치운동가다.

마그달레나주 작은 도시 아라카타카에서 3월 6일에 태어났는데, 부모들이 비랑키아로 이주함에 따라 어린 마르케스는 조부모의 슬하에서 자라났다.

1933년 6세 때 비랑키아로 가서 초등학교에 입학하였고,

1939년 12세 때부터는 중고등학교를 장학금으로 다녔다.

1947년 20세 때 보고타의 카르헤타나대학교에서 법률과 언어학을 공부하였고,

1948년 21세 때 첫 소설 〈낙엽〉의 집필에 들어가면서 학교를 중퇴하고 자유파 계열의 신문기자가 되었다.

1954년 27세 때 유럽의 특파원으로 로마에 파견되어 본국의 정치적 부패와 혼란을 비판한 글을 쓴 것이 화근 되어 쫓기는 신세가 되었다. 파리와 뉴욕을 떠돌았고,

1955년 28세 때는 공산당에 입당하면서 적극적으로 정치에 참여하였다. 그리고 첫 단편소설 〈낙엽〉을 발표하였다.

1958년 31세 때 결혼하였고,

1961년 34세 때는 퇴역 대령 외할아버지가 모델로 등장하는 단편집 〈아무도 대령에게 편지하지 않았다〉를 출간하였으며,

1962년 35세 때 〈더러운 시간〉을 출간하였다.

1964년 37세 때부터 〈백 년 동안의 고독〉을 집필하기 시작해서

1967년 40세 때 그의 대표작인 〈백 년 동안의 고독〉을 출간하였다. 마르케스는 1966년까지 빚이 12,000달러나 되었었는데, 이 소설로 빚을 모두 갚았다. 이 소설에는 아내의 묘사가 다 나온다.

1971년 44세 때 단편소설 〈세상에서 제일 잘생긴 익사체〉를 발표하였고,

1981년 54세 때 〈예고된 죽음의 연대기〉를 발표하였으며,

1982년 55세 때 노벨문학상을 수상하였다.

1985년 58세 때는 〈콜레라 시대의 사랑〉을 출간하였고,

1986년 59세 때 〈칠레의 모든 기록〉을 출간하였으며,

1992년 65세 때 단편소설 〈꿈을 빌려 드립니다〉와 〈빛은 물과 같다〉를 발표하였다. 이어 단편집 〈이방의 순례자들〉을 출간하였고,

1994년 67세 때 〈사랑과 다른 악마들〉을 출간하였으며,

1996년 69세 때 〈인질〉을 출간하였다.

2002년 75세 때 〈이야기하기 위해 살다〉를 출간하였고,

2004년 77세 때 〈슬픈 창녀들의 추억〉을 출간한 뒤 우화소설 〈족장의 가을〉을 발표하였는데, 이 소설은 중남미를 시대별로 지배한 각종 독재자의 특징을 다룬 소설이다. 이어서 〈에렌디라와 그녀의 무정한 할머니의 말할 수 없는 슬픈 이야기〉를 발표하였는데, 이 소설에서는 어린 손녀를 강제로 매춘부로 만드는 악습을

비판하는 글이다.

2014년 87세 4월 17일에는 수년 동안 호흡기 질환을 앓다가 멕시코시티 자택에서 사망하였다.

마빈 민스키 M. Minsky, 1927~2016

미국의 과학자로, 인공지능 분야의 개척자다.

뉴욕에서 8월 9일에 태어났고, 브롱스크 과학 고등학교를 졸업하였으며, 매사추세츠주 필립스 아카데미를 수료하였다.

1944년 17세 때는 미국의 해군으로 복무하였고,

1945년 18세 때 제대하였다.

1950년 23세 때 하버드대학교 수학 학사가 되었고,

1953년 26세 때 공초점 레이저 주사 현미경에 관한 이론을 개발하였으며,

1954년 27세 때 프린스턴대학교에서 수학 박사학위를 받았다.

1955년 28세 때는 K.에릭과 드렉슬리의 지도교수가 되었고,

1958년 31세 때 MIT 교수가 되었으며,

1970년 43세 때 튜링상을 수상하였다.

1990년 63세 때 일본 국제상을 수상하였고,

2001년 74세 때는 벤자민 프랭클린 메달을 받았다. 미국 국립 공학 학술원과 국립과학 학술원의 회원이 되면서 인공지능의 대가가 되었으며, MIT의 석좌교수로 있었다.

2016년 89세 1월 24일에 사망하였다.

푸미폰 아둔야뎃 B. Adulyadej, 1927~2016

태국의 9번째 왕으로, 태국 화폐 100바트에 있는 인물이다.

미국 매사추세츠주 케임브리지에서 12월 5일에 태어났는데,

1928년 1살 때 부친 마히돈 왕자가 하버드대학에서 의학 공부를 마치면서 귀국하였다.

1929년 2살 때 아버지는 총기사고로 사망하였고,

1933년 6살 때 어머니가 가족들을 데리고 스위스로 갔다. 그리하여 푸미폰은 스위스의 로잔에서 학교를 다녔다.

1935년 8살 때 형 아난타 마하돈이 국왕으로 되면서 푸미폰과 누나는 태국 왕가의 가장 상급인 짜우파로 승격되었고,

1938년 11살 때는 형의 대관식이 있어서 잠시 귀국하였다.

1942년 15살 때 로잔대학교에서 물리학과 법학을 공부하였고,

1945년 18세 때 귀국하였는데,

1946년 19세 때 형이 석연치 않게 죽었으므로, 푸미폰은 왕좌를 계승하게 되었다.

1947년 20세 때 큰아버지에게 섭정을 맡기고 스위스로 가서 법학에서 정치학으로 바꾸어 공부하였으며,

1948년 21세 때 학업을 마친 다음, 파리로 가서 프랑스대사의 딸인 사촌 몸라차웡 시리키트 끼다야 꼰과 만났다. 그녀의 나이는 열여섯 살이었는데, 10월 4일에 제네바의 로잔 도로를 운전하다 사고가 나서 척추와 오른쪽 눈이 실명되었다. 이때부터 두 사람은 가까워졌다.

1949년 22세 7월 19일에는 약혼식을 올렸고,

1950년 23세 4월 28일에 결혼식을 올리면서 공식적인 왕으로 즉위하였으며,

1951년 24세 4월 5일에 우본라따나 공주가 출생하였다.

1952년 25세 7월 28일에 마하와치랄롱코 황태자가 출생하였고,

1955년 28세 4월 2일에는 마하까보리 시린톤 공주가 출생하였으며,

1957년 30세 7월 4일에 쫄라폰 왈아일락 공주가 출생하였다.

1988년 61세까지 19번의 쿠데타와 4번의 대리청정 가운데서도 정신을 잃지 않고 태국을 민주화로 이끈 것에 인정을 받아 막사이사이상을 수상하였으며, 푸미콘 대통령은 전국을 마을 단위로 돌면서 고산지대까지 여행하였다. 농촌지역에는 수력발전소를 건설해 주었고, 저수지도 조성해 주었으며, 물소은행을 설립해서 농민들에게 대여해 주었다. 왕실 의료단을 조직해서 운영하였는데, 특히 치앙라이는 산간 지역으로 태국·미얀마·라오스의 접경 지역이다. 세계 최대의 아편 생산지였지만, 아편 대신 커피 농사로 전환 시켜 성공을 거두었으므로,

1998년 71세 때 아시아의 노벨상인 막사이사이상을 수상하였고,

2006년 79세 때는 유엔으로부터 인간개발 평생 업적상을 수상하였으며,

2016년 89세 10월 13일까지 70년 126일간 태국을 입헌군주제로 통치하다 사망하였다.

왓슨 J. D. Wastson, 1928~

미국의 분자 생물학자·유전학자·동물학자다.

일리노이주 시카고에서 4월 6일에 태어났는데, 유명한 생물학자 살바로르 루리아의 작업이 좋게 여겨져서 분자생물학을 시작하였다.

1943년 15세 때 시카고대학교에 입학하였고,

1948년 20세 초에 인디애나대학교의 루리아 실험실에서 박사 과정을 시작하였으며,

1949년 21세 때 펠릭스 하우로 위즈와 함께 유전자 단백질이 스스로 복제할 수 있다는 내용의 강의를 들었다. 이때 윌킨스를 만났는데, 윌킨스의 연구 프로젝트는 엑스레이를 이용해서 박테리아 바이러스를 불활성화시키는 내용을 보고 있었다.

1950년 22세 때 인디애나대학교에서 동물학 박사학위를 받았고, 9월에는 코펜하겐대학교의 허번 칼크라의 실험실로 가서 윌킨스와 함께 일하면서 이탈리아의 미팅에도 같이 다녀왔다.

1951년 23세 때 봄에는 캘리포니아대학교의 캐번디시연구소에서 왓슨은 생물학자가 되었다. 그리고 반바지 차림과 무릎까지 올린 양말을 신고 셔츠 자락을 나폴거리며 수탉처럼 머리를 흔들고 다니는 프린시스 크릭과 화학자 라이너스 폴링, 이렇게 셋이서 〈알파나선 아미노산 모델〉이란 책을 출판하였다.

1953년 25세 2월 28일 아침에는 핵산들이 매우 불안정한 구조라는 생각이 들어서 A와 T를, C와 G를 짝짓자 둘의 모양이 똑같다는 것을 알아내었다. 이로 인해 모든 생물은 쌍으로 이루어

져 있으며, DNA는 생명이 아니라는 것도 밝혀내었다. 그리하여
DNA는 35도에서 45도 사이에서만 화학반응이 일어나는데, 이
때는 단일고리 RNA가 합성역할을 한다는 것도 알아내면서 프
린시스 크릭과 함께 DNA의 완전 모형을 찾아내는 데 성공하였
다. 따라서 DNA 속 염기는 함께 읽히는 동시에 단백질 아미노
산 하나가 더 생겨났는데 이것을 문장으로 나타내면, ACT(트레오
닌)·CAT(히스티틴)·GGT(글리신 또는 글라이신)등이 된다. 이것들
이 뇌 속의 신경전달물질들인데, 받아들이는 수용체다.

다시 말하면 이들은 Na+·K+·Ca+·포도당인데, 이것들이
각종 아미노산들을 합성시키는 효소들이어서 RNA의 암호는
AUGGGCC라고 하였다. 그리고 3월에 왓슨은 프린시스 크릭과
함께 DNA 이중나선구조를 추정하면서 연구하기 시작하였는데,
4월 8일에 벨기에에 있는 솔베이 컨퍼런스에서는 발견된 단백질
을 발표하였다.

1956년 28세 때는 하버드대학교의 조교가 되었다가 부교수와
정교수로 계속 승진하였고,

1962년 34세 때 핵산 구조에 관한 연구로 왓슨·크릭·윌킨스
는 공동으로 노벨생리의학상을 수상하면서 하버드 교수직을 정리
하였다.

1965년 37세 때 〈The Molecular Biology of the Gene〉를 출
간하였고,

1968년 40세 때 〈스프링 하버 연구소〉의 감독이 되면서 〈이중
나선-핵산의 구조를 밝히기까지〉를 출간하였으며,

1970년 42세 때는 결혼해서 아들을 낳았다.

1972년 44세 때 둘째 아들도 낳으면서 보금자리를 틀었으며, 연구소장과 감독이 되었다.

1976년 48세 때 캘리포니아대학교 공과대학 생물학 주임과 연구원이 되었다가 하버드대학교의 생물학 교수를 역임하였고,

1988년 60세 때 NIH 산하 인간게놈연구소에 합류하였으며,

1989년 61세 때 인간게놈연구소의 초대 소장이 되었다.

2000년 72세 때 컨퍼런스에서 〈피부 색깔과 성욕의 관계에 대하여〉를 발표했는데, 이때 많은 논란을 받았다. 그리고 〈DNA를 향한 열정〉을 발간하였으며,

2003년 75세 때 〈DNA, 생명의 비밀〉을 발간하였다.

2007년 79세 때 1월에는 과학적 심의회의 의장이 되었지만, 일주일 후인 1월 25일에 연구소를 은퇴하였다.

2008년 80세 때 〈지루한 사람과 어울리지 마라〉를 발간하였다.

내쉬 주니어 J. Nash, 1928~2015

미국의 수학자다. 게임이론·미분기하학·편 미분방정식 분야를 개척하였다.

웨스트버지니아주 블루필드에서 3.2kg의 건강한 아이로 6월 13일에 출생하였는데, 아버지는 텍사스 농과대학에서 전기공학을 전공하고 1912년에 졸업하였다. 제1차 세계대전에 참전하여 프랑스에 주둔했던 육군 보병 보급사단에 근무하다가 중위로 제대하고, 대학에서 공학도를 가르치고 싶어 했지만 마음대로 되지

않았다. 대신 애필레치아 전력회사의 블로필드 지사에서 38년 동안 재직하였는데, 괴팍하면서도 불안정된 성격으로 제대로 할 줄 아는 일이 하나도 없었다. 그리하여 가족을 팽개치고 주색에 빠져 살았는데, 어머니의 집안은 본래 정통파 기독교인이었지만 성공회에서 세례를 받았다. 어머니의 이름은 조니로, 성실하고 근면했으며 과묵한 내성적인 성격으로 특출난 능력이 있는 여자였다. 그러나 남편에 대한 수치심 때문에 자식들에게도 애정 표현을 하지 못하였다.

1941년 13세 때 블루필드 고등학교에 입학하였고,

1945년 17세 때는 고등학교를 졸업한 다음, 카네기 멜런대학교에 입학하였다.

1947년 19세 때 멜런대학교 수학과 학사가 되었고,

1948년 20세 때는 멜런대학교의 석사가 되었는데, 이때 내쉬의 키는 183센티였고 몸무게는 77kg이었다. 운동선수 같은 체격으로 영국 귀족의 풍모를 보였는데, 지도교수는 앨버트 터커로 볼거리 환자였다. 볼거리 환자는 유행성 이하선염을 일컫는데, 앨버트 터커는 내쉬를 프리스턴대학교의 장학생으로 추천하면서 이렇게 소개했단다. "이 사람은 수학 천재입니다."

1950년 22세 때 프리스턴대학교의 장학생으로 들어가서 2년 만인 1월에는 〈비협력게임〉이라는 게임이론 논문으로 수학 박사 학위를 받았다. 내쉬의 균형이론은 기업상호간의 작용과 시장 움직임의 예측을 위한 이론인데, 똑같은 논문을 두 군데 제출해서 직업윤리법위반을 하였다. 그리고 우연히 똑같은 연구를 이탈리아의 젊은 수학자 엔지오데 지오르지도 밝혀내었는데, 이때부터

내쉬는 히로시마 원폭 투하에 관심을 가지기 시작하였다.

아울러 6월 25일에는 북한이 남한을 침략하였고, 7월 19일에는 미국함대가 인천상륙작전에 성공하면서 7월 31일에는 투르먼 대통령의 징병 지시가 내려 징집대상자이던 내쉬는 두려움에 휩싸이게 되었다.

1952년 24세부터는 세 명의 남자들과 정사 관계를 맺으면서 내연의 여자에게 사생아를 낳게 하고서도 책임을 지지 않았다. 때로는 공중화장실에서 수음하며 추근거리는 등 호모 짓을 하다가 체포되기도 하였다. 이런 짓을

1957년 29세까지 계속하였다.

1958년 30세 초반에는 항상 공상에 잠기면서 끝없이 입을 놀려 학습지진아란 딱지가 붙었고, 반면 다른 사람들이 좋아하는 것에는 관심도 두지 않았다.

미국의 성격은 군사기밀유지의 필요를 위해 편집증적인 성격을 필요로 하는 상황에 처해 있었는데, 이때 미국에서는 40세 이하의 수학자에게 수여되는 수학 분야의 노벨상으로 노벨상보다도 더 귀한 상을 4년마다 한 번에 두 명에게 수여되는 상도 있었다. 상금은 수백 달러와 고액의 연봉과 함께 막대한 연구기금이 나왔으므로, 일류대학의 교수직을 주는 필즈메달상을 받기 위해 내쉬는 의도적으로 시도하였다. 그러나 실패하고, 이에 낙담 되자 의지력이 상실되면서 감각에 교란이 와서 환각 증세가 나타나기 시작하였다.

1959년 31세 때는 괴상한 옷을 입고 혼자 중얼거리면서 다녔다. 그러면서 칠판에다 신비한 메시지를 휘갈겨 쓰는 슬픈 유령이

되어버렸는데, 외계인이 자신에게 메시지를 보낸다며 자랑까지 하였다. 그런데 이 암호는 자기만이 해석할 수 있다면서 자기는 막중한 사명을 지고 있으므로 무슨 일이든 은밀히 해야 된다고 하였다. 그 암호들은 작은 동물과 상형 문자들로 이루어져 있고, 가끔은 성서 구절로 되었다고도 주장하였다.

네 살 연하의 엘리사와 결혼해서 아이를 낳았지만, 책임질 생각은 전혀 하지도 않았다. 그 후 컬럼비아대학교의 학회에서 라만 가설에 관한 강연을 하던 중, 횡설수설하는 통에 강연은 취소되고 병원으로 끌려갔다. 진찰 끝에 망상형 조현병(정신착란의 양극성 장애) 진단이 내려졌으므로, 정신병원에 수감 되었다.

1963년 35세 때는 엘리사와 이혼을 하였는데, 엘리사는 내쉬보다 다섯 살이 많은 1933년 1월 1일생이었다. 산살바도르에서 태어났는데, 전처의 몸에서 태어난 다섯 살 위인 오빠가 병원에 장기 입원한 탓으로 엘리사는 자제심이 강하면서 강철같은 결단력도 있었다.

1970년 42세 때 정신 분열 상태가 호전되어 퇴원하였고,

1978년 50세 때 존 폰 노이만 이론상을 수상하였으며,

1980년 52세 때 학업을 다시 시작하였다.

1990년 62세 때는 정신분열증이 완치되었고,

1994년 66세 때 노벨경제학상을 수상하였으며,

2001년 73세 때 엘리사와 다시 재혼하였고, 독일 작가 실비아 나자르가 내쉬의 이야기를 써서 〈뷰티플 마인드(아름다운 마음)〉란 영화가 제작되었다.

2015년 86세 5월 19일 노르웨이에서 거행된 아랄5세가 주는

아벨상을 수상하였는데, 이 상은 〈편 미분방정식을 통한 다양체 연구〉에 대한 업적을 인정받아 받게 된 상이었다. 5월 23일에 비행기를 타고 미국으로 돌아가서 뉴저지의 집으로 귀가하던 도중, 고속도로에서 택시 사고로 부인과 함께 사망하였다.

촘스키 A. Noam Chomsky, 1928~

현대 언어학의 아버지인데, 미국의 언어학자·문학가·교수다.

펜실바니아주 필라델피아 부근의 이스트 오크레인에서 12월 7일에 출생하였는데, 아버지는 우크라이나 출신의 히브리어 학자였다. 영어·이디시어·러시아어를 자유자재로 구사할 수 있는 지브 윌리엄 촘스키였고, 어머니는 엘지 시모노프스키다.

노엄 촘스키는 필라델피아 중앙고등학교를 졸업하였고,

1945년 17세 때 펜실베니아대학교에서 철학과 구조언어학을 공부하였으며,

1949년 21세 때 펜실베니아대학교를 졸업하고, 언어학자 캐롤 샤츠와 결혼해서 두 딸과 아들 하나를 낳았다.

1951년 23세 때는 1938년에 발표된 변형규칙 개념의 변형 형태인 해리스와는 다른 문법적 변이개념으로 재해석된 개념인 〈현대 히브리어의 형태소론〉에 대한 형태의 규칙을 논문에 언급하였고, 하버드대학에서 4년 동안 박사학위 과정의 일부를 수행하면서 하버드대학교의 특별연구원으로 있었다.

1955년 27세 때 펜실베니아대학교에서 〈변형 생성문법 이론의

창시〉로 언어학 박사학위를 받았으며, MIT에 합류해서 〈언어학 이론의 논리적 구조〉를 발간함으로써 변형 생성문법 이론을 소개하였다.

1956년 28세 때 매사추세츠대학교의 공과대학 언어학 교수가 되었고,

1957년 29세 때 생성문법론인 〈통사구조〉를 출간하였으며,

1961년 33세 때 매사추세츠 공과대학의 교수가 되었다.

1965년 37세 때 〈통어 이론의 제상〉을 출간하였고,

1967년 39세 때 2월에는 〈지성인의 의미〉라는 에세이를 발표하면서 베트남 전쟁의 반대편 입장을 내세웠으며,

1968년 40세 때 모리스 할레와 공저인 〈영어의 음성체계〉를 출간하였다.

1972년 44세 때 〈촘스키, 러셀을 말하다〉를 출간하였고,

1988년 60세 때 〈테러리즘의 문화〉를 출간하였으며,

1989년 61세 때 〈환상을 만드는 언론〉을 출간하였다.

1993년 65세 때는 〈영어의 음성체계〉와 〈장벽 이후의 생성문법〉을 출간하였고,

2994년 66세 때 〈언어와 지식의 문제〉를 출간하였으며,

1996년 68세 때 〈미국이 전쟁으로 원하는 것〉을 출간하였다.

1999년 71세 때 〈그들에게 대학은 없다〉를 출간하였고,

2000년 72세 때 〈507년의 정복은 계속된다〉와 〈언어의 지식〉을 출간하였으며,

2001년 73세 때 〈최소주의 언어이론〉·〈촘스키, 자연과 언어에 관하여〉·〈숙명의 트라이앵글〉·〈불량국가〉·〈냉전과 대학〉·〈실

패한 교육과 거짓말〉·〈촘스키, 9-11 권력과 테러〉·〈중동의 평화에 중동은 없다〉를 출간하였다.

2002년 74세 때 〈촘스키, 사상의 향연〉을 출간하였고,

2003년 75세 때 〈세계를 해석하는 것에 대하여〉와 〈노암 촘스키의 미디어 컨트롤〉을 출간하였으며,

2004년 76세 때 〈해적의 제왕〉·〈패전인가? 생존인가?〉·〈촘스키, 세상의 권력을 말하다〉를 출간하였다.

2005년 77세 때는 〈지식인의 채무〉와 〈촘스키, 세상의 물음에 답하다〉를 출간하였고,

2006년 78세 때 〈여론의 조작〉·〈촘스키, 미래의 정부를 말하다〉·〈촘스키, 미래의 미래를 말하다〉·〈촘스키, 실패한 국가 미국을 말하다〉를 출간하였으며,

2007년 79세 때는 〈촘스키의 아나키즘〉과 〈촘스키, 변화의 길목에서 미국을 말하다〉를 출간하였다.

2008년 80세 때는 〈촘스키와 아스카르 중동을 이야기 하다〉를 출간하였는데, 촘스키의 이론에서 인간의 두뇌 속에는 선천적인 틀인 언어습득 장치가 있고, 이 장치 속에는 보편 문법의 원리가 작동하고 있다. 이것이 정신 문법으로 머릿속의 프로그램인데, 유한한 단어들의 목록들을 가지고서 그것들이 무한한 문장을 만들어낼 수 있다며 주장하였다.

제럴드 에덜먼 G. M. Edelman, 1929~2014

미국의 생리학자다.

뉴욕주에서 7월 1일에 태어났고,

1950년 21세 때 맥신 M.모리슨과 결혼해서 1남 2녀를 낳았다. 스크립 연구소에서 신경생물학과 주임교수와 신경과학 연구소의 소장으로 재직하면서 로드니 로버트 포터와 함께 면역계의 항체 분자구조를 발견함으로써 〈면역계의 구성요소는 개인 삶에 따라 진화하는 방식이 뇌의 구성요소가 진화하는 방식과 유사하다〉는 것을 알아내었다. 그 공로로,

1972년 43세 때 노벨생리의학상을 수상하였고,

2014년 85세 5월 17일에 전립선암과 파킨슨병에 걸려 캘리포 니아의 주라호이아에서 사망하였다.

암스트롱 N. A. Armstrong, 1930~2012

미국의 우주비행사인데, 인류 역사상 최초로 달을 밟은 사 람이다.

오하이오주 와파코네타에서 8월 5일에 출생하였는데, 어려서부 터 조종사에 꿈을 두고 있었다.

1948년 18세 때 퍼듀대학교 항공우주공학과 학사가 되었고,

1950년 20세 때는 한국에 6·25 전쟁이 발발하자 참전하여 제 트 조종사로 78차례를 출격하였으며,

1953년 23세 때 정전협정이 되면서 미국으로 돌아가 서던 캘리포니아대학교의 항공우주공학 석사가 되었다. 그러나 다시 해군 항공대 지원을 위해 해군 비행학교로 진학하였다.

1955년 25세 때 비행학교를 졸업하고, 고속 비행기지에서 900회 이상 시험비행에 참가하였고,

1957년 27세 10월에는 소련이 인공위성 스푸트니크 1호를 발사함에서 충격받은 미국이

1958년 28세 3월에 익스플로호 1호를 발사하였다.

1961년 31세 때 소련이 우주비행사 가가린으로 하여금 지구 궤도를 돌고 귀환케 하자 미국도 한 달 뒤에 우주비행사 앨런 쉐퍼크드를 보내어 지구 궤도를 도는 데 성공하였다.

1962년 32세 때 미국항공우주국인 NASA가 설립되면서 암스트롱은 정부의 지원으로 항공우주사 적응 훈련에 들어갔고,

1966년 36세 3월에 암스트롱은 제미니 8호 선장으로 탐승하였지만, 우주선의 고장으로 태평양에 긴급으로 내렸다. 그러나 우주비행에는 성공하였다.

1969년 39세 때는 아폴로 11호의 선장이 되었고, 7월 16일 버즈올드린과 마이클 콜린스와 함께 플로리다주 케네디 우주기지를 출발해서 나흘 후에 달에 착륙하였다. 2시간 30분 동안 달 탐사를 하고, 5일째에 귀국하였는데 7월 21일이었다.

1970년 40세 때 아폴로 13호 사고에 대한 조사원이 되어 탐색대에 참가하였고,

1975년 45세 때 NASA에서 사임하였다. 그리고 신시내티대학교 항공우주공학과에 교수가 되었으며,

1979년 49세 1월부터 클라이서를 통해 선전에 출현하면서 기업인들의 CM에도 출현하였다.

1986년 56세 때는 챌린저 우주왕복선이 폭발하고 조사위원회의 부위원장으로 활약하였고,

2002년 72세 때 심장질환이 생겨 기업에서 은퇴하였으며,

2012년 82세 8월 25일 심혈관 수술 합병증으로 수술 도중 사망하였다.

에코 U. Eco, 1932~2016

이탈리아의 기호학자·미학자·언어학자·철학자·소설가·역사학자다.

서북부 피에몬테주 알렉산드리아에서 1월 5일에 태어났는데, 할아버지는 인쇄업자였고 아버지는 회계사였다. 할아버지는 출신도 알 수 없는 고아여서 시청 관리자가 길에서 발견하여 길러주었다고 해서 '에코'라는 성을 주었다. '에코'는 하늘에서 내려준 재능이라는 라틴어의 첫 글자다.

어려서는 부모의 영향으로 가톨릭 계열의 학교에서 공부하였고, 변호사가 되려고 토리노대학교에 입학하였지만, 적성에 맞지 않아 중세철학과 문학으로 전공을 바꾸었다.

1954년 22세 때 〈토마스 아퀴나스에 관하여〉란 논문으로 박사학위를 받았으며, 볼로냐대학교의 교수로 재직하면서 기호학·건축학·미학을 강의하였다.

1956년 24세 때는 무신론자가 되면서 저술 작업을 시작하였는데, 집에는 5만 여권의 책을 소장하고 있었다. 책들을 읽어나가던 중에 모든 책은 다른 책을 언급한다고 하면서 상호 텍스트의 세계를 열었다. 특히 소설은 혼돈의 숲속이며, 소설 한 편에서는 다양한 해석을 낳을 수 있다고 하였다. 다시 말하면 소설은 소설로 이어져서 꼬리를 물고 있는데, 천국으로 가는 미로의 은유처럼 책 속에는 길이 있다고도 하였다.

1980년 48세 때 본격 추리소설 〈장미의 이름〉으로 유명해지기 시작하였고,

1988년 56세 때는 〈푸코의 진자〉·〈폭탄과 장군〉·〈세 우주비행사〉·〈토마스 아퀴나스 미학의 문제〉·〈열린 작품〉·〈기호학 이론〉을 출간하였고,

1994년 62세 때 〈전날의 섬〉을 출간하였으며,

2000년 68세 때 〈바우 돌리노〉를 출간하였다.

2004년 72세 때 〈로아나 여왕의 신비한 불꽃〉을 출간하였고,

2011년 79세 때 〈프라하의 묘지〉를 출간하였으며,

2016년 84세 2월 19일에 사망하였다.

맨스필드 P. Mansfield, 1933~2017

영국의 물리학자인데, MRI의 아버지다.

런던의 지극히 평범한 가정에서 10월 9일에 태어났는데, 아버지는 가스 배관수리공이었고 어머니는 웨이트리스였다.

어려서는 정규교육을 받았지만, 전쟁으로 인해 교육은 그만두고 전시 군수성의 로켓 추진 부에서 일하였다.

1949년 16살 때는 인쇄소에 취직해서 야간학교에 다녔으며, 군 복무를 마치고 파트타임 과정으로 과학 공부를 하였다.

1957년 24세 때 런던에 있는 퀸 메리 칼리지 물리과에 들어가서 NMR 전문 물리학자 잭 파울수를 만나면서 관계를 지속 유지해 나갔다. NMR이란 수소를 포함한 특정 원자의 핵이 미세한 막대자석처럼 행동하면서 자기장 안에서 정열 한다는 사실을 이용한 원리인데, 이런 정열은 무선주파수 자기장의 펄스에 의해서 교란되며 자화가 평형으로 올 때만 하나의 신호가 탐지될 수 있다. 이런 원리를 이용하면 원자가 속해있는 분자의 구조를 추론할 수 있었다.

1959년 26세 때 박사과정에 들어갔고,

1962년 29세 때는 NMR에서 예기되지 않던 고체 반향을 발견하면서 그것은 일부 고체에서 두 번의 여기 펄스 후에만 관찰된다는 사실을 밝힘으로써 런던대학교에서 박사학위를 받았으며,

1964년 31세 때 맨스필드의 phD 심사위원이던 레이몬드 앤드루가 영국의 노팅엄대학교 물리학과로 맨스필드를 영입하여 강단에 서면서 연구에 몰입하였다. 그런데 이를 설명하려면 정교한 양자역학이 필요했으므로 NMR의 개척자 찰스 슬리터는 맨스필드를 미국의 일리노이대학교 어바나 캠퍼스의 박사 후 과정으로 불러들였으므로 미국으로 갔다.

1970년 37세 때 미국 화학자 폴 라우터버 박사와 함께 인체에 해로울 수 있는 X레이 대신에 자기장과 라디오파를 이용해서 내

부 장기를 3D 이미지로 볼 수 있는 MRI(자기 공명 영상법)를 개발하였다.

종전의 CT는 컴퓨터 단층촬영으로 몸의 단면만 보여줄 뿐만 아니라, 방사선으로 촬영하기 때문에 몸에는 해로웠다. 그러나 MRI는 커다란 자석을 인체에 갖다 대고 몸 안의 작은 자침인 나침판이 흔들리는 정도까지 분석해서 영상을 얻어내는 방법이므로, 인체에서 70%를 차지하는 물 분자 속의 수소 핵이 그 자침 역할을 하도록 되어있다. 그렇게 해서 인체의 부분마다 달리 나오는 수소 핵의 신호를 수학적으로 분석해서 몇 초안에 신체 내부를 선명하게 볼 수 있는 이점이 있었고, 자석의 자기장을 이용하기 때문에 인체에는 무해 하면서 여러 방면으로 볼 수 있는 장점이 있었다.

1972년 39세 결정구조를 연구할 때 엑스선 대신에 NMR을 사용할 수 있다는 것의 가능성에 대한 눈을 떴으며, 스핀의 물리학을 K-공간(결정학에서 사용할 수 있는 수학 개념)에서 공식화하여 스핀의 공간적인 분포를 영상화하였다. 그러자 불균등한 자기장들이 NMR 신호를 장뇌층 회절 패턴에 배열하였으므로 이 정보를 푸리에 변환이라는 유명한 수학에 이용해서 영상으로 재구성하였다.

그런데 공교롭게도 후에 맨스필드와 공동으로 노벨상을 받게 된 폴 라우터버 박사도 같은 사실을 발견하였으므로, 이 소식을 들은 맨스필드는 영상화하는 작업으로 눈을 돌렸다. 왜냐하면 살아있는 조직들에는 수분이 포함되어 있어서 액체를 영상화하면 살아있는 조직들을 영상화시킬 수 있었기 때문이었다.

1977년 44세 때 인간 신체 부위에 대한 MRI 영상 제작에 성공

하였고,

1978년 45세 때 자신의 복부 촬영으로 세계 최초 MRI를 촬영한 인간이 되었으며,

1980년 47세 때 미국 국립보건원으로 자리를 옮겨 EPI 대뇌 혈액의 산소화 변화를 매핑할 수 있다는 사실을 입증하였다.

1982년 49세 때 생의학에서 〈MRI, NMR 영상화〉의 논문을 발표하였고,

1987년 54세 때는 영국의 왕립협회 정회원으로 선출되었으며,

1991년 58세 때 노팅엄에서 〈피터 맨스필드 경 영상화 센터〉 기반을 마련하였다.

1993년 60세 때는 영국의 엘리자베스2세 여왕으로부터 나이트 작위를 받았고,

1994년 61세 때 〈피터 맨스필드 경 영상화 센터〉에서 은퇴를 하였지만, 동료들과 협동 연구를 계속하였다.

2003년 70세 때 미국의 화학자 폴 라우터버와 함께 노벨생리의학상을 공동으로 수상하였고,

2017년 84세 2월 8일에 사망하였다.

세이건 C. E. Sagan, 1934~1996

미국의 천문학자로, 외계 생물학의 선구자다. 자연과학을 대중화시키는 데 힘썼다.

뉴욕의 브루클린에서 11월 9일에 태어났는데, 가족은 유대계와

러시아계 이민자였다. 외조부 라이프 그루버가 현재의 우크라이나에서 살다가 사람을 죽이고서 미국으로 도망 갔다. 아버지는 다섯 살 때 미국에 이민 가서 외조부의 딸 레이첼을 만나 결혼하게 되었는데, 이들 사이에서 세이건이 태어났다.

1941년 7살 때 여동생이 태어났지만, 어머니 레이첼은 아들만 다소 편애하였다. 이때 세이건은 도서관의 그림책에서 우주의 거대함과 인간의 하찮음에 놀랐고, 천문학자가 되겠다는 결심으로 별에 관한 책을 사달라고 졸랐다.

라웨이 고등학교에 진학하였지만, 학교에서는 배울 것이 없었다. 그리하여 오로지 독서에만 빠져들었다.

시카고대학교를 졸업하고, 코넬대학교의 석좌교수로 있다가

1960년 26세 때 밀러 연구소의 협회원이 되었다.

1966년 32세 때 〈행성의 천문학〉이란 책을 조너턴 노턴 레오나드와 라이프 편집자들과 함께 공저로 출간하였고, 이어 〈우주의 지적 생명〉이란 책은 이오시즈 슈무엘로비치 슈클로프스키와 공저로 출간하였다.

1974년 40세 때는 존 F.케네디 우주 함 핵학상을 태평양 전문학회로부터 받았고,

1975년 41세 때 〈다른 세계들〉을 출간하였다.

1976년 42세 때 〈솔라세일 아이디어 창출〉이란 제목으로 미국 텔레비전에 나와 태양광을 이용하여 항해하는 우주선을 선보였다. 태양에서는 많은 빛의 입자들을 방출해 내고 있었는데, 이것들이 솔라세일에 부딪치면 배가 앞으로 나아가듯 빛의 입자들 힘으로 나아가게 되는 장면이었다.

1978년 44세 때 〈지구의 속삭임〉과 〈보이저 금제 음반〉을 출간하였고, 〈에덴의 용〉으로 논픽션 부분에서 퓰리처상을 수상하였다. 그리고 〈인간 지성의 기원을 찾아서〉도 출간하였고,

1979년 45세 때 〈브로카의 뇌〉와 〈과학에 대한 낭만의 생각〉을 출간하였으며,

1980년 46세 때 〈코스모스〉를 출간해서 피버디상을 수상하였다. 〈코스모스〉는 과학 분야의 스테디셀러가 되었다.

1981년 47세 때 오하이오 주립대에서 주는 연간 텔레비전 우수상을 받았고, 에미상과 휴고상도 받았다.

1985년 51세 때 〈혜성〉을 출간하였는데, 앤 수루얀과 공저였다.

1986년 52세 때는 〈콘텍트〉를 출간해서 로커상을 수상하였고,

1987년 53세 때 초 정상 주장의 과학적 연구를 위한 위원회의 회원이 되었으며,

1990년 56세 때 미국의 물리 교사 협회가 준 와르스테드 메달을 받았다.

1994년 60세 때 〈창백한 푸른 점〉을 출간해서 공공복지 메달을 받았고, 〈우주에서의 인류 미래에 대한 통찰〉을 출간하였다. 이어 초 정상 주장의 과학적 연구를 위한 위원회로부터 아이작 아시모르상도 수상하였다.

1996년 62세 때 〈악령이 출몰하는 세상〉과 〈어둠 속의 등불과도 같은 과학〉을 출간한 다음, 12월 20일에 골수성 백혈병으로 사망하였다.

사후 1997년에는 〈수십억의 수십억〉과 〈한 밀레니엄의 끝 쪽 가장자리에서 생명과 죽음에 대해 사색하다〉가 출간되었으며,

1998년에는 〈콘텍트〉로 S.F.크로니커상을 수상하였다. 그리고
2005년에는 위대한 미국인 99번째로 헌정되었다.

콜린 파월 C. L. Powell, 1937~2021

미국의 군인이고, 정치인이다.

뉴욕시 할렘 가에서 4월 5일에 태어났는데, 파월은 자마이카 이
민자 부부의 아들이었다.

1954년 14세 때 브롱크스에 있는 모리스 고등학교에 입학해서
뉴욕 시립대 재학 중에 ROTC 장교로 입대하였다.

1960년 23세 때부터 두 차례나 베트남 전쟁에 파병되었는데,
두 번째 때 헬리콥터에서 세 명의 동료를 구해낸 공으로 군인 훈
장을 받았다.

1973년 26세 때 한국의 동두천에서 주한 미군 대대장이 되어서
1974년까지 복무하였고,

1987년 50세 레이건 대통령 시절에는 최초의 흑인으로 대통령
국가안보 보좌관이 되었다.

1989년 52세 때는 국가 안보 보좌관을 그만두고, 미국 육군 전
력사령부의 총사령관이 되어 파나마침공을 설계하였다. 그리고
합동참모의장이 되었다.

1991년 54세 때는 걸프전의 지휘로 파월 독트린을 수행하였고,

2001년 64세 때 조지 부시 대통령 취임에 따라 최초로 흑인 국
무장관이 되었고,

2004년 67세 1월에는 외교부 장관이 되었으며,

2012년 84세 10월 18일 혈액암의 일종인 다발성 골수종을 앓고 있다가 코로나 합병증으로 사망하였다.

콜린 매컬로 C. McCullough, 1937~2015

오스트레일리아의 작가다.

웰링턴에서 태어났고, 시드니대학교 의대에 진학하였다. 그러나 건강상의 문제로 중퇴하였다가 동 대학 신경생리학과 학사과정으로 전과하였다.

졸업 후에는 시드니 왕립 노스쇼어 병원에다 신경과학부를 창설하였고, 신경학자로 미국 예일대학교 신경학과에 초빙되어 연구와 강의를 병행하면서 소설을 쓰기 시작하였다.

1973년 36세 때는 남태평양의 노퍽섬에 가서 정착하였고,

1974년 37세 때 20대 장애인 남편과 40대 여성의 사랑을 그린 〈팀〉을 발표해서 소설가로 데뷔하였다.

1977년 40세 때 두 번째 소설인 〈가시나무새〉를 출간하였는데, 이 소설은 세계적으로 유명해졌다. 이로 인해 과학자의 삶은 접고, 전업 작가가 되었다.

1981년 44세 때 〈여자의 집념〉을 출간하였고,

1983년 46세 때는 〈가시나무새〉가 미국에서 미니시리즈로 제작되면서 방영되었다. 그 후 〈팀〉과 〈가시나무새〉는 영화로 상영되었다.

1984년 47세 때 이 섬에 살고 있던 원주민 릭 로빈슨과 결혼하였고,

1985년 48세 때 〈메시아 놀이〉를 출간하였으며,

1987년 50세 때 〈숲속의 여인〉을 출간하였다.

1990년 53세 때는 1977년부터 13년 동안 자료수집과 철저한 고증에 의한 〈로마의 일인자〉를 발표하였고,

1991년 54세 때 〈풀잎관〉을 출간하였으며,

1993년 56세 때는 오스트레일리아의 매쿼리대학에서 〈마스터 오브 로마, 로마의 일인자〉라는 시리즈를 쓴 업적으로 포르추나로 선택되었다.

1996년 59세 때 〈카이사르의 여자들〉을 출간해서 명예 문학 박사학위를 받았고,

1997년 60세 때 〈카이사르〉를 출간하였으며,

1998년 61세 때 〈트로이의 노래〉를 출간하였다.

2000년 63세 때는 〈모건의 길〉을 출간하였는데, 이탈리아에서 스칸노상이 수여되었다.

2002년 65세 때 〈시월의 말〉을 출간하였고,

2003년 66세 때 〈사랑의 랩소디〉를 출간하였으며,

2007년 70세 때 〈안토니우스와 크레오파트라〉가 완성되면서 〈마스터 오브 로마 7부〉를 출간하였다. 그러나 매컬로는 로마 시리즈 6부를 발표한 뒤에 황반변성으로 왼쪽 눈의 시력을 잃었다.

2013년 76세 때는 남편의 도움으로 계속 글을 쓸 수 있게 되면서 다수의 책을 발표하였고, 〈비처 스위트〉를 출간하였다.

2015년 78세 1월 29일 노퍽섬에서 사망하였다.

하루야마 시게오 春山茂雄, 1940~

일본 후생성이 인정하는 건강 스포츠의사다.

교토에서 출생하였고,

1946년 6살 때부터 동양의학을 전수받았으며,

1948년 8살 때는 침술 사범 자격증을 취득하였다.

1966년 26세 때 도쿄대학교 의학부를 졸업하였고,

1979년 39세 때는 쾌감을 일으키는 곳을 발견하였는데, 그곳은 에이텐 신경이라고 하였다. 에이텐 신경조절 인자는 베타엔돌핀인데, 이 신경은 맛있는 음식을 먹을 때·성관계를 할 때·스포츠를 즐길 때·공부할 때·작업(일)을 통해서도 분비되고 봉사할 때도 분비된다고 하였다.

특히 알파파는 우뇌에서 나오는데, 알파 상태에서 베타파로 바뀔 때 엔돌핀은 만들어진다. 알파파 상태에서 베타파로 바꾸려면 매사를 긍정적으로 생각해야 하며, 미워하거나 원망하면 베타엔돌핀은 생산되지 않는다고 하였다.

1983년 43세 때 면역세포 강화제인 내뇌몰핀을 처음으로 찾아내었는데, 그 효력은 마약 몰핀의 5~6배의 효과가 있다고 하였다. 외부몰핀에는 독성이 있지만, 내부몰핀에는 독성이 없다는 것도 알아냈다. 그리고 뇌는 신경세포와 신경세포들이 연결된 호르몬 덩어리인데, 정보들의 전달은 호르몬들이 하기 때문에 이들은 충실한 하인들이라고 하였다.

1987년 47세 때 가나가와현의 야마토 시에 전원도시 후생병원을 개원해서 서양의학과 동양의학의 접목으로 치료와 건강지도로

명성을 얻고 있으며,

1996년 56세 4월에는 도쿄 신주쿠에 건강 테마파크인 〈마호로바 클럽〉 설립을 주도하였고, 〈뇌내혁명 1, 2, 3〉권을 출간하였다. 그 외에 〈30억 유전자의 비밀〉·〈다이어트 혁명〉·〈뇌내혁명 실천법〉도 출간하였으며, 실천법에서는 고단백과 저 칼로리로 식사를 섭취해야 한다고 하면서 운동은 지방을 없애면서 근육을 붙여줘야 한다고 하였다. 그리고 병의 제일원인은 과식 때문이며, 맛있는 음식에는 지방이 들어있으며 지방은 우리 몸속의 독이라고 하였다.

아울러 격렬한 운동이 활성산소를 배출시켜주는데, 인간의 육체는 25세 정도에서 발육이 멈춘다고 하였다. 그런데 활성산소를 방치하면 뇌세포는 하루 10만 개가 죽어가는 동시에 근육도 쇠퇴해진다고 하였는데, 그러므로 하루에 최소 오천 보는 걸어야 내뇌몰핀의 분비가 촉진된다고 하였다. 그리하여 걸으면 좌뇌가 진정되면서 우뇌에서 알파파가 나오기 때문에 산책은 좋다고 하였다.

클라이브 싱클레어 C. Sinclair, 1940~2012

영국의 발명가인데, 세계 최초로 휴대용 계산기를 발명하였다.
런던 리치먼드의 엔지니어 집안에서 태어났는데, 할아버지 조지 싱클레어는 해군에서 지뢰 제거 장치 등 군사 장비들을 개발한 사람이다. 그리고 아버지 윌리엄 싱클레어는 런던에서 공작기계 업체를 운영하면서 영국군에 무기를 납품하였다.
1954년 14세 때 소형 잠수함을 설계하였고,

1961년 21세 때 자신의 이름을 딴 회사 〈싱클레어 리서치〉를 설립하였으며,

1972년 32세 때 휴대용 계산기를 최초로 제조하였다.

1982년 42세 때는 가정용 컴퓨터 스펙트럼 ZX를 출시해서 전 세계에 PC 열풍이 불도록 하였는데, PC 판매 2년 만에 1,400파운드(약 227억 4,500만 원가량)의 수익을 올렸다.

1983년 43세 때 컴퓨터 산업을 이끈 공로로 영국에서 기사 작위를 받았고,

1985년 45세 때 전기 모터로 움직이는 1인승 자동차 C5를 개발하였지만, 성과는 내지 못하였다. 1983년도에 출시한 평면 스크린 휴대용 TV도 높은 가격 때문에 시장에서 외면당하였다.

2015년 75세 때 세계에서 가장 작은 접이식 전기자전거를 출시했으나 별 효과는 나지 않았고,

2020년 80세 9월 16일에는 십 년 이상 지속된 암으로 인해 사망하였다.

줄리아 크레스테바 J. Kristeva, 1941~

불가리아 출신의 프랑스 문학 이론가·저술가·철학자다.

불가리아의 수도 소피아에서 6월 24일에 태어났는데, 소피아대학교에서 프랑스 문학과 영문학을 전공하였다.

1965년 24세 때 프랑스 정부의 초청 장학생으로 파리대학교로 유학 가서 현대문학을 전공하였고,

1968년 27세 때는 파리대학교에서 문학 박사학위와 정신분석 자격증을 취득하였으며,

1973년 32세 때 파리7대학교의 교수가 되었다.

1982년 41세 때 〈공포의 힘〉을 출간하였고,

1987년 46세 때 〈사랑의 이야기〉와 〈검은 태양〉을 출간하였는 데, 〈검은 태양〉은 우울증과 멜랑콜리에 대한 이야기다.

1995년 54세 때 〈영혼의 새로운 질병〉을 출간하였고, 소설 〈사무라이〉와 〈늑대와 노인들〉을 출간하였다.

현재는 랭피지 편집위원·세미오티케지 부주간·국제 기호학회 회장을 역임하면서, 파리7대학교 텍스트 자료학과 교수로 재직 중이다. 그리고 종합병원의 정신분석의로 있으면서 많은 활동을 하고 있다.

마이클 크라이튼 J. Crichton, 1942~2008

미국의 소설가·텔레비전과 영화 PD다.

시카코에서 10월 23일 출생하였고, 뉴욕에서 성장하였다. 작가가 되려고 하버드대학교에서 영문학을 전공하다 인류학으로 전과하였다. 인류학이 더 유용해 보였기 때문이었다. 하버드대학교에서 최우수 생으로 졸업한 후, 영국의 케임브리지대학교에서 객원 강사로 일하면서 습작을 하였으나 작가의 생활이 어려운 것을 알고는 의사가 되기 위해 다시 하버드대학교로 돌아갔다. 메디컬스쿨을 졸업하였지만, 의사는 되지 않고 전업 작가로 살았다.

1970년 28세 때 동생 더글라스 클아이튼과 공동으로 집필한 〈딜링〉을 출간하였고,

1971년 29세 때 〈바이너리〉를 출간하였으며,

1972년 30세 때 〈터미널 맨〉을 출간하였다.

1973년 31세 때 쥬라기공원 소설의 설정과 비슷한 〈웨스트 월드〉를 감독해서 영화화하자 흥행에 성공하였고, 이어 의사 로빈 쿡의 장편소설 〈코마〉를 감독해서 호평을 받았다.

1975년 33세 때 〈대 열차 강도〉를 출간하였고,

1976년 34세 때 〈시체를 먹는 사람들〉을 출간하였으며,

1980년 38세 때 〈콩고〉를 출간하였다.

1984년 42세 때는 자신이 쓴 소설 〈런 어웨이〉를 영화화하였지만, 참패하였다.

1987년 45세 때 〈스피어〉를 출간하였고,

1990년 48세 때 〈쥬라기공원〉을 감독하였으며,

1992년 50세 때 〈떠오르는 태양〉을 출간하였다.

1994년 52세 때 〈폭로〉를 출간하였고,

1995년 53세 때 〈잃어버린 세계〉를 출간하였으며,

1996년 54세 때 〈에어 프레임〉을 출간하였다.

1999년 57세 때 자신이 쓴 소설 〈시체를 먹는 사람들〉을 감독하였지만, 망했으므로 다시 작가로 살면서 〈타임라인〉을 출간하였다.

2002년 60세 때는 〈먹이〉를 출간하였는데, 〈먹이〉는 나노기술이 인류에게 재앙을 주는 상황을 묘사해 놓았다. 나노 크기의 로봇이 떼를 지어 다니면서 사람을 먹어 치운다는 소설이다.

2004년 62세 때 〈공포의 제국〉을 출간하였고,

2006년 64세 11월 4일, 로스엔젤레스에서 림프종으로 사망하였다.

페터 한트게 P. Handke, 1942~

오스트리아의 전위 작가·번역가·소설가·극작가·시인이다.

나치 독일의 케른텐주 그리펜에서 옥빌과 슬로베니아의 혼혈로 12월 6일에 태어났는데, 아버지는 은행의 서기였다.

1961년 19세 때 독일의 그라츠대학교에서 법학을 전공하다 예술가들의 모임에서 포룸 슈타트 파르크를 만나 그 인연으로 문학활동을 시작하였다.

1965년 23세 때 첫 소설 〈말벌들〉을 발표하였고,

1966년 24세 때 첫 희곡 〈관객모독〉을 발표하면서 커다란 화제를 불러일으켰다. 〈관객모독〉에서는 네 명의 배우들이 등장해서 언어에 대한 극도의 실험정신을 보였으며,

1968년 26세 때 〈카스파어〉를 발표하였다.

1969년 27세 때 〈피후견인이 후견인 되려 하나〉를 발표하였고,

1971년 29세 때 〈말 타고 보덴제 호수 건너기〉를 발표하였으며,

1972년 30세 때는 〈긴 이별을 위한 짧은 시〉에서 언어의 독창성을 동원하여 인간체험의 주변부를 묘사하였는데, 어머니의 자살로 인해 소설 〈소망 없는 불행〉으로 출간하였다. 이어 영화에서 공동으로 집필한 〈베를린 천사의 시(베를린 위의 하늘)〉도 출간하였고,

1973년 31세 때 게오르크 뷔 히너상을 최연소 나이로 수상하였으며,

1990년 48세 때 코소보 내전 당시 세르비아에 대한 NATO 공습을 반대하였다.

2006년 64세 때 밀로세비치 장례식에 참석해서 "밀로세비치는 영웅이 아니고 비극적인 인물이었다"라는 연설을 하였다. 그리고 희곡 〈카스파〉·소설 〈진정한 느낌의 시간〉과 〈왼손잡이 여인〉 등 현재까지 80편의 작품을 발표하였는데, 그 결과에서 실러상·잘츠부르크 문학상·오스트리아 국가상·브레멘 문학상·프란츠 카프카상을 수상하였다.

2019년 77세 때는 코소보 내전 당사자들의 반발에도 불구하고 노벨문학상을 수상하였다.

바웬사 L. Walesa, 1943~

폴란드의 정치인 노동운동가인데, 민주적으로 선출된 대통령으로 유명해졌다.

브워츠와베크 근처 포포보에서 9월 25일 출생하였는데, 북부의 그단스크는 바닷가에서 물고기를 잡아 생계를 유지하는 곳이다.

1956년 13세 때 포즈난 항쟁으로 스탈린주의파를 몰아내면서 야루젤스키가 정권을 갈아엎었으나 그는 무능한 독재자였다. 이때 초등학교를 졸업한 바웬사는 자동차 정비기술을 익힌 다음, 레닌 조선소에서 전기공으로 일하였다.

1970년 27세 때 소련 공산당이 식료품 가격을 인상하자 시위대에 참가했으므로, 조선소에서 해고되었다. 다시 불법 기계 수리공으로 있으면서 독재와 맞싸우려고 노조를 형성하였는데, 투쟁에는 적이 강해야 재미가 있고 낚시할 때는 고생을 하다가 한 마리를 건져야 재미가 있다는 걸 알았다. 그단스크의 조선소 노동자 이천 명이 파업 투쟁을 하자 소련 공산당은 무력으로 협박하였는데, 총을 쏘면서 탱크를 배치해 놓고 "핵무기를 가진 군대가 너희들을 지켜보고 있다. 너희들은 절대로 이길 수 없다."라는 경고의 메시지를 보냈다. 그러나 지지 않으면서 또 한 번의 민중봉기를 일으켜 정권을 갈아엎는 데 성공하였다.

1980년 37세 8월 14일에는 공산당들이 식료품 가격을 인상함으로써 폴란드인들의 시위는 전국적으로 확대되었다. 그러자 폴란드 정부에서는 공장노동자들을 단체로 해고해 버렸다. 이에 바웬사는 정부에 저항하기 위해 노동자들을 선동하여 총파업으로 이끌면서 자율적인 노동조합을 결성함으로써 국제적으로 명성을 얻어냈다.

1980년 37세 때 〈철의 사나이〉란 제목으로 자서전이 영화화되었는데, 여기에서는 본인역으로 출연하였고,

1981년 38세 12월 13일에 폴란드 정부는 계엄령을 선포하고 바웬사를 체포해서 구금을 하였다.

1982년 39세 때 1년간 가택 연금된 자신의 자서전 〈희망의 길〉을 써서 프랑스 파리로 보내 출간하였고,

1983년 40세 때는 노벨평화상이 수여되었지만, 바웬사가 출국하면 입국이 안 된다는 제재 때문에 아내 다누타가 대리로 수상하

였으며,

1989년 46세 때 동유럽 혁명을 통해 폴란드의 사회주의 정권이 몰락되면서, 민주주의에 기여하였다는 명목으로 대통령에 당선되었다.

1990년 47세 때 자유노조의 승리로 기존에 있던 대통령이 10월에 퇴임하였고, 헌법 수정이 완료되어 11월에는 대통령이 되었다.

1995년 52세 때는 폴란드의 대통령 자리에 올랐지만, 재임 기간에 경제적인 문제를 해결 짓지 못함에서 좋은 평가를 얻지 못해 대통령 선거에서 근소한 차이로 패배하였다. 하지만 선거에 복종하는 것으로 민주화의 거울이 되었다.

2016년 73세 11월에는 한국의 서강대학교와 계명대학교에서 명예박사학위를 받았다.

스티븐 스필버그 Spielberg, 1946~

유대인 출신의 미국 영화감독·각본가·영화 PD·드림 웍스의 공동 창립자다.

오하이오주의 신시내티에서 12월 18일에 출생하였고,

1956년 10살 때 친구들과 함께 아마추어 8mm 어드벤처 영화를 만들었으며,

1968년 22세 때는 〈en Amblin〉이란 단편영화를 제작하였다.

1971년 25세 때 〈결투〉라는 TV 영화로 주목을 받기 시작

하였고,

1974년 28세 때 〈en The Sugarland Express〉를 내놓았으며,

1975년 29세 때는 〈죠스, 인간과 식인 상어의 싸움〉에 크레딧도 되지 않은 각본에 참여하였다. 그 후 〈레이더스〉·〈이티〉·〈인디에나 존스〉·〈쥬라기공원〉·〈몸 안의 공간〉이라는 환상적인 모험영화를 만들어서 성공하였는데, 〈몸 안의 공간〉은 초소형 잠수정을 축소기술로 특수 제작해서 주사기 속으로 주입하려 한다. 이것을 훔치려는 악당들 때문에, 엉뚱한 청년의 몸속으로 들어가게 되었다는 내용의 이야기다.

청년의 청각신경에 수신장치를 달고 몸 안에서 대화가 이루어지는데, 잠수정 조종사는 자기의 여자친구에게 도움을 청하려고 여자친구에게 협조해 줄 것을 부탁한다. 청년과 여자친구가 악당에게 잡히자 잠수정 조종사는 청년의 입을 통해 자신과 여자친구의 추억을 이야기하는데, 여자친구는 청년을 조종사로 착각해서 키스할 때 여자친구의 몸속으로 들어갔다. 자궁에 아기가 있음을 알고 다시 원위치로 돌아와 보니, 그 사이 악당들은 처녀의 몸속에 잠수정을 넣었으므로 싸워 이기고 청년에게 재채기를 해달라고 부탁을 해서 밖으로 나오게 된다. 그 뒤 본래의 크기로 돌아온다는 줄거리다.

1993년 47세 때는 〈쉰들러 리스트〉를 영화화해서 제66회 아카데미 7개 부분을 수상하였고,

1998년 52세 때 〈라이언 일병 구하기〉로 아카데미 감독상을 수상하였으며, 그 외에 영화감독 35편과 제작 편집 14편, 그리고 72개의 상을 수상하였다.

2001년 55세 때 영국 명예 KBE훈장을 받았으며,

2011년 65세 때 해즈브로가 주최한 트랜스포머 명예의 전당에 입성하였으며, 타임지가 선정한 20세기의 중요 인물 100인에 뽑혔다.

파울로 코엘료 P. Coelho, 1947~

브라질의 신비주의 소설가·극작가다.

리우데자네이루의 중산층 기독교 집안에서 8월 24일에 출생하였고,

1954년 7세 때 리우데자네이루에 있는 예수회 학교에 입학하였는데, 그때부터 글쓰기를 좋아하였다. 그러나 아버지는 기술자가 되기를 원하였고, 어머니는 작가가 되려는 것에 낙담하였다. 그런 이유로, 부모와 마찰이 생겨 청소년기에는 우울과 분노로 나날을 보냈다.

1964년 17세 때는 정신병이 발병해서 록 밴드를 결성하고 또 극단에도 참여하면서 히피문화에 심취하였다.

1970년 23세 때는 법과대학을 다니다가 중퇴를 하였는데, 그동안 세 번씩이나 정신병원에 입원했다가 퇴원하였다. 그 후 멕시코·북아프리카·유럽 등지를 여행하였다.

1972년 25세 때 브라질로 돌아가서 대중음악을 작사하였는데, 코엘료가 쓴 몇 곡은 가수 엘리스 레지와 라울 세이시아스가 불러서 큰 인기를 얻었다.

1973년 26세 때 친구 라울과 함께 크링이라는 만화잡지를 출간하였는데, 급진적이라는 이유로 브라질 군사정권에 의하여 두 차례 수감 되면서 고문까지 당하였다.

  1974년 27세 때 브라질 정부를 전복시키려 했다는 혐의로 투옥되었고,

  1982년 35세 때 〈Hell Archives〉를 출간하였으며,

  1985년 38세 때는 〈The Practical Manual of Vampirism〉을 출간하였다.

  1986년 39세 때 하던 일들을 모두 내려놓고 산티아고 데 콤포스텔라로 순례의 길을 떠나 〈마법사의 일지〉를 발표하였고,

  1987년 40세 때는 〈순례 여행〉을 출간하였으며,

  1988년 41세 때 〈연금술사〉를 발표해서 20여 개 국어로 번역되면서 큰 인기를 얻었다.

  1990년 43세 때 〈브리다〉를 출간하였고,

  1992년 45세 때 〈The Valkyries〉를 출간하였으며,

  1994년 47세 때 〈피에트라 강가에 앉아 나는 울었네〉를 출간하였다.

  1995년 48세 때는 유고슬라비아 골든 북을 수상하였고,

  1996년 49세 때 〈다섯 번째 산〉을 출간하였으며,

  1998년 51세 때 〈베로니카, 죽기로 결심하다〉를 출간하였다.

  1999년 52세 때 에스파냐에서 주는 갈리시아 골든메달을 받았고, 프랑스에서는 레지옹 도뇌르훈장을 받았다.

  2000년 53세 때 〈악마와 미스프링〉을 출간하였고, 폴란드로부터 크리스털 미러상을 받았다.

2003년 56세 때는 〈11분〉을 출간하였고,

2005년 58세 때 〈오 자라르〉를 출간하였으며,

2006년 59세 때는 〈포로토벨로의 마녀〉를 출간하였고, 산문집 〈흐르는 강물처럼〉도 출간하였다.

2009년 62세 때 〈승자는 혼자다〉를 출간하였고,

2010년 63세 때 〈알레프〉를 출간하였으며,

2013년 66세 때 〈아크라 문서〉와 〈마법의 순간〉을 출간하였다.

2014년 67세 때 〈불륜〉을 출간하였고,

2016년 69세 때 〈스파이〉를 출간하였으며,

2018년 71세 때는 〈히피〉를 출간하였다.

무라카미 하루키 harukimurakami, 1949~

일본의 소설가·번역가다.

교토부 교토시에서 1월 12일에 출생하였는데, 아버지는 불교 승려의 아들이었다. 어머니는 오사카 상인의 딸이었는데, 부모는 모두 교사여서 부모로부터 일본 문학을 배우면서 효고현 아시야 시에서 자라났다.

와세다대학교 문학부의 연극과에서 드라마를 공부하면서 아내 요코를 만나 둘은 1974년 25세인 결혼 전부터 함께 도쿄도 고쿠 분지시에서 째즈 카페 커피점을 운영하고 번역일도 하면서 생계 를 유지해 나갔다.

1978년 29세 때 야구장에서 야구 경기를 보다가 소설을 써야

겠다는 생각이 들어서 첫 소설 〈바람의 노래를 들어라〉를 발표
하였고,

　1980년 31세 때 〈1973년의 핀볼〉을 발표하였으며,

　1981년 32세 때는 경영하던 커피점을 폐업하였다.

　1982년 33세 때 〈양을 쫓는 모험〉을 출간하였고,

　1983년 34세 때는 〈중국행 슬로 보트〉·〈코끼리 공장의 해피엔
드〉·〈4월의 어느 맑은 아침에 100%의 여자를 만나는 것에 대하
여〉를 발표하였으며,

　1985년 36세 때 〈세계의 끝과 하드보일드 원어 랜드〉를 발표
하였다.

　1986년 37세 때는 〈빵 가게 재습격〉을 발간하고, 유럽 각국을
돌면서 집필만 하였다.

　1987년 38세 때는 〈노르웨이 숲〉을 출간하였고,

　1988년 39세 때 〈댄스 댄스 댄스〉를 출간하였으며,

　1990년 41세 때는 〈TV 피플〉과 〈먼 북소리〉를 출간하였다.

　1991년 42세 때 미국 프리스턴대학교의 문학 교수가 되면서,
미국에 거주하기 시작하였다.

　1992년 43세 때 〈국경의 남쪽, 태양의 서쪽〉을 출간하였고,

　1993년 44세 때는 교수직을 그만두고 일본으로 돌아왔으며,

　1994년 45세 때 〈태엽 감는 새 연대기〉를 출간하였다.

　1995년 46세 때는 〈밤의 거미원숭이〉를 출간하였고,

　1997년 48세 때 〈언더그라운드〉를 출간하였으며,

　1999년 50세 때 〈스푸트니크의 연인〉을 출간하였다.

　2000년 51세 때 〈신의 아들은 모두 춤춘다〉를 출간하였고,

2001년 52세 때는 〈언더그라운드 2〉와 〈약속된 장소에서〉를 출간하였으며,

2002년 53세 때는 〈해변의 카프카〉를 출간하였다.

2004년 55세 때 〈어둠의 저편〉을 출간하였고,

2006년 57세 때는 〈도쿄 기담 집〉을 출간하면서, 세계 판타지 상·프랭크 오코너 국제 단편 문학상을 수상하였다.

2009년 60세 때 〈IQ 84〉를 출간하고, 예루살렘상을 수상하였다.

임지순 任志淳, 1951~

대한민국의 물리학자이고, 교수다.

부산에서 출생하였으며, 서울에서 성장하였다.

1970년 19세 때 대학입학 예비고사에서 전국 수석 자리를 차지하면서 경기고등학교를 수석으로 졸업하였고,

1974년 23세 때 서울대학교 물리학과를 전체 수석으로 졸업하였으며,

1979년 28세 때 〈고체 에너지에 대한〉 논문으로 계산 재료 물리학이라는 새로운 학문 분야를 개척하였다.

1980년 29세 때 미국 캘리포니아 버클리대학에서 물리학 박사 학위를 받았고, 매사추세츠 공과대학 MIT에서 포스탁 과정을 마쳤으며, 벨 연구소의 연구원으로 재직하였다.

1986년 35세 때에 귀국해서 서울대학교 물리학과 교수가

되었고,

1996년 45세 때 탄소나노튜브를 다발로 묶으면 반도체가 된다는 것을 처음으로 밝혀냄으로써 한국 과학상을 수상하였으며,

1998년 47세 때 탄소 나노 튜브 전도체 연구로, 전도체가 10개 이상 모이면 밧줄처럼 다발 구조가 되면서 금속 성질은 없어지고 반도체 성질을 가지가 된다는 것을 알아내었다. 이 소식은 네이쳐 1월 19일 자에 발표되었는데, 탄소 반도체 특허기술을 엘지 반도체인 하이닉스에 무상으로 양도하였다. 탄소나노튜브는 실리콘으로 만든 나노 튜브 나노와이어 탄소로 만든 나노 튜브다. 그런 연유에서 1998년의 과학자상을 받았다.

1999년 48세 때 제5회 산업기술 부분에서 문경상을 수상하였고,

2000년 49세 때 트랜지스터 기능을 하는 탄소 나노 소자를 개발하였으며,

2004년 53세 때는 자연과학 부문에서 제18회 인촌상을 수상하였다.

2007년 56세 때 대한민국의 최고 과학기술상인 포스코 청암 과학상을 수상하였고, 미국 물리학회의 석학회원이 되었으며, 대한민국 최고 과학기술인상을 받았다.

2009년 58세 때는 서울대학교에서 석좌교수로 있다가 제5회 아시아 전산 재료과학총회의 총회상을 받았고, 정년을 1년 앞두고 포항공대의 석좌교수로 자리를 옮겼으며, 아시아 전산 재료학회 총회장이 되었다.

2011년 60세 때 계산 재료 물리학이라는 새로운 학문 분야를

개척한 공로로 미국 과학기술원인 NAS에서 외국인 종신회원으로 추대되었으며,

2012년 에쓰오일 과학 문화재단 선도과학자로 펠로십이 되었다.

오르한 파묵 O. Pamuk, 1952~

현대문학을 대표하는 세계적인 작가로, 터키의 소설가·수필가다.

이스탄불의 부유한 가정에서 6월 7일에 출생하였는데, 부모의 이혼에 따라 독서로 눈을 돌리면서 청소년기를 보냈다.

이스탄불의 명문 학교인 로버트 칼리지를 졸업하였고,

이스탄불대학교 공대 건축과에 진학하였지만, 적성에 맞지 않아 3학년 때 자퇴하였다.

1974년 22세 때 전업 작가가 되었고,

1979년 27세 때 첫 소설 〈제브데트씨와 아들들〉이 밀러센 신문 문학상 공모에 당선되었으며,

1982년 30세 때는 위의 소설로 오르한 케말문학상을 수상하였다.

1983년 31세 때 〈고요한 집〉으로 마다라르소설상을 수상하였고,

1985년 33세 때는 〈하얀 성〉으로 세계적인 작가가 되었는데, 〈하얀 성〉은 10개 국어로 번역되었고, 스페인에서는 극찬을

받았다.

1990년 38세 때 〈검은 책〉을 출간하였고,

1994년 42세 때에 출간한 〈새로운 인생〉은 일백만 부 이상이 판매되면서 터키 최대의 베스트셀러가 되었으며,

1998년 46세 때는 〈내 이름은 빨강〉을 출간하였는데, 이 책은 35개국에 알려졌다. 특히 프랑스에서는 최우수 외국 문학상으로 수여되었는데, 〈내 이름은 빨강〉이 〈빨강 머리 여인〉으로도 번역 되었다.

아버지 없는 아들의 과거 찾기를 기록하였는데, 고등학생 잼은 좌익주의자 아버지가 집을 버린 탓에 학비를 벌기 위해 이스탄불 근교에서 우물 파는 일을 하게 된다. 함께 우물 파는 엄격한 장인 마흐우트 우스타에게서 잼은 복잡한 부성을 느끼게 되면서 우스 타가 처음으로 동침했다는 빨강 머리 여인에게 묘한 질투심이 생 겼다. 그리하여 우스타의 머리 위로 무거운 양동이를 떨어뜨려서 죽게 만들어버린 후에 잼은 급히 마을을 떠났다. 성장한 다음에 성공은 하였지만 내내 우물 곁을 맴돌고 있는 자신을 발견하게 되 는데, 그것은 살인의 죄책감 때문이었다. 잼은 우스타의 아들이었 지만, 언젠가는 잼에게도 아들이 나타날 것을 기대한다는 내용의 이야기다.

현재는 미국 컬럼비아대학교에서 비교문학과 글쓰기 교수로 재 직하고 있다.

스티븐 핑거 S. Pinker, 1954~

캐나다계 미국인 심리학자·언어학자·작가다.

몬트리올 퀘백시 중산층 유대인 가정에서 9월 18일에 출생하였고, 도슨대학교를 다녔다.

1976년 22세 때는 맥길대학교에서 실험심리학 학사를 취득하였고,

1979년 25세 때 하버드대학교에서 심리학 박사학위 받았으며,

1980년 26세 때 MIT에서 박사 후 연구과정을 하였다.

1981년 27세 때 하버드 스텐퍼드대학교의 조교수로 재직하였고,

1982년 28세 때 MIT로 옮겨서 21년간 MIT의 뇌 인지과학과 교수로 재직하고 있으면서,

1994년 40세 때 〈언어본능〉을 출판하였다. 이 책의 내용은 이러하다.

사람은 말하는 동물인지라 말을 건넬 상대가 없으면 자신에게·개에게·심지어는 풀 포기에게까지도 말을 건네게 된다. 그리하여 말을 잃어버린 사람은 죽은 사람과 같다. 따라서 인간의 사회관계에서 승리는 빠른 자가 아니고, 말 잘하는 이에게로 돌아간다. 그리고 토착민들의 언어에서 고립된 지역에서는 다른 이들의 언어를 표정이나 억양을 듣고 짐작으로 알아챈다고 하였다.

1997년 43세 때 〈마음은 어떻게 작동하는가?〉를 출판하였고,

1999년 45세 때 〈단어와 규칙〉을 출간하였으며,

2002년 48세 때 〈빈 서판〉을 출판하였다.

2003년 49세 때 하버드대학교로 옮겨 현재까지 심리학과에서 언어심리학과 진화심리학 강의를 하는 교수로 재직하면서,

2006년 52세 때 〈생각거리〉를 출간하였다. 시각인지와 언어심리학 연구로, 미국 심리학 협회(1984, 1986)·미국 국립과학 학술원(1993)·영국 왕립연구소(2004)·인지 뇌과학 협회(2010)·국제 신경 정신병 학회(2013)에서 주는 상을 받았다. 그리고 타임지가 선정한 세계 100대 지식인 중의 한 사람이 되었다.

모옌 募言, 1955~

중국 소설가다.

산둥성 가오미 지방에서 2월 17일에 출생하였고,

1965년 10살인 초등학교 5학년 때 내뱉은 말이 화근으로 변해서 퇴학을 당하였다. 그리고는 집에서 수수와 면화를 경작하며 소도 키우고 풀을 베는 농사에 종사하였다.

1973년 18세 때 면직공장의 노동자가 되었고,

1976년 21세 때 인민 해방군에 지원입대를 하였으며,

1979년 24세 때는 결혼하였다.

1981년 26세 때부터 창작을 시작하였고,

1984년 29세 때 해방군 예술대학 문학과에 입학하였으며,

1985년 30세 때 〈붉은 수수밭〉을 일주일 만에 초고를 완성시켰는데, 1930년대에 전개된 역사 사건을 다루었다. 즉 민국 27년에 일본군이 쳐들어와서 가오미 핑두 자오현 사람들 40만 명을 강제

로 끌어다가 자오핑 도로를 닦도록 부역시켰다. 그리고 1939년 중추절에 가오미 둥베이지방에 있었던 유명한 전투가 배경을 이루는 것으로, 그 사건을 겪은 개인 및 민간지역의 공동체 이야기와 생명과 종의 세계를 펼쳐가는 전기적 이야기가 씨줄과 날줄로 교차하면서 엮이어졌다.

1986년 31세 때는 〈붉은 수수밭〉을 중편소설로 발표하였는데, 복잡한 정치 문맥 속에서 지난 100년의 중국 역사의 잔혹상과 야만성을 생생하게 폭로해 놓았다. 이때는 정치적 반우파투쟁과 문화대혁명으로 이어지는 극단적인 정치 실험기다.

1987년 32세 때 장이머우 감독이 〈붉은 수수밭〉을 영화화하였고,

2012년 57세 10월에는 노벨문학상을 수상하였다.

에릭 드렉슬러 E. Drexler, 1955~

미국의 나노공학자·저술가다.

원자나 분자를 다루는 나노기술의 창시자로, 나노기술의 아버지다.

1970년 15세 때 매사추세츠대학교 공과대학 MIT에서 〈분자 나노기술〉로 박사학위를 받았고,

1981년 26세 대학원생 시절에는 미국과학 아카데미 화보에 〈분자 엔지니어링〉 논문을 발표해서, 나노 시대를 열었다. 그의 논문을 지도교수이던 마빈 민스키가 다듬어 주었는데, 그 후 주사 터너

링 현미경(STM)이 발명되면서 원자나 분자를 볼 수 있게 되었다.

1986년 31세 때 〈창조의 엔진〉을 출간하였는데, 이 책에서 세계 최초로 나노기술인 물질혁명, 또는 신산업혁명이란 단어를 사용하였다. 어셈블리는 분자 수준의 조립 기계인데, 자기 복제기능이 있다. 그리고 이 세상에 존재하는 모든 물질은 100여개의 원소들로 이루어져 있다고 하였는데, 원자들이 어떻게 조립되어 있느냐에 따라 천지의 창조도 될 수 있고 해체도 될 수 있다고 하였다.

1988년 33세 때는 스텐퍼드대학교에서 세계 최초로 나노기술을 지도하기 시작하였고, MIT에서는 나노기술 연구모임이 결성되었다.

1992년 37세 6월에는 미국 상원의 소위원회에 초청되어 강연하였고, 알고어 의원과 열띤 논쟁도 벌였다.

2000년 45세 1월에 미국 빌 클링턴 행정부에서 5억 달러를 투입하는 국가 나노기술 계획(NNI)을 발표하였는데, 분자 나노미터는 10억 분의 1m를 가리킨다. 원자 크기의 10분지 1인데, 똑같은 원자들이지만 그 배열의 차이로 인해 석탄이 되기도 하고 다이아몬드가 되기도 한다. 또 모레나 컴퓨터가 될 수도 있으며, 암세포나 건강 세포가 되기도 한다. 그리하여 인간은 단백질 기계다.

단백질은 20종류의 아미노산으로 구성된 분자기계인데, 이 단백질에 온도가 올라가면 얻게 되고 열을 가하면 잃어버리게 된다. 그리고 건조하면 작동되지 않는다. 그리하여 단백질의 구조만 살아있어도 생명은 유지되는데, 이때 단백질을 유지시키는 리보솜이 바로 나노기계다. 단백질을 만드는 공장으로, 아미노산을 원료로 사용한다. 아미노산의 배열을 결정 짓는 것이 바로 디오시보리

핵산인 DNA다.

베르나드 베르베르 Bernard Werber, 1961~

프랑스 소설가·저널리스트다.

미디피레네주 오트가론 데파르즈망의 수도인 툴루즈에서 아버지 푸랑수아 베르베르와 어머니 셀린 베르베르 사이에서 9월 18일에 태어났다. 어려서는 만화 그리기에 재능을 보였고,

1969년 8살 때 에드거 엘렌 포우의 영향을 받아 단편소설을 쓰기 시작하였으며, 고등학교 때는 만화신문인 유포리를 발행하였다. 올더스 헉슬리와 허버트 조지엘스에서 사숙하며 소설과 과학을 익혀나갔다.

1978년 17세 때는 〈개미〉를 소재로 소설을 쓰리라 결심하고는 법학을 전공하면서 프랑스 국립 언론학교에서 저널리즘을 공부하였다. 대학을 졸업한 뒤에는 르 누벨 옵세르바퇴르에서 과학부 기자로 활동하였으며,

1983년 22세 때 뉴스 기금의 신인 기자상을 수상하였고,

1990년 29세 때 〈컴퓨터 도시 싱가포르〉라는 기사를 발표해서 올해 최고의 기자상 결선까지 올랐으며,

1991년 30세 3월 알벵 미셸 출판사에서 120여 회의 개작을 걸쳐 〈개미〉를 발표함으로써 격찬을 받았다. 그리고 과학과 미래의 그랑프리와 필리시 상을 받았다.

1992년 31세 때 프랑스에서 〈개미의 날〉을 출판하였고,

1993년 32세 때 〈상대적이며 절대적인 지식의 백과사전〉을 출판하였으며,

1994년 33세 때 〈타나토 노트〉를 출간하였다.

1995년 34세 때 〈개미 혁명〉을 출간하였고,

2002년 41세 때 〈뇌〉를 출간하였으며,

2005년 44세 때 단편집 〈나무〉를 출간하였다.

2007년 46세 때 〈파피용〉을 출간하였고,

2008년 47세 때 〈신〉을 출간하였으며, 단편 소설집 〈파라다이스〉도 출간하였다.

2009년 48세 때 〈카산드라의 겨울〉을 출간하였고,

2011년 50세 때 〈웃음〉을 출간하였으며,

2013년 52세 때 〈제3 인류〉를 출간하였다.

2015년 54세 때 〈잠〉을 출간하였고,

2016년 55세 때 〈고양이〉를 출간하였으며,

2017년 56세 때 〈죽음〉을 출간하였다.

올가 토카르추크 O. Tokarczuk, 1962~

신화적인 문체 쓰기로 유명한데, 폴란드의 작가·활동가다.

슐레쇼에서 1월 29일에 출생하였고,

바르샤바대학교에서 심리학을 전공하였다. 자칭 카롤 융의 제자라고 하면서 심리치료사로 일하였다.

1989년 28세 때는 첫 여권을 받고 여행하면서 쓴 100편의 글

을 모아 소설 〈방랑자들〉을 쓰기 시작하였고, 〈야고보서〉를 출간하였다. 〈야고보서〉는 18세기 동료 유대인을 가톨릭 쪽으로 강제 개종시키려는 한 종교지도자의 이야기를 다룬 소설이다.

1993년 32세 때 〈책 인물들의 여정〉을 출간하였고,

1995년 34세 때 〈E E〉를 출간하였으며,

1996년 35세 때는 〈태고의 시간들〉을 출간하였다.

〈태고의 시간들〉은 가상의 지역인 폴란드의 태고에서 일어난 3대에 걸친 가족사를 다루었는데, 백과 사전적인 열정을 발휘해서 경계 넘기인 삶의 형식으로 재현한 서사적 상상력을 동원해서 썼다. 신화적 상상의 글쓰기로, 인간·동식물·신·천사 등 4명의 주인공 천사가 지켜주는 가상의 마을에서 폴란드의 역사를 신화로 풀어내었다. 태고에 대해서는 84편의 조작으로 나누어진 판타지 소설인데, 3대에 걸쳐서 일어나는 가족·이웃·자연·사물 등을 현실과 허구를 오가는 문체로 고독과 욕망을 탐구하려 하였다.

이어서 〈유년기의 시대〉도 출간하였는데, 〈유년기의 시대〉에서는 제1, 제2차 세계대전을 겪으면서 유대인의 학살과 공산권의 지배에 갇힌 구속감과 함께 남편이 전쟁터에 끌려간 아내·광기에 사로잡힌 노파·독일군과 러시아군들의 강간을 통해 역사 속에서 잃어버려진 여성들의 목소리를 대변하고 있다. 가부장의 사회 속에서 술에 취한 남자들에게 몸을 파는 키위스카가 홀로 출산하면서 예언능력자가 된다. 세상의 모든 이치를 체득한 뒤, 강력하면서 자주적이고 독립적인 여성성을 지닌 인물이 된다. 이 인물을 통해 유럽의 현대사와 폴란드의 비극을 반영한 마술적 리얼리즘의 소설인데, 7권으로 되어있다.

1997년 36세 때는 40대 전에 수여되는 작가상인 코시치엘스키 문학상을 수상하였고,

1998년 37세 때 〈낮의 집, 밤의 집〉을 출간하였으며,

2007년 45세 때는 100편의 에피소드 기록 모음집인 〈방랑자들〉을 출간하였다.

2009년 47세 때 〈죽은 자들의 뼈 위로 쟁기를 끌어라〉를 출간하였고,

2008년 48세 때 폴란드 토쿄문학상인 니케상을 수상하였으며,

2010년 50세 때 폴란드의 문화훈장과 은메달을 받았다.

2013년 51세 때 발레니카상을 수상하였고,

2014년 52세 때 〈야고보서〉로 스웨덴의 쿨투르후세상을 수상하였으며, 〈낮의 집, 밤의 집〉으로 국제 IMPAC 더블린 문학상의 최종심에 올랐다.

2015년 53세 때 〈야쿠프의 이야기〉로 니케문학상을 수상하였고, 독일과 폴란드의 국제 교류상을 수상하였으며,

2018년 56세 때는 소설 〈방랑자들〉을 가지고 맨부커 국제상, 니케 문학상을 수상하였다. 이어서 〈잃어버린 영혼〉과 〈사계절〉을 출간하였고,

2019년 57세 때는 2018년도 발표한 〈태고의 시간들〉로, 노벨문학상을 수상하였다. 그리고 바르샤바대학교에서 심리학을 공부하고 있다.

니컬러스 스파크스 ^{N. C. Sparks, 1965~}

로맨틱 소설의 거장으로, 미국의 소설가다.

네브레스카주 오마하에서 삼 남매 중 둘째로 12월 31일에 태어났는데, 형은 1964년생이다. 한 살 위임에도 불구하고 어른 행세를 하면서 어른 대접만 받으려 하였다.

고등학교 2학년 때 소설을 탐닉하기 시작하였고,

고3 때는 성적에 집착한 나머지 공부를 너무 많이 해서 불면증으로 하루에 3시간도 못 잤다.

노티에임대학교 시절에는 육상선수로 활동하다가 부상을 당해 치료를 받으면서 글쓰기를 시작하였다.

1988년 23세 때 아내 캣을 만났고,

1989년 24세 때 결혼해서 슬하에 다섯 자녀를 두었으며,

1990년 25세 때 어머니가 47세로 사망하였다.

1991년 26세 때 올림픽 육상 금메달리스트인 빌리밀스와 공동으로 집필한 자기개발서 〈보키니〉를 출간하였고,

1995년 30세 때 소설 〈노트북〉을 써서 위너북스에 백만 닐리에 팔았으며,

1996년 32세 때는 〈노트북〉으로 대성공을 하였다.

1998년 33세 때 아들 라이언이 자폐 선고를 받았으므로 〈병 속에 담긴 편지〉를 써서 출간하였고,

1999년 34세 때 여동생 데이나의 투병 이야기를 쓴 〈더 워크투 리심버〉를 출간하였으며,

2000년 35세 때는 라이언 기르는 이야기를 쓴 〈레스 큐〉를 출

간하였는데, 라이언은 30개월이 되었지만 14개월 된 아이처럼 자폐증으로 발달장애가 나타났다. 눈도 잘 못 맞추고 이해력도 부족하면서 말도 못 하였는데, 화려한 물건들에만 집착하면서 운동기능도 떨어졌다.

2001년 36세 때 여동생 데이나가 스물여섯의 나이로 뇌종양 수술을 받다가 사망하자 혼자 아이를 기르는 젊은이의 밥 이야기를 쓴 〈길모퉁이〉를 출간하였다.

2002년 37세 때 에세이 〈일 중독자의 여행〉과 인생 회고록 〈로렌스의 밤〉을 출간하였는데, 〈일 중독자의 여행〉에서는 '도저히 받아들이기 힘든 아픈 가족사 때문에 스스로 일벌레가 되었다'라고 하였다. 왜냐하면 글 쓰는 일은 잡다한 생각에서 벗어나도록 해주는 삶의 피난처였기 때문이라고 하였다.

2003년 38세 때 〈가디언〉을 출간하였고,

2005년 40세 때 〈트루 빌리버〉를 출간하였으며,

2006년 41세 때 〈디오론〉을 출간하였다.

2009년 44세 때 〈라스트 송〉을 출간하였고,

2011년 46세 때 〈베스트 오브미〉를 출간하였으며,

2018년 53세 때는 〈에브리브레스〉를 출간하였다.

킴 투이 Kim Thuy, 1968~

캐나다의 소설가다.

베트남의 사이공에서 출생하였는데,

1978년 10살 때 공산정권의 탄압으로 인해 베트남을 떠나 배의 번호 KGO338번 보드피풀이 되었다가 말레이시아 난민수용소에 도착하였다.

1979년 11살 말에는 캐나다에 정착하였고, 몬트리올대학교에서 번역학과 법학 학위를 취득하고는 변호사 신분으로 영사관에서 근무하였다.

그 후, 루드남 식당을 운영하면서 베트남 음식을 소개하기 위해 요리 연구가로 활동하였고, 자전적인 소설인 첫 책 〈루〉가 출간되자 퀘백시와 프랑스에서 베스트셀러가 되었다. 그리고 지금까지 25개국 언어로 번역되었다.

캐나다에서 권위 있는 상인 총독문학상을 수상하였고, 프랑스의 에르테 엘리르대상을 수상하였는데, 〈루〉는 난민수용소 흙바닥에서 극한의 공포와 두려움 속에서 건진 아름다운 삶의 모습을 그렸다. 어머니는 자식들의 미래를 위해 영어교실을 열고 가르쳐서 잔혹하지만 아름다운 모습을 그렸는데, 베트남 전쟁 때 네이팜탄 폭격을 피해 나체로 뛰어가선 킴 투이의 모습은 사람의 시선을 잡아끌었다. 그리고 〈만〉과 〈비〉를 출간함으로써, 세계 무대에서 인정받는 작가가 되었다.

아흐메드 사다위 Ahmed Saadawi, 1973~

이라크의 소설가·시인·시나리오 작가·다큐멘터리 영화 감독·BBC 바그다드 주재 특파원이다.

바그다드에서 출생하였고,

2004년 31세 때 이라크 최고의 기자상을 받았는데, 첫 번째 소설 〈The beautiful country〉를 출간함으로써 39세 이하의 최고 아랍 작로 선정되었다.

2010년 37세 때는 두 번째 소설 〈Indeed He Dreams or plays or dies〉를 출간하면서 영국의 세계적인 문학축제 Hay Festival 에서 40세 이하 걸쭉한 아랍 작가상을 수상하였고,

2013년 40세 때 세 번째 소설 〈바그다드의 프랑케슈타인〉을 출간해서 아랍권의 베스트셀러작가가 되었다. 〈바그다드의 푸랑케슈타인〉은 전쟁의 참혹상을 판타지로 그렸는데, 미군이 점령한 바그다드는 테러와 고문이 일상화되었다. 자살 폭탄 테러로 누더기가 된 인간의 허풍쟁이 폐품업자 노인이 이것들을 바늘로 꿰매어 괴물을 만들고는 이름 없는 자 또는 정의라는 괴물의 무명씨인 프랑켄슈타인이라는 이름을 명명해 놓았다. 이때 호텔의 폭탄 테러로 목숨을 잃은 영혼의 시체 속으로 들어가서 온갖 살인을 저지르면서 다닌다는 내용의 이야기다.

2017년 44세 때 프랑스 판타지 그랜드상을 수상하였고, 국제 아랍소설상을 수상하였다.

마크 매슨 M. Manson, 1984~

미국의 작가·칼럼의 기고자인데, 파워블로거를 가지고 있다.
텍사스주에서 출생하였고,

1997년 13세 때 마약 문제로 학교에서 퇴학을 당하였으며,

1998년 14세 때 쪽팔린다는 것은 사형선고와 마찬가지라는 생각을 하였다. 그러나 보스턴대학교를 졸업한 뒤에도 백수 생활을 하다가 Infinity Squared Media LLC라는 글로벌 컨설팅회사를 설립하고 현재 운영하고 있다.

2017년 33세 때 〈신경끄기의 기술〉을 출간해서 아마존 뉴욕타임즈 베스트셀러 1위에 올랐고, 150만 부 이상의 판매기록을 세웠다. 그 후 53주 연속으로 베스트셀러가 되었는데, 이 책에는 자신만이 중요한 가치를 찾는 방법을 적어놓았다.

대단한 일에는 희생이 뒷받침되어야 하는데, 고통을 극복하려면 고통을 견뎌내야 한다고 하였다. 만일에 고통을 회피한다면, 더 큰 고통이 온다고 하면서 아울러 우리가 불안을 느끼는 것은, 정신의 균형이 사라진 탓이기 때문에 기쁨은 저절로 생기는 게 아니라고 하였다. 그러니까 기쁨은 투쟁의 끝에서만 생성되는데, 실제로는 아무것도 한 게 없으면서도 스스로 전문가·사업가·발명가·혁신가·이단아·선생님으로 살려 하는 데서 문제가 생겨난다고 하였다. 따라서 나의 열악함을 받아들이고, 나의 덧없음을 이해하면 모두가 다 쉬워지게 된다고 하였다.

찾아보기

찾아보기

인물 역사서

김순녀 편저

발 행 처 · 도서출판 청어
발 행 인 · 이영철
영   업 · 이동호
홍   보 · 천성래
기   획 · 남기환
편   집 · 방세화
디 자 인 · 이수빈 | 김영은
제작이사 · 공병한
인   쇄 · 두리터

등   록 · 1999년 5월 3일
(제321-3210000251001999000063호)

1판 1쇄 발행 · 2021년 6월 30일

주   소 · 서울특별시 서초구 남부순환로 364길 8-15 동일빌딩 2층
대표전화 · 02-586-0477
팩시밀리 · 0303-0942-0478

홈페이지 · www.chungeobook.com
E-mail · ppi20@hanmail.net
I S B N · 979-11-6855-045-2(03900)